현대 법실증주의 연구

권경휘

박영사

이 책을 학문적 아버지 김정오 교수님께 바칩니다.

머리말

이 책의 주제는 법철학에서 고전적이고 주요한 학파 중 하나인 법실증주의에 대한 것이다. 하지만 이 책은 법실증주의 대 자연법론이라는 고전적인 논쟁을 다루지 않는다. 그것보다는 법실증주의라는 학파가 당면한 문제와 그것에 대한 해결책을 검토하는 것을 목적으로 한다. 이 점에서 이 책은 앞으로 저자가 행할 연구를 위한 출발점이라고 할 수 있을 것이다.

이 책의 주제선정 내지 집필동기에는 개인적인 이유도 존재한다. 연세대학교 법과대학에 입학한 후 지금은 없어진 옛 광복관 건물에서 법학개론 수업을 통하여 김정오 교수님을 처음 뵈었다. 법의 기본적인 개념들, 법이론 등에 대해서 설명해 주셨는데 아직 법학이라는 학문이 생소하기만 하였던 나에게는 신문물을 접하는 느낌이었다. 이후 교수님을 다시 뵙게 된 것은 학부 졸업을 얼마 남기지 않은 학기에 수강한 법사상사 수업에서였다. 혼자서 비트겐슈타인(L. Wittgenstein)의 책을 읽으면서 서양철학에 매료되어 있었던 내가 이 수업을 선택한 것은 아마도 필연적인 일이었을 것이다. 어느 날 교수님은 여느 때처럼 카리스마 넘치는 모습과 매력적인 중저음의 목소리로 강의를 하시다가 학생들에게 연세정신이란 무엇인가라고 질문을 하셨다. 지금 생각해 봐도 전형적인 내향적 성격인 내가 어떻게 용기를 내었는지 모르겠지만 교수님께 언어철학적인 관점에서 왜 그것에 대한 대답이 혼란스러울 수밖에 없는지에 관한 글을 제출하였다. 그 이후 교수님은 기초법 전공으로 대학원을 진학하는 것을 권유해 주셨다. 학문을 직업으로 삼는다는 것을 생각해 본 적이 없었던 나였기에 교수님의 권유가 없었더라면 분명 지금 나는 다른 일을 하고 있을 것이다. 대학원 진학 후 사석에서 교수님께서는 석사 때는 비트겐슈타인에 관한 논문을 쓰고 박사 때는 그것을 넘어서는 다른 것을 쓰는 것이 좋을 것 같다고 조언해 주셨다. 그래서 나는 내가 관심을 가지고 있었던 비트겐슈타인의 언어철학을 법철학에 어떻게 응용할 수 있을까 하고 고민하게 되었다. 그 결과 가장 직접적으로 연관이 있어 보이는 법해석론에 대한 언어철학적인 분석을 공부 하였고 그것을 주제로 석사학위논문을 적었다. 이후 나는 법철학에 분석철학의 세 례를 준 하트(H. L. A. Hart)에 대하여 관심을 가지게 되었고 그것은 곧 법실증주 의 일반에 관한 관심으로 확대되게 되었다. 이 책은 그러한 연구주제를 바탕으로 그간의 연구결과를 정리하고 발전시킨 것이다. 이렇게 볼 때, 결국 이 책은 김정 오 교수님과의 만남 그리고 교수님의 가르침이 있었기에 존재하게 된 것이다. 그 래서 부족한 책이지만 존경하는 마음을 담아 교수님께 이 책을 바치고자 한다. 또 한 이 책을 출간되도록 지속적인 관심을 기울여 주신 박영사 조성호 이사님과 이 책의 원고를 꼼꼼하게 검토해 주신 윤혜경 선생님께 감사드린다.

2022년 4월
저자 권경휘

차례

01　현대 법실증주의의 성립

02　법의 효력과 최종적인 근거지움

03   법과 행위의 지도

제1장
서론

| 제1절 이 책의 목적 |

이 책의 목적을 가장 잘 대변하는 구절이 있다면 (본래의 맥락과는 다소 다르기는 하지만) 그것은 비트겐슈타인(L. Wittgenstein)의 다음과 같은 언급일 것이다.

> 우리의 문명은 진보라는 낱말에 의해서 특징지어진다. 진보는 그것의 형식이지, 그것의 속성들 중 하나가 아니다. 그것은 전형적으로 구성적이다. 그것의 활동은 점점 더 복잡한 구성물을 구성하는 것이다. 그리고 명료성조차도 단지 이 목적을 위해서 봉사하지, 목적 자체가 아니다.
> 이에 반해서 나에게는 명료성이, 투명함이, 목적 자체이다. 나에게 흥미 있는 것은 건축물을 세우는 것이 아니라, 가능한 건축물의 기초들을 투명하게 만들어 내 앞에다 놓는 것이다. 나의 목표는 그러니까 과학자들의 그것과는 다른 것이며, 또 나의 사유운동은 그들의 것과 구별된다.[1]

모든 학문 영역에 종사하는 학자들은 각자의 영역이 다루고자 하는 대상을 엄밀하게 분석하고 관찰하려고 하거나 그것을 합리적으로 활용하고자 노력한다. 그들은 자신들이 종사하고 있는 학문에 대하여 너무나 잘 알고 있어서 수업시간에 학생들에게 "이것은 법학의 영역이고, 저것은 정치학의 영역이다."라고 말하기도

하고, 심지어 그 학문 내의 개별분과까지도 엄밀하게 구별할 수 있어서 "이것은 헌법의 영역이고, 저것은 형법의 영역이다." 혹은 "이것은 거시경제학의 영역이고, 저것은 미시경제학의 영역이다."고 말하기까지 한다. 그들은 자신들이 다루고 있는 대상에 대해서도 잘 알고 있어서 "이것은 법이고, 저것은 도덕이다."라고 혹은 "이것은 대한민국의 법이고, 저것은 일본의 법이다."라고 손쉽게 이야기할 수 있다. 특히 법과 관련해서는 대부분의 일반인들조차도 대한민국의 법과 일본의 법을 별다른 고민 없이 구별할 수 있다. 하트(H. L. A. Hart)는 법에 대한 일반인들의 이러한 상식을 다음과 같이 묘사하고 있다.

> 대부분의 사람들은 법에 대하여 질문을 받았을 경우에 쉽고 자신 있게 법의 사례들을 설명하는 모습을 보[인다] … 영국인으로서 살인을 금지하는 법, 소득세의 납부를 요구하는 법, 유효한 유언을 하기 위하여 무엇을 하여야 할 것인가를 규정한 법이 있다는 것을 모르는 사람은 거의 없을 것이다. 어린아이나 처음으로 'law'라는 영어에 접하게 된 외국인이라면 몰라도 실제 누구나 쉽게 이와 같은 사례들을 많이 들 수 있을 것이다. 사람들은 적어도 대체로는 어느 것이 영국에서 법인가 아닌가를 알 수 있는 방법을 설명할 수 있다. 그들이 상담할 수 있는 전문가가 있고 모든 이러한 문제들에 대하여 최종적으로 권위 있는 판단을 할 수 있는 법원이 있다는 것을 안다. 이 이상 더 많은 것들이 일반적으로 알려져 있다. 대부분의 교양인들은 영국의 법이 어떤 종류의 체계를 이루고 있는가를 알고 있고, 프랑스나 미국, 러시아 및 별개의 〈국가〉라고 생각되는 세계의 모든 부분에 법체계가 있으며, 그들은 중요한 차이점이 있음에도 불구하고 구조적으로는 상당히 유사하다는 관념을 가지고 있다.[2]

그런데 자신의 학문 영역에서 열정적으로 활동하던 연구자들에게는 불현듯 떠오르는 불안감이 있다. 그것은 자신이 종사하고 있는 학문이 무엇인지 혹은 자신이 다루고자 하는 대상이 무엇인지 하는 의문이다. 그 개별 학문 영역에서 최고의 전문가들이라고 할 수 있는 사람들이 오히려 일반인들조차 쉽게 대답할 수 있거나 혹은 학부과정의 학생들도 어렵지 않게 대답할 수 있는 의문에 대하여 괴로워하고 불안해하는 역설에 빠지게 되는 것이다.[3]

이러한 불안감에 깊은 감수성을 가진 일부의 연구자들은 다른 곳에 불태웠더라면 동료학자들에게 깊은 관심과 찬사를 받았을 자신의 열정을 그가 속한 학문 세계에서 가장 차가운 변방의 자리를 차지하고 있는 탐구의 영역에 쏟아붓곤 한다. 이 탐구의 영역들은 수리철학, 과학철학, 정치철학 등의 이름으로 불린다. 자신의 학문 영역에 대하여 비판적인 성찰을 하기 때문에 그것은 '철학'이라는 이름을 부여받게 되는 것이다.[4] 이 책이 다루고자 하는 주제는 그러한 영역 중 하나인 법철학에 속하는 것이다.

이 책은 직접적으로 실정법을 다루지 않는다. 즉, 이 책의 목적은 대한민국의 법이 무엇인지 엄밀하게 분석하고 관찰하려고 하거나 그것을 합리적으로 활용하고자 노력하는 것이 아니다. 만약 이 책의 목적이 그러한 것이었다면, 이 책의 제목은 『헌법 기본서』, 『헌법조문 정리』 등과 같은 것이 되었을 것이다. 적어도 이 점에서 이 책의 목적은 켈젠(H. Kelsen)이 행한 자신의 학문 목적에 대한 천명과 완전히 동일하지 않을지는 몰라도 상당 부분 부합한다.

> 순수법학은 실정법에 관한 이론이다. 더욱이 어떤 특수한 법질서가 아니라,
> 실정법 자체에 관한 이론이다. 순수법학은 일반적 법학이지, 특수한 국가법
> 규범 또는 국제법규범에 관한 해석이 아니다.[5]

일차적으로 이 책의 목적은 흡사 "상형문자의 오리한테 물렸다간 놈에게서 평생 놓여날 수 없다."[6]고 괴로워하던 이집트학자들과 닮은 모습으로, 기묘한 불안감에 사로잡혀 괴로워하고 있는 법철학자들이 궁금해하는 문제들, 즉 우리가 실정법을 가지고서 무엇을 하려고 할 때 전제하고 있는 개념들이 무엇인지 그리고 법이 사람들의 행위를 지도하는 현상은 어떻게 이루어지는지, 법학자들은 그러한 현상을 어떻게 기술할 수 있는지 등의 문제들에 대하여 검토하는 것에 있다. 이를 위하여 이 책에서는 이러한 질문들에 대하여 지금까지 제시된 대답들이 무엇이며 그것들의 의의와 한계가 무엇인지 밝혀주고자 한다. 그러한 질문을 하는 이들의 이론적 입장에 가장 적합한 답변은 무엇인지에 대하여 고찰해 보고자 한다.

대한민국의 개별적인 법에 관심을 가진 독자라면 혹은 이러한 불안감에 사로잡혀 본 적이 없는 독자라면 이 책의 목적에 대하여 실망하거나 이 장황한 논의가 도대체 무슨 의미가 있는 것인지 의아해할 것임에 틀림없다. 하나의 위안이 되는 것은 이러한 실망감 내지 당혹감이 특별한 것이 아니라 보편적 현상이라는 사

실이다. 빅스(B. Bix)가 애써 다음과 같은 독자들에게 해명의 글을 적은 것은 그러한 사실을 잘 보여준다.

> 개념적인 주장들, 개념적인 이론들 그리고 개념적인 질문들은 "법", "예술", "민주주의" 등과 같은 명칭들(종종 범주로서의 역할도 하는 명칭들)에 관한 주장들 내지 연구들이다. 개념적인 질문들의 의의는 학생들에게 종종 불분명해 보인다. 그리고 심지어 이러한 연구를 수행하는 이론가들조차도 자신들의 목적들에 대하여 어떤 분명한 관념을 가지고 있지 않아 보이는 경우도 있다. 종종 전문가들은 법의 본성 내지 권리의 본성에 관한 오랜 논쟁들이 순수하게 정의(definition)에 관한 문제들이어서 흥미가 없다고 생각하는 반면에, 때때로 학생들이 보이는 반응은 "누가 관심을 기울이는가?", "이것이 왜 문제가 되는가?"라고 묻는 것이다.[7]

이 책의 이차적인 목적은 바로 이러한 독자들에게 법학의 영역에서 전문가들이 겪고 있는 곤혹감의 근원이 무엇인지 그리고 그러한 질문들이 왜 중요한 것인지에 관하여 설명하는 것에 있다. 이 책의 질문들과 논의들에 전적으로 공감하지는 못하더라도 적어도 그러한 질문들이 제시된 배경에 대해서 납득한다면 이 목적은 성공적이라고 할 수 있을 것이다.

| 제2절 이 책의 주제 |

이 책에서 답변을 검토하고자 하는 몇 가지 물음들은 사실 현대 법실증주의(legal positivism)[8]가 직면한 가장 어려운 문제들이라고 할 수 있다. 그것들은 다음과 같다.

> 첫째, 법이 효력을 가진다는 것은 무슨 의미이며 법의 효력 근거는 무엇인가?
> 둘째, 사람들이 법을 행위의 근거로 삼는 이유는 무엇인가?
> 셋째, 법은 사람들의 행위를 어떠한 방식으로 지도하는가?

넷째, 법이론가는 어떻게 객관적이고 중립적인 태도를 가지고서 법을 기술
할 수 있는가?

첫 번째 문제는 두 개의 부분으로 구성되어 있다. 한 부분은 첫 번째 문제에
문자 그대로 적혀 있는 것으로, 법의 효력의 의미와 그 근거에 관한 것이다. 다소
거칠게 말하자면, 자연법론은 법의 효력을 도덕의 문제로 환원시키는 입장이라고
할 수 있다. 일견 이것은 매우 불합리해 보이지만, 매우 편리하다는 장점 역시 가
지고 있다. 도덕을 정초하는 골치 아픈 문제를 윤리학자들과 신학자들에게 떠넘
기기만 하면, 법의 효력의 문제에 대하여 더 이상의 복잡한 설명을 할 필요가 없
다. 반면에 법실증주의는 도덕으로 환원되지 않는 효력의 문제를 제기해야만 한
다. 이러한 방향으로 논의를 전개하게 되면 곧바로 첫 번째 문제의 다른 부분에
직면하게 된다. 왜냐하면 이러한 방향을 선택한 이들에게는 최종적인 근거지움의
문제를 대신 탐구해 줄 윤리학자나 신학자와 같은 이가 존재하지 않기 때문이다.
스스로 최종적인 근거지움의 문제에 대하여 답변을 내놓아야만 한다.

두 번째 문제인 "사람들이 법을 행위의 근거로 삼는 이유는 무엇인가"라는 질
문은 "사람들이 법을 행위의 근거로 삼아야 하는 이유가 무엇인가?"라는 질문 내
지는 "사람들이 법을 행위의 근거로 삼기 위해서는 법에 어떠한 조건이 요구되는
가?"라는 질문으로 이해해서는 안 된다. 왜냐하면 전자는 법에 대한 사람들의 관
점의 설명만을 요구하지만 후자는 법에 대한 평가의 문제를 포함하기 때문이다.
법에 대한 평가의 문제를 다루는 것은 법에 대하여 객관적이고 중립적인 태도를
설명하려는 법실증주의의 기획에 어긋난다.

세 번째 문제인 수범자들이 법을 행위의 근거로 삼는 이유를 올바르게 제시하
였다고 하더라도 법이 수범자들의 행위를 어떻게 지도하는가라는 질문에 답하지
않았다면 그러한 답변은 법의 규범성에 관한 전체적인 설명을 제시하였다고 볼
수 없다. 두 질문은 어느 정도 관련성을 가지고 있기 때문에 하나의 문제에 대하
여 어떠한 답변을 제시하는지가 다른 문제에 답변에 영향을 미치는 것은 사실이
다. 예컨대, 사람들이 법을 행위의 근거로 삼는 이유가 법이 규정하는 제재에 있
다고 보는 입장의 경우, 법이 사람들의 행위를 지도하는 방식에는 의무를 부과하
는 방식만이 존재한다고 주장한다. 그러나 하나의 문제에 답변하는 것만으로는
다른 문제를 완전히 답변한 것이라고 할 수 없다는 점에서 두 문제는 서로 구분

되어야만 한다.

어떠한 법실증주의자도 법이 의무를 부과하는 것이 사람들의 행위를 지도하는 방식이라는 것을 부정하지 않는다. 문제는 의무를 부과하는 행위지도의 방식 외에 다른 행위지도의 방식, 즉 권한을 부여하는 행위지도의 방식을 인정할 것인지 여부이다. 이에 대해서 법실증주의 진영 내에 찬반양론이 존재한다. 따라서 "법은 사람들의 행위를 어떠한 방식으로 지도하는가?"에 관한 논의의 핵심은 "권한부여적인 규범이 독자적으로 행위를 지도할 수 있는가?"라는 질문에 있다고 할 수 있다.

네 번째 문제는 처음부터 존재했던 문제라기보다는 앞의 세 가지 문제를 고찰하는 과정에서 제기된 문제라고 할 수 있다. 앞의 세 가지 문제에 올바르게 답변하기 위해서 취하게 되는 이론적 장치들은 곧바로 그것들이 법실증주의의 태도와 양립할 수 있는가라는 의문을 불러일으켰다. 이것이 바로 네 번째 문제이다. 즉, 이것은 법실증주의자가 혹은 (법실증주의의 이론에 따를 때) 법학자가 법을 규범적으로 기술함에 있어서 어떠한 유형의 법적 진술을 사용해야 하는가하는 문제이다.

법적 진술에는 법이 가지고 있는 규범성을 표현하는, 즉 자신이 속한 공동체가 법을 행위의 근거로 삼고 있고 자신 역시 그러하다고 표현하는 "내적인 법적 진술"(internal legal statement), 법에 관한 경험적 사실을 기술할 뿐 규범성을 표현하지 않는 "외적인 법적 진술"(external legal statement), 법이 가지고 있는 규범성을 표현하면서도 자신이 그 법을 행위의 근거로 삼는다는 것을 표현하지 않는 "초연한 법적 진술"(detached legal statement) 등이 존재한다. 그렇다면 법학의 관점에서 법을 기술할 때 사용되는 진술은 어떠한 것인가?

현대 법실증주의에 있어서 이러한 물음들이 왜 중요하며, 왜 이것들이 현대 법실증주의가 직면한 가장 어려운 문제들인가? 법실증주의는 객관적이고 중립적인 관점에서 법을 설명하려는 이론적 태도를 말한다. 법실증주의는 이러한 태도를 유지하면서도 어떻게 이러한 물음들에 성공적으로 답변할 수 있을까 하는 것은 법실증주의가 하나의 성공적인 이론일 수 있는가를 평가하는 중요한 척도가 된다. 만약 이러한 물음에 성공적으로 답변하지 못한다면 법실증주의는 스스로 붕괴할 수밖에 없는 모래 위의 건물에 지나지 않을 것이다.

이러한 물음들이 가지는 중요성에도 불구하고 이것들을 하나의 일관된 논의 속에서 고찰해보려는 시도는 아직까지 손에 꼽을 정도이다. 대부분의 법실증주의자들은 이러한 물음들을 개별적인 것으로 생각하여 하나의 물음에 답하면서 다른 물음들과의 연계성을 생각하지 못하였다. 혹은 다른 물음들을 부차적인 것으로 생각하여 하나의 물음에 답변하는 과정에서 나머지들에 대하여 간접적으로 답변하는 수준에 머무르곤 하였다.

이 책은 현대 법실증주의자들이 이러한 질문들에 대하여 어떻게 답변해 왔는지를 고찰하고 그것들을 비판적으로 검토하여 법실증주의의 진영에서 가장 적합한 답으로 제시할 수 있는 것이 무엇인지 고민하는 것을 그 주제로 한다.

이 책의 주제는 다음의 2가지 의미에서 제한적이다. 첫째, 이 책은 철학 일반에 속하는 효력과 규범성 일반에 관한 이론을 제시하려고 하지 않고 오직 "법의" 효력과 규범성의 문제에 집중하고자 한다. 효력 내지 규범성 일반에 관한 설명[9]은 오직 법의 효력과 규범성을 설명하는 도중에 필요한 경우에만 그 범위 내에서 논의되어질 것이다.

둘째, 이 책은 법실증주의가 법의 효력과 규범성의 문제에 대하여 어떻게 답변해야 하는가라는 문제를 고찰한다는 점에서 제한적이다. 물론 이 책은 자연법론과 법실증주의라는 고전적인 논쟁에서 법실증주의 진영의 입장을 분석하는 것을 그 주제로 하고 있지만, 이 책은 결코 자연법론을 비판하는 내용 내지는 자연법에 비하여 법실증주의가 가지는 우월성 등을 주장하지 않는다. 또한 법실증주의의 입장을 취하지 않는 자연법론자들 내지는 비실증주의자들도 이 책에서 제시하는 결론과 같은 방식으로 법의 효력과 규범성의 문제를 해결해야 한다고 주장하는 것도 아니다. 오직 이 책이 관심을 가지는 것은 법실증주의 진영이 논리적 일관성 내지는 이론적 정합성을 가지려면 이러한 물음들에 대하여 어떠한 방식으로 답변해야만 하는가이다.

| 제3절 이 책의 구성과 내용 |

제1부는 현대 법실증주의가 성립하게 된 상황과 그 철학적 배경을 살펴본다. 먼저 제2장에서는 위의 4가지 물음과 관련하여 고전적 법실증주의가 제시한 주된 답변이 무엇인지 살펴보고, 그러한 답변이 왜 틀렸는지를 살펴보고자 한다. 고전

적 법실증주의자의 대표자라고 할 수 있는 오스틴(J. Austin)은 법을 주권자의 명령으로, 다시 말하자면 주권자의 소망과 해악의도로 환원시킨다. 그러나 이러한 환원주의적 방식은 법적 현상을 제대로 설명하지 못하였고, 고전적 법실증주의가 기초하고 있었던 철학 및 사회과학 일반의 경향은 많은 공격을 받게 되었다.[10] 이러한 상황에서 현대 법실증주의는 고전적 법실증주의를 비판하고 법실증주의 진영을 일신하고자 노력하게 되었다.

제3장에서는 오스트리아 출신의 법실증주의자인 켈젠의 순수법학의 성립배경을 살펴본다. 19세기 후반 독일에서는 당시 학계에 팽배해 있던 자연주의적 태도를 극복하기 위하여 신칸트주의와 현상학이 발생하였다. 이들의 주된 공격 대상은 칸트를 심리학주의적으로 해석하려는 태도나 논리학을 위시한 모든 학문들을 심리학적 사실로 환원하려는 태도였다. 켈젠은 바로 그러한 배경하에서 존재와 당위의 엄격한 이원론을 전제한 법실증주의, 칸트의 반심리학주의적 해석을 실정법에 적용한 법실증주의라고 할 수 있는 "순수법학"을 탄생시켰다. 제3장에서는 이 책에서 계속해서 고찰하게 될 순수법학의 논의에 대한 이해를 돕기 위하여 순수법학을 성립하거나 옹호하는 데 활용된 철학적 논의들과 그 영향을 살펴본다. 가장 먼저 고찰하는 것은 켈젠이 활동했던 시대의 지적 배경이라고 할 수 있는, 심리학주의와 그에 대한 반동인 반심리학주의의 대립이다. 특히 여기에서는 켈젠의 이론적 출발점이 이러한 반심리학주의에 있음을 보여주고자 한다. 또한 켈젠에게 지대한 영향을 미친 코헨(H. Cohen)의 이론을 살펴볼 것이다. 켈젠은 자신의 이론을 코헨의 칸트 해석을 실정법이론에 적용한 것이라고 평가하고 있을 만큼 코헨의 중요성을 강조하고 있다. 그가 받아들인 코헨의 신칸트주의가 순수법학에서 어떠한 의미를 가지는지 분석해 보고자 한다.

제4장에서는 영국의 법실증주의자인 하트의 이론의 성립배경을 살펴본다. 하트는 언어에 대한 논의가 철학을 휩쓸던 시기에 그 중심부 중 하나라고 할 수 있는 옥스퍼드 대학에서 일상언어학파의 철학자들과 밀접하게 교류하면서 자신의 이론을 발전시켰다. 특히 그는 이러한 언어철학의 논의 속에서 "이해"의 방법 내지는 "해석학"적인 방법이라고 평가할 수 있을 내적 관점을 발전시켜 고전적 법실증주의의 한계를 극복하고자 하였다. 여기에서는 그가 구체적으로 어떠한 언어철학의 논의를 받아들였는지 구체적으로 추적해 보고자 한다.

제2부는 이 책의 첫 번째 주제, 즉 "법이 효력을 가진다는 것은 무슨 의미이며

법의 효력 근거는 무엇인가?"라는 질문을 다룬다. 먼저 제5장에서는 법적 규범의 효력에 관한 켈젠의 답변을 살펴볼 것이다. 켈젠은 법의 효력을 설명함에 있어서 두 가지 종류의 반환원주의를 동시에 채택한다. 즉, 그는 법의 효력에 관한 문제를 도덕의 문제로 환원하는 것을 반대할 뿐만 아니라 법의 효력에 관한 문제를 사실적인 문제로 환원하는 것(보다 일반적으로 말하면, 당위의 문제를 존재의 문제로 환원하는 것)에도 반대한다. 이러한 반환원주의는 켈젠으로 하여금 법의 효력의 문제를 동태적인 관점에서, 즉 법의 창설과 관련하여 관찰하도록 이끌었고 법의 단계구조라는 아이디어를 채택하게 만들었다. 하지만 그것은 곧 법체계의 최종적인 근거지움이라는 새로운 문제에 봉착하게 되었다.

제6장에서는 켈젠이 이러한 최종적인 근거지움의 문제를 해결하기 위하여 도입한 근본규범에 관하여 검토한다. 이러한 검토는 근본규범에 관한 켈젠의 이론의 원형이라고 할 수 있는 것을 재구성하는 작업에서부터 시작하고자 한다. 왜냐하면 근본규범에 관한 켈젠의 설명은 여러 차례 수정 및 보완되었기 때문에 원형과 그것의 변화과정을 고찰하지 않는다면 그것을 제대로 이해할 수 없을 것이기 때문이다. 근본규범에 관한 켈젠의 이론을 이해하는 것에는 또 하나의 문제점이 존재하는데 그것은 자신의 입장 변화의 원인에 대하여 설명하는 경우가 많지 않다는 것이다. 그래서 순수법학의 이론적 발전과정이라는 전체적인 틀에서 근본규범에 대한 켈젠의 설명이 변화하게 된 이유들을 추적하고 밝혀보고자 노력할 것이다. 최종적으로는 이러한 변화를 통해서도 여전히 켈젠이 해결하지 못한 문제점을 지적하고자 한다.

제7장에서는 켈젠의 근본규범이 가지는 문제점을 해결하고 있는 승인의 규칙에 대하여 살펴보고자 한다. 켈젠과 달리 하트는 법의 효력을 규범 일반의 효력과 동일시하지 않는다. 법적 규칙은 켈젠이 말한 것과 같은 체계상의 효력을 가지지만, 그것을 최종적으로 근거지워 주는 승인의 규칙은 체계상의 효력을 가지는 것이 아니다. 그것은 체계에 속하지 않는 규칙들처럼 사실상의 효력을 가진다.

제8장에서는 제2부에서 검토된 내용을 바탕으로 법실증주의가 취해야 할 올바른 답변에 대하여 제시하고자 한다. 법체계에 속하는 대부분의 규범들은 켈젠이 말하는 체계상의 효력을 가진다. 다만, 궁극적인 규범만은 그렇지 않아서 그것은 사실상의 효력을 가진다. 즉, 공무담당자가 그것을 일반적으로 수용한다는 사실에 의하여 효력을 가진다.

제3부는 이 책의 두 번째 주제 "사람들이 법을 행위의 근거로 삼는 이유는 무엇인가?"라는 문제와 세 번째 주제 "법은 사람들의 행위를 어떠한 방식으로 지도하는가?"라는 문제를 다룬다. 전술한 것처럼 이 두 주제는 서로 구분되면서도 밀접한 관련이 없는 것이기 때문에 제3부에서 동시에 다루는 것이다.

제9장에서는 법을 행위의 근거로 삼는 이유에 관한 문제를 다룬다. 전통적으로 자연법론자들은 이러한 문제에 관하여 도덕 내지 자연법에 기초하여 답변해 왔다. 자연법론자들과 달리, 법을 도덕적인 평가와 분리하여 기술하고자 하는 법실증주의자들은 도덕에 기초하지 않고서 사람들이 법을 행위의 근거로 삼는 이유를 설명해 내려고 해 왔다. 그렇다면 그들은 사람들이 법을 행위의 근거로 삼는 이유를 어떻게 설명해 왔는가? 여기에서는 법실증주의자들의 답변을 제재 테제, 수용 테제, 권위 테제라는 3가지의 테제로 재구성하고 각각을 비판적으로 검토한다. 이를 통하여 법실증주의자들이 법의 규범성을 어떻게 설명하는 것이 타당한가를 검토하고자 한다.

제10장에서는 법이 행위를 지도하는 방식에 관한 문제를 다룬다. 법실증주의자들 중 어떤 이들은 법이 사람들의 행위를 지도하는 방식에는 오직 의무부과적인 방식만이 존재한다고 주장한다. 이들의 주장에 따르면, 법은 특정한 행위를 하도록 강제하는 방식만으로 사람들의 행위를 지도한다. 그렇다면 법체계 내에서 사람들의 행위를 지도하는 규범은 오직 의무부과적 규범뿐일 것이다. 반면에 다른 법실증주의자들은 권한부여적 규범이 비록 의무부과적 규범과 다른 방식이지만 독자적으로 행위를 지도한다고 주장한다. 즉, 법은 권한을 부여함으로써도 행위를 지도할 수 있다는 것이다. 여기에서는 두 입장을 비판적으로 검토함으로써 어떠한 입장이 법의 규범적인 기능을 왜곡하지 않고 올바르게 설명할 수 있는지 고찰한다.

제4부는 네 번째 문제, 즉 "법이론가는 어떻게 객관적이고 중립적인 태도를 가지고서 법을 기술할 수 있는가?"라는 문제를 살펴보고자 한다. 즉, 법실증주의의 입장에 따를 때 법이론가 내지는 법학자가 객관적이고 중립적인 태도로 법의 규범성을 표현할 수 있는 방법이 무엇인가를 검토할 것이다.

제11장에서는 켈젠의 법적 명제 이론에 관하여 고찰한다. 켈젠은 법적 규범과 법적 명제가 엄격하게 구분되어야 한다고 주장한다. 법적 규범은 법기관에 의해 창설되고, 법기관에 의해 적용되며, 수범자에 의해 준수되는 것이다. 반면에 법적

명제는 법과학에 의해서 구성되는 것으로 "법적 규범에 의하여 규정된 요건들 사이의 관계"를 기술한다. 즉, 법적 규범은 법과학의 인식의 대상이고, 법적 명제는 법과학에 의해 기술 내지는 구성되는 것이다. 이러한 켈젠의 법적 명제 이론은 기술적인 의미에서의 당위라는 개념을 제시함으로써 네 번째 문제를 해결할 수 있는 실마리를 제공하고 있다.

제12장에서는 하트의 내적 관점과 내적 진술에 대하여 검토한다. 하트는 내적 관점을 도입하여 명령과 구별되는 법의 특징을 설명한다. 또한 그는 내적 관점을 확인하는 표지로써 내적 진술이 제시한다. 하트는 내적인 법적 진술이 도덕적 판단을 포함하지 않는다고 주장하면서 그렇기 때문에 법이론가가 내적인 법적인 진술을 통하여 법에 관하여 기술하더라도 객관적이고 중립적인 태도를 유지할 수 있다고 주장한다. 그러나 내적인 법적 진술에 도덕적 판단이 포함되지 않는다는 주장에 대해서는 비판적인 의견이 상당수 존재한다. 이러한 견해에 따르면, 법실증주의자는 내적인 법적 진술을 사용할 수 없고 다른 유형의 법적 진술을 사용해야한다. 여기에서는 이 문제에 관한 어떠한 답변이 법실증주의자들로 하여금 객관적이고 중립적인 태도를 유지하면서도 법을 기술할 수 있게 해 주는가를 고찰한다.

이 책의 많은 논의들은 저자가 그동안 수행해 온 다음의 연구들을 토대로 작성되었다.

(1) "켈젠의 규범 일반 이론: 효력 이론을 중심으로", 『법철학연구』 제14권 제3호(2011)

(2) "법의 규범적 성격에 관한 연구: 법은 수범자의 행위를 어떠한 방식으로 지도하는가?", 『법학논문집』 제36집 제1호(2012)

(3) "순수법학에 있어서 법과학의 개념", 『법학논총』 제29권 제3호(2012)

(4) "법을 행위의 근거로 삼는 이유에 관한 고찰: 법실증주의의 관점에서", 『법철학연구』 제15권 제3호(2012)

(5) "켈젠의 법적 명제 이론", 『법철학연구』 제17권 제3호(2014)

(6) "현대법실증주의와 규범성의 문제: 하트의 '내적 관점'을 중심으로", 『법철학연구』 제18권 제1호(2015)

(7) "승인의 규칙에 관한 하트의 이론", 『강원법학』 제46권(2015)

(8) "현대 영미법철학에 있어서 분석철학의 영향", 『강원법학』 제50권(2017)

(9) "존 오스틴의 생애와 법사상"(공저), 『법철학연구』 제21권 제3호(2018)

(10) "켈젠의 근본규범에 대한 비판적 검토", 『법철학연구』 제24권 제3호(2021)

(11) "순수법학의 철학적 배경", 『서울법학』 제29권 제4호(2022)

이 책에서 주장하는 바가 기존의 연구들에서의 주장과 다른 경우를 발견할 수 있을 것이다. 책을 집필하는 과정에서 발견한 기존의 잘못이나 오류들을 대폭 수정하고자 노력한 결과이다. 대표적인 것으로는 규범성에 관한 하트의 이론과 관련하여 혼란스럽게 기술했던 것, 승인의 규칙과 일반적인 법적 규칙들에 대한 구별을 명확하게 설명하지 못했던 점, 무어(G. E. Moore)의 직관주의에 대하여 오해했던 것, 초연한 진술의 성격에 대하여 불분명하게 기술한 것 등을 들 수 있다. 하지만 여전히 많은 오류가 남아 있을 것이다. "하지만 이를 개선할 수 있는 시간은 지나가 버렸다."[11]

01

현대 법실증주의의 성립

제2장
영국의 고전적 법실증주의의 한계

| 제1절 서론 |

영국의 고전적 법실증주의의 대표적인 학자로는 벤담(J. Bentham)과 오스틴(J. Austin)을 들 수 있다. 이들이 활발하게 활동했던 18세기 말 19세기 초는 '설명'(Erklären)과 '이해'(Verstehen)의 전통[1] 중 전자가 지배하였던 시기였다. 자연과학의 엄밀한 방법을 사회과학에도 도입하여 관찰대상을 관찰하고 그것을 기술함에 있어서 객관적이고 경험적인 방법과 언어를 사용하고자 하는 설명의 전통이 득세하였다. 즉, 그들이 활동하던 배경은 "정치와 도덕에 뉴턴주의를 적용하려는 시도"를 하는 것이 지배적인 시기였다.[2] 벤담과 오스틴의 법실증주의는 바로 이러한 맥락에서 이해되어야 한다.[3]

물론 오스틴의 이론에 대한 이러한 이해와 달리 그것이 내적이고 해석적인 측면을 가지고 있다는 주장이 제기되기도 하지만,[4] 한 이론가의 이론을 해석할 때에는 역사적 상황, 이데올로기적 맥락, 저작의도 등을 고려해야만 한다는 측면에서 볼 때 이러한 주장은 타당하지 않다.[5] 내적이고 해석적인 측면을 강조하는 이해의 전통은 서로 전혀 영향을 미치지 않은 두 개의 지적인 원천을 가지고 있다.[6] 하나는 슐라이어마허(F. E. D. Schleiermacher),[7] 드로이젠(J. G. Droysen),[8] 딜타이(W. Dilthey)[9]로부터 비롯된 '해석학'[10] 또는 '정신과학'(Geisteswissenschaften)[11]의 '이해'의 문제라는 독일 철학 고유의 논의이다. 이것은 하이데거(M. Heidegger)를 거쳐 가다머(H.-G. Gadamer)[12]를 통하여 오늘날의 모습을 가지게 되었다. 두 번째 원천은 후기 비트겐슈타인(L. Wittgenstein)과 그의 영향으로 형성된 언어의 의미와 관련된 논의이다. 이 두 번째 원천이 바로 하트가 언어철학의 성과를 법철학에 받아들여서[13] 내적 관점을 채택할 수 있었던 배경이다.[14] 그러므로 오스틴의 분석적 법리학 내지는 실증주의적 법이론에서 내적이고 해석적인 측면을 찾으려는 시도는 타당하지 않다.

벤담과 오스틴의 활동하였던 시대적 배경 때문에 그들이 활동했던 시기가 법학에서 법실증주의가 주류였던 시대였으리라고 짐작하기 쉽지만, 실제로는 그러지 못하였다. 그것은 두 대표자 각각의 사정에 의해서였는데, 벤담의 경우에는 그의 주요 주장들이 미처 출간되지 못하였고 사후에야 그의 저작전집이 정돈되지 못한 채 출판되었기 때문이었다. 그래서 밀(J. S. Mill)은 "저작의 극히 적은 일부분을 제외한다면 많은 사람들에 의해서 읽히지 않았고, 거의 독자가 없었다고 할 수 있다."고 이야기하고 있다.[15] 비록 벤담의 법이론의 서문이라고 할 수 있는 『도덕과 입법의 원칙에 대한 서론』[16]이 1789년에 출간되긴 하였지만 그 본격적인 내용을 담고 있는 『법 일반에 관하여』[17]는 하트(H. L. A. Hart)가 편집하여 출간하기까지 거의 200년 정도를 기다려야만 했다. 그래서 벤담의 사상은 입법운동가의 측면에서 주로 알려졌을 뿐 법실증주의자로서의 면모는 제대로 분석되지 못하였다. 반면에 오스틴의 경우에는 그가 1827년에 유니버시티 칼리지 런던(University College London, UCL)[18]의 최초의 법리학 교수로 임용되어 1828년부터 법실증주의에 기반한 강의를 하였고 1832년 자신의 주저 『법리학의 영역 확정』[19]을 출간하는 등의 활동을 하였지만 수강생의 수가 적었고 그의 성격이 예민했던 관계로 곧 법리학 교수직을 사임하였기 때문이었다. 이후 『법리학의 영역 확정』제2판을 발행하려는 그의 계획은 자신의 성향[20] 때문에 결국 완성하지 못하였다. 그것은 그의 사후인 1861년에야 부인 사라에 의해서 출간될 수 있었다.[21]

영국에서 고전적 법실증주의가 유행하게 된 것은 오스틴 사후인 1869년에 켐벨(R. Cambell)이 오스틴이 1834년경 법학원(Inner Temple)에서 강의하였던 강의록을 편집하여 『법리학 또는 실정법에 관한 강의』[22]를 출간하였는데 이것이 당시에 유명세를 타고 있던 학자인 메인(H. Maine)에 의하여 집중적으로 소개되었고 다이시(A. V. Dicey) 등이 오스틴의 이론을 적극적으로 수용하였기 때문이었다. 그래서 하트는 오스틴에 대하여 "영국에서 법리학 연구를 창시하였다."고 평가한다.[23] 그러므로 설령 벤담의 이론이 오스틴의 것보다 더 정교하다고 하더라도 그것은 1970년대에 이르러서야 제대로 된 모습으로 등장하였기 때문에 고전적 법실증주의의 형성에 실질적인 영향을 미치지 못한 반면에 오스틴의 이론은 영국과 미국의 법철학에 지대한 영향을 미쳤으므로 영국의 고전적 법실증주의가 어떠한 모습이었는가를 살펴보는 작업은 벤담의 이론보다는 오스틴의 이론을 집중적으로 살펴보는 방식으로 진행될 수밖에 없다.

오스틴의 법실증주의의 원칙은 다음과 같이 웅변조로 제시되었는데, 이것은 "법실증주의의 강령"이라고 부를만하다.

> 법이 존재한다는 것과 법이 좋다, 나쁘다는 것은 별개의 문제이다. 법의 존재 여부와 법이 일정한 기준에 부합하는지 여부는 별개의 고찰이다. 비록 그것이 우리의 마음에 들지 않거나 그것이 우리의 동의 여부를 규율하는 성경과 다르다고 하더라도 실제로 존재하는 법이 법이다.[24]

이러한 원칙하에서 그는 소위 "법명령설"이라고 불리는 이론을 제시한다. 바로 제2절에서는 그의 법명령설을 살펴보는데, 이 부분이 바로 고전적 법실증주의의 주요한 한계점으로 볼 수 있다. 또한 제3절에서는 사법입법에 대한 오스틴의 이론을 살펴본다. 사법입법에 대한 오스틴의 이론은 벤담의 주장과 상당히 다른데, 이것은 사법입법에 대한 입장이 법실증주의의 본질적인 부분이 아님을 보여준다. 그래서 이 책에서는 현대 법실증주의자들의 이론 중 사법입법에 대한 부분을 다루지 않는다. 마지막으로 제4절에서는 그 한계점을 집중적으로 살펴보고, 현대 법실증주의의 대표적인 이론가들인 켈젠(H. Kelsen)과 하트가 이를 어떻게 극복하는지 개관적으로 살펴보고자 한다.

| 제2절 법명령설 |

오스틴에 따르면, 실정법이란 "저자에 복종상태에 있는 사람 혹은 사람들에 대한 군주 또는 주권집단의 직접적이거나 우회적인 명령"이다.[25] 이 점에서 오스틴의 이론은 "법명령설"이라고 불린다. 실정법에 대한 오스틴의 정의를 구성하는 요소를 분석해보면 다음과 같다.

(1) 주체: 주권자(군주 또는 주권집단)
(2) 대상: 수범자(복종상태에 있는 사람들)
(3) 방법: 직접적 방법 또는 우회적 방법
(4) 내용: 명령

실정법의 정의를 구성하는 이러한 요소들을 차례로 살펴보도록 하자.

1. 주체

오스틴은 실정법을 발하는 주체인 주권자에 관하여 다음과 같이 설명한다.

> 만약 어떤 확정적인 인간 우월자가 다른 어떤 우월자에게도 복종의 습관
> (habit of obedience)을 가지고 있지 않으면서 어떤 특정한 사회의 대부분의
> 사람으로부터 습관적인 복종(habitual obedience)을 받는다면, 그 확정적인 우
> 월자는 그 사회의 주권자이고 (그 우월자를 포함하여) 그 사회는 정치적이고
> 독립적인 사회(society political and independent)이다.[26]

이러한 오스틴의 설명에는 주권자가 되기 위한 두 가지 조건이 들어 있다. 하나는 어떤 특정한 사회의 대부분의 사람으로부터 습관적인 복종을 받는다는 사실이고, 다른 하나는 다른 우월자에게 복종의 습관을 가지고 있지 않다는 점이다.

첫 번째 조건은 인간의 공동체가 정치적인 사회일 수 있게 해 준다. 즉, 정치적인 사회라는 것은 그 사회의 대부분의 사람이 누군가에게 습관적인 복종을 하

는 공동체인 것이다. 그러나 이것만으로는 주권자가 존재한다고 할 수 없다. 예를 들어, A라는 국가가 B라는 지역을 점령하고 식민지로 삼아서 B 지역을 다스릴 총독 C를 파견하였다고 하자. B 지역의 인간 공동체가 C에게 습관적인 복종을 할 수도 있다. (물론 습관적인 복종을 하지 않을 수도 있다.) 만약 운 좋게도 C에 대한 습관적인 복종이 이루어진다면, B 지역의 인간 공동체는 분명 정치적인 사회라고 할 수 있을 것이다. 그러나 그렇다고 해서 C를 주권자라고 할 수는 없을 것이다.

이러한 문제를 해결하기 위해서 오스틴은 두 번째 조건을 도입한다. 이제 그 정치적인 사회의 우월자가 다른 우월자에게 습관적인 복종을 하지 않는다면, 그 사회는 정치적일 뿐만 아니라 독립적이다. 이때에야말로 주권자가 존재할 수 있게 된다. 즉, 총독 C가 본국 A에게 더 이상 복종을 하지 않기로 하고 그것이 이루어졌을 때 C는 주권자가 된다.

2. 대상

오스틴의 이론에서 법이 대상으로 하는 수범자는 주권자의 상대적인 지위로 등장하게 된다. 즉, 누군가가 주권자라면 그에게 습관적으로 복종하는 자들은 수범자이다.

> 그 확정적인 우월자[주권자]에게 그 사회의 나머지 구성원들은 수범자(subject)이다. 혹은 그러한 명확한 우월자에게 그 사회의 나머지 구성원들은 종속적이다(dependent). 그 명확한 우월자에 대한 다른 나머지 구성원의 위치는 수범의 상태(state of subjection) 내지는 종속의 상태(state of dependence)이다. 그 우월자와 나머지 구성원들 사이에 존재하는 상호관계는 "주권자와 수범자의 관계" 내지는 "주권과 수범의 관계"로 부를 수 있을 것이다.[27]

이처럼 수범자를 "그 사회에서 주권자를 제외한 나머지 구성원들"로 이해하는 것은 다음의 두 가지 측면을 추가적으로 검토할 필요가 있다.

첫째, 이러한 방식으로 수범자를 이해한다면 주권자 자신은 수범자에 포함되지 않는다는 점이다. 즉, 오스틴은 명시적으로 주권자와 "그 사회의 나머지 구성원들"인 수범자를 명확하게 분리하고 있다. 그러므로 실정법에 의해 제한되는 주

권은 그 표현에서부터 명백하게 모순적이다.[28]

이 부분은 오해를 피하기 위해서 조금 엄밀하게 설명을 할 필요가 있다. 주권자가 한 명인 국가에서는 주권자에게 제한을 가하는 헌법은 사실상 실정도덕에 지나지 않는다. 그 국가에서는 주권자가 결코 수범자가 될 수 없기 때문이다. 반면에 귀족정과 같이 주권자가 여러 명인 경우에는 그러한 헌법은 경우에 따라서 실정도덕을 구성할 수도 있고 혹은 실정법과 실정도덕의 혼합물일 수도 있다. 즉, 주권적 성격을 가지는 주권집단에 대하여 제한을 가하는 경우에는 실정도덕에 불과할 것이고, 그것을 구성하는 구성원을 개별적으로 제한하는 경우에는 실정법과 실정도덕의 혼합물일 것이다.[29] 그러므로 유일한 주권자 또는 주권집단에 대하여 제한을 가하는 헌법은 실정법이 아니고 실정도덕(도덕적 격률 내지는 교훈[30])에 불과하므로 법리학의 대상이 아니다. 그럼에도 불구하고 오스틴은 이러한 헌법을 법전에 편입시키는 것 자체에는 반대하지 않는다.

> 주권과 관련되어 있고 법이라고 불리는 것들 중 대부분은 논리적으로 엄밀하게 보자면 법전(corpus juris)에서 추방되어야 함에도 불구하고, 그것들은 논리적 균형을 맞추어 준다는 편의 때문에 법전에 편입되어야 한다. 엄밀하게 보자면 그것들은 실정도덕이나 윤리에 속함에도 불구하고, 그것들에 관한 지식은 … 실정법에 한 지식을 위해 절대적으로 필요하기 때문이다.[31]

둘째, 수범자를 "그 사회에서 주권자를 제외한 나머지 구성원들"로 이해한다면 그 사회의 구성원이 아닌 자는 수범자가 될 수 없다는 점이다. 이에 대하여 오스틴은 다음과 같이 말한다.

> 일반적으로 말하면, 우리는 실정법이 그 법의 저자의 수범자 내지는 수범자들에게만 발하여지거나 그들만을 지향한다고 말할 수 있을 것이다. 혹은 실정법은 그 법의 저자가 주권자인 공동체의 구성원 내지는 구성원들에게만 발하여지거나 그들만을 지향한다고 말할 수 있을 것이다.[32]

그러나 현실적으로는 실정법이 이방인(stranger), 즉 그 독립적인 공동체의 구성원이 아닌 자에게 의무를 부과하는 경우가 종종 존재한다. 그러한 경우에 그는 비록 다른 독립적인 공동체의 구성원이지만 주권자가 속한 공동체의 구성원들과 동일하게 의무를 강제하는 제재의 위협을 받게 된다. 이러한 상황을 설명하기 위해서 오스틴이 취할 수 있는 전략은 두 가지이다. 하나는 수범자의 범위를 확대해서 문제되는 독립적인 정치적 사회에 속하지 않는 자도 수범자가 될 수 있게 하는 것이고, 다른 하나는 수범자의 범위를 문제되는 독립적인 정치적 사회에 속하는 자로 그대로 두고 이방인을 그 사회에 속하는 자로 설명하는 것이다. 그는 후자의 방법을 취한다. 즉, 오스틴은 이방인이 만약 특정한 공동체 내에 거주한다면 혹은 이방인이 그 특정한 공동체 내에 거주하지 않더라도 그 영토 내에 존재하는 토지나 동산의 소유자라면, 그는 제한적인 목적에서 그 공동체의 구성원으로서 실정법에 의하여 의무를 부과받게 된다고 설명한다.[33]

3. 방법

오스틴은 실정법을 직접적으로 또는 우회적으로 제정하는 방법을 다음과 같이 3가지로 제시한다.

> 실정법 또는 엄밀하게 그렇게 불리는 법은 세 종류의 저자에 의하여, 즉 최고의 정치적 우월자로서의 군주 또는 주권집단(sovereign bodies)에 의해, 그 아래의 정치적 우월자로서의 복종상태에 있는 사람들에 의해, 법적 권리를 수행하는 사인으로서의 수범자에 의해 직접적으로(directly or immediately) 확립된다.[34]

이러한 3가지 방법은 다음과 같이 분류될 수 있을 것이다.

(1) 직접적인 방법: 군주 또는 주권집단에 의하여 확립되는 방법
(2) 우회적인 방법1: 군주 또는 주권집단보다 아래의 정치적 우월자에 의하여 확립되는 방법
(3) 우회적인 방법2: 법적 권리를 수행하는 사인으로서의 수범자에 의하여 확립되는 방법

주권자(군주 또는 주권집단)가 직접적으로 법을 확립하는 경우에는 그 내용에 있어서 아무런 제한이 없을 것이다. 왜냐하면 주권자의 권한을 제한하는 것은 그 정의상 존재할 수 없기 때문이다. 만약 주권자가 자신을 제외한 누군가에게 복종을 해야 한다면, 그 사회는 더 이상 독립적인 공동체가 아닐 것이고 그 사회에는 주권자가 존재하지 않을 것이다. 심지어 주권자 스스로가 자신의 권한을 제한하는 법이라고 불리는 것을 만든다고 하더라도 전술한 것처럼 주권자 자신은 수범자가 아니기 때문에 그것은 법이라고 불리기는 하지만 자신에게 혹은 자신의 후계자에게 참고가 되는 원리 내지는 격언에 지나지 않을 것이다.[35]

이제 우회적인 방법 중 첫 번째 것을 살펴보자. 주권자에게 종속적인 정치적 우월자인 수범자가 법이라고 불리는 것을 만드는 경우에는 그것은 실정법이다. 즉, 그것은 법적 제재를 가지고 있고 따라서 의무를 부과한다. 왜냐하면 주권자 혹은 국가는 그 종속적인 정치적 우월자에게 법적 권리를 주었고 그들은 그것을 통하여 법을 만들었기 때문이다.[36]

이처럼 종속적인 정치적 우월자가 신임(trust)을 받아 법을 만드는 경우에는 주권자의 경우처럼 무제한적인 권한을 가지는 것은 아니다. 이러한 경우에는 두 가지 측면에서 제한을 받는다.

> 그러한 신임이 주권자 또는 최고기관에 의하여 (혹은 그것의 일부를 구성하는 보다 작은 기관에 의하여) 부여된 경우에, 그러한 신임은 법적 제재 내지 단순한 도덕적 제재에 의하여 강제된다. 대리권을 가진 집단은 실정법 혹은 실정법들에 의하여 구속된다. 혹은 그러한 집단은 공동체의 대부분을 성나게 만들 수도 있고 그러한 경우에 선거인들과 체결한 약속이 파기될 것이라는 두려움에 의하여 구속받는다.[37]

종속적인 정치적 우월자가 실정법에 의하여 제한을 받는다는 것은 권한을 부여받지 않은 것에 대하여 법을 만드는 것이 금지된다는 의미이다. 만약 그렇지 않고 권한을 부여받지 않은 것에 대하여 법을 만든다면, 그것은 위헌적인 법이 될 것이고 따라서 법적 구속력을 갖지 못한다.[38]

이제 우회적인 방법 중 두 번째 것을 살펴보자. 전술한 것처럼, 사인(私人, private persons)이 법이라고 불리는 것을 만드는 경우(이때 사인이라 함은 종속적인 정치적 우월자의 집단에 속하지 않거나 설령 정치적 우월자의 집단에 속하더라도 그렇게 고려되지 않는 경우의 수범자를 말한다[39]) 그것은 실정법이 될 수도 있고 단순한 실정도덕일 수도 있다. 그것의 구별기준은 "법적 권리를 수행하고 있느냐" 여부이다. 법적권리를 수행하는 사인에 의하여 만들어지는 법은 다음과 같이 설명된다.

> 사인으로서의 수범자에 의하여 설정되는 법 중 다른 것은 수범자 저자에게 속하는 법적 권리를 수행하기 위해 설정(set)되거나 확립되는 것이다. 그리고 이것들은 실정법 내지는 엄격하게 그렇게 불리는 법이다. 비록 이것들은 직접적으로는 수범자 저자에 의하여 만들어졌지만, 정치적 우월자로서의 성격을 가진 주권자에 의하여 주어지거나 부여된 권리를 실현하기 위해 만들어진 것이다. 이것들은 그 정해진 상대방에게 법적으로 의무를 부과하거나 법적 제재를 가지고 있다. 비록 이것들은 주권자에 의해 우회적으로 혹은 간접적으로 설정되지만, 정치적 우월자로서의 주권자의 명령이다.[40]

그러므로 사인은 주권자에 의하여 부여된 법적 권리를 수행하는 범위 내에서만 실정법을 만들 수 있고 그 이외의 범위에서 법을 만드는 경우에는 그것은 실정도덕에 불과하다. 예컨대, 부모가 자식에게 내리는 명령, 임대인이 임차인에게 내리는 명령 등이 이에 속한다.[41]

그렇다면, 법적 권리를 수행한다는 여부의 기준은 무엇인가? 그것은 그 권리가 실정법에 의하여 부여된 것인지 그리고 그 권리의 행사가 법적으로 구속되어 있는지 여부이다. 예컨대, 후견인(guardian)은 피후견인(pupil)에 대한 권리를 가지고 있고 그 권리는 국가에 의하여 부여된 것이다. 또한 이러한 권리의 행사는 피후견인을 위하여 특정한 방식으로 행하도록 구속되어 있다. 후견인이 자신의 의무 내지는 신임에 따라 자신의 권리를 행사하는 것은 법적 권리를 수행하는 것이고 따라서 그가 피후견인에게 내리는 명령은 실정법, 즉 엄밀하게 그렇게 불리는 법이다. 왜냐하면 그가 그러한 명령을 내린 것은 그의 자발적인 동기에 의한 것이 아니고 국가가 그에게 부과한 의무를 수행하기 위해서이기 때문이다. 다시 말해서 그러한 권리는 자신의 이익을 위해서가 아니라 피후견인의 이익을 위한 것이므로 후견인은 설령 원치 않더라도 그러한 명령을 내릴 것이 강제된다.[42]

반면에 권리가 국가에 의하여 주어졌지만 권리의 행사가 법적으로 구속되지 않는 경우도 있다. 예컨대, 노예의 주인은 노예에 대하여 권리를 가지고 있고 그것은 국가가 부여한 것이지만 그러한 권리는 주인 자신의 이익을 위한 것이다. 그러므로 그러한 권한을 행사할 것이 법적으로 구속되어 있지 않다. 따라서 그가 원하지 않는다면 그러한 권한을 행사하지 않아도 된다. 이러한 경우에 자신의 권리를 행사하기 위하여 주인이 노예에게 명령을 내린 경우 그것은 실정법과 실정도덕의 혼합물이다.[43]

4. 내용

전술한 것처럼, 실정법이란 "저자에 복종상태에 있는 사람 혹은 사람들에 대한 군주 또는 주권집단의 직접적이거나 우회적인 명령"이다.[44] 그렇다면 명령이란 무엇인가? 이에 대하여 오스틴은 다음과 같이 설명한다.

> 그렇다면, 명령은 소망(desire)의 표현이다. 그러나 명령을 받는 자가 그 소망을 따르지 않을 경우 다른 이로부터 해악을 받게 될 것이라는 특수성 때문에 명령은 소망을 표현하는 다른 것들과 구별된다.
> 내가 당신이 표현한 소원(wish)을 따르지 않는 경우 당신으로부터 해악을 받는다고 한다면, 나는 당신의 명령에 구속되고 있다, 의무를 부과받고 있다, 혹은 나는 당신의 명령에 복종할 의무 하에 있다. 해악을 받을 것이 예상됨에도 불구하고 만약 내가 당신이 표현한 소원을 따르지 않는다면, 나는 당신의 명령에 불복종한다고 혹은 그 명령이 부여한 의무를 위반하였다고 말하여질 것이다.[45]

그러므로 실정법이 주권자의 직간접적인 명령이라는 것은 실정법에는 주권자의 소망과 그러한 소망을 따르지 않을 경우 해악을 가하겠다는 의도가 표현된다는 의미이다. 예컨대, 우리 형법 제250조 제1항에서 "사람을 살해한 자는 사형, 무기 또는 5년 이상의 징역에 처한다."고 규정하고 있는 것은 사람을 살해하지 말라는 소망과 나의 이러한 소망을 따르지 않으면 사형, 무기 또는 5년 이상의 징역이라는 해악을 가하겠다는 의도를 표현하고 있는 것이다.

주의할 것은 오스틴이 정치적 우월자로서의 주권자의 직간접적인 명령이라고 해서 무조건 실정법이 된다고 생각하지는 않는다는 사실이다. 그는 실정법을 "일시적인 혹은 특정의 명령"(occasional or particular command)[46]으로부터 구별하고자 하였다. 그에 따르면, 실정법은 일반적인(general) 명령이어야 한다.

그렇다면 주권자의 직간접적인 명령이 실정법이기 위해서는 어떠한 의미에서 일반적이어야 하는가? 오스틴 이전에도 법과 특정명령을 구별해야 한다고 생각하고 이들 사이의 경계선을 밝히려는 시도가 존재했었다. 이러한 시도를 한 가장 대표적인 이는 바로 블랙스톤(W. Blackstone)이었다. 블랙스톤에 따르면, 법은 특정한 공동체의 구성원들에게 일반적으로 의무를 부과하거나 특정한 집단의 사람에게 일반적으로 의무를 부과하는 반면에 특정명령은 그것이 개별적으로 지정한 한 사람 또는 사람들에게 의무를 부과한다는 점에서 그 둘은 서로 구별된다.[47]

그러나 오스틴은 수범자가 일반적인지 아니면 특정적인지에 따라 법과 특정명령을 구별하려는 블랙스톤의 시도에 두 가지 측면에서 반대한다. 첫째로 특정한 공동체의 구성원에게 일반적으로 의무를 부과하거나 특정한 집단의 사람에게 일반적으로 의무를 부과하는 명령이라고 해서 반드시 법인 것은 아니다. 예컨대, 주권자가 긴박한 식량난을 해결하기 위하여 배에 적재되어 항구에서 수출을 위해 대기하던 모든 곡물에 대해서 수출을 멈추게 하고 항구에 붙들어 놓은 경우에 그것은 비록 공동체 전반에게 명령을 내린 것이지만 개별적인 일련의 행위(사건)들에 대해서만 의무를 부과한 것이므로 법이 아니다. 둘째로 어떤 명령이 개별적으로 사람들을 지정하여 그들에게만 배타적으로 의무를 부과한다고 하더라도 그것은 법일 수 있다. 예컨대, 의회가 어떤 공직을 새롭게 만들고 그 공직에 임명된 사람이 가지게 될 의무에 관하여 규정한 경우에 비록 그것이 개별적으로 사람을 지정하여 그에게만 배타적으로 의무를 부과한 것이지만 그것은 법이다.[48]

따라서 오스틴은 행위의 작위 내지 부작위가 일반적으로 명하여지는지 아니면 특수하게 지정된 경우의 행위의 작위 내지 부작위가 명하여지는지에 따라서 법과 특정명령을 구분한다.[49]

| 제3절 사법입법 |

오스틴은 스스로가 사법입법에 대하여 결코 반대할 생각이 없음을 분명히 밝히고 있다. 그 이유로 그는 만약 법관이 입법을 하지 않는다면 어떻게 사회가 유지될 수 있을지 의문을 제기하고, 입법자가 게으르거나 무능할 경우에 이를 보완하기 위하여 법관이 실제로 행사하고 있는 권력을 인정한다고 해서 도대체 무슨 문제가 있는 것인지 반문한다.[50]

이러한 오스틴의 입장은 또 다른 고전적 법실증주의자인 벤담의 생각과 완전히 다르다. 커먼로(common law)에 대하여 부정적이었던 벤담은 그것에 대하여 "법관법"(judge-made law)이라는 이름을 붙이기까지 하였다. 이것은 법실증주의에 있어서 사법입법의 문제가 핵심적이지 않음을 보여준다.

오스틴은 "법관법"이라는 명칭에 대하여 두 가지 이유에서 반대한다. 첫째, 그것은 경멸의 의미가 들어 있으며 따라서 그렇게 사려 깊지 못한 이름이라는 것이다.[51] 둘째, 그러한 표현은 종속적인 법관이 만든 모든 법을 의미하는 것인지 아니면 그러한 자가 만든 사법법(judicial law)을 의미하는 것인지 불분명하다는 것이다. 만약 전자를 의미한다면, 그것은 사법법뿐만 아니라 제정법(statute law)도 포함하게 된다는 것이다.[52] 오스틴의 법이론에서는 종속적인 정치적 우월자로서의 법관이 만든 법은 전혀 문제가 될 것이 없는 일종의 제정법이다. 왜냐하면 그것은 의회가 만든 법과 형태만 다를 뿐이지 동일한 원천을 가지기 때문이다. 즉, 우리가 법명령설을 살펴보면서 검토하였던 우회적인 방법 중 첫 번째 방법에 의한 입법에 지나지 않는 것이다. 오스틴이 집중적으로 검토하는 것은 판결이유(ratio decidendi)가 법이 될 수 있는가 하는 것이다.[53] 그는 법관법이라는 용어 대신에 "사법법"(judicial law or judiciary law)이라는 명칭을 선택한다.[54]

판결문 중에서 개별적인 행위에만 적용되는 것은 우리가 오스틴의 법명령설을 살펴보면서 검토한 것처럼 특정명령에 불과하다. 즉, 입법자의 명령은 법이지만 법관이 특정한 처벌을 명하는 것은 특정명령이다.[55] 그것은 다른 사건에는 적용될 수 없는 그러한 특정명령에 불과한 것이다. 그러나 판결이유, 자신의 판결을 위하여 열거한 일반적인 이유들과 약간의 추상화의 과정을 거친 이유들은 다음과 같은 의미를 가지기 때문에 법으로 인정하는 데 전혀 문제가 없다.

법원(法院)이 자신의 판결을 위하여 열거한 일반적인 이유들을 살펴보고 여러 사건의 특수성에서 비롯된 다양한 변형들로부터 이러한 일반적인 이유들을 추상화시킴으로써 우리는 판결의 근거(ground) 내지는 원칙(principle)에 도달하게 된다. 그것은 동종의 여러 사건들에 보편적으로 적용될 수 있고 마치 제정법과 같이 행위의 규칙으로서 역할을 한다.[56]

물론 오스틴 당시에도 사법법에 대한 부정적인 견해가 많았는데, 그중에서도 유명한 비판은 로밀리 경(S. Romilly)에 의하여 제시된 것이었다. 그의 핵심주장은 만약 종속적인 법관들이 법을 만들 권한을 가지게 된다면, 그 공동체는 법을 만드는 자들에 대하여 통제할 수가 없게 된다는 것이다. 그러나 오스틴은 이러한 비판은 사법법 자체에 대한 비판이라고 하기 어렵고 실정법이나 실정도덕에 의하여 통제되지 않는 (법관인지 여부와 무관하게) 법의 저자에 의하여 만들어지는 모든 법에 대한 비판이라고 반박한다.[57]

사법법에 대한 또 다른 유명한 비판은 사법부의 입법자들은 자의적으로 법을 만들기 때문에 법체계가 불확실하고 정합적이지 못하게 된다는 것이다.[58] 입법자가 자의적으로 법을 만들 가능성에 대한 불안감은 사법법뿐만 아니라 제정법도 역시 마찬가지일 것이다. 그럼에도 불구하고 이러한 비판이 제기되는 것은 결국 법관이 독단적으로 법을 만드는 것에 대한 불신 때문일 것이다. 이에 대하여 오스틴은 "다소 경멸적인 의도로 사용한 벤담씨의 용어를 빌리자면, 그것은 법관 혼자서 만드는 것이 아니고 법관 공동체가 공동으로 만드는 것이다."라고 답변한다.[59]

사법입법에 대한 이러한 설명은 그것의 정당성 자체에 대한 의문에 대하여 옹호한 것이다. 오스틴이 보기에 의회입법과 사법입법 사이에 존재하는 차이가 있다면 그것은 본성상의 차이가 아니라 그러한 명령이 가지는 사회적 유용성의 차이에 불과하다. 다시 말해서, 오스틴이 보기에 중요한 것은 법전을 통하여 명령을 하는 것과 법관의 사법입법을 통하여 명령하는 것 중 어느 것이 사회적으로 더 유익한가라는 문제인 것이다. 이러한 이유에 오스틴은 사법입법의 정당성에 대하여 설명한 직후에 그것의 불편함에 관하여 고찰한다. 즉, 그는 사법입법이 가지는 유용성을 인정하면서도 동시에 사법입법이 가져오는 단점들 역시 지적하고 있다. 그렇다면 사회는 상황과 필요성에 맞게 의회입법을 하거나 사법입법을 하면 될 것이다.

| 제4절 고전적 법실증주의의 한계 |

고전적 법실증주의는 법과 관련된 규범적인 현상을 명령, 제재, 습관적 복종과 같은 경험적인 현상으로 환원할 수 있다고 생각하여 법명령설을 제시하였다. 그러나 많은 비평가들은 이러한 고전적 법실증주의의 답변은 법의 효력과 규범성을 제대로 설명하지 못하였다고 생각한다. 특히 현대 법실증주의자들도 선배들의 답변에 불만을 가지고 새로운 답변을 제시함으로써 법실증주의를 일신하고자 노력하였다. 그들이 법의 효력과 규범성에 관한 오스틴의 입장이 어떠한 문제점을 가지고 있다고 지적하는지 살펴보도록 하자.

1. 법의 효력

오스틴의 법명령설에 따르면, 법의 효력은 주권자가 수범자들이 특정한 행동을 하기 원하는 의사를 표명하는 행위에 의하여 근거지워진다. 그러나 많은 비평가들은 이러한 설명에 대하여 불만을 표시한다. 가장 직접적인 비난은 주권자에 대한 오스틴의 정의가 가지는 문제점이다. 오스틴에 따르면, 주권자이기 위해서는 다음의 두 가지 조건을 만족해야만 한다.

> (1) 어떤 특정한 사회의 대부분의 사람으로부터 습관적인 복종을 받아야 한다.
> (2) 다른 우월자에게 복종의 습관을 가지고 있지 않다는 것이다.

문제는 현대 민주주의 사회에서 그러한 자가 존재할 수 있는가라는 것이다. 비록 오스틴이 주권자의 두 가지 조건 중 후자를 제시한 것은 그가 어떤 특정한 사회가 독립적이어야 주권자가 존재할 수 있다는 것을 역설하기 위한 것이기는 하지만 후자의 조건은 그 사회 내에서도 어느 누군가에게 복종의 습관을 가지고 있지 않아야 한다는 조건 역시 함의하고 있다는 것은 명백하다. 그러나 현대 민주주의 사회, 예컨대 대한민국을 생각해 보더라도 그러한 조건을 만족하는 자란 존재하지 않는다. 오스틴의 정의를 철저하게 고수한다면 대한민국에는 주권자란 존재하지 않게 되고, 따라서 대한민국에는 유효한 법이란 존재하지 않게 된다.

오스틴의 법명령설에 대한 가장 중요한 불만은 그것이 법의 효력을 설명하기에 충분하지 않다는 것이다. 켈젠은 진정으로 법이 명령이라고 생각한다면 그것이 법의 존재를 설명할 수 없으리라고 본다. 왜냐하면 명령의 존재는 의사의 존재에 의존하기 때문이다.

> 의사와 그것의 표현이 존재할 때에만 명령이 존재한다. 만약 누군가가 나에게 명령을 발하고, 그것의 집행 전에 그것이 더 이상 그의 의사가 아니라고 상정할 만한 합당한 근거가 있다면, 설령 그의 의사의 표현이 남아 있다고 하더라도 그것은 더 이상 명령이 아니다.[60]

『법의 개념』에서 하트 역시 동일한 취지의 비판을 제시한다. 그는 법의 존재와 효력을 설명하기 위해서는 복종의 습관이 존재한다는 사실과 주권자가 명령을 발하였다는 사실만으로는 부족하다는 것을 지적한다. 주권자와 법에 대한 오스틴의 설명에는 오직 복종의 습관과 명령의 발화라는 "사실들"만 존재한다. 그러나 만약 그러한 사실들만으로 주권자와 법을 설명하고자 한다면 다음과 같은 문제에 봉착하게 된다. 어떤 정치적 사회의 주권자 A가 복종의 습관을 받아 왔다는 사실만으로는 새로운 주권자 B가 복종의 습관을 받을 것이라는 것이 도출되지 않고 따라서 B가 내리는 명령이 법이 된다는 것이 도출되지 않을 것이다. 따라서 누군가가 법을 만들 수 있는 권한이 있다는 것을 설명하기 위해서는 복종의 습관으로는 묘사될 수 없는 사회적 관행, 다시 말해서 법을 만들 수 있는 권한을 부여하는 규칙이 전제되어야 한다. 이러한 규칙의 존재야말로 A에게 그러한 권한을 부여할 뿐만 아니라 B에게도 그러한 권한을 부여해 줄 것이다.[61]

하트는 이러한 규칙을 "승인의 규칙"(rule of recognition)이라고 부른다.[62] 이러한 승인의 규칙이 존재한다는 것은 단순히 습관이 존재한다는 것과 여러 가지 측면에서 다르다. 규칙이 단순한 습관과 구별되는 점들 중에서 가장 중요한 것은 하트가 규칙의 "내적 측면"(internal aspect)이라고 부르는 특징이다. 습관이 존재하기 위해서는 단순히 모두 그렇게 행동한다는 사실만 존재하면 충분하다. 그러나 규칙이 존재하기 위해서는 다음과 같은 내적 측면이 존재해야만 한다.

사회적 규칙이 존재하기 위해서는 적어도 몇몇 사람들이 당해 행동을 집단 전체가 따라야 하는 일반적 기준으로 간주해야만 한다. 사회적 규칙은 (사회적 습관에도 존재하고 관찰자라도 기록할 수 있는 정규적인 획일성인) 외적 측면에 더하여 "내적" 측면도 가지고 있다.[63]

하트가 보기에 오스틴은 복종의 습관과 구별되는 승인의 규칙을 간과하고 있기 때문에 모든 법체계에 정상적으로 존재하는 법체계의 계속성을 설명하지 못한다.

2. 법의 규범성

사람들이 법을 행위의 근거로 삼는 이유에 대한 오스틴의 설명은 제재 테제(sanction thesis)의 전형이라고 할 수 있다. 그것은 다음과 같은 의미를 가진다.

제재 테제: 법을 행위의 근거로 삼는 수범자는 법이 규정하고 있는 제재 내지는 폭력의 행사를 피하고자 하기 때문에 법을 행위의 근거로 삼는다.

그러나 법을 행위의 근거로 삼는 이유를 이러한 제재에서 찾는 입장에 따르면 사람들이 행위의 근거로 삼는 이유가 사실상 법 자체가 아니라 "제재를 피하고 싶다는 소망"에 있다는 문제점과 함께 제재가 없는 법들 혹은 제재가 실현될 것이 현실적으로 전혀 불가능한 상황에서도 사람들이 왜 법을 행위의 근거로 삼는지 설명할 수 없다는 문제점이 발생한다. 그러므로 사람이 법을 행위의 근거로 삼는 이유에 대한 설명은 "법이 사회적으로 바람직한 행위를 명령하고 바람직하지 못한 행위를 금지하고 있다는 사람들의 신념"을 반영할 수 있어야 할 것이다.[64]

또한 하트는 이러한 비판을 법이론가의 태도에 대한 비판으로까지 확대시킨다. 사회적 규칙에 내적 측면이 존재한다는 것은 그러한 규칙을 수용하는 자들에게는 내적 관점, 즉 반성적인 비판적 태도가 존재한다는 것을 의미한다. 그러한 태도는 규칙을 준수할 것을 요구하고 그렇지 않을 경우 비판하는 것이 정당하다는 것을 인정하는 것으로 나타난다.[65] 하트는 법이론이 이러한 내적 관점을 더 잘 반영할 수 있을수록 더 나은 이론이라고 주장한다.

제3장
켈젠의 이론적 배경과 순수법학

| 제1절 서론 |

하이네(H. Heine)의 시를 인용하며 스스로를 "유랑에 지친 자"라고 묘사할 만큼,[1] 켈젠(H. Kelsen)은 오스트리아의 빈, 독일의 쾰른, 스위스의 제네바, 미국의 케임브리지, 미국의 버클리 등지를 유랑하는 삶을 살았지만 그의 순수법학은 현대 법실증주의에서, 더 나아가 법철학 전반에 있어서 가장 중심부에 확고하게 자리를 잡았다. 그래서 많은 법철학자들이 법철학에서 그가 차지하는 위상에 대하여 찬양해마지 않는다. 예를 들어 하트(H. L. A. Hart)는 1961년 11월 켈젠과의 토론에 앞서 청중들에게 그에 대하여 다음과 같이 소개하였다.

> 나는 켈젠의 위대한 저술이 찬사를 받으면서 상세하게 다루어지는 것이 마땅하다는 것과 그의 저술이 "자연법 대 법실증주의"로 알려진 진부하고 오래된 주제와 같이 광범위하고 모호하게 정의되는 주제들에 대한 논쟁들을 명료하게 만드는 데 종종 사용되어 왔다는 것을 설명하였다.[2]

이러한 명성에도 불구하고, 빅스(B. Bix)가 지적하는 것처럼 오늘날 켈젠의 이론은 자세하게 다루어지는 경우도 드물고 그에 대한 논의는 편견에 가득 차 있는 경우가 많다.[3] 예컨대, 『법리학과 법철학에 대한 옥스퍼드 핸드북』에서는 법실증주의에 관하여 두 개의 항목이나 다루고 있으면서도 켈젠에 대해서는 아무런 논의를 포함하고 있지 있다.[4] 또한 머피(J. G. Murphy)와 콜먼(J. Coleman)이 집필한 『법철학』은 "하트가 켈젠과 동일한 것을 행하였으므로 굳이 켈젠을 읽을 필요는 없다"[5]고 알려준다.[6] 또한 켈젠의 이론은 난해하다는 불평도 여기저기 존재한다.

이러한 상황에는 여러 가지 이유가 존재하겠지만, 그 중에서 가장 중요한 이유로는 켈젠이 기반하고 있는 철학적 토대들이 현대의 독자들에게 익숙하지 않은 것을 들 수 있을 것이다. 예컨대, 켈젠에게 깊은 영향을 미친 철학이론으로는 "신칸트주의"(Neo-Kantianism)[7]를 들 수 있다. 신칸트주의는 크게 두 개의 학파로 구별될 수 있는데 하나는 코헨(H. Cohen), 나토르프(P. Natorp), 카시러(E. Cassirer) 등으로 대표되는 마르부르크학파(Marburger Schule; Marburg School)이고, 다른 하나는 빈델반트(W. Windelband), 리케르트(H. Rickert) 등으로 대표되는 서남독일학파(Südwestdeutsche Schule; Southwest German School) 내지는 바덴학파(Badische Schule; Baden School)라고 불리는 학파이다.[8] 빈델반트는 1883년에 출판한 『전주』(Präludien)라는 제목의 논문집에서 신칸트주의의 강령이라고 부를만한 것, 즉 "칸트를 이해한다는 것은 칸트를 뛰어넘는다는 것을 의미한다."를 제시하였지만,[9] 구체적으로 어떤 점에서 그들이 그러한 목표를 수행하였는지는 두 학파가 상당히 달랐다. 오늘날에 이 신칸트주의의 인기는 사라져서 철학 일반에서는 잘 다루어지지 않다 보니[10] 켈젠을 연구하는 이들이 신칸트주의라는 배경을 이해하기란 쉽지 않다.[11]

이 장에서는 켈젠에 대한 논의를 이해하는 데 도움이 되기 위하여 켈젠의 순수법학이 성립하는 데 영향을 미친 철학적 배경들을 설명해 보고자 한다. 먼저 제2절에서는 켈젠이 활동했던 시대의 지적 배경을 이해하기 위하여 심리학주의와 그에 대한 반동인 반심리학주의를 살펴볼 것이다. 이후 반심리학주의가 켈젠의 이론이 성립되는 데 미친 영향을 살펴볼 것이다. 제3절에서는 켈젠에게 지대한 영향을 미친 코헨의 이론을 살펴볼 것이다. 켈젠은 자신의 이론을 코헨의 칸트 해석을 실정법이론에 적용한 것이라고 평가하고 있을 만큼 코헨의 중요성을 강조하고 있다. 제4절에서는 근본규범이라는 개념을 착상하는 데 하나의 배경이 된 사회계약설을 살펴본다. 그리고 제5절에서는 켈젠이 1900년대 초중반 철학계를 지배한 언어적 전회를 도입하여 자신의 입장을 새롭게 기술하는 데 영향을 미친 무어(G. E. Moore)의 논의를 살펴본다. 끝으로 제6절에서는 켈젠이 오랜 기간에 걸쳐 영향을 받으면서도 그 태도를 계속해서 바꾸어 왔던 바이힝거(H. Vaihinger)의 이론을 살펴보고자 한다.

| 제2절 반심리학주의의 영향 |

『국법학의 주요문제』를 저술할 당시 켈젠에게 가장 영향을 미친 철학적 배경으로는 빈델반트의 반심리학주의적 칸트 해석과 후설(E. Husserl)의 반심리학주의적 태도를 들 수 있다. 특히 전자는 켈젠으로 하여금 "아주 처음부터 칸트는 나를 인도하는 별이었다."고 고백하도록 만들었다. 그는 존재와 당위의 대립이라는 칸트의 주장이야말로 법학의 필수불가결한 순수성을 보장해 준다고 믿었는데 칸트에 대한 이러한 이해는 빈델반트에서 비롯된 것이었다.[12]

1. 반심리학주의

칸트의 이론 체계하에서는 인식론이 심리학으로 환원된다는 것은 절대로 불가능한 일이었다.[13] 그러나 19세기 전반에 들어 프리스(J. F. Fries)와 베네케(F. E. Beneke)는 법철학을 포함한 종교철학, 교육철학을, 심지어는 가장 토대적인 학문인 윤리학, 논리학, 인식론까지도 심리학으로 환원하고자 하였다. 심리학주의는 다양한 의미로 사용되고 있지만, 여기에서는 그들과 같이 논리학을 포함한 학문들을 심리학에 의존하는 실용적인 학문, 즉 기술학으로 생각하는 입장을 이야기한다. 이러한 의미에서 후설은 심리학주의를 "자연주의"의 한 종류라고 평가한다.[14] 심리학주의에 속하는 대표적인 학자로는 밀(J. S. Mill), 브렌타노(F. Brentano), 지그바르트(C. Sigwart),[15] 헬름홀츠(H. Helmholtz) 등을 들 수 있다.

이후 이러한 심리학주의에 대한 반동으로 자연적인 것, 물리적인 것, 심리적인 것으로 환원될 수 없는 것의 가치를 강조하는 반심리학주의의 노선이 형성되게 되었다. 이러한 반심리학주의의 노선에 속하는 대표적인 학자로는 코헨, 빈델반트, 프레게(G. Frege), 후설 등을 들 수 있다. 여기에서는 반심리학주의의 학자들 중에서 켈젠의 초기 이론 성립에 영향을 준 빈델반트와 후설을 중심으로 살펴보고자 한다. (물론, 코헨의 경우에도 역시 이러한 연장선상에서 켈젠에게 영향을 미쳤지만 논의의 전개를 위하여 다음 절에서 별도로 검토하고자 한다.)

처음에 빈델반트는 오히려 심리학주의에 가까운 주장들을 하였지만, 코헨 등의 영향으로 1877년에 발표된 논문 "물자체에 관한 칸트 교의의 상이한 단계들"에서부터 칸트에 대한 반심리학주의적 해석을 제시하기 시작하였다. 여기에서 그는 "칸트로의 회귀"를 주창했던 선구자들인 헬름홀츠와 랑게(F. Lange)의 주장을 비판하였다. 그들은 시간과 공간의 선험적 형식을 물리적-심리적인 것으로, 심지어는 감각기관의 신경조직에 관한 생리학적 차원의 것으로 환원시킬 필요가 있다고 보았다.[16] 빈델반트는 칸트가 『순수이성비판』에서 인식 과정으로서의 판단과 논리적이고 규범적인 정당화의 구별을 제대로 표현하지 못하였기 때문에 그들과 같은 주장이 나오게 되었다고 보았다. 그러나 그는 역사적인 칸트를 뛰어넘어 칸트의 목표를 달성하고자 하였기 때문에 칸트의 입장의 단계들 중 하나를 받아들여 자연적인 심리적 과정이 진리라는 가치와 전혀 무관하고 진리라는 가치가 우리의 판단이 이루어지는 방법을 결정해 주는 규범적인 규칙들을 구성한다고 주장하였다.[17]

여기에서 빈델반트의 논의는 가치철학으로 발전하게 된다.[18] 이 입장에 따르면, 철학은 우리가 무엇인가를 옳다거나 아름답다고 판단하는 기준으로서의 가치들을 다루는 것이다.[19] 즉, 가치철학에서는 가치의 객관적 타당성을 다루는 것이 철학의 주요한 목표가 된다. 그런데 가치의 타당성은 역사와 문화에 의하여 확인될 수 있지만 그것의 객관적 가치로 인정하는 것을 가능하게 하는 선험적 당위의 심급 자체는 그럴 수가 없고 단지 우선성을 가지게 된다.[20]

현상학[21]의 창시자로 유명한 후설(E. Husserl)도 빈델반트와 마찬가지로 처음에는 심리학주의의 지지자였다. 그는 1883년에 수학박사학위를 받는 등 수학에 대한 탐구를 학문적인 출발점으로 삼았다. 그 후 그는 심리학주의자인 브렌타노에게 사사하여 철학으로 전향하게 되었다. 브렌타노는 철학에 대한 보편적 개혁, 즉 과학적 철학으로서의 개혁을 자신의 사명으로 생각하였다.[22] 그래서 브렌타노는 밀에 대한 연구를 바탕으로 과학적 철학으로의 개혁에 대한 정초를 심리학에서 찾고자 하였다.[23] 후설은 브렌타노의 심리학주의에 매료되어 수학을 심리학에 기반하여 정초할 수 있으리라는 기대를 가지게 되었다.[24] 그래서 초기 저작, 예컨대 1891년에 발표한 『산술철학: 심리학적이고 논리적인 연구』[25]의 경우 '수' 개념의 원천을 기술심리학적 방법에 의하여 규명하려고 하였다.[26] 즉, 이 책은 산술 그리고 더 나아가 유클리드 기하학의 근본개념을 어떤 심리적 작용으로부터 도출해 내려는 시도였으며 이를 위하여 심리작용들을 세부적으로 추적하였다.[27] 이 시점에서 후설은 분명 심리학주의의 범위 내에 있었다.[28] 본래 이 책은 2권으로 저술될 계획이어서 제1권의 서문에서 이미 제2권의 발간계획을 알렸으며 실제로도 제2권의 원고를 어느 정도 완성해 있었다.[29] 그런데 프레게가 이 책에 대하여 논평을 게재하여 후설의 심리학주의를 비판하였다. 이 논평에 의해 후설은 『산술철학』의 제2권의 집필을 포기하고, 반심리학주의의 노선으로 선회하게 된다.[30] 그는 1900−1901년에 걸쳐 『논리 연구』 제1권[31]을 출판하여 심리학주의에 대한 비판을 가하였는데, 이 비판은 너무나 통렬해서 "심리학주의는 더 이상 진정한 위험으로 여겨지지 않을 정도이다."라고 평가된다.[32]

『논리 연구』 제1권에서 후설은 논리적 규칙들의 본질적인 이론적 기초가 심리학 속에 있다고 주장하는 심리학주의 논리학의 결론들은 부당한 모순에 이르게 된다고 비판한다.

첫째, 심리학은 사실의 학문이고 그래서 경험에서 나온 학문이다. 그러므로 심리학의 법칙은 모호한 경험을 일반화한 것일 뿐이다. 하지만 논리학은 정밀한 것으로 논리법칙은 진정한 법칙이며 대략적인 규칙이 아니다. 그러므로 논리학의 논리법칙을 심리학의 법칙에 종속시키려는 시도는 부당하다.[33]

둘째, 첫째 반론을 피하기 위하여 심리학의 법칙이 정밀하다고 주장한다고 하자. 이러한 경험적인 법칙을 정당화하는 유일한 방법은 귀납법이다. 그러나 귀납법은 법칙의 타당성을 정초하지 못하고, 개연성을 정초할 뿐이다.[34]

셋째, 논리법칙이 심리학의 법칙, 즉 심리학적 사실로 전환된다면, 논리법칙은 심리학적 내용을 가지고 있다는 의미가 된다. 하지만 이것은 명백한 거짓이다. 어떠한 논리법칙도 사실의 문제를 함축하지 않는다.[35]

또한 "엄밀한 학으로서의 철학"에서 후설은 심리학주의에 대하여 사실학으로서의 심리학 일반은 모든 규범 설정의 순수 원리들과 관계된 철학의 분과들, 즉 순수 논리학, 순수 가치론과 실천학 등에 기초를 제공하기에 적절하지 않다고 비판한다.[36] 왜냐하면 심리학은 의식을 자연화하여 자연과학의 방법을 따르고자 하지만 자연과학은 자연을 자명한 것으로 확정하고 미리 주어진 소여로 받아들인다는 점에서 자신의 토대조차도 제공해 줄 수 없기 때문이다.[37]

2. 켈젠의 수용

전술한 것처럼『국법학의 주요문제』(1911년)을 저술할 당시 켈젠은 칸트에 매료되었는데 그것은 직접적으로 칸트를 접한 것이라기보다는 서남독일학파의 빈델반트를 통해서였다. 켈젠 스스로는 밝히고 있지 않지만 켈젠이 빈델반트의 이론을 접하게 되거나 혹은 적어도 중요하게 검토하게 된 이유 중 하나는 옐리네크(G. Jellinek) 때문일 것이다. 본래 켈젠은 1908년에 장학금을 받아 옐리네크에게 강의를 듣기 위하여 그리고 자신의 교수자격취득논문『국법학의 주요문제』를 완성하기 위하여 한 학기 동안 하이델베르그로 갔었다. 이때 빈델반트도 1903년부터 하이델베르그 대학의 교수로 재직하고 있었다. 그러나 켈젠과 옐리네크의 만남 자체는 성공적이지 못하였다. 옐리네크는 당시 하이델베르그 대학의 총장직[38]을 맡고 있어서 새로운 학생에게 할애할 시간이 거의 없었고 그의 세미나는 그의 저서들만 인용하는 발표들로 진행되었다. 특히 연구의 관심사도 서로 맞지 않아서 서로에게 호감을 갖지 못하였다.[39] 하지만 개인적인 관계와는 별개로 켈젠은 옐리네크의 이론에 대해서 "이 경우 다른 저작들보다도 게오르그 옐리네크의『일반국가학』을 많이 참조하였음은 물론이다. 왜냐하면 그의 불후의 공적은 19세기 국가학의 집대성이었기 때문이다. 그의 저작은 오늘날 평준적 학설이라고 간주될 수 있는 것의 대부분을 제공한다. 나는 필요한 경우마다 나의 잊을 수 없는 스승의 이 표준적 저작을 중요한 지주로 삼았다."고 높이 평가하였다.[40] 그런데 이 옐리네크는 빈델반트와 막역한 사이였을 뿐만 아니라[41] 그의 저술『일반국가학』에서는 최근의 새로운 연구방법론으로 빈델반트를 소개하고 특히 자연과학적 인식과 사회과학적 인식의 차이를 주장하는 이로 빈델반트와 짐멜 등을 제시하고 있다.[42] 이렇게 본다면, 켈젠이 하이델베르그 대학교에 머물렀을 때 빈델반트가 그 대학의 교수로 재직하고 있었을 뿐만 아니라 켈젠이 수강하였던 옐리네크는 빈델반트와 막역한 사이였으며 옐리네크의『일반국가학』에서 빈델반트를 소개하고 있는 상황 등에 의하여 켈젠은 자연스럽게 빈델반트의 반심리학주의를 주목하게 되었다고 추측된다.

켈젠은 빈델반트가 제시한 주장, 즉 칸트의 반심리학적 해석을 받아들여서 자연으로부터 독립된 당위의 영역을 확보하고자 하였다. 이 점에서 켈젠의 반심리학주의는 심리학주의를 포함한 일체의 자연주의에 대한 저항, 즉 반자연주의로 이해될 수 있을 것이다.『국법학의 주요문제』에서 수용된 칸트의 반심리학적 해석에 대하여 켈젠 스스로는 이 책의 "제2판 서문"(1923년)에서 다음과 같이 밝히고 있다.

> 『국법학의 주요문제』는 존재와 당위의 근본적인 대립을 그 출발점으로 한
> 다. 이 대립은 이론이성(theoretical reason)에 대항하여 실천이성(practical
> reason)의 독립성을, 실재에 대한 가치의 독립성을, 자연에 대한 도덕의 독립
> 성을 확보하고자 칸트가 최초로 발견한 것이다. 빈델반트(W. Windelband)와
> 짐멜(G. Simmel)의 칸트 해석에 따라 나는 '사회학적으로' 이해될 수 있는 사
> 회적 '존재'와 대조되는, 법학에 의하여 결정되는 법의 고유한 법칙성에 대한
> 표현으로 '당위'를 사용하였다.[43]

이 책의 본문에서 이러한 존재와 당위의 엄격한 이원론은 다음과 같이 표현된다.

> 논리적으로 말하자면, 존재의 '이유'에 대한 답변은 오직 또 다른 존재일 수
> 밖에 없는 것처럼, 구체적인 당위의 '이유'를 고찰하는 것은 또 다른 당위로
> 만 이끌어진다.[44]

이렇게 구별되는 존재와 당위는 "궁극적인 범주들"이어서 "존재가 … 무엇인지
설명될 수 없는 것처럼, 당위에 대한 어떤 정의도 존재하지 않는다"고 말한다.[45]
이러한 반심리학주의는 켈젠으로 하여금 자연의 "인과법칙"에 대응하는 법
의 고유한 법칙성으로서의 "귀속"이라는 개념을 법철학에 최초로 도입하게 한다.

> 『국법학의 주요문제』에서 나는 자연의 인과법칙에 대응하는, 법의 특유한 법칙
> 성 내지는 자율성으로서 귀속(Zurechnung; imputation)이라는 개념을 도입하였
> 다. 그 책에서 주장하였던 것과 동일하게, 여전히 나는 법적 명제(reconstructed
> legal norm)와 결부되어 있는 요소들 사이에 존재하는 결합, '해야 한다'라는 표
> 현에 의하여 문법적으로 만들어지는 결합을 귀속이라고 부른다.[46]

이러한 귀속의 도입과 관련하여 켈젠은 법적 명제 내에서의 사실들의 결합이
라는 귀속과 사실과 인격(person)의 결합이라는 귀속을 구별하지 않은 문제가 있
었다고 자성하면서, 중요한 것은 귀속이라는 말로 후자의 결합을 통상적으로 지

칭하는 경우라고 이야기한다. 왜냐하면 국가의 본질에 관한 문제가 바로 이러한 방식의 귀속에 관한 문제이기 때문이다.[47] 국가의 본질을 설명함에 있어서도 반심리학주의는 다음과 같은 역할을 한다. 여기에서 켈젠은 후설의 반심리학주의를 언급한다.

국가가 의사인 것이 밝혀지고 국가의 의사란 특수한 법학적 인식의 '통일된 지시체', 귀속점(Zurechnungspunkt; point of imputation)이라는 것이 밝혀지면, 법의 다른 영역들에 대해서도 심리학적인 의사와는 전혀 다른 특수한 법적인 '의사'가 밝혀질 수 있다. 의사라는 말이 가지는 중의성 때문에 그렇게 가정해야 된다고 계속해서 유혹받지만, 그것은 인과적, 과학적 인식의 대상이 되는 심리적인 중요한 사실들을 나타내지 않는다. 오히려 그것은 법적이고-규범적인 인식의 수단에 지나지 않는다. 법적 의사의 개념이 법적 당위, 보다 정확하게는 법적 당위의 통일성에 대한 표현에 지나지 않는다는 이유에서 법적 의사의 개념을 의사의 심리학적인 개념으로부터 엄격하게 구별하는 것은 심리학과 사회학의 침투로부터 법이론의 순수성을 보호하는 매우 효과적인 수단이 될 것이다. 의욕, 특히 규범을 의욕하는 것의 심리적 행위와 명확하게 구별될 때 규범의 당위는 고유한 의미-내용(Sinngehalt)이다. 그러므로 이미 『국가학의 주요문제』에서는 순수법학과 심리학적-사회학적 고찰 사이의 대립이 후설(E. Husserl)의 『논리 연구』에서 전통적인 용어로 표현된 논리주의(Logismus; logicism)와 심리학주의(Psychologismus; psychologism)의 일반적인 대립과 동일 선상에서 이루어지고 있다.[48]

이러한 반심리학주의의 태도는 이후의 저서 『일반국가학』(1925년)에서 보다 구체화된다. 우선, 켈젠은 반심리학주의의 테제를 거의 그대로 기술하면서 국가는 심리적인 자연의 영역이 아니라 정신의 영역으로 존재한다고 강조한다.

국가의 본질을 탐구하는 연구에 있어서 중요한 것은 자연적인 존재의 세계 속에서 인과법칙에 따라 도출되는 정신/육체의 과정이 아니라 오히려 이런 과정을 수행하는 정신적인 내용이다. 수학 또는 논리법칙적 사고가 심리적 행동이라고 해서 수학 또는 논리학의 대상(사고의 대상)이 심리적 · 수학적 ·

논리적 정신인 것은 아니다. 오히려 특수한 정신적 내용이다. 왜냐하면 수학과 논리학은 그 내용에서 사고의 심리학적 사실은 제외하기 때문이다. 이와 같이 국가는 심리학과는 다른 특수한 연구의 대상이며 특수한 정신적 내용의 집합이지 내용에 담겨 있는 특수한 사고와 의도에 대한 사실은 아니다. … 국가는 심리적·물리적인 자연의 영역이 아니라 정신의 영역으로 존재한다.[49]

또한 법에서 다루는 의사와 관련해서 자신이 미처 구별하지 못하였다고 말하였던 두 가지 종류의 귀속은 이제 중심적 귀속과 주변적 귀속으로 구별된다. 중심적 귀속이란 하나의 인격으로 나아가는 것인 반면에 주변적 귀속이란 법질서 내에서의 두 가지 중요한 사실들의 결합이다. 그러면서 중심적 귀속과 관련하여 법학에서 말하는 의사를 "심리학적" 의사라고 이해한다면 그리고 이에 따라 의사의 주체를 (인격이 아닌) 인간으로 이해한다면, 그것은 실정법과 충돌하게 된다고 강조한다.[50]

이러한 반심리학주의는 『순수법학』의 제1판(1934년)에서도 거의 그대로 유지되고 있다. 특히 순수법학과 심리학·사회학적 탐구의 대립이라는 구도는 순수법학의 순수성을 보장하기 위한 수단으로 천명된다.[51]

순수법학은 법학을 법학과는 무관한 요소들로부터 해방시키고자 한다. 이것이 바로 순수법학의 방법적 기본원칙이다. … 기존의 법학은 너무나도 무비판적인 방식으로 심리학과 생물학, 윤리학과 신학과 뒤섞여 있었다.[52]

존재와 당위에 대한 켈젠의 설명 역시 그대로 유지되고 있는데, 당위를 초월론적 개념범주로 설명하면서 (자연법칙에서 사실들의 연결방식인) "인과관계"와 (법적 법칙에서 사실들의 연결방식인) "귀속관계"가 서로 독립적이라고 주장한다.[53]

| 제3절 사회계약설의 영향 |

켈젠의 주장대로 당위의 근거는 오직 당위이어야 한다고 한다면, 결국 법의 창설에 관한 동태적 연구가 이루어져야만 한다. 이러한 연구는『국법학의 주요문제』를 기술할 당시에는 미처 그가 생각하지 못한 것이었다.[54] 동태적인 관점에서 보자면, 법적 규범의 효력은 그 규범을 창설할 권한을 부여하는 다른 규범으로부터 도출될 수밖에 없다. 이러한 생각은 곧 켈젠의 법이론에 자신의 제자이자 동료인 메르클의 "법질서의 단계구조에 관한 이론"이라는 아이디어를 도입하게 만든다.[55] 법을 단계구조로 이해한다면 최상위의 헌법의 효력근거는 무엇인가라는 문제에 봉착하게 되는데 이 문제를 해결하기 위하여 켈젠은 '법논리적 의미의 헌법'인 근본규범을 제안한다. 이 근본규범은 법을 창설하는 기관이 누구인지를 설정해 주는 것을 그 내용으로 하는데 바로 여기에서 켈젠은 근원적 계약이라는 칸트와 여타의 사회계약설의 이론을 비판적으로 수용한다.[56]

1. 칸트의 근원적 계약

국가가 입법권을 가지는 것(혹은 국가의 특정한 개인이나 기관이 입법권을 가지는 것)을 설명하기 위해서는 그러한 권한을 부여하는 이론적 장치가 필요하다. 그러한 이론적 장치로서 자연상태에서 정치상태로 전환되는 시기에 확립된 것으로 가정되는 계약을 제시하는 일련의 학자들이 존재하는데, 흔히 이들의 입장을 "사회계약설"이라고 부른다. 칸트 역시 이 문제에 관한 한 이러한 노선에 서 있었다. 그는 입법권의 기원에 대하여 다음과 같이 설명한다.

> 국민 자신이 하나의 국가를 구성하는 행위는, 그러나 본래 단지 그에 따라서만 국가의 정당성이 생각될 수 있는 국가의 이념인 것은, 근원적 계약(der ursprüngliche Contract)이다. 이 계약에 따라서 국민 중 모두(萬人 及 各自)는 그들의 외적 자유를 포기하거니와, 그것은 하나의 공동체의, 다시 말해 국가로 여겨지는 국민의(全體의) 성원으로서 자유를 곧바로 되얻기 위한 것이다.[57]

2. 켈젠의 수용

켈젠은 법체계의 궁극적인 효력근거가 되는 근본규범이 사회계약설의 전통이 말하는 시원적 계약과 유사하다는 점을 스스로 인정하면서 자신이 그들에게서 받은 영향을 인정한다.

> 여기서 전개된 근본규범 또는 법논리적 의미에 있어서의 헌법의 개념은 자연 법설에 있어 매우 중요한, 국가를 최초로 구성하는 원계약 또는 사회계약의 개념에 어느 정도까지는 부합한다.[58]

그러나 근본규범의 내용에는 이러한 시원적 계약의 내용과는 중요한 차이가 존재하는데, 그것은 바로 어떤 절대적인 내용을 담지 않는다는 것이다. 예컨대, 홉스는 어떠한 곳에서든 동일하게 한 개인 내지는 한 기관에 절대적인 권력을 부여하는 계약을 맺게 된다고 보았다.[59] 그리고 홉스를 제외한 로크, 루소, 칸트 등은 특정한 민주적인 요소가 사회계약의 절대적인 내용으로 포함된다고 보았다. 근본규범은 사회계약설이 주장하는 시원적 계약과 달리 아무런 절대적 내용을 갖지 않는다.[60]

| 제4절 코헨의 영향 |

『국법학의 주요문제』가 출간된 이듬해인 1912년에 에발트(O. Ewald)는 "1911년의 독일 철학"이라는 제목으로 이 책을 포함한 당시의 철학적 논의에 관한 논평을 『칸트 연구』(Kant-Studien)[61]에 발표하였는데, 켈젠의 저서에 대하여 평가하면서 그것과 코헨의 연관성을 다음과 같이 지적하였다.

> 근대 인식론의 방법론적 원리들이 다른 연구 분야로 뻗어 나가기 시작했다는 확실한 신호로서, 켈젠의 『국법학의 주요문제』를 들 수 있다. 그것은 논리적 엄격성과 열정을 가지고 수행되고 있는, 초월론(transcendentalism)의 원리들

을 법철학에 적용하려는 시도이다. … 저자는 규범과 자연법칙의 구별, 당위
와 존재의 구별, 규범적인 방법과 설명적인 방법의 구별을 그 출발점으로 삼
는다. … 책임의 관념은 경험적 사실들이 어떤 주체와 관련될 수 있는 한, 규
범과 이러한 경험적 사실을 비교함으로써 도출된다. 여기에서 문제가 되는
것은 그 주제가 무엇을 했거나 하지 않은 채 두었느냐가 아니라, 오직 그가
무엇을 했어야 하는가이다. 책임의 문제에 있어서 의사[=의지]는 그것의 심
리학적 의미와 전혀 일치하지 않는 역할을 한다. 여기서 의사는 구체적인 실
제 과정이 아니라 관념적인 구성물로 해석된다. … 켈젠의 방법 역시 반(反)
심리학주의적이고 초월적이기 때문에 그것은 코헨이 그의 『순수의지의 윤리
학』에서 발전시킨 의지[=의사]의 개념과 밀접한 관련이 있다.[62]

사실 에발트가 켈젠과 코헨의 관련성을 발견한 것은 결코 우연적인 것이 아니
었다. 왜냐하면 켈젠이 수용하였던 빈델반트의 반심리학주의적인 태도 자체가 코
헨의 영향을 받은 것이기 때문이다. 여러 곳에서 고백하고 있듯이 켈젠은 이 논평
을 읽기 전까지는 코헨에 대하여 알지 못하였다가 이 논평 이후 코헨의 저술을 접
하게 되었고 그의 이론에 깊은 영향을 받게 되었다.[63]
특히 코헨의 이론은 법적 인식에 대한 켈젠의 이론에 영향을 주었고, 인식의
전제가 되는 근본규범의 성격을 설명하는 데 필요한 아이디어, 즉 가설이라는 아
이디어를 제공해 주었다.

1. 코헨의 신칸트주의

코헨은 신칸트주의의 발전에서 가장 중요한 역할을 한 사람으로 평가받는다.
처음에 코헨은 칸트의 해석에 관한 3권의 책, 즉 『칸트의 경험 이론』(1871년),[64]
『칸트의 윤리 정초』(1877년),[65] 『칸트의 미학 정초』(1889년)[66]를 차례로 출판하였다.
이 중에서 인식론에 관한 이야기를 다루고 있는 『칸트의 경험 이론』이 가장 중요
한데, 그곳에서 그는 칸트의 지식 이론을 심리학주의적으로 해석하는 것에 반대
하고 있다.[67] 그는 『순수이성비판』에서 칸트가 목표로 하는 것이 인간사고의 선험
적인(a priori) 법칙들이 대상에 대한 우리의 경험의 특성을 어떻게 보여주는지를
설명하는 것이었다고 주장한다. 코헨이 보기에 이러한 선험적인 법칙들은 필연적

인 것이므로 그것들은 객관적이다. 그러므로 객관적인 경험에 대한 칸트의 설명은 선험적인 법칙들에 의존하게 된다. 바로 이러한 의미에서 칸트에 대한 코헨의 해석은 반심리학주의의 노선에 서 있다. 즉, 그는 인간의 마음이 어떻게 재현을 행하는지에 대한 어떠한 고찰(심리학적 고찰)도 지식의 객관적 타당성에 대한 철학적 설명과 관련이 없다고 주장하는 것이다.[68]

이후 1902년부터 코헨은 칸트에 대한 자신의 해석서들을 바탕으로『철학의 체계』를 저술하기 시작하였다. 이 기획은 원래 4권을 목표로 하였으나 실제로는 3권으로 종료되게 되었는데, 각각은『철학의 체계 제1권: 순수이성의 논리학』(1902년),[69]『철학의 체계 제2권: 순수의지의 윤리학』(1904년),[70]『철학의 체계 제3권: 순수감정의 미학』(1912년)[71]으로 출판되었다.

코헨의 논의 중 흥미로운 것은 가설에 대한 이론이다.『칸트의 경험 이론』의 제1판(1871년)을 저술할 당시에는 코헨에게 가설의 방법이라는 아이디어가 존재하지 않는다. 그가 가설의 방법에 대하여 생각하게 된 것은 1878년 발표한 "플라톤의 이데아론과 수학"이라는 논문을 준비하면서 플라톤을 연구하였던 덕분이었다.[72] 이후『칸트의 경험 이론』제2판(1885년)[73]에서 가설의 방법에 대한 생각이 등장하게 된다. 그리고 이러한 가설의 방법은 보다 발전된 형태로『철학의 체계』에서 등장하게 된다.[74]

코헨이 플라톤에게서 찾아낸 가설이라는 개념은 우리가 흔히 과학에서 말하는 가설과는 다르다. 그것은 수학적 추론과 증명의 토대 내지는 전제를 형성하는 수학적 정리나 공리와 같은 것이다. 또한 이데아는 무조건적이고 무전제적인 데 반해 가설은 그렇지 않다는 점에서 이데아와 구별된다. 플라톤과 달리, 코헨은 무조건적이고, 무전제적이며 타당한 지식, 즉 이데아와 같은 것은 존재할 수 없다고 보면서 모든 지식들은 사고라는 수단을 통하여 발생하는 것이라고 본다. 이것은 최상위의 개념들에 있어서 그리고 과학적 인식의 최종적인 토대들, 기본적인 개념들에 있어서도 마찬가지이다. 그러한 것들은 그 자체로 혹은 스스로 존재하는 불변의 진리들 내지는 절대적인 토대들이 아니고 다른 것들과 마찬가지로 사고에 의하여 형성되는 것들이다. 따라서 그것들은 토대들을 놓아주는 것으로서 기능하게 된다. 그러한 의미에서 그것들은 가설인 것이다.[75]

2. 켈젠의 수용

켈젠은 코헨의 신칸트주의와 자신의 이론과의 관계를 설명하면서 다음과 같이 밝히고 있다.[76] 즉, 그는 순수법학을, 코헨이 『칸트의 경험 이론』에서 칸트의 『순수이성비판』을 경험의 이론으로 독해한 방식에 따라 초월적인 방법을 실정법의 이론에 적용하고자 한 것이라고 설명한다. 켈젠은 자신과 달리 초월적인 방법을 자연법론에 적용한 이로 슈타믈러(R. Stammler)[77]를 든다.[78]

물론 켈젠 자신도 순수법학이 칸트에 기반하고 있다고 주장하고 있음에도 불구하고 칸트의 법철학과 차이가 있음을 잘 알고 있었다. 그래서 그는 신칸트주의의 강령인 "칸트를 이해한다는 것은 칸트를 뛰어넘는다는 것을 의미한다."를 이용하여 자신의 입장을 옹호한다. 그는 칸트가 초월적인 방법을 통하여 모든 형이상학을 파괴하였기에 "모든 것을 파괴하는 자"라는 이름을 얻었으나 실제로는 철저하지 못했다고 평가한다. 칸트의 정신 속에는 기독교가 뿌리 깊게 자리잡고 있었고 그 결과 실천철학의 영역에서는 자신의 초월적인 방법을 포기하고 말았다는 것이다. 그래서 칸트는 법철학에 있어서는 실증주의적 법철학이 아닌 자연법론의 노선에 머무르고 말았다. 이제 켈젠은 자신이 비판철학의 정신을 칸트보다 더 철저하게 진행하고 있다고 주장한다. 즉, 칸트가 모든 형이상학에 반대한 것처럼 순수법학도 형이상학에 대응하는 자연법론을 철저하게 거부한다는 것이다.[79]

(1) 인식론

1928년에 출판된 『자연법론과 법실증주의의 철학적 기초』에서 켈젠은 코헨의 이론을 수용한 자신의 인식론에 대하여 다음과 같이 상술한다.

> 인식이라는 것은 대상과의 관계에서 단순히 수동적인 역할을 하는 것일 수 없다. 인식은 그 자체에 주어진, 초월적인 영역에 존재하는 사물을 반사하는 것에 한정되지 않는다. 우리가 이러한 사물들이 우리의 인식과 독립적인, 초월적인 존재성을 가진다고 믿는 것을 멈추기만 하면, 인식은 대상과의 관계에서 능동적이고 창조적인 역할을 받아들여야만 한다. 인식 자체가, 감각에 의하여 제공된 재료들을 가지고서 인식의 내재적 법칙에 따라, 대상을 창조한다. 인식 절차의 결과의 객관적 타당성을 보장하는 것은 그 인식의 법칙과

의 부합성이다.[80]

켈젠은 이러한 인식론적인 입장을 "인식적, 비판적 이원론"이라고 부른다.[81] 이러한 "인식적, 비판적 이원론"을 도입하여 자신의 이론에 생기게 된 변화로 켈젠 스스로 밝히고 있는 것은 국가와 법에 대하여 올바르게 인식하게 된 것이었다. 이러한 영향에 대하여 켈젠은 다음과 같이 밝히고 있다.

> 내가 법과 국가의 개념을 올바르게 채택할 수 있는 완벽한 인식론적 관점에 도달하게 된 것은 코헨(H. Cohen)의 칸트 해석 방법, 특히 그의 책 『순수의지의 윤리학』에 의해서였다. 1912년 『칸트 연구』에 나의 책을 법학에 초월적 방법을 적용하려는 시도로 인식하고 법적 의사에 대한 나의 개념과 (그때까지 내가 알지 못하였던) 코헨의 관점 사이에 존재하는 광범위한 유사성에 주목하게 해 준 『국법학의 주요문제』에 관한 서평이 게재되었다. '인식의 방향은 인식대상을 결정하고, 인식대상은 하나의 근원(Ursprung)으로부터 논리적으로 창조된 것이다.'는 코헨의 기본적인 인식론적 입장을 받아들인 결과, 나는 '어떤 것을 법적으로 인식하거나 어떤 것을 법학적으로 이해한다는 것은 그 것을 법으로 이해하는 것을 의미하기 때문에, 법적 인식의 대상인 한 국가는 오직 법일 수밖에 없다.'는 결론을 받아들이게 되었다.[82]

즉, 인식의 방향이 인식의 대상을 결정하기 때문에 물자체를 알 수 없고 인식 대상이란 논리적으로 만들어진 것에 불과하다는 코헨의 인식론을 받아들여 국가라는 인식대상도 법학적 인식에 의하여 만들어진 것에 불과하므로 그것도 법일 수밖에 없다는 결론에 도달한 것이다. 이러한 "국가와 법의 동일설"의 채택에 대하여 켈젠은 "『국가법의 주요문제』 이후 순수법학이 보인 가장 중요한 진보"라고 평가한다.[83]

이러한 입장은 『일반국가학』에서 보다 자세하게 등장하게 된다. 여기에서 켈젠은 종래의 통설적인 입장이던 국가의 양면이론을 인식론적인 입장에서 비판한다. 국가의 양면이론이란 다음과 같은 입장이다.

국가는 인과과학적 인식으로 접근 가능한 자연적 측면과 법규범적 인식이 적용되는 법적 측면을 지닌 것이다. 이때 자연적 인과관계 속에 있는 국가란 권력요소로서 파악 가능하다. 따라서 자연과 법의 대립은 권력과 법의 대립이라는 의미가 된다. 이러한 국가의 양면이론은 현재 통설로 간주되고 있다.[84]

이러한 국가의 양면이론[85]을 대표하는 이로는 옐리네크를 들 수 있다.[86] 그는 『일반국가학』에서 2개의 국가개념과 2개의 방법론을 동시에 채택하여 "국가는 첫째로 사회적 형성물이며, 다음에 법적 제도이다. 이에 따라서 국가학은 사회적 국가학과 국법학으로 나뉜다. 그러므로 일반 국가학은 특히 다음 두 구분, 즉 일반 국가사회학과 일반 국법학을 가진다."[87]는 양면이론을 주장하였다. 이에 대하여 켈젠은 코헨의 인식론적인 관점에서 "인식대상의 동일성이란 인식과정의 동일성, 인식방향과 진행의 동일성을 통해 보장된다. 그런데 양면이론은 이런 인식론적 통찰과는 모순되고 있다."고 비판한다.[88]

(2) 가설

켈젠의 법체계 이론하에서는 근본규범이 가장 궁극적인 효력근거가 되게 되는데, 그 근본규범 자체는 어디에서 효력을 얻게 되는가라는 문제가 발생하였다. 이에 대하여 켈젠은 코헨의 가설의 방법을 도입한다.

> 순수법학은 이러한 근본규범을 하나의 가설적 토대로 이용한다. 즉, 근본규범이 효력을 갖는다는 전제 하에 이 근본규범에 기초한 법질서도 효력을 갖게 된다.[89]

즉, 근본규범은 그 자체로 혹은 스스로 존재하는 토대가 아니고, 사고에 의하여 형성되는 것으로 토대를 놓아주는 역할을 하는 것, 즉 가설인 것이다. 그리고 어떤 명령이 타당한 규범으로 생각되기 위해서 반드시 근본규범이 초월적이고 필연적인 전제가 되어야만 한다.[90]

| 제5절 무어의 영향 |

켈젠이 『순수법학』 제2판(1960년)을 저술할 당시 철학계는 "언어적 전회"(linguistic turn)가 지배하던 시기였다. 더욱이 켈젠은 이미 오스트리아 빈의 논리실증주의자들과 교류를 하였던 적이 있었으므로 그런 분위기에 대해서 더 예민하게 느끼고 있었을 것이다. 그러나 그의 『순수법학』 제2판에는 언어적 전회의 영향력이 그렇게 강하게 나타나지 않는다.

특히 흥미로운 것은 비트겐슈타인(L. Wittgenstein)의 철학에 대한 언급이 없다는 점이다. 사실 켈젠과 비트겐슈타인은 여러모로 접점이 많은 편이다. 우선, 둘 모두는 오스트리아 빈에서 자란 유태인이라는 공통점을 가지고 있었다.[91] 켈젠은 1881년 프라하에서 태어나 4살 때부터 빈에서 자랐다. 그는 1911년에 빈 대학에서 교수자격을 취득하였다.[92] 이후 1914년 제1차 세계대전이 발발하자 소집되어 오스트리아 헝가리 제국 육군성의 후생국과 법무분과 등에서 근무하였다. 제1차 세계대전이 끝난 이후에 그는 오스트리아 헌법의 초안을 작성하고 1930년까지 빈 대학 교수로 재직하였다.[93] 반면 비트겐슈타인은 1889년 빈의 오스트리아 헝가리 제국 내에서 부자로 유명한 비트겐슈타인 가문[94]에서 태어났다. 그는 1911년부터 철학을 배우기 위하여 빈을 떠나 영국의 케임브리지 대학교에서 러셀의 강의에 출석하였다. 제1차 세계대전이 발발하자 그는 오스트리아 헝가리 제국 육군에 자원하여 전투를 수행하다 1918년 11월에 이탈리아의 포로로 잡혔다. 전쟁기간에 걸쳐 적은 『노트북: 1914-1916』[95]는 비트겐슈타인의 출세작이라고 할 수 있는 『논리철학논고』[96]의 토대가 되었다. 『논리철학논고』는 1919년 영어로 번역되어 출판되었고, 1921년에 독일어로 출판되었다. 이 책의 유명세로 비트겐슈타인은 20세기 철학의 일약 스타가 되었다. 또한, 둘 모두는 제1차 세계대전 이후에 빈의 논리실증주의자들과 교류를 하였다. 켈젠의 경우 논리실증주의자들의 모임에 종종 참석을 하였다.[97] 비트겐슈타인의 경우에는 논리실증주의자들의 초청으로 그들과 교류를 하기도 하였다.[98] 그럼에도 불구하고 켈젠은 자신의 저술에서 비트겐슈타인의 논의를 언급하지 않는다. 오히려 켈젠이 다음과 같이 이야기한 적이 있는 것으로 봐서 비트겐슈타인에 대해서 상당히 반감을 가지고 있었던 것으로 보인다.

나는 [옥스퍼드의 언어철학자인] 오스틴(J. L. Austin)에 대하여 당신과 다른 이들이 관심을 가지는 것에 대해서 충분히 납득할 수 있다. 나 역시도 그의 저술에 관심을 가지고 있다. 내가 이해를 할 수 없는 것은 그 허풍선이 (charlatan) 비트겐슈타인에 대하여 관심을 가지는 것이다![99]

켈젠이 언어철학적인 논의 중에서 중요하게 인용하는 것은 비트겐슈타인의 박사학위 심사위원이자 비트겐슈타인의 케임브리지 대학교의 철학교수직 전임[100]이었던 무어(G. E. Moore)의 주장이다. 아마도 그것은 빈델반트의 수용 이후 켈젠이 계속해서 유지해 온 반심리학주의, 보다 일반적으로 말하면 반자연주의 노선에 무어가 서 있었기 때문이었을 것이다.

1. 무어의 반자연주의

무어는 "선이란 무엇인가"라는 질문과 "선한 행위란 무엇인가"라는 질문을 구별해야만 한다고 주장한다. 왜냐하면 "선한 행위란 무엇인가"라는 질문은 "선이란 무엇인가"라는 질문의 다양한 의미 중 하나에 불과하기 때문이다. 다양한 의미 중에서 윤리학에서 가장 근본적인 것으로 다루어지는 것 그리고 무어가 집중적으로 다루는 것은 그것이 가지는 "선은 어떻게 정의(definition)되어야만 하는가"라는 의미이다.[101] 이러한 질문에 대하여 무어는 "선"이라는 단어가 일상적으로 사용되고 있다고 여겨지는 것과 똑같은 의미에서 사용될 때 그것이 지칭하는 대상이나 관념의 본성이 무엇인지를 고찰함으로써 답변하고자 한다.[102]

개념에 대한 "정의"의 의미 역시도 다양한 의미를 가지겠지만, 그것 중에서 가장 중요한 의미는 다음과 같은 분석적인 방법이다. 그리고 이 방법만이 우리가 정의를 내릴 수 있는 유일한 방법이기도 하다.[103]

> 여기서 "정의"의 가장 중요한 의미란 다음과 같다. 즉, 정의란 그 대상 전체를 언제나 항상 구성한다고 여겨지는 부분들이 무엇인지를 진술하는 바를 뜻한다.[104]

이러한 분석적인 정의의 예로 무어는 "말"(horse)을 든다. "말"이라는 개념에 대해서 분석적인 방법, 즉 "우리 모두가 알고 있는 어떤 대상이 어떤 방식으로 구성되어 있다."는 방법으로 정의해 보면, 그것은 "말은 네 개의 다리, 하나의 머리, 하나의 심장, 하나의 간 등을 지니며, 이들 신체 기관은 서로서로 특정한 관계를 맺으며 구성되어 있다."가 될 것이다.[105]

분석적인 방법에 의한 정의는 어떤 개념을 구성하는 부분들을 진술하게 되고, 또한 그 부분들을 정의하기 위해서는 그것들을 구성하는 부분들 역시 진술하게 될 것이다. 이런 방식으로 분석하다 보면 더 이상 분석될 수 없는 단순한 속성들에 도달하게 된다. 바로 이것들이 대상 전체의 고유성을 설명해 주는 것이다.[106]

이처럼 더 이상 분석될 수 없는 단순한 속성들을 무어는 "단순 관념"(simple notion)이라고 부른다.[107] 단순 관념은 말, 뱀, 염소 등과 같은 복합 관념과 달리 분석적인 방법에 의하여 정의될 수 없다. 그것은 더 이상 정의가 될 수가 없고 오직 다른 정의를 구성하는 부분이 될 수 있을 뿐이다. 이러한 단순 관념은 무수히 많아야 한다. 왜냐하면 우리가 정의할 수 있는 복합 관념들은 무수히 많고 그것들을 구성하는 최소한의 단위들이 바로 단순 관념이기 때문이다.[108]

단순 관념의 예로 우리는 "노랑"을 들 수 있다. "노랑"은 그것을 구성하는 속성이 "노랗다"는 것밖에 없다. 그것은 더 이상 분석될 수 없고 따라서 더 이상 열거될 것이 없는 개념인 것이다. 따라서 "노랑"에 대해서는 "노랑은 노랑이다."고 말할 수밖에 없다. 무어는 "선"도 노랑과 마찬가지로 단순 관념이라고 본다.[109] 그래서 그는 "선"에 대해서 다음과 같이 이야기한다.

> "선이란 무엇인가?"의 물음을 이러한 의미로 이해하게 되면, 이에 대한 나의 대답이 아주 실망스럽게 여겨질지 모른다. 왜냐하면 "무엇이 선인가?"라는 질문을 받는다면, 나는 "선은 선이다."라고 대답할 뿐만 아니라 이 이상의 대답은 주어질 수 없다고 생각하기 때문이다. 즉, "선은 어떻게 정의되어야 하는가?"라고 누군가가 나에게 묻는다면, 나는 "선이란 정의될 수 없다."고 말할 수밖에 없고, 이것이 바로 내가 선의 정의에 대해 말하고자 하는 바의 전부이다. 그러나 비록 실망스럽게 느껴진다고 하더라도, 이러한 대답이야말로 궁극적으로 가장 중요하다.[110]

이처럼 단순 관념은 분석적인 방법에 의하여 정의될 수 없음에도 불구하고 이와 물리적인 동치관계에 있는 무엇을 서술하여 이를 정의하려는 등의 시도를 하는 경우가 있다. 예컨대, "노랑"을 정의하기 위하여 우리 인간이 인지할 수 있도록 노란색이 어떤 종류의 빛의 파장으로 우리의 눈을 자극하는지 설명하는 경우가 있다. 하지만 이러한 설명은 우리가 정의하고자 하는 "노랑" 자체가 아니라는 것은 쉽게 알 수 있다. 이것은 모든 노란 것이 가지는 "노랗다"가 아닌 일정한 속성을 말하고 있는 것에 불과하다.[111]

동일한 실수가 "선"에 대해서도 이루어질 수 있다. "선"을 정의하면서 모든 선한 것들이 가지고 있는 "선" 이외의 일정한 속성을 말하려는 시도가 바로 그것이다. 많은 철학자들이 이러한 오류를 범하였는데, 그들은 "선"을 정의하기 위하여 그러한 시도를 하면서 자신들이 선을 정의하고 있다고 생각하였다. 무어는 이러한 시도를 비판하면서 그것을 "자연주의적 오류"(naturalistic fallacy)라고 부른다.[112]

무어는 이러한 자신의 입장을 시즈윅(Sidgwick)의 용례에 따라 "직관"이라는 용어를 통하여 설명하는데, 이것은 "선의 정의에 대한 답변은 증명이나 반박이 불가능하다"는 의미에서 그러한 용어를 사용하는 것이다. 즉, 그는 "우리는 어떤 종류를 해야만 하는가"라는 질문에 대한 답변은 증명이나 반박이 가능하다고 본다. 또한 일반적인 직관주의와 달리 그는 어떤 명제에 대해 우리가 특정한 능력의 발휘를 통해 인식하기 때문에 그것이 참이라고 주장하지 않는다. 그는 단지 증명될 수 없다는 소극적인 의미로 직관이라는 말을 사용할 뿐이다.[113]

2. 켈젠의 수용

1960년에 출간된 『순수법학』 제2판에서 켈젠은 빈델반트의 반심리학주의적 해석에 기초하여 존재와 당위의 분리를 설명해 오던 종전의 기술방식을 더 이상 사용하지 않고 다소 다른 방식으로 기술한다.

> 때때로 주장되듯이 일방 개인이 어떤 것을 해야 한다는 것은 타방 개인이 어떤 것을 원한다는 의미에 다름이 아니라는 진술, 다시 말해 당위의 진술이 존재의 진술로 환원될 수 있다는 진술은 적절하지 못하다. … 어느 누구도 어떤 것이 존재한다는 진술, 다시 말해 존재사실을 기술하는 진술이 어떤 것이 존재해야 한다는 진술, 즉 규범을 기술하는 진술과 본질상 다르다는 점, 그리고

어떤 것이 존재한다는 진술에서 어떤 것이 존재해야 한다는 진술이 나올 수 없으며, 마찬가지로 어떤 것이 존재해야 한다는 진술에서 어떤 것이 존재한다는 진술이 나올 수 없음을 부인할 수 없다.[114]

켈젠에게서 나타나는 존재와 당위의 이원론에 대한 이러한 기술방식의 변화는 "언어적 전회"라는 철학적 조류를 다소나마 따른 것이라고 생각된다. 하지만 그 기본적인 입장에는 큰 차이가 없다고 평가할 수 있을 것이다.

중요한 변화는 켈젠이 무어의 반자연주의 논증을 빌려와 "당위"를 더 이상 "근본적인 범주" 내지 "초월적인 범주"라고 묘사하지 않고 그것이 단순 관념이기 때문에 정의될 수 없는 개념이라고 주장하는 것이다.

당위의 개념에 대해서는 조지 에드워드 무어(George Edward Moore, Principia Ethica, Cambridge, 1922, S. 7ff.)가 "선"이라는 개념에 대해 말한 내용이 적용될 수 있다. "선(good)이라는 것은 '노랑'과 마찬가지로 단순 관념이다." 단순 관념은 정의될 수 없고 – 동일한 의미이지만 – 분석될 수 없다.[115]

| 제6절 바이힝거의 영향 |

켈젠은 기나긴 자신의 이론적 여정 중 상당히 초창기부터 바이힝거의 의제 (fiction) 이론을 접하였다. 1911년에 발간된 『국가법의 주요문제』와 1913년에 발간된 『국가불법론』에서 유사한 논의를 하였음에도 불구하고 바이힝거의 논의를 접하고 자신의 이해에 진전이 있었으며 그 결과가 『법학은 규범과학인가 문화과학인가』(1916년), 『법적 의제』(1919년) 등에 나타나있다는 켈젠의 언급으로 미루어 볼 때 그가 바이힝거의 이론을 접한 것은 아마도 1913–1916년 사이의 일일 것이다.[116] 그러나 바이힝거에 대한 켈젠의 입장은 특히 근본규범과 관련하여 일관적이지 못하였다고 할 수 있다.

1. 바이힝거의 의제

바이힝거는 신칸트주의 철학자였지만 코헨이 이끌던 마르부르크학파와 빈델반트가 이끌던 서남독일학파 그 어디에도 속하지 않은 채 자신만의 고유한 이론인 "마치 ~ 인 것처럼의 철학"을 전개하였다.[117] 바이힝거의 주저라고 할 수 있는 『마치 ~ 인 것처럼의 철학』은 1911년에 출판되었는데, 집필과정이 30년 이상 걸렸다고 한다.

바이힝거에 따르면, 그가 "마치 ~ 인 것처럼의 철학"을 확립하게 된 것은 다양한 학자들의 영향이었는데, 그 씨앗이 뿌려진 것은 플라톤의 신화[118]를 접한 것이었다고 한다.[119] 그는 "지어낸 의미"인 신화적 의제야말로 아주 좋은 유형의 의제라고 평가한다. 즉, 그것에는 "마치 ~ 인 것처럼"이 매우 분명하게 드러난다는 것이다.[120]

또한 칸트의 철학 역시 "마치 ~ 인 것처럼의 철학"의 성립에 큰 영향을 끼쳤다. 그는 자신이 칸트에게서 받은 영향을 다음과 같이 서술하고 있다.

> 칸트가 나에게 미친 영향은 다른 이들과 완전히 달랐다. 모든 면에서 그는 나의 마음을 구속하지 않고서 자유롭게 해 주었다. … 그러나 나에게 가장 감명을 준 것은, 형이상학의 세계를 탐구하고자 할 때 인간의 사고가 직면하게 되는 모순들에 대한 칸트의 발견이었다. 이율배반에 대한 칸트의 이론은 나에게 깊은 영향을 미쳤다. 나는 경험에 대한 지식의 한계에 관한 그의 이론에서뿐만 아니라 행위, 실천이 최우선되어야 한다, 다른 말로 하면 이른바 실천이성의 우월성에 관한 그의 교의로부터 항구적인 가치를 이끌어 냈다. 이것은 나의 심금을 울리는 것 같았다.[121]

이율배반에 대한 칸트의 논의[122]에서 그는 자유, 신, 무한성과 같은 것에 대하여 순수이성의 한계라고 밝히는데 이것들은 실천이성에 의하여 요청되는 것, 즉 존재하는 것"처럼"의 것이라는 성격을 부여하였다. 바이힝거는 이러한 이율배반의 논의를 더욱 확대하여 의제라는 개념을 발전시켰다.[123]

바이힝거에게 가장 결정적인 영향을 미친 이로는 랑게를 들 수 있을 것이다. 그는 1874년과 1875년 사이의 겨울에 랑게의 저서 『유물론의 역사』를 처음 접하게 되었는데, 처음에는 편견을 가지게 되었으나 점차 그것에 심취하였다고 한다. 그래서 그는 랑게에 대한 자신이 찾던 선생님, 인도자, 이상적인 교사를 찾았다고 고백하였으며 스스로를 랑게의 제자라고 부르게까지 되었다.[124] 랑게는 "다음의 한 가지는 확실하다. 사람은 자신에 의하여 만들어진 이상적인 세계의 형식으로 현실을 보완할 필요가 있다."고 말하였는데, 바이힝거는 이것을 더욱 강력하게 추진하고자 하였다.[125]

그 외에도 쇼펜하우어(A. Schopenhauer)와 다윈(C. Darwin) 등에게도 깊은 영향을 받아 유기체적 존재가 생존하려는 의지에 이성이 종속된다는 주장을 받아들였다.[126] 이러한 다양한 영향 하에서 바이힝거는 생존이라는 목적에서 보자면 실제 세계가 어떠한지를 올바르게 보는 것이 아니라 오히려 의제가 도움이 될 수도 있고, 학문에 있어서도 그러하다고 주장하였다.[127]

이러한 의제의 예로 바이힝거는 랑게가 든 예시인 원자론(atom theory)을 내세운다.[128] 돌턴(J. Dalton)의 원자론은 실제 원자가 존재한다는 것을 입증하지는 않았지만, 그것을 의제한다면 과학의 논의에 더 유용할 것이라고 생각되었기 때문에 그 의제를 채택하게 된 것이다. 비슷한 예로는 우주상수(cosmological constant)를 들 수 있을 것이다. 이것은 아인슈타인(A. Einstein)에 의하여 도입된 것으로, 본래 그는 우주가 팽창하지도 수축하지도 않고 고정되어 있다고 믿었다. 하지만 중력에 의하여 물질들이 서로 끌어당기기 때문에 우주가 수축되어야만 한다. 그래서 그는 그렇지 않도록 반대로 서로 밀어주는 힘의 존재가 있어야만 한다고 생각되었다. 그는 그러한 척력을 입증하지는 않았지만 그것을 의제한다면 우주의 설명에 더 유용할 것으로 생각하였기 때문에 그것을 의제하였다.

바이힝거는 의제를 세미의제(semi-fiction)와 진정한 의제(true fiction; real fiction)로 구분한다. 세미의제는 현실을 단순화하여 현실과 다르게 만든 것들이다. 반면에 진정한 의제는 모순적이고 우리가 거짓임을 알고 있어서 입증할 수 없는 것이다. 이 둘은 논리적으로는 구분되지만 실제에서는 종종 전환된다고 한다.[129] 바이힝거가 말하는 의제는 바로 진정한 의제이다. 그는 모든 이론이 그것이 진실이 아닌 것을 알면서도 그렇다고 간주하는 진정한 의제를 포함하고 있다고 주장한다.

이러한 "마치 ~ 인 것처럼의 철학"은 실용주의(pragmatism)와 상당히 유사해 보인다. 바이힝거 본인의 평가에 따르면 자신의 철학과 실용주의는 다음과 같은 결정적인 차이가 있다고 한다. 즉, 실용주의는 "어떤 사고가 실천적으로 유용한 것으로 밝혀졌다면, 그것이 이론적으로 참인 것인 것도 입증된 것이다."라고 주장하는 것인 반면에 "마치 ~ 인 것처럼의 철학"은 "어떤 사고의 이론적 거짓이 수용되는 것은 그 사고가 실천적으로 유용해서가 아니다. 그것의 이론적인 무효에도 불구하고 그러한 사고가 매우 실천적으로 중요할 수 있기 때문에 그러한 것이다."고 주장하는 것이다. 바이힝거는 두 철학이 이러한 차이점을 가지고 있음에도 불구하고 많은 공통점이 존재하는 것 또한 사실이라고 주장한다.[130]

2. 켈젠의 수용

전술한 것처럼, 켈젠이 처음 바이힝거의 의제주의를 접한 것은 1913-1916년 사이의 일인데, 그것의 영향에 대하여 다음과 같이 기술하고 있다.

> 인격화된 의제에 대한 바이힝거(Hans Vaihinger)의 분석(그의 "마치 ~ 인 것처럼의 철학") 역시 시사적이어서, 다른 과학적 탐구의 영역에서도 유사한 상황에 대하여 관심을 가지게 하였다. 『국가법의 주요문제』에서 신에 있어서 우주의 인격화와 국가에 있어서 법의 인격화 사이에 존재하는 유추를 도출했는데, 이러한 유추에 새로운 관점을 더하게 되었다. 그리고 1913년의 연구에서 다루어진 신학의 문제와 법학의 문제(신의론과 국가불법론)의 유사성에 대해서도 그러했다. 이러한 인식론 상의 진전은 1916년의 연구에, 법적 의제에 관한 1919년의 논문, 그리고 특히 나의 책 『주관의 문제와 국제법의 이론』(1920년)에 나타나게 되었다.[131]

위의 진술에서 알 수 있듯이, 처음에 켈젠이 바이힝거의 논의를 수용한 부분은 법인격과 관련된 의제의 부분들이었다. 하지만 켈젠이 의제주의를 수용하는 것과 관련하여 흥미로운 것은 그것을 근본규범에 적용하는 것이다. 처음에 켈젠은 자신의 근본규범 이론과 바이힝거의 의제를 연관지우는 것에 대하여 검토하였으나 부정적인 결론을 내리게 된 것으로 보인다. 순수법학의 방법과 기본개념을 설명하는 자신의 원고를 이탈리아어로 번역해서 출간해 준 트레베스(R. Treves)에게 보낸 편지(1933년 8월 3일자)에서 다음과 같이 자신의 입장을 밝히고 있다.

마흐(E. Mach)의 사유 경제성(Denkökonomie)의 원칙[132]과 바이힝거의 의제 이론에서 근본규범 이론이 자신의 입장을 옹호해 주는 것들을 찾을 수 있다는 것은 분명 옳지만, 그럼에도 불구하고 이들을 언급함으로써 발생하는 다양한 오해들 때문에 나는 더 이상 마흐와 바이힝거에 호소하지 않으려고 한다. 핵심은 근본규범 이론이 전적으로 코헨(H. Cohen)에 의하여 전개된 가설의 방법으로부터 나왔다는 것이다.[133]

하지만 1964년에 발표된 "헌법의 기능"이라는 논문에서는 종래의 입장을 바꾸어 근본규범을 바이힝거의 의제와 연관 짓는다.

이러한 의제(Fiktion)와 함께 근본규범의 상정은 근본규범이 그 효력을 근거 지우는 헌법은 더 상위의 어떠한 권위도 있을 수 없는 최고의 권위의 의사적 행위의 의미라는 상정과 모순되게 된다. 이리하여 근본규범은 바이힝거(Vaihinger)적 의미에서의 진정한 의제가 된다. 의제는 그것이 현실과 모순될 뿐만 아니라 스스로도 모순이라는 것이 그 특징이다. 왜냐하면 근본규범의 상정, 예컨대 "사람은 신의 명령에 복종하여야 한다"는 종교적 도덕질서의 근본규범이나 "사람은 역사적 최초의 헌법이 규정하는 대로 행위하여야 한다"는 법질서의 근본규범의 상정은, 실재적인 의지적 행위의 의미로서의 그러한 규범은 결코 없기 때문에, 현실과 모순될 뿐만 아니라, 그것은 그것이 최고의 도덕 또는 법의 권위의 수권이면서 또 이에 따라 이러한 권위보다 더 상위에 있는 – 물론 다만 의제된 – 권위에서 출발하기 때문에, 스스로도 모순이기도 하기 때문이다.[134]

바이힝거에 대한 이러한 입장 전환은 1979년 발간된 유작 『규범의 일반이론』에서도 그대로 유지되고 있으므로, 켈젠의 최종적인 입장이라고 해도 좋을 것이다.

바이힝거에 따르면, 의제는 사람들이 사고의 목적을 주어진 자료로는 달성할 수 없을 때 이용하는 (임시방편의) 사고방법이다. … 근본규범은 바이힝거의 '마치 ~ 인 것처럼'의 철학에서의 의제이지, ─내 자신이 때때로 표현하였던 것처럼- 가설인 것이 아니다. 즉 현실과는 부합하지 않는다는 것을 알면서도 의식적으로 이루어지나 혹은 의식적으로 이루어져야만 한다는 점에서 가설과 구별되는 의제라는 것에 주의해야 한다.[135]

이제 켈젠은 근본규범이라는 것이 존재한다는 것이 모순적이지만 그것을 의제한다면 더 유용할 수 있다고 생각하기 때문에 그것을 의제하는 것이다. 이러한 입장 변화의 중요한 의미는 근본규범을 창설하는 의사행위 역시 의제하게 되었다는 점이다.

| 제7절 소결 |

19세기 후반 독일에서는 당시 학계에 팽배해있던 자연주의적 태도를 극복하기 위하여 철학적 운동들이 발생하였다. 이들의 주된 공격 대상은 칸트를 심리학주의적으로 해석하려는 태도나 논리학을 위시한 모든 학문들을 심리학적 사실로 환원하려는 태도였다. 켈젠은 바로 그러한 배경 하에서 존재와 당위의 엄격한 이원론을 전제한 법실증주의, 칸트의 반심리학주의적 해석을 실정법에 적용한 법실증주의라고 할 수 있는 "순수법학"을 탄생시켰다.

우리는 켈젠이 자신의 이론을 정당화하기 위하여 어떠한 철학적 논의들을 빌려와 활용하였는지 고찰하였다. 그런데 이러한 고찰의 결과 우리가 알게 된 사실은 켈젠은 당시에 유행하던 철학적 논의들을 자신의 입장을 옹호하기 위해 일종의 도구처럼 활용했다는 점이다. 자신이 어떤 철학적 논의를 받아들이면서 그것에 의하여 자신의 입장을 수정하는 것이 아니라 자신의 입장을 좀 더 설명해 줄 수 있는 철학적 논의들을 계속해서 찾고 그것들을 활용해 왔다고 할 수 있다. 또한 어떤 철학적 논의를 차용해 올 때에도 자신의 입장에 부합하는 부분만을 가져오고 나머지 부분은 무시하거나 비판하는 태도를 취하고 있다. 이러한 의미에서 보자면, "칸트를 이해한다는 것은 칸트를 뛰어넘는다는 것을 의미한다."는 신칸트주의의 강령이 순수법학에 있어서는 모든 철학으로 확대되고 있다고 할 수 있을 것이다.

제4장
하트의 이론적 배경과 분석적 법리학

| 제1절 서론 |

사실 20세기 초반까지만 해도 영미 법철학은 독일 법철학의 위상에 미치지 못하였다고 평가받았다. 이러한 평가를 역전시킨 인물이 바로 하트(H. L. A. Hart)였다.[1] 이러한 상황에 대하여 최봉철 교수는 다음과 같이 묘사하고 있다.

> 몇 년 전 서거한 이탈리아의 법철학자 보비오가 말하였듯이, 20세기 초반만 하더라도 법철학의 모국은 독일이었다. 그러나 영어권의 법철학은 20세기 중반 이후 고속의 성장을 이루어 냈다. 여러 학문분야에서 미국이 영국을 능가하지만, 법철학에 관한 한에는 아직까지 미국이 영국을 따라가고 있다. 현대 영어권 법철학의 융성에 가장 기여한 인물은 허버트 하트일 것이며, 영어권 법철학의 중심지는 그가 재직하였던 옥스퍼드 대학교일 것이다. 서거한 지 이미 10년이 지났지만 하트의 아성은 굳건하다. 미국에도 하트와 논쟁을 벌인 풀러나 드워킨과 같은 인물이 있지만 수많은 영어권 법철학자들은 하트를 추종하고 있다.[2]

영미에서 현대 법실증주의는 세 단계를 거쳐서 발전되어 왔다. 첫 번째 단계는 하트가 『법의 개념』을 출간하고 그것에 나타난 개념들과 테제들에 대하여 연구하던 시기이다. 두 번째 단계는 드워킨(R. Dworkin)이 하트의 이론을 재구성해서 본격적으로 비판하던 시기이다.[3] 현재까지도 진행 중이라고 평가할 수 있는 세 번째 단계는 하트와 그의 추종자들이 드워킨의 공격으로부터 법실증주의를 옹호하기 위하여 주요한 주장들을 재구성하려고 노력하는 시기이다.[4] 이처럼 영미에서 현대 법실증주의의 성립과 발전에서 하트는 빼놓을 수 없는 존재가 되었다. 하트가 법실증주의의 부흥을 이끌어 낼 수 있었던 원동력은 바로 분석철학에 있었다. 즉, 그는 분석철학의 성과를 받아들여 벤담(J. Bentham)과 오스틴(J. Austin)의 고전적 법실증주의를 일신시켰다.

하트에게 가장 영향을 미친 것은 분석철학 내에서도 옥스퍼드의 일상언어학파(ordinary language school)였다. 비록 하트가 비트겐슈타인(L. Wittgenstein)의 제자라고 할 수 있는 바이스만(F. Waismann)의 '개방적 구조'에 깊게 영향을 받았고 비트겐슈타인주의자라고 할 수 있는 위스덤(J. Wisdom)과 윈치(P. Winch)의 주장에 동감하였으며 비트겐슈타인의 기본적인 아이디어들에 크게 반대하지 않았던 것도 사실이지만, 경구체로 모호하게 적는 비트겐슈타인의 글쓰기 스타일을 매우 싫어하였고 하트가 재직하였던 옥스퍼드 대학과 비트겐슈타인이 활동하였던 케임브리지 대학 사이에는 단절이 있었으며 비트겐슈타인이 괴팍한 것으로 악명이 높았기 때문에 그는 옥스퍼드의 일상언어학파에 속하는 오스틴(J. L. Austin)에게 더 끌렸고 비트겐슈타인에게 거리를 두었다고 한다.[5] 그래서 하트는 오스틴의 방에서 토요일 아침마다 모여 철학에 관하여 토론하던 일상언어학파 모임의 멤버로 활동하였다. 당시에 이 모임에 참여하였던 멤버로는 오스틴과 하트 외에도 스트로슨(P. F. Strawson), 헤어(R. M. Hare), 바이스만, 폴(G. A. Paul), 엄슨(J. O. Urmson), 우즐리(A. D. Woozley), 워녹(M. Warnock), 오노레(A. M. Honoré) 등이 있었다.[6]

이 장에서는 하트가 분석철학의 어떠한 논의를 받아들여서 자신의 법이론을 전개시켜 나갔는지 구체적으로 살펴보고자 한다. 이를 위해서 먼저 하트에게 영향을 미친 영미의 분석철학이 무엇인지 살펴보고, 이것이 하트의 법철학에서 나타난 모습을 묘사하고자 한다.

| 제2절 영미의 분석철학 |

20세기 초부터 영미철학에서 주류적인 입장으로 등장하게 된 분석철학은 당시 영국에서 뒤늦게 유행하고 있었던 관념주의에 대한 반동으로부터 비롯되었다. 브래들리(F. H. Bradley)를 포함한 영국의 관념주의자들은 실재가 초자연적인 것이라고 생각하였다.[7] 분석철학의 선구자인 러셀(B. Russell)과 무어(G. E. Moore) 역시 처음에는 관념주의에 매료되었었다.[8] 그러나 곧 그들은 관념론에 대하여 저항하기 시작하였고 이것이 분석철학의 출발점이 되었다. 물론 분석철학의 출발점을 프레게(G. Frege)의 『개념표기』[9] 내지는 『산수의 기초』[10]로부터 찾는 견해도 다수 존재한다.[11] 그러나 이 글에서는 영미철학으로 논의를 제한하여 설명하기 때문에 이를 둘러싼 논쟁과 관계없이 러셀과 무어를 그 출발점으로 삼기로 한다.

이후 비트겐슈타인이 케임브리지 대학교에서 러셀에게 수학하게 되었고[12] 곧 그는 분석철학의 새로운 지도자가 되었다. 특히 전쟁 중에 작성한 원고인 『논리철학논고』와 그의 사후 발간된 『철학적 탐구』는 그를 떼어놓고는 분석철학에 대해서 이야기할 수 없게 만들었다.[13] 이러한 케임브리지 대학의 영향으로 옥스퍼드 대학에서 "일상언어학파"가 형성되었다. 일상언어학파를 이끈 인물은 오스틴, 라일(G. Ryle), 스트로슨 등이었다. 이들은 러셀, 비트겐슈타인 등의 영향을 받으면서도 독창적인 논의를 전개해 나갔다.[14]

또한 비트겐슈타인은 논리실증주의를 이끈 비엔나 학파와 교류를 하기도 하였다. 본래 비엔나 학파는 자신들의 생각을 잘 표현해 주는 책이 『논리철학논고』라고 생각하였고, 그 결과 그 책을 큰 소리로 소리 내어 읽으면서 매 문장마다 논의를 하였다.[15] 그들은 그 책에 구체적으로 드러나지 않았거나 이해가 가지 않는 부분들을 저자에게 직접 배우기를 원했고 그래서 비트겐슈타인을 만나기에 이른다.[16] 그런데 그들은 자신들이 비트겐슈타인을 오해하였음을 깨닫게 된다. 비엔나 학파는 형이상학을 부정하지 않는 비트겐슈타인을 이해하지 못한 것이다. 이러한 차이와 비트겐슈타인의 성격 등으로 인하여 이들의 교류는 중단되고 말았다.[17] 제2차 세계대전을 거치면서 비엔나 학파의 많은 이들이 영국과 미국으로 건너가게 되었는데, 특히 그들은 미국의 철학계에 큰 영향을 미쳤다. 그 결과 콰인(W. V. Quine)을 중심으로 하는 미국의 분석철학이 전개되었다.[18]

그렇다면 분석철학은 구체적으로 어떠한 주장을 하는 학파 내지 전통인가? 글로크(H.-J. Glock)가 검토한 것처럼, 하나의 기준을 가지고 분석철학에 해당하는지 여부를 평가하고자 한다면 심각한 오류를 범할 수밖에 없다.[19] 이러한 상황이 보다 분명하게 드러나도록 몇 가지 기준을 가지고 구체적으로 검토해 보도록 하자.

분석철학의 옹호자라면 마땅히 취할 것 같은 입장 내지 주장으로 가장 먼저 떠오르는 것은 "언어적 전회"(linguistic turn)이다. 언어적 전회는 비트겐슈타인의 『논리철학논고』에서 가장 전형적인 모습이 나타난다. (그리고 아마도 이것이 언어적 전회의 출발점일 것이다.)

> 이 책은 그러므로 생각에 한계를 그으려 한다. 또는 차라리, 생각이 아니라
> 사고의 표현에 한계를 그으려 한다. 왜냐하면 생각에 한계를 그으려면 우리
> 는 이 한계의 양쪽 측면을 생각할 수 있어야 (따라서 우리는 생각될 수 없는
> 것을 생각할 수 있어야) 할 것이기 때문이다.
> 그러므로 한계는 오직 언어에서만 그어질 수 있을 것이며, 그 한계 건너편에
> 놓여 있는 것은 단순히 무의미가 될 것이다.[20]

이러한 비트겐슈타인의 영향으로 분석철학자들은 철학적 문제를 언어적인 문제로 전환시키고자 시도하는 경향을 보인다. 예컨대, 논리실증주의는 분석적 진리와 종합적 진리의 구별을 분석적 명제와 종합적 명제의 구별로 전환시켰다. 이전에는 철학이 이성의 논리, 심리의 논리 등에 근거를 두고 있었다면 언어적 전회 이후 철학은 언어의 논리에 기초를 두게 된 것이다.[21]

그러나 언어적 전회를 기준으로 분석철학 여부를 판단한다면, 일반적으로 분석철학자로 간주되는 많은 철학자들이 배제되게 된다. 심지어 분석철학의 창시자라고 평가받는 러셀마저도 분석철학자라고 볼 수 없게 된다. 분석철학의 구성원이라면 공통적으로 가지고 있을 것으로 생각되는 또 다른 후보는 형이상학의 거부이다. 형이상학의 거부를 주요한 기치로 내걸었던 논리실증주의자들은 자신들의 주장을 가장 잘 나타내는 표현으로써 흄(D. Hume)의 말을 인용한다.

> 이들 원리를 확신하면서 도서관의 책들을 쭉 훑어볼 때, 우리는 무엇을 내다
> 버려야만 할까? 만일 우리 손에, 예컨대 신에 관한 어떤 책이나 학교에서 언

급하는 형이상학책 같은 것이 들려져 있다면, 다음과 같이 물어보라. 그 책이 양이나 수에 관한 어떤 추상적인 추론을 담고 있는가? 그 책이 사태와 존재에 관한 경험적 추론을 담고 있는가? 두 가지 질문 모두에 대해 아니라는 (No) 답이 나오면, 그 책은 궤변이나 망상만을 담고 있을 것이므로, 불에 던져 버려라.[22]

에이어는 형이상학적 진술의 예로 "절대자는 진화와 진보에 관계하지만, 그 자체는 진화하거나 진보하지는 않는다."라는 브래들리의 문장을 든다.[23] 그에 따르면, 이 문장은 실제로도 원리적으로도 검증가능하지 않기 때문이다.[24]

그러나 형이상학의 거부는 분석철학의 거장들이라고 할 수 있는 러셀[25]과 콰인[26]에게서 나타나지 않는다. 더욱이 『논리철학논고』에 나타난 비트겐슈타인의 입장 역시도 형이상학을 제거하고자 하였다고 보기 어렵다. 특히 그는 자신의 책을 설명하면서 "그 책의 요점은 윤리적이기 때문입니다. … 나는 내 책이 두 부분으로 이루어지도록 쓰고 싶어 했습니다. 한 부분은 여기에 있고, 나머지 한 부분은 내가 쓰지 않았던 모든 것입니다. 그리고 정확하게는 이 두 번째 부분이 중요한 것입니다."고 언급하고 있다.[27]

그렇다면, 분석철학을 어떻게 설명하고 이해할 수 있을까? 이러한 문제에 대해서 글로크는 "가족유사성"에서 그 실마리를 찾고자 한다.[28] 가족유사성이란 하나의 공통된 특징이 존재하지는 않지만 그 구성요소들 중 일부 사이에는 유사성이 존재하는 것을 말한다. 이러한 개념을 제시한 비트겐슈타인은 게임을 통하여 그것을 설명한다.

예를 들어 우리가 "게임"이라고 부르는 활동들을 생각해 보라. 보드게임, 카드게임, 구기(球技)게임, 격투게임 등등. 이 모두에 공통된 것은 무엇인가? – 다음과 같이 말하지 말라: "이것들에는 공통된 어떤 것이 있음에 틀림없다. 그렇지 않다면 '게임'이라고 불리지 않을 것이다." – 대신 이 모든 것에 공통된 어떤 것이 있는지 보라. – 만약 당신이 그 게임들을 본다면, 그 모두에 공통된 어떤 것이 아니라 유사성들, 연관성들 그리고 이것들의 전체적인 연속을 보게 될 것이다. 다시 말하건대: 생각하지 말고, 보라! – 가령 다양한 연관성을 지닌 보드 게임들을 보라. 이제 카드 게임으로 넘어가라. 여기서 당신은 첫 번째 부류에 해당하는 많은 것들을 발견하지만, 다수의 공통된 특징은 사라지고 다른 특징들이 나타난다. 다음으로 구기게임으로 넘어가면 많은 공통점은 그대로 있지만 또 많은 것이 사라진다. … 이런 고찰의 결과는 다음과 같다: 우리는 크고 작은 유사성들이 겹치고 엇갈린 복잡한 그물망을 보게 된다.[29]

이것은 마치 한 가족의 구성원들 사이에 체구, 용모, 눈의 색깔, 걸음걸이, 기질 등이 모두 공통되지는 않지만 아버지와 아들의 체구가 비슷하고 어머니와 아들의 눈의 색깔이 비슷하며 아버지와 딸의 걸음걸이가 비슷한 것과 흡사하다. 그러므로 비트겐슈타인은 이를 "가족유사성"이라고 부른다.[30]

그렇다면 분석철학에 속하는 학자들 사이에는 가족유사성이 어떠한 방식으로 존재하는가? 이에 대하여 글로크는 다음과 같은 표로 정리하고 있다.[31]

	프레게	러셀	비엔나 학파	콰인	옥스퍼드 학파	논리철학 논고	철학적 탐구
언어적 전회	(×)	×	○	○	○	○	○
형이상학거부	×	×	○	×	(○)	(×)[32]	○
철학 ≠ 과학	(×)	×	(○)	×	○	○	○
환원적 분석	(×)	○	○	○	×	○	×

* 논리철학논고와 철학적 탐구는 각각 그 저술에 나타난 비트겐슈타인의 입장을 뜻함
** ( )는 해석상 논란이 있다는 것을 나타냄

이러한 요소들 중 언어적 전회와 형이상학의 거부는 이미 설명하였으므로 나머지 요소들을 간단히 살펴보도록 하자. 우선, "철학 ≠ 과학"의 요소를 살펴보자면 분석철학 내에는 철학과 과학의 관계에 대한 서로 상반된 입장이 존재한다. 한 입장은 분석철학이란 과학과 질적으로 다른 철학을 의미한다고 생각한다. 이러한 입장의 대표적인 주창자는 비트겐슈타인일 것이다. 그는 다음과 같이 말한다.

4.111 철학은 자연과학들 중의 하나가 아니다. ("철학"이라는 낱말은 자연과학들의 위 아니면 아래에 있는 어떤 것을 의미해야지, 자연과학과 나란히 있는 어떤 것을 의미해서는 안 된다.)[33]

4.113 철학은 자연과학의 논쟁 가능한 영역을 한계짓는다.[34]

그러나 정반대의 입장 역시 분석철학 내에 존재하는데 바로 분석철학의 선구자인 러셀과 콰인 이후의 자연주의적 경향이 그것이다. 그들은 철학이 과학의 방법을 따라야 한다고 생각하거나 심지어 철학이 자연과학과 구별되지 않는 것이라고 생각한다.[35]

또 다른 요소인 환원적 분석은 분석을 그것을 구성하는 구성요소들로 분해하는 것으로 이해하는 것을 말한다. 실제로 무어의 윤리적 직관주의,[36] 러셀의 한정기술구 이론,[37] 비트겐슈타인의 『논리철학논고』 등에서 환원적 분석이 중요한 요소로 나타난다. 이러한 입장에 따르면, "내 빗자루가 구석에 있다."는 진술이 빗자루를 이루고 있는 자루와 솔에 대한 진술로 환원하여 분석되어야 한다고 본다. 그러나 분석철학 내에는 이러한 환원적 분석에 반대하는 입장 역시 존재한다. 여기에는 『철학적 탐구』와 일상언어학파가 포함된다. 예컨대, 비트겐슈타인은 다음과 같이 반론을 제기한다.

> 그렇다면 빗자루가 구석에 있다고 말하는 사람은 사실상 자루와 솔이 거기에 있으며, 자루가 솔에 고정되어 있다는 것을 의미하는가? – 만약 우리가 누군가에게 이것을 의미했는지 묻는다면, 아마도 그는 딱히 자루나 솔을 생각한 것은 아니었다고 말할 것이다. 그리고 그것이 올바른 대답일 것이다.[38]

분석철학 내에서 존재하는 이러한 가족유사성 때문에 분석철학은 하트의 법실증주의에 어떤 일관된 이론 내지 신조로서의 역할을 하지는 않았다. 그보다는 분석철학은 법철학의 여러 가지 문제들에 있어서 개별적인 논의들을 제공하는 역할을 하였다. 그러므로 이하에서는 분석철학의 개별적인 논의들이 하트의 법실증주의에 어떻게 반영되었는지를 검토하고자 한다.

| 제3절 분석철학이 하트에게 미친 영향 |

1. 진위문과 수행문의 구분

하트는 권리, 의무, 법인, 국가와 같이 수수께끼와 같은 대상들이 자주 사용되는 법학에서 이들의 존재론적 지위를 어떻게 설명할 수 있을 것인가에 대하여 고민하고 있었으며 이 문제를 해결할 실마리를 제공한 것은 러셀의 한정기술구 이론이었다.[39]

당시에 러셀의 한정기술구 이론은 분석철학의 한 전형으로 평가받고 있었다. 러셀이 취하고 있는 지시론적 의미론에 따르면, 언어적 표현의 의미는 그것이 지시하는 대상이다. 그러나 이러한 입장에 의하면 주어-술어 형태로 된 유미한 문장 중에는 주어의 언어적 표현이 지시하는 대상이 존재하지 않는 경우가 있다는 사실을 어떻게 설명할 것인가라는 문제가 발생한다. 예컨대, "현재의 프랑스 왕은 대머리이다."의 경우와 같이 존재하지 않는 대상이 어떻게 명제의 주어가 될 수 있는가? 하나의 해결책은 유의미한 문장에 나타나는 모든 명사들에는 지시대상이 존재한다고 보는 것이다. 실제로『수학의 원리』(The Principles of Mathematics)를 저술할 당시에 러셀 역시 이러한 입장을 취하였다. 그러나 후에 러셀은 이러한 입장에 문제가 있음을 깨닫게 된다. 즉, "황금산", "둥근 사각형"과 같은 사물이 과도하게 존재하게 된다는 것이다. 러셀의 해법은 간단하다. "현재의 프랑스왕"은 겉보기에는 주어처럼 보이지만 실제로는 술어에 불과하다는 것이다. 즉, "현재의 프랑스 왕은 대머리이다."는 다음과 같은 명제들을 합해 놓은 것이다.[40]

(1) "x가 현재의 프랑스 왕이다."가 항상 거짓인 것은 아니다.
(2) "x와 y가 현재의 프랑스 왕이면, x와 y는 같은 사람이다."는 항상 참이다.
(3) "x가 현재의 프랑스 왕이면, x는 대머리이다."는 항상 참이다.

이렇게 함으로써 황금산, 둥근 사각형과 같은 대상을 존재한다고 가정하지 않고서도 "현재의 프랑스 왕은 대머리이다."라는 명제를 설명할 수 있게 된다.[41]

비록 하트는 러셀의 한정기술구 이론을 그대로 받아들이지는 않았지만, 법학을 둘러싼 골치 아픈 개념들, 즉 권리, 의무, 법인 등과 같은 개념들을 이해함에 있어서 분석철학이 많은 도움을 줄 수 있으리라는 희망을 가지게 되었다. 즉, 하트는 법철학에 "언어적 전회"를 도입하면 법철학의 많은 문제들을 해결할 수 있으리라고 기대하게 되었다.[42]

분석철학의 성과 중 법철학에 도움을 줄 수 있을 것이라고 하트가 제일 먼저 주목한 것은 일상언어학파의 오스틴이 제시한 진위문과 수행문의 구분이었다. 오스틴은 자신의 유명한 하버드 강의의 제1강에서 철학에 만연하고 있는 "기술주의적 오류"를 다음과 같이 지적하였다.

> 외견상의 기술적 문장(descriptive statement)에 포함된 특별히 혼동을 일으키는 많은 단어들은 보고된 실재에 있어서의 어떤 특히 이상스러운 부수적인 특징을 지적하는 데 도움이 되는 것이 아니라, 진술문이 말해질 때의 주위의 사정이나 진술문이 따라야 할 유보조건(reservation)이나 진술문이 받아들여질 수 있는 방법 등을 지적하는 데 도움이 되는 것이라는 사실이 알려지게 되었다. 한때 일반적이었던 방식으로 이러한 여러 가지 가능성들을 간과하는 것을 '기술주의적' 오류(descriptive fallacy)라고 한다.[43]

즉, 오스틴은 어떤 발화가 사태를 기술하는 것이 아님에도 불구하고 그것이 사태를 기술하고 있다고 잘못 생각하는 오류를 "기술주의적 오류"라고 부르면서 이를 극복하고자 하였다. 오스틴의 영향하에서 하트는 이러한 잘못된 오류가 법철학에도 만연해 있다는 것을 지적함으로써 법철학의 문제들을 해결하고자 하였다.

> 우리의 일상 언어에는 사물, 사건, 사람 등을 기술하거나 느낌 또는 감정을 표현하는 것이 아니라 "이것은 나의 것이다."와 같이 권리를 주장하고, "그래, 이것은 너의 것이다."와 같이 다른 이가 권리를 주장할 때 그의 권리를 인정하고, "이것은 그의 것이다."와 같이 권리의 주장과 상관없이 권리를 귀속시키고, "이제 이것은 너의 것이다."와 같이 권리를 양도하고, 그리고 또한 "내가 그것을 했다.", "그가 그것을 했다.", "너가 그것을 했다."와 같이 책임을 인정하거나 귀속시키거나 비난하는 것을 주된 기능으로 하는 문장이 있다. 이 논문의 주요 목적은 내가 '귀속적'(ascriptive)이라고 부르고자 하는 것

을 주된 기능으로 하는 "그가 그것을 했다."와 같은 형식의 문장들을 기술적인(descriptive) 기능을 하는 것으로 전통적으로 간주해 왔기 때문에 (적어도 부분적으로 그러했기 때문에) 인간의 행위의 개념에 관한 철학적 분석이 부적절하고 혼란스러웠었다는 것을 주장하는 것이다.[44]

그러나 이러한 구분을 제안한 오스틴 스스로 이러한 구분이 명확하지 않음을 인정하여 자신의 입장을 철회하게 되었고[45] 하트 또한 더 이상 이러한 입장을 고수하지 않게 되었다.[46]

2. 규정주의

이후 하트는 『법의 개념』[47]을 저술하는 과정에서 일상언어학파에 속하는 또 다른 학자 헤어의 영향을 받게 된다.[48] 헤어는 하나의 문장 내에 기술적인 의미와 평가적인(규정적인) 의미가 함께 존재할 수 있다는 것을 지적하였다. 예컨대, "이 정산소종이 좋다."와 같은 평가적인 진술에는 이 정산소종이 맛있다, 가격이 싸다 등의 속성을 가지고 있다는 기술적인 의미뿐만 아니라 이 정산소종을 선택할 것을 권고하는 평가적인 의미도 포함되어 있다.[49] 마찬가지로 "너는 살인을 해서는 안 된다."와 같은 윤리적인 진술에는 "살인을 해서는 안 된다."는 도덕적 원리가 존재한다는 기술적인 의미와 함께 그 원리를 따를 것을 충고하는 규정적인 의미가 함께 존재한다.[50]

이러한 헤어의 규정주의(prescriptive theory)로부터 착안하여 하트는 규칙에 관한 내적 진술의 의미를 분석한다.[51] 그에 따르면, "너는 교회에서 모자를 벗어야만 한다."와 같은 내적 진술은 다음과 같이 기술적인 의미와 판정적인 의미를 함께 가지고 있다. 그에 따르면, "너는 교회에서 모자를 벗어야만 한다."와 같은 내적 진술은 다음과 같이 기술적인 의미와 판정적인 의미를 함께 가지고 있다.[52]

내적 진술	"너는 교회에서 모자를 벗어야만 한다."
기술적인 의미	1. 우리 공동체의 구성원들은 "교회에서 모자를 벗어야만 한다."는 규칙을 일반적으로 수용한다.
	2. 나도 이러한 규칙을 수용한다.
판정적인 의미	네가 교회에서 모자를 벗지 않는 것은 규칙을 위반한 잘못된 행위이다 등등.

내적 진술에 대한 이러한 분석은 성숙한 체계를 가지고 있는 법의 경우에는 보다 복잡한 형태를 가지게 되는데, 이는 승인의 규칙의 존재 때문이다. 법적 규칙에 관한 내적 진술의 경우 다음과 같은 의미를 가지게 된다.

	1. ~라는 규칙은 화자가 속한 공동체의 구성원들(적어도 법공무담당자들)이 일반적으로 수용하는 승인의 규칙에 의하여 제시된 효력의 판단기준을 충족한다.
기술적인 의미	
	2. 화자도 승인의 규칙과 그 법적 규칙을 수용한다.
판정적인 의미	~은 규칙에 따르지 않은 법적으로 잘못된 행위이다. 화자가 법적 규칙에 따를 것이다. 규칙을 따르지 않은 것에 대하여 법적 처벌이 정당하다 등등.

3. 규칙-따르기 고찰과 비판적인 반성적 태도

규칙-따르기와 비판적인 반성적 태도라는 개념은 분석철학이 『법의 개념』의 핵심적인 내용에 영향을 미친 또 다른 중요한 예이다. 규칙-따르기는 비트겐슈타인이 『철학적 탐구』에서 핵심적으로 고찰한 내용 중 하나이다. 다음의 상황을 살펴보자.

> 누군가 다음과 같은 방식으로 선을 하나의 규칙으로 따른다고 상상해 보라: 그는 컴퍼스를 하나를 잡는다. 그리고 컴퍼스의 한쪽 끝을 '규칙'인 선을 따라 움직이면서, 다른 쪽 끝으로는 그 규칙을 따르는 선을 긋는다. 그리고 그가 규칙을 따라 움직이는 동안, 마치 그 규칙이 그의 행동을 결정하는 듯이 계속 그 선을 지켜보면서 외관상 매우 정확하게 컴퍼스의 간격을 변화시킨

다. 그런데 그를 지켜보는 우리는 컴퍼스가 이렇게 열리고 닫히는 데서 어떤 종류의 규칙성도 보지 못한다. 우리는 그에게서 그가 그 선을 따르는 방식을 배울 수 없다. 여기서 우리는 아마 실제로 다음과 같이 말할 것이다: "위의 예는 그가 어떻게 해야 하는지를 그에게 암시하는 듯이 보인다. 그러나 그것은 규칙이 아니다."[53]

이처럼 규칙-따르기에 있어서 핵심적인 것은 어떤 행위에 대하여 올바르게 따르고 있는가에 대하여 이야기할 수 있는지 여부이다. 윈치[54]는 이러한 비트겐슈타인의 고찰을 발전시켜서 결국 규칙-따르기에 있어서 중요한 개념은 반성성이라고 주장하였다.[55]

하트는 이러한 윈치의 논의를 받아들여[56] 규칙의 내적 측면을 강조한다.[57] 규칙을 따르는 경우 외에도 습관에서도 행위의 규칙성은 존재할 수 있다. 예컨대, 빨간 신호등이 켜지면서 차량이 멈추어서는 행위의 규칙성이 존재할 수 있고 아침마다 일어나서 홍차를 마신다는 행위의 규칙성이 존재할 수 있다. 그러나 후자의 경우에는 습관에 불과하기 때문에 "일반적인 행동에 관하여 전혀 생각할 필요가 없으며 또한 당해 행동이 일반적이라는 것을 아는 것마저 필요치 않다. 더욱이 …그 행동을 가르치고자 노력하거나 유지하려고 생각할 필요도 없다. 각자는 타인이 실제로 그렇게 하고 있는 것과 마찬가지로 각기 행동하는 것만으로 충분하다."[58]

규칙의 경우에는 상황이 달라서 "적어도 몇몇 사람들이 당해 행동을 집단 전체가 따라야 하는 일반적 기준으로 간주해야만 한다."[59] 다시 말해서 그 집단의 구성원 중 적어도 일부는 규칙의 준수를 요구하고 일탈에 대해서는 비판하며, 그러한 요구와 비판이 정당하다고 인정된다.[60]

4. 개방적 구조

하트는 오스틴의 방에서 매주 토요일 아침마다 모여 철학토론을 나누던 또 한 명의 멤버인 바이스만이 제시한 "개방적 구조"(open texture)[61]라는 개념을 받아들인다. 본래 이 개방적 구조라는 개념은 비트겐슈타인과 비엔나 학파의 교류 중에서 발생되어 나왔다. 비트겐슈타인이 비엔나 학파에게 자신의 생각을 소개할 때 이미 그는 『논리철학논고』의 견해를 수정하기 시작한 상태였고 그렇게 새롭게 제시된 아이디어 중 하나가 바로 "명제의 의미는 그것의 검증이다."는 "검증원리"였다.[62] 그러나 검증원리는 귀납법의 한계에 부딪히게 되는데, 이를 설명하기 위하여 비엔나 학파의 일원이었던 바이스만은 비트겐슈타인의 아이디어를 받아들여 이 문제를 설명하고자 하였다. 비트겐슈타인은 우리가 어떤 단어를 사용하는 규칙과 관련하여 예상치 못하였던 상황이 발생할 경우에 어떻게 할 것인가에 관하여 다음과 같이 논의하였다.

> 나는 "저기 의자가 있다."라고 말한다. 내가 그것을 가져오려고 다가가는데 그것이 갑자기 시야에서 사라진다면 어떻게 할 것인가? – "그렇다면 그것은 의자가 아니라 일종의 착각이었다." – 그러나 몇 초 뒤에 우리는 그것을 다시 보고 만질 수 있게 된다. – "그렇다면 그 의자는 원래 거기에 있었으며, 그것이 사라진 것이 일종의 착각이었다." – 하지만 잠시 후 그것이 다시 사라진다고 – 또는 사라진 듯이 보인다고 – 가정해 보라. 이제 우리는 뭐라고 말해야 할까? 당신은 그런 경우에 관한 규칙 – 그런 어떤 것을 여전히 "의자"라고 불러도 되는지에 관한 규칙 – 을 마련해 두었는가? 그러나 "의자"라는 낱말을 사용할 때 우리는 그런 규칙들을 빠뜨리고 있는가? 그리고 우리는 그 낱말과 관련해 가능한 모든 경우에 적용할 수 있는 규칙들을 갖추고 있지 않기 때문에, 실제로는 이 낱말에 어떤 의미도 결부시킨 것이 아니라고 말해야 하는가?[63]

이러한 비트겐슈타인의 아이디어를 받아들여서 바이스만은 개념의 "개방적 구조"에 관하여 이야기한다. 바이스만은 비엔나 학파의 검증원리와 관련하여 왜 검증원리가 불가능한지 설명하기 위하여 개방적 구조라는 개념을 도입하였다. 바이스만은 경험적 개념들의 개방적 구조 때문에 물리적 대상 문장들이 감각 자료 문장들로 번역될 수 없고 경험적 문장들은 확실하게 검증될 수 없다고 주장하였다.[64]

바이스만은 언어의 개방적 구조가 발생하는 이유가 우리가 예상하지 못했던 상황이 일어날 수도 있는 불확실성 때문이라고 지적한다. 이러한 상황의 가능성, 예컨대 다리가 20개인 개미들이 나타날 가능성은 그것이 아무리 희박할지라도 존재하지 않는 것은 아니다.[65] 그러한 상황이 나타나면 어떤 용어의 정의는 예상치 못하였던 경우를 수용하기 위하여 수정되어질 것이다. 용어의 정의를 아무리 수정하여

도 예상하지 못했던 상황이 나타날 가능성은 여전히 존재하기 때문에 수정의 작업은 계속해서 이루어질 것이다.[66] 이에 대하여 바이스만은 다음과 같이 말하고 있다.

> 어떤 것(예컨대 이 책상)에 관하여 내가 아무리 많은 특징들을 말했다고 하더라도, 그것과 다른 어떤 것 사이의 관계들에 대하여 내가 아무리 많이 말했다고 하더라도 또는 그것의 일대기에 대하여 내가 아무리 많은 진술을 했을지라도 나는 나의 기술(記述)이 엄밀하다(즉, 지식이 더 이상 증가될 수 없다)고 말할 수 있는 수준에 이르지 못한다. 어떠한 실재 사물도 엄밀하지 않다. 그것에 관한 나의 지식은 언제나 확장되어질 수 있다. 최고의 기술(maximum description)이란 존재하지 않는다.[67]

따라서 모든 용어들은 개방적 구조를 가지며 우리는 이러한 틈을 메울 수가 없다. 바이스만은 모든 사람이 볼 수는 있지만 잡을 수는 없는 책상, 금과 동일하게 화학반응을 하지만 새로운 종류의 방사선을 방출하는 원소와 같은 이상한 상황이 나타날 가능성은 언제나 존재하기 때문에 우리의 용어들은 언제나 틈이 있다고 주장한다.[68] 주의할 것은 이러한 바이스만의 개념은 모호성과 명확하게 구별되는 개념이라는 점이다.

> 모호성은 개방적 구조와 구별되어야 한다. ('더미'나 '분홍'과 같이) 변동이 심하게 사용되는 단어에 대하여 우리는 모호하다고 말한다. '금'과 같은 용어는 비록 그것이 모호하지 않겠지만, 총망라적이지 않고 개방적이다. 그래서 우리는 의심들이 새어 나오는 모든 틈을 메울 수는 없다.

그는 이러한 언어의 개방적 구조를 언어의 일반적인 본성이라고 본다.

> 어떤 언어도 모든 가능성을 대비하고 있지 않다. 언어의 불충분성을 안타까워하는 것은 오도된 것에 지나지 않는다.[69]

바이스만은 이러한 언어의 본성에도 불구하고 용어의 정의에 있어서 절대적인 엄밀성을 요구하는 것은 유토피아적인 것이라고 한다.[70]

하트가 이러한 바이스만의 개방적 구조를 도입하게 된 계기는 하트의 논문과 바이스만의 논문이 동일한 곳에 게재된 것이었다. 즉, 개방적 구조를 설명하는 바이스만의 논문은 진위문과 수행문의 역할 구별을 주장하는 하트의 논문과 함께 플루(A. Flew)가 편집한『논리와 언어』제1집에 실렸는데, 플루는 바이스만의 개념이 법적인 딜레마(혹은 그에 준하는 딜레마)를 해소하는 데 도움이 될 수 있을 것이라고 평가하였다.[71] 이러한 충고 덕분에 하트는 개방적 구조의 개념을 받아들여서 법의 비결정성의 문제를 설명한다.[72]

(물론 본인은 명시적으로 밝히고 있지는 않지만) 하트는 윈치가 파운드(R. Pound)의 입법의 구별에 대하여 비판하는 구절을 읽고 이를 수용하여[73] 두 경우를 구분하는 것을 비판한다. 윈치의 논의를 인용해 보면 다음과 같다.

> 오크쇼트가 두 가지 형식의 도덕성을 구분한 것은 법률과 판례의 구분과 여러 가지로 유사하다. 파운드는 법률을 '규칙의 기계적 적용'(the mechanical application of rules)이라고 하면서 '직관'(institutions)을 포함하는 판례와 구별하였는데(이는 '암시'(intimations)라는 용어를 통하여 정치학을 논의한 오크쇼트를 연상시킨다) 이는 두 법의 구분에 대하여 오크쇼트와 유사한 태도를 취하는 것이다. 이렇게 말하는 것이 때로는 도움이 되나 그럼에도 불구하고 판례의 해석도 법률의 적용만큼이나 내가 이 글에서 말하는 의미의 규칙 따름을 포함한다는 사실을 간과해서는 안 된다.[74]

하트는 이 두 가지 문제 모두를 규칙을 따르고 있는 것으로 이해하면서 이 두 가지의 규칙-따르기의 문제를 좀 더 일상적인 지도 방식으로 전환하여 고찰한다.[75] 그는 두 가지 형태의 일상적인 지도 방식, 즉 (판례와 유사한) 예시와 (법률과 비슷한) 구두 지시를 고찰한다.

먼저 예시의 사례를 살펴보자. 어떤 아버지가 아들에게 교회에 들어가면서 모자를 벗으면서 "봐라, 이 경우에 이렇게 행동하는 것이 올바른 방법이다."고 말하는 경우를 예로 들 수 있을 것이다. (파운드가 생각하는 것처럼) 이러한 예시의 방법은 많은 직관을 필요로 한다. 하트는 이에 대하여 다음과 같이 말하고 있다.

> 비록 "내가 하는 대로 해라."는 구두 지시를 수반하더라도 모든 형식의 예시

에 의한 의사소통에는 가능성의 개방적 영역이 남겨져 있을 것이고 따라서 의사소통을 하려는 사람에게는 명백한 것일지라도 그가 의도한 것에는 의문의 여지가 남게 된다. 행위의 어느 정도를 모방해야 하는 것인가? 모자를 벗으면서 오른손이 아니라 왼손을 사용하면 문제가 되는가? 천천히 또는 재빨리 벗는다면 문제가 되는가? 모자를 의자 밑에 놓는 것은? 교회 내에서 그것을 다시 쓰지 않는다면? 이것은 어린 아이가 자기 자신에게 물을지도 모르는 질문들의 다양한 일반적인 질문들이다. "올바르기 위해서는 어떤 방식으로 나의 행동이 아버지를 닮아야 하는가?", "그의 행동 중 정확하게 어떤 것이 나를 지도하는 것인가?"[76]

즉, 예시에 의한 지도 방식은 그의 행동 중 어떤 부분이 지도하는 것이고 어떤 부분이 관련 없는 부분인지 확신할 수 없다. 이를 하트는 '예시의 비결정성'(inde-terminacies of examples)이라고 부른다.[77]

이제 구두 지시의 사례를 생각해보자. (파운드가 생각한 것처럼) 예시를 구두 지시로 바꾸면 이러한 문제들을 회피할 수 있는 것처럼 보인다. 예컨대, "모든 남자는 교회에 들어갈 때 모자를 벗어야 한다."는 구두 지시에 의한 의사소통은 명백하고 의존할 만하며 확실해 보인다.[78] 이러한 구두 지시의 사례에서 어린 아이는 "일반적 범주들 속에 개별적 사실을 단지 '포섭'(subsume)하고 간단한 삼단논법에 의하여 결론을 도출하기만 하면 된다."[79]

이것이 파운드를 비롯한 많은 법학자들이 생각한 법률과 판례의 차이이다. 그러나 하트는 20세기의 법리학은 이러한 차이가 그렇게 확고한 것이 아니라는 것을 깨닫게 되었다고 지적한다.

이 세기[20세기]의 법리학의 상당부분은 권위적인 예시(판례)에 의한 의사소통의 불확실성과 권위적인 일반적 언어(입법)에 의한 의사소통의 확실성 사이의 구별이 이러한 소박한 대조가 보여주는 것보다 덜 명확하다는 중요한 깨달음으로 이루어져 있다. 심지어 언어로 형성된 일반적인 규칙이 사용될 때조차도 개별적인 구체적인 사례에서는 그것이 요구하는 행동의 형식에 대한 불확실성이 나타날 수 있다.[80]

하트는 구두 지시에 의한 지도 방식 역시 예시에 의한 지도 방식의 특징과 문제점을 가지고 있음을 개방적 구조의 개념을 통하여 보여준다. 요컨대, 하트에 따르면 법률과 판례 모두 규칙으로 되어 있으며 모든 규칙은 개방적 구조를 가지고 있다.

하트에 의하면 규칙(예컨대, "공원 내 차량 금지")을 제정할 때 제정자와 사람들은 어떤 상황이나 문제를 염두에 둔다. '차량 금지'를 예로 들자면 그들이 상상하는 것은 일상적인 자동차, 버스, 오토바이를 공원에 들어오지 않게 하는 것이다. 이것이 바로 '모범례'(paradigm)이며 분명한 사례(clear case)이다.[81] 그러므로 규칙을 해석하는 것은 규칙으로부터 제정할 때 예측하고 있는 문제가 되는 예시를 읽어내는 것이다. 그러나 그것은 비록 명백한 사례에 있어서는 별다른 문제 없이 잘 적용될 것이지만 그것들의 적용이 문제되는 사례는 반드시 존재하고 따라서 법적 규칙은 비결정적인 것으로 판명될 것이다.[82]

또한 하트는 규칙이 개방적 구조를 가지게 되는 이유를 우리가 신이 아니라 인간이기 때문이라고 말한다. 우리가 우리의 행동을 일반적인 표준을 통하여 규율하고자 할 때 (예컨대, 우리가 입법을 하고자 할 때) 우리는 인간이 처한 두 가지 약점, 즉 사실에 대한 상대적인 무지함과 목적의 상대적인 비결정성을 가지고 있기 때문에 규칙은 개방적 구조를 가지게 된다. 우리가 규칙을 만들 때부터 가지고 있는 이러한 약점 때문에 우리는 규칙을 적용함에 있어서 다시 한번 선택을 해야만 하는 세상에 살고 있는 것이다.[83]

| 제4절 보론: 하트 이후 분석철학의 수용 |

이 절에서는 하트 이후에도 영미 법철학이 여전히 분석철학으로부터 강력하게 영향을 받고 있는 모습을 소개하고자 한다. 그러한 경향에는 다양한 예시가 있을 수 있겠지만 여기에서는 가장 대표적인 3가지 논의를 소개하고자 한다.

첫 번째는 규칙-따르기를 회의적으로 독해하는 크립키(S. Kripke)의 논의를 받아들여 법의 비결정성을 주장하는 것인데, 이는 미국의 법현실주의(legal realism), 비판법학(critical legal studies)의 진영에서 주로 행하여졌다.[84] 두 번째는 실재론적 의미론의 논의를 법해석론에 적용하고자 하는 것이다.[85] 끝으로 콰인의 자연주의를 받아들여 분석적 개념을 버려야 한다는 라이터(B. Leiter)의 주장이다.[86]

1. 규칙-따르기의 역설

비트겐슈타인은 규칙-따르기를 고찰하면서 하나의 역설을 언급한다.

> 우리의 역설은 이것이었다: 어떤 행위 방식도 하나의 규칙에 의해 결정될 수 없을 것이다. 왜냐하면 모든 행위 방식은 그 규칙과 일치하도록 맞춰질 수 있기 때문이다.[87]

이러한 비트겐슈타인의 언급으로부터 크립키는 어떤 규칙-따르기가 옳다는 것을 정당화할 수 있는 것이 존재하지 않는다고 결론내린다. 즉, "68+57=5"라는 것이 비현실적일지는 몰라도 선험적으로 불가능하다고 할 수 없다는 것이다.[88] 57 보다 작은 수에 대해서만 덧셈을 해 왔다면, "68+57"를 하는 경우에 "+"의 의미가 57 이상의 수에서도 동일하다고 확신할 어떠한 근거도 존재하지 않기 때문이다. 예컨대, 57 이상의 수에서는 "+"의 결과가 항상 5로 동일할 수도 있다.[89]

그래서 크립키는 비트겐슈타인이 일종의 회의론적인 해결책을 제시하고 있다고 본다. 즉, 그는 비트겐슈타인이 진리조건을 정당화조건으로 대체하였다고 본다. 규칙의 개념은 아무런 내용도 가질 수 없기 때문에 사적으로 규칙을 따른다는 것은 불가능하다. 하지만 언어공동체의 차원에서는 정당화 조건이 존재하기 때문에 규칙-따르기가 가능한 것이다. 이러한 상황에 대해서 크립키는 다음과 같이 묘사한다.

> 만일 우리의 시야를 규칙을 따르는 사람만이 아니라 그가 더 넓은 공동체와 상호작용하는 것으로 간주한다면, 상황은 아주 달라진다. 사람들은 그 사람이 규칙을 정확하거나 혹은 부정확하게 따르고 있는지를 판단하기 위한 정당화 조건들을 갖게 될 것이며, 이 조건들은 그 사람의 권위를 무조건적으로 수용하는 것이 아닐 것이다.[90]

이러한 해석에 따르면, 결국 규칙-따르기는 자신의 행위가 그 공동체에서 정당화될 수 있는지 여부의 문제가 된다.

야블론(C. Yablon),[91] 보일(J. Boyle),[92] 터쉬넷(M. V. Tushnet)[93] 등은 이러한 크립키의 회의적 해결방식을 받아들여서 법의 비결정성을 강조한다. 즉, 이들은 법적 규칙 그 자체는 아무런 내용을 결정할 수 없고, 결국 판사의 사용이 그 공동체 내에서 정당화될 수 있는지의 문제만 남게 된다고 주장한다.

2. 실재론적 의미론

크립키[94]와 퍼트넘(H. Putnam)[95]은 독자적인 논의를 통하여 유사한 결론에 도달했는데, 그것은 "의미는 정신에 있지 않고 세계에 있다."는 실재론적 의미론이 그것이다.

크립키는 금이 사실은 노란색이 아니라 파란색이라는 것을 발견했을 때 신문에서 "우리가 금이라고 알고 있었던 것은 금이 아니었다."고 보도하지 않고 "금은 노란색이 아니라 파란색이었다."고 보도할 것이라는 점에 주목한다. 즉, 우리가 금에 대해서 알고 있는 속성이 금이라는 단어의 의미를 결정하는 것이 아니라는 것이다.[96]

마찬가지로 퍼트넘은 물과 완전히 동일한 속성을 가졌지만 H_2O가 아닌 XYZ를 가지고 있는 쌍둥이 지구를 상상한다.

> … 쌍둥이 지구에 영어를 말하는 사람들이 있다고 가정해 보자. (일종의 기적과도 같은 우연적인 힘에 의하여 그들이 우리와 유사하게 진보하였고 곧 언급될 차이점을 제외하고는 한 200년 전에 사용되었던 영어와 동일한 언어를 사용한다고 가정하자.) 그들은 돌턴(J. Dalton)의 화학이나 돌턴 이후의 화학에 대해서는 아무것도 모른다고 하자. 그리하여 특히 그들은 예컨대 "H_2O"와 같은 개념을 갖고 있지 않다고 하자. 그리고 쌍둥이 지구에 있는 모든 강과 호수 들은 겉으로 보면 물과 비슷하지만 사실은 H_2O가 아닌 액체들로 가득 차 있다고 상상해 보자. 그렇다면 쌍둥이 지구에서 사용되는 "물"이라는 말은 물을 지시하지 않고 다른 액체(XYZ라고 하자)를 지시하는 셈이 된다. 그럼에도 불구하고 쌍둥이 지구에 사는 사람들의 정신 상태는 두 경우에 있

어서의 지시의 차이점을 설명할 수 있는 (1750년경의) 지구인들의 정신 상태와 다르지 않다.[97]

우리가 H_2O에 대하여 가지는 관념과 그 쌍둥이 지구의 사람들이 XYZ 에 대하여 가지는 관념은 동일할 것이다. 그러나 XYZ는 물이 아니다. 따라서 우리가 '물'이라는 단어에 대하여 가지는 관념이 아니라 세계가 존재하는 방식이 '물'이라는 단어의 의미를 결정한다.

이러한 실재론적 의미론에 따르면, 어떤 단어의 의미는 우리가 그 단어 에 대하여 알고 있는 속성들의 다발에 있는 것이 아니고 그 단어가 지칭하는 대상에 의하여 결정되는 것이다. 무어(M. Moore),[98] 브링크(D. Brink),[99] 스타브로폴로스(N. Stavropoulos)[100] 등은 이러한 실재론을 법철학에 도입하고자 노력하였다.[101] 그들은 법문에 사용되는 단어의 의미가 그 단어가 지칭하는 대상에 의하여 결정되므로 법이 결정적이라고 주장한다.

3. 자연주의

콰인은 자신의 논문 "경험주의의 두 가지 도그마"에서 현대 경험주의의 독단을 타파하고자 하였다.[102] 경험주의는 (사실의 문제와는 상관없이 의미에 근거하는 진리인) 분석적 진리와 (사실에 근거하는 진리인) 종합적 진리 사이에는 근본적인 차이가 있다고 믿었다.[103]

콰인은 분석적이라고 일반적으로 여겨지는 두 가지 진술을 검토한다.[104]

(1) 어느 결혼하지 않은 남자도 결혼하지 않았다.
(2) 어느 총각도 결혼하지 않았다.

전자의 경우에는 "남자"와 "결혼하다"를 어떻게 해석하더라도 항상 참이다. 그러므로 이것은 논리적 참인 진술이다.[105] 후자의 진술은 동의어에 동의어로 대체함으로써 (1)과 같은 유형의 진술이 될 수 있다. 즉, "총각" 대신에 동의어인 "결혼하지 않은 남자"로 대체함으로써 (2)의 진술은 (1)의 진술이 된다. 그러므로 (2) 유형의 분석적 진술은 동의어로 대체함으로써 사실과 무관하게 참인 명제가 된

다. 그러나 이러한 설명에는 "동의어"가 무엇인지를 설명해야 하는 문제가 여전히 남아 있게 된다.[106]

이러한 "동의어"를 설명하기 위하여 그것 대신에 "정의"라는 개념을 사용할 수도 있을 것이다. 즉, "총각"의 정의가 "결혼하지 않은 남자"이므로 그것으로 대체될 수 있다고 설명하는 것이다.[107] 그러나 대부분의 경우 정의는 동의어를 설명해 주지 못하고, 오히려 정의가 동의어에 의존한다.[108]

"동의어"를 설명하는 또 하나의 전략은 "진리값의 변경 없이 교환 가능하다."는 개념을 사용하는 것이다. 물론 이러한 개념을 사용하기 위해서는 부수적인 작업이 필요하다. "처녀"와 "결혼하지 않은 여자"가 언제나 진리값의 변경 없이 교환 가능한가? "처녀비행"에서 "처녀"에 "결혼하지 않은 여자"를 대입하여 어떤 문장이 거짓이 되는 것을 상상하는 것은 어렵지 않다. 이러한 경우를 해결하기 위하여 "처녀비행"은 하나의 단일한 단어이면서 분할 가능한 것으로 이해해야만 한다. 그리고 교환가능성은 이러한 단어의 일부분에는 적용되지 않는 것으로 보아야 한다.[109]

그러나 여전히 문제는 남는다. 이러한 교환가능성은 동의어의 충분조건인가 아니면 동의어가 아니어도 교환 가능한가라는 문제가 남는다. 여기에서 주목해야 할 것은 동의어라는 말이 "인식적" 동의어를 말한다는 것이다. 따라서 "총각"과 "결혼하지 않은 남자"가 동의어라는 것은 "모든 총각들이 그리고 오직 총각들만이 결혼하지 않은 남자이다."라는 진술이 분석적이라고 말하는 것이다.[110]

이제 "모든 총각들이 그리고 오직 총각들만이 결혼하지 않은 남자이다."라는 진술이 분석적이라는 것을 증명해 보자. "필연적으로 모든 총각 그리고 오직 총각만이 총각이다."라는 진술은 "필연적으로"라는 말이 분석적 진술에만 적용된다고 해석했을 때에도 참이다. 따라서 "총각"과 "결혼하지 않은 남자"가 진리값의 변경 없이 교환 가능하다면, "필연적으로 모든 총각 그리고 오직 총각만이 결혼하지 않은 남자이다."고 참이다. 이것이 참이라는 이야기는 "모든 총각들이 그리고 오직 총각들만이 결혼하지 않은 남자이다."라는 진술이 분석적이라고 말하는 것이다. 따라서 두 단어는 인식적 동의어이다. 그러므로 교환가능성과 인식적 동의어를 위한 충분조건이다.[111]

그러나 이러한 설명은 분석성의 개념이 이미 상당히 이해된 경우에만 이해될 수 있다. 즉, 분석성을 설명하기 위해서 동의어를 사용하였으나 이를 설명하기 위해서 다시 분석성을 이해해야만 하는 것이다.[112] 따라서 콰인은 다음과 같은 결론을 내린다.

> … 우리는 일반적으로 한 진술의 진리가 어떤 방식으로든 언어적 구성 요소
> 와 사실적 구성 요소로 분석될 수 있다고 가정하도록 유혹받는다. 이런 가정
> 이 주어지면, 그 다음에는 어떤 진술에는 사실적 구성 요소가 전혀 없어야 한
> 다는 것이 그럴 듯하게 보인다. 이런 진술이 곧 분석적 진술이다. 그러나 그
> 것의 모든 선험적인 합당함에도 불구하고 분석적 진술과 종합적 진술간의 경
> 계가 간단히 그어지는 것은 아니다. 실제로 그렇게 그어져야 할 구분이 있다
> 는 주장은 경험주의자들의 비경험적인 하나의 독단이며, 일종의 형이상항적
> 신념의 항목이다.[113]

콰인은 이러한 독단이 틀렸다는 것을 받아들이기만 하면 형이상학과 자연과학
사이의 경계가 무너지게 되고 철학이 자연화될 수밖에 없다고 본다.[114]

라이터는 이러한 콰인의 주장을 받아들여 법철학 역시 자연화시켜야만 한다
고 주장한다. 그는 분석적 법철학과 규범적 법철학이 주류를 이루고 있는 현실을
종식시키고 자연화된 법철학이 그것들을 대체하는 법철학을 만들어 내고자 노력
한다.[115]

02

법의 효력과 최종적인 근거지움

제5장
켈젠의 규범 이론과 효력 개념

| 제1절 서론 |

　자연법론자들과 법실증주의자들의 차이점이 분명하게 드러나는 것 중 하나가
바로 법의 효력에 관한 문제일 것이다.[1] 자연법론자들은 법이 효력을 가지는 이
유가 법의 내용이 도덕에 부합하기 때문이라고 답한다. 그러므로 자연법론자들
이 보기에 어떤 법이 유효하다는 것은 그 법이 내용상 정당하다는 의미인 것이다.
이와 달리 법이 가지는 효력을 도덕적인 문제로 환원하는 것을 반대하는 법실증
주의자들은 도덕에 기초하지 않고서 어떤 법이 유효하다는 것의 의미를 해명하
려고 노력한다. 그렇다면 어떻게 도덕에 기초하지 않고 효력의 문제를 설명할 수
있을 것인가?

　이에 대하여 켈젠(H. Kelsen)은 법의 효력을 설명함에 있어서 두 가지 종류의 반
환원주의를 동시에 채택한다. 즉, 그는 법의 효력에 관한 문제를 도덕의 문제로 환
원하는 것을 반대할 뿐만 아니라 법의 효력에 관한 문제를 사실적인 문제로 환원
하는 것(보다 일반적으로 말하면, 당위의 문제를 존재의 문제로 환원하는 것)에도 반대한
다. 전자를 "법과 도덕의 분리론"으로 후자를 "존재와 당위의 엄격한 이원론"이라
고 부를 수 있을 것이다. 이러한 이중적인 반환원주의는 켈젠으로 하여금 "규범체
계의 자율성"이라는 이념을 채택하게 하였다. 이러한 이념에 따라 켈젠은 하나의
규범의 효력과 그 규범이 속한 규범체계의 효력을 설명함에 있어서 그것들을 경험

적인 사실이나 다른 규범체계의 문제로 환원시키지 않는 규범 이론을 제시하였다.

이 장에서 다루는 것은 바로 이러한 문제이다. 이 장에서는 켈젠이 "규범체계의 자율성"이라는 이념에 충실한 법적 규범을 포함한 규범의 개념을 어떻게 제시하는지 구체적으로 살펴볼 것이다. 이렇게 규범 일반 이론 전체를 살펴보는 것은 그렇게 함으로써만 켈젠의 효력의 이론이 어떤 장단점을 가지고 있는지 분명하게 알 수 있기 때문이다.

그러나 규범의 개념과 효력에 관한 켈젠의 이론을 구성하는 작업에는 다양한 문제점들이 존재한다. 가장 중요한 문제는 켈젠 이론의 다양한 발전단계에서 어떠한 부분의 입장을 따를 것인가라는 하는 것이다.[2] 여기에서는 "순수법학"이라고 부를 수 있는 시기에 켈젠이 주장한 것들을 재구성하고자 한다. 이 시기에 속하는 대표적인 저술로는 『순수법학』 제1판(1934년),[3] 『법과 국가의 일반이론』(1945년),[4] 『순수법학』 제2판(1960년)[5]을 들 수 있을 것이다.[6] 물론 "순수법학"이라고 부를 수 있는 시기에 속하는 저작들 사이에도 입장 차이가 존재한다. 이러한 입장 차이의 경우에는 대체로 가장 최종적인 입장이라고 볼 수 있는 『순수법학』 제2판의 견해를 따랐고, 중요한 입장 차이의 경우에는 그러한 입장 차이의 변화를 구체적으로 분석할 것이다.

| 제2절 규범의 개념 |

『순수법학』 제2판에서 켈젠은 자신이 그 이전까지 반대하였던 개념, 즉 의사설(Willenstheorie)을 수용한다.[7] 그러므로 이제 켈젠은 법적 규범을 포함한 규범의 개념을 의사행위의 의미로 정의한다. 『순수법학』 제2판의 입장에 따라, 켈젠의 규범의 개념을 분석해보도록 하자. 켈젠은 규범의 개념에 대하여 다음과 같이 말한다.

> 여기서 규범이란 말은 어떤 것이 존재하거나 일어나야 한다는 것, 특히 인간
> 이 일정한 방식으로 행위해야 한다는 것을 말한다. 그것은 그 의도에 있어 타
> 인의 행위로 지향되어 있는 일정한 인간의 행위가 갖는 의미이다.[8]

이러한 켈젠의 언급에 따르면, 규범은 (a) 인간의 행위가 존재하고 (b) 그러한 행위가 그 의도상 타인의 행위를 지향할 경우 (c) 그 행위의 의미이다.

(a)에서 말하는 인간의 행위란 자신의 의사를 표시하는 의사행위(Willensakt)이다.[9] 이러한 의사행위는 다양한 방식으로 행하여질 수 있다. "몸짓을 통해서도 가능하고, 다른 상징을 통해서도 가능하다. 전자의 예로는 교통순경을 들 수 있다. 그는 팔을 일정하게 움직임으로써 멈춰 서라고 명하기도 하고 계속 가라고 명하기도 한다. 후자의 예로는 신호등을 들 수 있다. 빨간 신호등은 자동차 운전자가 멈춰야 한다는 명령을, 그리고 푸른 신호등은 계속 가야 한다는 명령을 의미한다. 구두나 서면을 통해서도 가능하다. 즉 명령은 명령의 언어형태를 띠고 나타날 수 있다. (예: 입 다물어!) 하지만 '나는 네가 침묵할 것을 명령한다.'는 진술명제의 형식을 띨 수도 있다."[10] 그리고 켈젠은 명시적으로 언급하고 있지 않지만, 켈젠은 이러한 인간의 행위가 한 개인의 행위일 수도 있고 개인들의 집단의 행위일 수도 있다는 것을 상정하고 있다.

(b)에서 어떤 행위가 그 의도상 타인의 행위를 지향한다는 것은 타인의 그러한 행위를 명령, 허용 내지 수권한다는 것을 의미한다. 따라서 "'규범'이란 일정한 행위를 명령하거나 허용하는, 특히 수권하는 행위가 갖는 의미이다."[11]

(c)에서 말하는 의사행위의 의미란 무엇인가?[12] 자신들의 국가에서 바람직하지 못한 이들을 제거하려는 의도를 가지고 있는 어떤 비밀결사의 회원들이 스스로 법을 만든다고 생각하면서 "매국노는 사형에 처한다."는 규칙을 만든다고 생각해 보자. 이러한 행위와 관련된 다양한 의미들을 다음과 같이 분석할 수 있을 것이다.

(1) 이 행위가 표현(의도)하는 의미: 매국노는 사형에 처해야만 한다.
(2) 이 행위의 객관적 의미: 범죄행위
(3) 이 행위의 주관적 의미: 법의 제정

(2)와 (3)은 그 행위가 의사행위가 아니라도 가질 수 있는 반면에, (1)은 그 행위가 의사행위일 때만 가질 수 있다는 점에서 구별된다. 여기에서 켈젠이 말하는 의사행위의 의미라고 말하는 것은 (1)의 의미를 말한다.

그러나 규범의 개념을 해명하기에 이것들만으로는 충분하지 않다. 왜냐하면 이러한 3가지 요소들만으로는 규범과 당위을 구별하기에 부족하기 때문이다. 사실, 행위가 어떤 의사를 표현하는 의사행위이고 이러한 의사행위의 의미가 특히 타인의 행위를 지향할 때 켈젠은 이러한 의사행위의 의미를 "당위"라고 부른다. 즉, "당위란 그 의도에 있어 타인의 행위로 지향된 (인간의) 모든 의사행위가 갖는 … 의미이다."[13]

그렇다면, 규범과 당위는 어떻게 구별되는가? 다음의 2가지 사례를 생각해 보자.

> (1) 무장강도가 은행직원에게 돈 내놓을 것을 요구할 때, 총을 들고 그렇게 외치는 것은 의사행위고, 그러한 의사행위의 의미인 "은행직원이 강도에게 돈을 줘야만 한다."는 당위이다.
>
> (2) 세무공무원이 납세의무자에게 세금을 납부할 것을 요구할 때, 납세용지를 들고 그렇게 말하는 것은 의사행위이고, 그러한 의사행위의 의미인 "납세 의무자가 세무공무원에게 돈을 줘야만 한다."는 당위이다.

(1)과 (2)의 사례는 모두 당위와 그것의 의미가 당위인 의사행위의 예시이지만, 우리는 둘 사이에 존재하는 차이점을 발견할 수 있다. (1)의 사례에서 의사행위의 의미는 그러한 의사행위를 하는 자의 관점에서만 당위적인 반면에, (2)의 사례에서 의사행위의 의미는 그러한 의사행위를 하는 자의 관점에서뿐만 아니라 제3자의 관점에서도 역시 당위적이다. 켈젠의 용어법에 따르면, (1)에서의 의사행위는 주관적으로 당위의 의미를 가지지만 (2)에서의 의사행위는 주관적 의미에서뿐만 아니라 객관적 의미에서도 당위의 의미를 가진다. 이처럼 행위가 객관적으로도 당위의 의미를 가질 경우에만, 켈젠은 그 행위를 "규범창설행위"로 그리고 그 당위를 "규범"으로 부른다.[14]

따라서 우리는 규범의 개념을 설명함에 있어서 앞에서 언급한 3가지 요소에 하나의 새로운 요소를 추가하여야 한다.

> 규범의 개념: 규범은 (a) 인간의 행위가 존재하고 (b) 그러한 행위가 그 의도상 타인의 행위를 지향하고 (c) 그 행위의 의미가 주관적으로뿐만 아니라 객관적으로도 당위적인 의미를 가질 때 (d) 그러한 행위의 의미이다.

켈젠에 따르면, 존재와 당위의 이원론은 규범의 개념과 관련하여 다음의 2가지 명제를 요구한다.

1. 그 의도에 있어 타인의 행위로 지향된 행위의 특별한 의미인 규범은 의사행위(이것의 의미가 규범이다)와 구별되어야 한다. 왜냐하면 규범은 당위이고, 그 의미가 규범인 의사행위는 존재이기 때문이다.[15]
2. 따라서 규범에 관한 진술은 그 의미가 규범인 의사행위에 관한 진술로 환원될 수 없다.[16]

| 제3절 규범의 효력 |

1. 규범의 존재방식으로서의 효력

"규범이 존재한다."는 말은 상당히 애매한 말이다. 종종 법철학자들이 이 말을 조금씩 다른 의미로 사용함으로써 그들의 논의가 완전히 서로 다른 이야기를 하는 것에 불과하게 되어 버리곤 한다.[17] 이 문제를 명확하기 위해서는 불리긴(E. Bulygin)의 구별을 참조할 필요가 있다. 그는 규범의 "존재"에 대한 다음과 같은 4가지의 서로 다른 개념들을 구별한다.[18]

(a) 사실적 존재
(b) 소속
(c) 효력으로서의 존재
(d) 정식화(formulation)로서의 존재

(a)의 사실적 존재라는 것은 다음과 같다. "특정한 사회집단에 … 규범이 존재한다고 말할 때, 우리는 이러한 규범이 그 집단에 실제로 시행되고 있다는 것을 의미한다."[19] (적어도 『법과 정의에 관하여』의 영문판에서) 로스(A. Ross)는 이것을 "효력"이라고 부른다.[20] 이러한 개념의 "존재"에 대한 가장 탁월한 분석자로는 하트(H. L. A. Hart)를 들 수 있다. 그는 어떤 사회적 집단이 규범을 행동의 기준으로

수용할 때 규범이 존재한다고 본다. 이것은 그 집단의 구성원들이 그 규범에 적합하게 행동하려고 하고 그 규범을 위반한 사람에 대하여 반성하고 비판하는 태도를 가진다는 의미이다.

(b)의 소속이라는 것은 다음과 같다. "규범이 어떤 규범체계에 속해 있을 때 종종 우리는 규범이 존재한다고 말한다."[21] 리히트(G. H. Wright)는 이러한 개념을 종종 "효력"이라고 부른다.[22]

(c)의 효력으로서의 존재라는 것은 다음과 같다. "이때 '효력'은 규범적인 개념이다. 즉, 규범이 의무적이거나 구속력이 있을 때에만 오직 그때에만 규범은 존재한다 혹은 유효하다."[23] 불리긴에 따르면, 존재에 대한 이러한 개념은 규범적이라는 측면에서뿐만 아니라 절대적인 개념이라는 점에서도 다른 개념들과 차이가 난다.[24]

(d)의 정식화로서의 존재라는 것은 다음과 같다. "때때로 법학자들은 수용되지도 실효적이지도 않은 규범들, 규범체계에 속하지 않는 … 규범들, 구속력이 있는 것으로 생각되지 않는 규범들을 존재하는 규범들로 다룬다. 그러한 규범들은 만약 그것들이 누군가에 의하여 정식화되었거나 혹은 정식화된 규범들의 논리적 결과라면 (이러한 광의의 의미에서) 존재하는 것이다."

켈젠은 "규범이 존재한다."는 말을 어떻게 이해하는가? 규범의 개념에 대한 논의를 정리해보면, 규범의 존재에 대한 켈젠의 생각을 알 수 있다. 의사행위가 주관적 의미에서뿐만 아니라 객관적 의미에서도 당위의 의미를 가질 때 그 당위의 의미를 우리는 "규범"이라고 부른다. 그리고 객관적 의미에서 당위의 의미를 가진다는 말은 의사행위와 관계가 없는 제3자의 관점에서도 당위의 의미를 가진다는 뜻이다. 이것은 구속력을 가진다 내지는 준수되어야만 한다(의무적이다)는 의미이다. 이러한 규범의 개념에서부터 우리는 규범의 존재에 대한 켈젠의 이해방식을 도출해 낼 수 있다. 그것은 다음과 같은 사고구조로 표현될 수 있을 것이다.

(1) 규범은 그 개념 자체에서 객관적으로 당위적이어야 한다, 즉 구속력이 있어야 한다는 것이 요구된다.

(2) 켈젠이 보기에 객관적으로 당위의 의미를 가진다는 말, 즉 그것을 준수해야만 한다는 말은 "유효하다"(valid)는 말과 동의어이다.[25]

(3) 그러므로, 규범은 그 개념 자체에서 유효할 것이 요구된다.

이것은 규범의 효력이 규범의 존재요건이자 존재방식이라는 것을 의미한다.[26] 즉, "규범의 특별한 존재를 그 '효력'이라고 부를 때, 이것은 그 규범이 (자연적 사실의 존재와 달리) 존재하고 있는 특별한 방식을 표현하는 것이다."[27] 그러므로 켈젠이 규범의 존재를 (c)의 "효력으로서의 존재"의 방식으로 이해한다고 말할 수 있을 것이다. 뒤에서 밝혀지겠지만, 이것은 켈젠의 이론 내에서 (b)의 "소속"과 논리적으로 동치가 되고, 켈젠이 "실효성"이라고 부르는 (a)의 "사실적 존재"와 엄격하게 구별된다.[28]

규범의 존재에 대한 이러한 이해방식에 따르면, 유효한 규범은 규범이고, 무효인 규범은 결코 규범이 아니다. 다시 말해서 무효인 규범은 "유효하다"는 속성이 결여된 혹은 "무효이다"는 속성을 가진 규범인 것이 아니다.[29] 이것은 마치 존재하지 않는 돌에 관하여 이야기할 수 있고 그것의 어떤 속성에 관하여 기술할 수 있더라도 존재하지 않는 돌은 돌이 아닌 것과 같다.[30] 이것은 규범이 유효할 조건이 바로 규범이 존재할 조건이라는 의미이다.

2. 규범의 효력의 성립조건

그렇다면, 규범이 유효할 조건은 무엇인가? 즉, 어떤 의사행위가 주관적으로 뿐만 아니라 객관적으로도 당위의 의미를 가질 조건은 무엇인가? 당위와 규범을 구별하기 위하여 제시하였던 2개의 사례를 다시 생각해 보자. (1)의 사례에서 돈을 내놓을 것을 요구하는 무장강도의 명령과 (2)의 사례에서 세금을 낼 것을 요구하는 세무공무원의 명령 모두는 그 주관적인 의미로 명령을 받은 사람이 일정한 액수의 돈을 명령을 한 사람에게 지불하여야 한다는 의미를 갖는다.[31] 그러나 (2)의 세무공무원의 명령만이 객관적으로 그러한 의미를 가지고 있다. 이러한 차이가 발생하는 이유는 무엇인가? 다시 말해서, 세무공무원의 의사행위만이 규범창설행위인 이유는 무엇인가? 여기에서 우리는 존재와 당위의 이원론의 제2명제(존재의 이유는 존재로부터만 나오고 당위의 이유는 당위로부터만 나온다)를 기억해야만 한다. 규범창설행위에 의하여 규범이 존재하게 되는 이유는 또 다른 규범으로 우리를 이끈다. 따라서 우리는 다음과 같이 답해야만 한다. "세무공무원의 행위는 세법에 의하여 수권되어 있는 반면, 강도의 행위는 그에게 수권하는 그러한 규범에 근거하고 있지 않기 때문이다."[32]

이상의 논의로부터 우리는 규범의 효력의 성립조건으로 다음의 2가지를 들 수 있다.[33]

> 규범의 효력의 성립조건: 어떤 규범이 유효하기 위해서는 다음의 2조건 모두
> 를 만족하여야 한다.[34]
> (1) "규범창설적인 규범"이라고 불리는 특정한 규범이 존재할 것
> (2) 규범창설적인 사건들이 일어날 것

(1)에서 말하는 규범창설적인 규범이란 "특정한 사건이 발생하면 규범이 존재하게 된다고 규정하고 있는 규범"[35]이자 "규범창설적인 행위를 수권하는 규범"[36]이다. 즉, 그것은 어떤 개인 내지 개인들의 집단이 규범을 창설할 수 있도록 수권하는 규범이다.

(2)에서 말하는 규범창설적인 사건이란 어떤 개인 내지 개인들의 집단이 그 의도상 타인의 행위를 지향하는 의사행위를 발하고 그것을 완료하는 것이다. 이때 그 개인 내지 개인들의 집단은 (1)의 규범창설적 규범에 의하여 수권받은 사람이어야 한다.

이러한 켈젠의 효력의 성립조건으로부터 우리는 효력이 발생하기 시작하는 시점을 파악할 수 있다.

> 규범의 효력의 발생시점: 규범은 (효력의 발생 시점에 관한 별도의 규정이 없
> 는 한) 그 의미가 규범인 의사행위가 존재하기를 중지했을 때 비로소 효력
> 을 발생한다.[37]

이렇게 발생한 규범의 효력이 유지되기 위해서 규범창설적인 행위를 한 개인 내지 개인들의 집단이 타인의 행위를 지속적으로 의욕할 필요는 없다.[38]

3. 규범의 효력의 상실조건

규범의 효력은 일차적으로 그 규범의 효력을 폐지하는 다른 규범에 의하여 상실된다.[39] 규범의 효력을 폐지하는 규범은 직접적으로 그 규범의 효력을 폐지한다는 형태의 진술로 나타날 수도 있다. 즉, "x에게 돈을 지급해야 한다."는 규범은 "x에게 돈을 지급해야 한다는 규범은 더 이상 효력을 가지지 않는다."라는 규범에 의하여 그 효력이 상실된다. 또한, 규범의 효력을 폐지하는 규범은 규범의 효력의 기간을 정하는 방법으로 진술될 수도 있다. 즉, "x에게 돈을 지급해야 한다는 규범은 2011. 4. 1까지 유효하다."와 같은 방식으로 이루어질 수 있다.

켈젠의 규범 일반 이론에 있어서 근본적인 공리로서 작용하는 존재와 당위의 이원론에 따르면, 효력은 규범이 실제로 복종된다는 의미에서의 실효성과 구별되어야 한다.[40] 효력과 실효성이 구별되어야 한다는 것은 방금 막 창설된 규범의 경우를 생각해 보면 자명하다. 아직 어느 누구도 이 규범을 준수하지 않았을 것이다. 이 경우에 그 규범은 유효하지만 실효성을 가지고 있지 않을 것이다. 그러므로 효력과 실효성은 동일하지 않다.

주의할 것은 켈젠이 효력과 실효성을 구별해야 한다고 주장한다고 해서 양자 사이에 아무런 관련성이 없다고 주장하지는 않는다는 점이다.[41] 그런데, 켈젠은 효력과 실효성이 구체적으로 어떤 관계를 가지고 있는지에 대해서는 입장의 변화를 보이고 있다.[42] 다소 거칠게 이야기하자면, 켈젠은 효력과 실효성이 점점 더 깊이 관련되어 있다고 생각하게 되었다고 말할 수 있다.

이 문제와 관련하여 켈젠이 규범체계 일반에 관하여 이야기하는 것은 찾기가 쉽지 않다. 따라서 우리는 먼저 법체계에 관하여 켈젠이 말하고 있는 언급을 찾고 그것을 규범체계 일반에도 적용하는 것이 타당한가를 검토해야만 한다.

『순수법학』 제1판에서 켈젠은 법체계의 효력의 문제와 각각의 법규범의 효력의 문제를 구별하여 다루었다. 법체계의 효력의 경우에는 다음과 같이 언급함으로써 효력과 실효성이 서로 연관되어 있다고 주장한다.

> 기존의 군주주의 국가에서 어떤 집단이 폭력적인 전복을 통해 왕정을 종식시키고 군주정을 공화정으로 대체하려고 시도하는 경우가 있다. 이 시도가 성공하게 되면, 다시 말해 사람들의 사실상의 행동(즉, 질서가 구속력을 요구하

는 대상)이 더 이상 구질서가 아니라, - 대체적으로 - 새로운 질서에 부합함으로써 구질서가 종식되고 새로운 질서가 효력을 갖기 시작하면, 이 새로운 질서를 법질서로 사용하게 된다.[43]

이와 달리 각각의 법규범에 관해서는 실효성이 효력에 영향을 미치지 않는다고 보았다. 즉, 그는 법체계의 효력이 그 실효성에 영향을 받는다는 것으로부터 각각의 법규범의 효력도 동일하게 그 법규범의 실효성에 의존한다는 것이 도출되지는 않는다고 말한다.[44]

그러나 『순수법학』 제2판에서 켈젠은 자신의 입장을 바꾸어 법체계의 경우뿐만 아니라 각각의 법규범의 경우에도 효력이 실효성의 영향을 받는다고 주장한다.[45]

법규범은 그것이 실효성을 갖기 이전에, 즉 그것이 준수되고 적용되기 이전에 이미 효력을 발생한다. 그러므로 법률이 제정되어 아직 실효성을 갖기 이전에 그 법률을 구체적 사안에서 직접 적용하는 법원은 효력 있는 법규범을 적용하는 것이다. 그러나 법규범은 그것이 계속해서 실효성 없는 상태로 머물 때에는 더 이상 효력 있는 것으로 여겨지지 않는다. 법규범이 그 효력을 상실하지 않기 위해 법규범의 정립에 실효성이 더해져야 하는 한에서 실효성은 효력의 조건이다.

인용문에서 언급하고 있는 것처럼, 이제 켈젠은 어떤 법규범이 창설된 이후에 어느 정도 시간이 지났음에도 불구하고 계속해서 실효성이 없는 상태로 머무른다면 그 법규범은 더 이상 유효한 것으로 볼 수 없다고 주장한다.[46] 그리고 동일한 논리로 어떤 법규범이 창설된 이후에 실효성을 가졌을지라도 더 이상 실효성이 없게 되었고 그러한 상태를 유지한다면 그 법규범 역시 유효한 것으로 볼 수 없다.

이상의 논의로부터 우리는 켈젠의 법체계의 존재의 기준과 소멸의 기준을 발견할 수 있다.

법체계의 존재의 기준: 법체계가 존재한다고 말하기 위해서는 다음의 2가지 조건을 만족하여야 한다.[47]
(1) 법체계의 규범들을 창설하는 행위들이 존재해야 한다.

(2) 그러한 법체계 전체가 대체로 실효적이어야 한다.

법체계의 소멸의 기준: 법체계가 최소한의 실효성마저 상실하였을 때 그것은 소멸하였다고 할 수 있다.

이러한 법체계의 존재의 기준을 규범체계 일반의 존재의 기준으로 일반화시킬 수 있을까? 이에 대하여 마머(A. Marmor)는 부정적인 입장인 것으로 보인다. 그는 다음과 같이 말한다.

> 그러나 (켈젠이 종종 논의하였던) 법과 종교 사이의 이러한 유사성은 처음 볼 때에 비하여 제한적인 것이다. 종교의 규범성은 도덕의 규범성과 같이 개별적 주체들의 실제적 복종에 의지하지 않는다. 예를 들어 심지어 주변에 다른 기독교인이 존재하지 않는다고 하더라도 기독교의 근본규범을 전제하는 사람에게는 종교는 유효한 것이다. 그러나 켈젠이 명백히 인정하듯이 법의 경우에는 그렇지 않다. 법체계의 효력은 실제 실행에 부분적으로 그러나 결정적으로 의존하고 있다.[48]

그러나 마머의 언급에는 혼동이 있어 보인다. 물론, 마머의 말처럼 주변에 다른 기독교인이 존재하지 않는다고 하더라도 기독교의 근본규범을 전제하는 사람에게는 그 종교가 유효하다. 그러나 "주변에 다른 기독교인이 존재하지 않는다고 하더라도"라는 조건은 실효성의 문제와 무관한 것이다. 실효성이란 "주변" 사람들이 대체로 그 규범체계를 준수할 때 성립하는 것이 아니고, "그 규범체계를 준수해야만 하는" 사람들이 그것을 대체로 준수할 때 성립하는 것이다. 종교의 경우 주변 사람들이 그 종교의 규범체계를 따르는지 여부가 중요한 것이 아니라 그 종교를 믿는 사람들이 그 종교의 규범체계를 따르는지 여부가 중요한 것이다.

중요한 것은 "기독교의 근본규범을 전제하는" 사람에게는 그 종교가 유효하다는 점이다. 규범체계의 특징에 관해서는 다음 절에서 후술할 것이므로, 여기에서는 간단하게 이야기해 보자. 기독교의 규범체계는 일종의 정적 규범체계로 기술될 수 있는 것처럼 보인다.[49] 그렇게 이해하는 한, 마머의 결론은 옳을 수 있다. 예컨대, "하나님을 사랑하라."라는 궁극적인 규범이 있어서 기독교의 모든 규범들은 그 내용상 이 규범에서 연역되어 나온다고 하자. 그리고 "하나님을 사랑하라."는 규범은 자명하게 유효한 규범이라고 한다면, 기독교의 규범체계는 실효적이지 않더라도 유효할 수 있을 것이다. 그러나 켈젠이 지적하듯이 "하나님을 사랑하라."라는 규범은 궁극적인 규범이 될 수 없다.[50] 왜냐하면 그 규범이 유효한 이유가 그 규범이 하나님의 의사에 의해 정립되었다고 우리가 믿는 사실에 있기 때문이다. 즉, "하나님을 사랑하라."는 규범 역시 의사행위에 의해 정립된 규범에 불과하다. 이와 같은 규범의 효력도 역시 더 상위의 규범을 전제할 경우에만 성립한다. 그러므로 우리는 "하나님의 말을 따라야만 한다."는 규범을 전제할 때에만 기독교의 규범체계가 유효하다고 말할 수 있다. 따라서 기독교의 규범체계는 궁극적으로 동적 원리에 종속되는 규범체계이다.[51] 이 점에서 미루어 볼 때, 종교와 같은 규범체계의 효력근거의 최종적인 근거는 동적 규범체계에 속하는 법체계의 경우와 차이가 없다고 할 수 있다. 기독교의 규범체계는 근본규범을 전제로 할 때에만 유효한 것이고 그리고 (종교학의 관점에서 보는 경우가 아닌 한) 그러한 근본규범의 전제는 어느 정도 실효적인 규범체계와 관련이 있다. 도덕의 경우도 마찬가지이다. 켈젠은 자신의 상대주의적 가치관 때문에 실정도덕만을 인정한다. 그러므로 도덕의 규범체계 역시 동적 원리에 종속되는 규범체계이다. 이제 우리는 법체계의 존재의 기준과 소멸의 기준을 다음과 같이 일반화시킬 수 있을 것이다.

규범체계의 존재의 기준: 규범체계가 존재한다고 말하기 위해서는 다음의 2가지 조건을 만족하여야 한다.
(1) 규범체계의 규범들을 창설하는 행위들이 존재해야 한다.
(2) 그러한 규범체계 전체가 대체로 실효적이어야 한다.

규범체계의 소멸의 기준: 규범체계가 최소한의 실효성마저 상실하였을 때 그것은 소멸하였다고 할 수 있다.

또한, 이상의 논의로부터 우리는 규범의 효력의 상실조건에 관한 켈젠의 교의를 다음과 같이 도출해 낼 수 있다.

규범의 효력의 상실조건: 어떤 규범이 다음의 4가지 조건 중 하나를 만족하면 그 규범은 더 이상 효력을 갖지 않게 된다.

(1) 그 규범의 효력을 폐지하는 다른 규범이 존재하는 경우

(2) 그 규범이 효력을 가진 이후 어느 정도의 기간이 지났음에도 불구하고 한 번도 실효성을 가지지 않은 상태를 유지하는 경우

(3) 그 규범이 실효성을 가지고 있었지만 더 이상 실효성을 갖지 않게 되었고 그 상태를 유지하는 경우

(4) 그 규범이 속한 규범체계가 최소한의 실효성마저 상실하였을 경우

| 제4절 규범체계 |

제3절의 논의에서 알 수 있듯이, 규범의 효력에 관한 문제는 규범체계와 밀접하게 관련을 맺고 있다. 이 장에서는 규범의 효력과 규범체계가 구체적으로 어떠한 관련을 가지고 있는지 살펴보고자 한다.

1. 효력의 연쇄

앞에서 살펴본 것처럼, "객관적 의미에서 타인이 의사행위의 주관적 의미에 맞게 행위해야 한다는 규범의 효력은 그 타인의 일정한 행위로 지향된 의사행위라는 존재사실에서가 아니라 다시금 당위규범으로부터만 도출된다."[52] 따라서 어떤 규범 n_1이 존재하기 위해서는 즉, n_1이 유효하기 위해서는 그 규범보다 상위의 다른 규범 n_2에 의하여 그 규범을 창설하는 행위가 수권되어야 한다. 또한, n_2 역시 그보다 더 상위의 규범 n_3에 의하여 그 규범의 창설이 수권되어야 한다.[53]

이런 식으로 규범의 효력은 일종의 연쇄를 이루게 된다. 비록 켈젠은 이러한 연쇄에 대하여 스스로 어떠한 명칭도 부여하지 않았지만, 라즈(J. Raz)의 명명에 따라 이러한 연쇄는 흔히 "효력의 연쇄"(chain of validity)라고 불린다.[54] 이러한 효력의 연쇄를 통하여 그 효력의 연쇄에 속하는 규범들은 하나의 규범체계를 이룬다. 따라서 우리는 규범이 효력을 가지기 위한 조건을 다음과 같이 재기술할 수 있을 것이다.

규범의 효력의 성립조건: 어떤 규범이 유효하기 위해서는, 필연적으로 어떤

효력의 연쇄, 따라서 어떤 규범체계에 속하여야 한다.[55]

그러므로 켈젠이 말하는 규범의 효력이란 "체계상의 효력"(systemic validity)으로 이해될 수 있다.[56] 라즈에 따르면, 이러한 설명에는 켈젠이 너무나 자명해서 어떤 상세한 정당화가 필요하지 않다고 생각한 2가지 공리가 들어 있다고 한다. 첫 번째 공리는 "두 개의 규범들, 규범 A와 직간접적으로[57] 규범 A의 창설을 수권하는 B는 필연적으로 동일한 규범체계에 속한다."는 것이고,[58] 두 번째 공리는 "규범체계의 모든 규범들이 하나의 규범에 의하여 직간접적으로 수권된다."는 것이다.[59] 이러한 공리들은 어떤 규범들이 동일한 규범체계에 속했는지 여부를 판단할 수 있는 기준, 즉 규범체계의 동일성(identity)의 기준을 제시해 준다.

> 규범체계의 동일성의 기준:
> (1) 하나의 규범이 다른 규범의 창설을 직간접적으로 수권한다면 두 규범은 동일한 규범체계에 속한다.
> (2) 두 규범의 창설이 동일한 제3의 규범에 의하여 수권된다면 두 규범은 동일한 규범체계에 속한다.

이러한 규범체계의 동일성의 기준은 "효력의 연쇄"라는 개념을 사용하여 다음과 같이 재기술될 수도 있다.

> 규범체계의 동일성의 기준: 하나의 동일한 효력의 연쇄에 속하는 규범은 동일한 규범체계에 속한다.

2. 근본규범

이러한 효력의 연쇄도 궁극적으로는 어떤 한계에 다다를 수밖에 없고 따라서 궁극적인 규범을 존재하여 이러한 연쇄를 끝마쳐야만 한다.[60]

> 규범의 효력의 근거는 항상 규범이지 사실이 아니다. 규범의 효력의 근거에

대한 질문은 우리로 하여금 현실이 아니라 최초의 규범이 나중에 탐구할 의미에서 도출되는 다른 규범으로 거슬러 올라가게 만든다. 지금은 구체적인 사례를 다루어 보도록 하자. "어려움에 처한 사람을 도와야만 한다."는 진술이 "너는 너의 이웃을 사랑해야만 한다."는 진술로부터 도출되기 때문에, 우리는 "곤경에 처한 사람을 도와야만 한다."는 진술을 유효한 규범으로 받아들인다. "너는 너의 이웃을 사랑해야만 한다."는 진술이 그 효력이 자명한 궁극적인 규범으로 생각되기 때문에 혹은 (예를 들어) 예수 그리스도가 너는 너의 이웃을 사랑하라고 명령하였고 우리는 "너는 예수 그리스도의 명령에 복종해야만 한다."는 진술을 궁극적으로 유효한 규범으로 간주하기 때문에, 우리는 이러한 진술을 유효한 규범으로 받아들인다. 우리는 "거짓말이 쓸모 있다고 생각될 때마다 너는 거짓말을 해야만 한다."는 진술을 유효한 규범으로 받아들이지 않는다. 왜냐하면 그것은 다른 규범으로부터 도출되지도 않고 그 자체로 궁극적인, 자명하게 유효한 규범이지도 않기 때문이다.[61]

켈젠은 상위의 규범에 의하여 그 효력이 도출되지 않는, 즉 창설되는 것이 아닌 이와 같은 규범을 "근본규범"이라고 부른다.[62] 이 점에서 근본규범은 규범창설의 과정에 있어서 중간과정이 아니라 궁극적인 출발점이 된다.[63]

또한 하나의 동일한 근본규범으로부터 그 효력이 나오는 모든 규범들은 하나의 규범체계를 이루고,[64] 따라서 근본규범은 그 규범체계에 속하는 모든 규범들의 효력을 기초하고 있는 최종적인 공준인 것이다.[65] 다시 말해서 그 규범체계에 속하는 모든 규범들의 효력은 근본규범에서 비롯된다.[66]

그러므로 켈젠의 이론에서 나타나는 규범의 효력의 기준과 규범체계의 동일성의 기준은 다음과 같이 재기술될 수 있다.

규범의 효력의 성립조건: 어떤 규범이 유효하기 위해서는 다음의 2가지 조건 중 하나를 만족하여 한다.
(1) 그 규범 자체가 하나의 근본규범이다.
(2) 그 규범의 효력이 어떤 근본규범으로부터 나온다.
규범체계의 동일성의 기준: 하나의 동일한 근본규범으로부터 효력이 나오는 모든 규범들은 동일한 규범체계에 속한다.

켈젠에 따르면, 규범체계의 효력근거의 속성에 따라서[67] 규범체계를 정적 규범체계(static system of norms)와 동적 규범체계(dynamic system of norms)로 구분할 수 있다.[68]

정적 규범체계에 속하는 규범들은 그 내용 때문에 효력을 갖는다. 이것은 일반적인 것에서 개별적인 것을 도출해 내는 것처럼 근본규범으로부터 그 규범들이 도출되기 때문에 그 규범들이 유효하다는 의미이다. 예컨대, "거짓말 하지 말라.", "속이지 말라.", "약속을 지켜라."와 같은 규범들은 성실을 규정하는 일반적인 규범으로부터 도출된다. 또한, "이웃을 해치지 말라.", "곤경에 처한 사람을 도와야만 한다."와 같은 규범들은 "너의 이웃을 사랑해야만 한다."라는 규범으로부터 연역해 낼 수 있다. 만약 왜 이웃을 사랑해야 하냐고 묻는다면, 우리는 그 답을 보다 일반적인 규범에서 찾을 수 있을 것이다. 예를 들어 그것은 "우주와 조화롭게 살아라."라는 규범일 수 있다. 그렇게 하나의 포괄적인 도덕체계가 확립될 수 있다. 이러한 유형의 체계에 속하는 모든 규범들은 전제가 되는 규범의 내용 속에 이미 다 포함되어 있기 때문에 일반적인 것에서 개별적인 것으로의 추론을 통하여 연역될 수 있다. 즉, 이러한 체계에 속하는 모든 규범들은 근본규범으로 전제되는 규범으로부터 효력근거와 효력내용을 얻는다. 이것을 정적 원리라고 부른다.[69]

반면에, 동적 규범체계에 속하는 규범들은 그 내용 때문에 유효한 것이 아니다. 그러한 규범들이 유효한 것은 오직 그것이 일정한 방법에 의하여 창설되었기 때문이다. 동적 규범체계의 근본규범은 규범들이 어떠한 내용을 가지고 있어야 하는지를 정해 주는 것이 아니라 규범들이 누구에 의하여 어떻게 창설되어야 하는지를 규정하고 있다. 예를 들어, 왜 거짓말을 하면 안 되는지를 묻는 아이가 있다고 생각해보자. 그 아이에게 그의 아버지가 거짓말을 금하였기 때문이라고 대답해 줄 수 있을 것이다. 다시 그 아이가 왜 아버지의 말을 따라야 하는지를 묻는다면, 신이 부모의 말에 복종할 것을 명령하였다고 답해줄 수 있을 것이다. 또다시 그 아이가 왜 신의 말에 복종해야 하냐고 묻는다면, 유일하게 해줄 수 있는 대답은 이것이 보다 더 궁극적인 규범을 찾을 수 없는 규범이라는 것이다. 이때 최초의 출발점이 된 규범, 즉 거짓말을 해서는 안 된다는 규범은 그 내용이 신의 말에 복종해야만 한다는 규범에 포함되어 있지 않다. 신의 말에 복종해야만 한다는 근본규범은 단지 아버지의 명령이 효력을 가지는 근거를 제시하고 있을 뿐이다. 이처럼 동적 규범체계에 속하는 규범들은 근본규범으로부터 효력근거를 얻을 뿐 효력내용을 얻지 않는다. 이것을 동적 원리라고 부른다.[70]

이러한 구별은『순수법학』제1판에서부터 켈젠이 꾸준하게 주장한 내용이지만, 켈젠은『법과 국가의 일반이론』에서부터 동적 규범체계와 정적 규범체계의 결합가능성을 이야기하였다. 즉, 켈젠은 (1) 동적인 근본규범하의 법질서 내에서의 정적 원리와 (2) 도덕질서의 동적인 근본규범에 관하여 이야기한다.[71]

우선, 동적인 근본규범 하의 법질서 내에서의 정적 원리에 관하여 이야기해 보자. 이것은 쉽게 납득할 수 있다. 동적 원리에 의하여 최종적인 효력이 근거 지워지는 규범체계 내에서도, 일부 규범들의 경우에는 정적 원리가 적용될 수도 있을 것이다.

중요한 결합은 후자, 즉 여기에서 "정적 규범체계의 동적 원리에 대한 종속성"이라고 부르는 결합이다. 이에 따르면, 정적 규범체계의 가장 궁극적인 규범은 그 자체로 직접적으로 해명 가능한 규범일 수 없고 따라서 또 다른 규범을 전제해야만 한다. 이에 대하여 켈젠은 다음과 같이 언급한다.

> 도덕규범의 효력근거와 효력내용의 원천이 되는 어떤 규범이 직접적으로 해명 가능한 것이라고 주장된다면, 그것은 그 규범이 신의 의사 또는 다른 초인적 권위에 의해 창설되었고 그리하여 – 관습에 합치되는 모든 것과 마찬가지로 – 자명한 것으로 여겨지기 때문이다. 따라서 그것은 의사행위에 의해 정립된 규범이다. 그러한 규범의 효력은 결국 전제된 규범에 의해서만 근거지워질 수 있다.[72]

이러한 전제된 규범이 도덕체계의 궁극적인 것이라고 말하여지던 규범의 효력을 근거지우는 방식은 동적 원리이다. 그러므로 정적 규범체계는 동적 원리에 필연적으로 종속되게 된다. 따라서 정적 규범체계는 결국 독립적으로 존재할 수 없고 정적 원리와 동적 원리가 결합된 하나의 규범체계가 될 수 있을 뿐이다.

> 신의 계명 및 그리스도의 계명으로부터 도출되는 규범들의 근거제시에는 정적 원리가 적용되고, 신의 명령에 복종하라는 근본규범에 의하여 신의 명령의 효력근거를 제시할 때 그리고 그리스도의 계명에 복종하라는 근본규범에 의하여 효력근거를 제시할 때에는 동적 원리가 적용된다.[73]

이러한 "정적 규범체계의 동적 원리에 대한 종속성"에 따르면, 모든 규범체계의 근본규범은 자명하게 유효한 규범일 수 없고 오직 전제되는 것이어야만 한다.

3. 단계구조

이상의 고찰에 따르면, 규범체계는 단계구조를 이루게 된다. 켈젠이 인정하고 있듯이 이러한 단계구조에 대한 생각은 켈젠 자신의 독창적인 것이 아니고 자신의 제자인 메르클(A. J. Merkl)의 아이디어를 빌려온 것이다.[74] 그러나 그럼에도 불구하고 단계구조의 이론은 켈젠의 순수법학에 있어서 핵심적인 부분을 차지하게 되었다.

흔히 이러한 단계구조는 "피라미드 모델"로 묘사된다. 그러나 라즈가 지적하듯이, 켈젠의 단계구조를 나타내기에는 피라미드 모델보다는 "수형도"(tree diagram)가 더 적합하다고 생각된다.[75] 규범체계의 수형도가 어떤 모습일지를 알아보기 위하여 먼저 효력의 연쇄에 있어서 가장 기본적인 형태부터 생각해 보자. 효력의 연쇄의 예시로 법체계를 나타내본다면 그것은 다음과 같은 형태로 나타날 것이다.[76]

개별적인 규범

일반적인 규범

현행 헌법의 규범

최초 헌법의 규범

근본규범

직선은 그 위의 직선으로 표현되는 규범에 의하여 창설되는 규범을 나타낸다. 그리고 원은 입법권한을 표현한다. 그리고 두 개의 효력의 연쇄가 하나의 규범을 제외하고는 동일한 규범들을 가지고 이루어질 수도 있을 것이다. 그러한 경우는 다음과 같은 수형도로 표현될 수 있을 것이다.

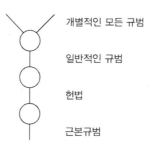

개별적인 모든 규범

일반적인 규범

헌법

근본규범

그런데 여기에서 켈젠은 근본규범과 관련하여 다음과 같은 3가지 주장을 한다.[77]

(1) 동일한 규범체계에 속한 모든 2개의 효력의 연쇄에는 적어도 하나 이상
의 규범이 공통적으로 존재한다.

(2) 하나의 규범체계의 모든 효력의 연쇄에 속하는 하나의 규범이 존재한다.

(3) 규범체계에 있어서 모든 효력의 연쇄에 속하는 규범은 그 체계의 근본규
범이며 효력의 연쇄에 있어서 최종적인 규범이다.

이러한 점들에 기초하여, 하나의 완전한 규범체계에 대한 수형도는 효력의 연
쇄들의 결합으로 그려질 수 있을 것이다. 그리고 그 가장 아래에는 하나의 근본규
범이 그려질 것이다. 따라서 이상의 논의를 바탕으로 매우 간략하게 규범체계의
수형도를 그려 본다면 다음과 같은 모습이 될 것이다. 가장 아래의 선으로 그려지
는 것이 바로 근본규범이다.

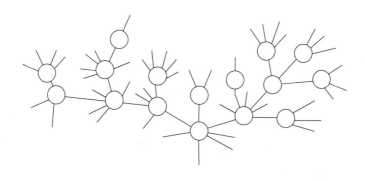

| 제5절 문제점과 한계 |

켈젠은 "구속력이 있다"는 의미에서의 "효력"과 "실제로 준수된다"는 의미에서의 "실효성"을 구별한다. 그러면서 그는 개별적인 규범의 효력을 "체계상의 효력"으로 이해한다. 그러므로 규범의 효력의 성립조건은 다음과 같이 기술될 수 있다.

규범의 효력의 성립조건: 어떤 규범이 유효하기 위해서는, 필연적으로 어떤
효력의 연쇄, 따라서 어떤 규범체계에 속하여야 한다.

이와 같은 방식으로 켈젠은 규범의 효력의 문제를 사실적인 문제나 다른 규범체계의 문제로 환원시키지 않고서 설명할 수 있는 방법(궁극적으로, 법규범의 효력의 문제를 사실적인 문제나 도덕의 문제로 환원시키지 않고 설명할 수 있는 방법)을 제시한다.

효력을 "구속력이 있다"는 의미로 이해하면서 효력과 실효성을 구별하면서 규범의 효력을 체계상의 효력으로 설명하는 켈젠의 입장은 확실히 다음과 같은 점들에서 매력적이다. 첫째, 켈젠은 법규범의 효력을 "정당성"과 결부시키면서도 법실증주의를 유지시킬 수 있는 방법을 제시했다는 점이다. 그는 규범의 효력의 기초가 되는 "정당성"의 개념에는 기존의 자연법론자들이 문제삼았던 "내용적인 정당성"뿐만 아니라 "체계상의 정당성"이 존재한다는 것을 지적한다. 즉, 정적 원리가 적용되는 경우에는 규범의 효력이 "내용적인 정당성"과 "체계상의 정당성" 모두에 기초하는 반면에, 동적 원리가 적용되는 경우에는 규범의 효력이 "체계상의 정당성"에만 기초한다는 것이다. 그러면서 켈젠은 모든 규범체계가 최종적으로 동적 원리에 의존하기 때문에 결국 규범의 효력은 궁극적으로 "체계상의 정당성"에 기초할 수밖에 없다는 것을 지적함으로써 "체계상의 정당성"에 더 비중을 둔다. 특히 법체계는 동적 원리에 의하여 주로 근거 지워지기 때문에, 법규범의 효력은 "체계상의 정당성"만으로 설명이 가능하다.

둘째, 이러한 방식으로 켈젠은 효력을 실효성과 동일시하지 않음으로써, 방금 막 공포되고 아직 한 번도 실행되지 않은 법규범의 경우에 대해서도 그것이 효력이 있다고 설명할 수 있다.[78]

그러나 이러한 매력에도 불구하고 켈젠의 효력 이론은 잘못된 생각들과 결합

되어 있다. 첫째, 그것은 효력의 문제와 동일성의 문제(소속의 문제)를 동일시한다. 둘째, 그것은 규범체계의 효력을 보장해 주는 최종적인 규범이 오직 하나만 존재한다고 가정한다. 차례로 살펴보도록 하자.

켈젠은 효력의 문제와 규범체계의 동일성의 문제를 동일한 것으로 이해하고 있다. 즉, 규범체계의 동일성의 기준이 효력의 이론에 의하여 설명될 수 있다고 생각한다. 법체계의 경우를 중심으로 생각해 보자. 켈젠은 법체계의 동일성의 조건을 다음과 같이 제시한다.

> 법체계의 동일성의 기준 1: 다음의 두 조건을 만족한다면 두 법적 규범은 동일한 법체계에 속한다.
> (1) 하나의 법적 규범이 다른 법적 규범의 창설을 직간접적으로 수권한다.
> (2) 두 법적 규범의 창설이 동일한 제3의 법적 규범에 의하여 수권된다.

켈젠의 효력 이론에 따르면, 이러한 동일성의 기준 1은 동일성의 기준 2와 동일성의 기준 3과 동치이다.

> 법체계의 동일성의 기준 2: 하나의 동일한 효력의 연쇄에 속하는 법적 규범들은 동일한 법체계에 속한다.

> 법체계의 동일성의 기준 3: 하나의 동일한 근본규범으로부터 나오는 모든 법적 규범들은 동일한 법체계에 속한다.

그러나 여러 학자들이 지적하는 것처럼, 이러한 법체계의 동일성의 기준은 새로운 국가의 독립을 평화적으로 보장하는 경우를 설명하기에 부적합하다. 즉, "한 국가가 속국을 법률을 통해 독립시켜 독자적 법질서를 갖게 한 경우 별개의 법체계가 존재하는 것은 엄연한 사실이다. 그러나 순수법학은 효력(수권)의 연쇄로 보아 양자가 여전히 동일한 법체계에 속한다고 주장하지 않을 수 없게 된다."[79] 구체적인 사례를 들어 생각해 보자.

> 국가 A가 식민지 B를 가지고 있었고, 두 국가는 동일한 법체계에 의하여 규

율되었다고 하자. 또한 B의 주민들에 의하여 선출된 대의기구에게 B를 규율할 수 있는 배타적이고 무제한적인 입법권을 부여하는 법을 통하여, A가 B의 독립을 보장해 준다고 하자. 마지막으로 이러한 대의기구가 B의 주민들에 의하여 일반적으로 승인된 헌법을 채택하였고 이 헌법에 따라 선거가 이루어졌고 또한 법이 만들어졌다고 하자.[80]

이러한 경우에 있어서 B의 행정부, 법원, 국민 모두는 스스로가 독립적인 법체계를 가지고 있는 독립국가라고 생각할 것이고, A를 포함한 모든 국가들도 B를 독립국가로, B의 법체계를 하나의 독립적인 법체계로 승인할 것이다. 그러나 이 모든 사실들에도 불구하고, 법체계의 동일성에 관한 켈젠의 기준에 따르면 B의 헌법들과 법들은 A의 법체계의 일부라는 결론이 도출된다. 즉, 켈젠의 동일성의 기준에 따르면, B의 헌법과 법들은 독립을 보장해 주는 A의 법에 의하여 수권되어졌으므로(다시 말해서, B의 헌법 및 법들은 A의 법과 동일한 효력의 연쇄에 속하므로) A의 법과 B의 헌법 및 법들은 동일한 법체계, 즉 A의 법체계에 속한다.[81] 그러므로 효력의 문제와 동일성의 문제를 동일한 문제로 설명하는 켈젠의 생각은 잘못이다.[82]

이제 효력의 최종적인 근거와 관련하여 궁극적인 규범이 오직 하나만 존재한다는 켈젠의 가정에 관하여 살펴보도록 하자.[83] 앞에서 설명한 것처럼, 그는 궁극적인 규범과 관련하여 다음과 같은 주장을 한다.

(1) 동일한 법체계에 속하는 모든 2개의 효력의 연쇄에는 적어도 하나 이상의 규범이 공통적으로 존재한다.
(2) 하나의 법체계의 모든 효력의 연쇄에 속하는 하나의 규범이 존재한다.
(3) 법체계에 있어서 모든 효력의 연쇄에 속하는 규범은 그 체계의 근본규범이며 효력의 연쇄에 있어서 최종적인 규범이다.

그러나 궁극적인 규범이 하나이어야 한다는 켈젠의 주장은 현실의 규범체계의 모습을 반영하지 못하는 것이다. 예를 들어 법체계의 경우를 생각해 보자. 다음과 같은 마머의 지적처럼, 현실의 법체계에는 여러 개의 궁극적인 규범들이 존재할 수도 있다.

유럽연합 국가들의 현재 상황으로부터 이것에 대한 좋은 예를 이끌어 낼 수 있다. 유럽연합 국가들에서 법적으로 유효한 규범들 중 어떤 것들은 그것들의 효력이 각각의 국가들의 법체계의 근본규범에서 비롯되는 반면에, 다른 것들은 그것들의 효력이 유럽연합의 조약과 입법으로부터 비롯된다. 그러나 우리는 각각의 유럽연합 국가들 모두에 두 개의 별개의 법체계들이 집행된다고 말하려고 하지 않을 것이다. 요컨대, 법체계는 하나의 근본규범하에 포섭되는 단계구조를 필연적으로 가지고 있다는 켈젠의 가정은 사실상 잘못인 것으로 생각된다.[84]

그러므로 법체계를 포함하여 규범체계의 최종적인 효력은 오직 하나의 궁극적인 규범에 의존해야 한다는 켈젠의 주장은 잘못된 것이다. 즉, 규범체계에는 여러 개의 궁극적인 규범들이 동시에 존재할 수 있다.

제6장
켈젠의 최종적인 근거지움: 근본규범

| 제1절 서론 |

현대 법철학에 있어서, 특히 법실증주의 이론에 있어서 켈젠(H. Kelsen)이 가지는 중요성은 아무리 강조해도 지나치지 않을 것이다. 그래서 켈젠 이후의 많은 법철학자들, 특히 법실증주의자들은 그에 대한 연구를 활발히 해 왔으며, 켈젠의 이론에서 얻은 아이디어들을 자신의 이론체계에 도입하려는 다양한 시도들을 해 오고 있다. 우리학계도 예외는 아니어서 일찍부터 그의 저술들이 우리말로 번역하여 출판되었고,[1] 켈젠에 대한 다양한 학술적인 논문들이 발표되어 왔다.[2]

그럼에도 불구하고 켈젠의 이론은 접근하기가 쉽지 않은 것이 사실이다. 그것에는 다양한 이유가 있겠지만 주요한 이유는 그가 논의의 기반으로 삼은 지적 전통들, 예컨대 19세기의 국법학적 법실증주의, 신칸트주의 등이 오늘날의 독자들에게 낯선 것이기 때문일 것이다.[3] 또한 오랜 지적 활동시기 만큼이나 그는 많은 저술들을 집필하였는데, 그것들 사이에 존재하는 입장 변화 역시 그의 이론을 이해하는 데 큰 어려움을 준다.[4]

켈젠의 이론에서 가장 이해하기 어렵고 가장 골칫거리인 것으로 악명 높은 것은 근본규범이다. 아마도 그것은 켈젠의 이론이 가지는 난해함의 근원들이 근본규범에서 가장 극명하게 나타나기 때문일 것이다. 근본규범의 악명의 원인 중 하나는 켈젠이 근본규범을 상당히 불분명하게 설명하였다는 점이다.[5] 즉, 켈젠은 근본규범이 구체적으로 어떠한 것인지 그리고 자신이 어떠한 지적 영향으로 그것을 발명해 냈는지에 대하여 구체적으로 설명해 주지 않는 경우가 많다. 또 다른 악명의 원인은 그의 이론적 발전에 따라 근본규범에 대한 이해방식이 조금씩 달라졌다는 것이다. 불분명하게 적혀져 있어서 그렇지 않아도 이해하기 쉽지 않은 개념인데 그 설명이 저술마다 조금씩 달라지고 있다는 것이다. 더욱 우리를 혼란스럽게 하는 것은 켈젠이 근본규범에 대한 자신의 설명을 변경하면서 그러한 입장 변화의 이유 내지 배경에 관해서는 대체로 함구하고 있다는 점이다. 이 장에서는 이러한 악명을 다소나마 해소하기 위하여 그것에 대한 켈젠의 설명을 정리하고 보충하고자 한다.

먼저 이를 위해서 제2절에서는 근본규범 이론의 원형을 설명하고자 한다. 이러한 근본규범 이론의 원형은 주로 『일반국가학』(1925년)과 『순수법학』 제1판(1934년)에서 찾을 수 있다. 근본규범에 대하여 기술되어 있는 것들을 모아서 그것들을 "근본"이라는 특징과 "규범"이라는 특징으로 분류하여 설명하는 작업이 이루어질 것이다. 이를 통해서 근본규범이 왜 "근본규범"이라고 명명되었는지를 이해할 수 있으리라고 생각한다.

제3절에서는 원형 이후에 켈젠이 어떠한 수정과 보완을 수행하였는지 밝히고자 한다. 원형 이후의 입장 변화를 중요한 변화를 중심으로 하여 두 단계로 나누어서 설명할 것이다. 첫 번째 단계의 변화는 『법과 국가의 일반이론』(1945년), 『순수법학』 제2판(1960년)에서 나타나는데 그 핵심은 법적 규범이 가언판단이라는 명제 및 근본규범의 내용의 포기이다. 두 번째 단계의 변화는 "헌법의 기능"(1964년)과 켈젠의 사후에 출간된 『규범의 일반이론』(1979년) 등에서 나타나며 그 핵심은 근본규범을 의제로 이해하는 것에 있다. 켈젠은 이러한 입장 변화의 이유를 제대로 밝히지 않고 있는 경우가 많은데, 이 글은 이에 대한 하나의 설명을 제시하고자 한다. 근본규범에 대한 원형과 그 수정들이 가지고 있는 문제점들 중에서 그러한 변화에 영향을 미친 것이 무엇인지를 추적함으로써 입장변화의 배경을 밝혀 보고자 한다.

끝으로 제4절에서는 이러한 수정 및 보완에도 불구하고 근본규범 이론이 여전히 가지고 있는 근본적인 문제점이 무엇인지 검토해 보고자 한다. 이러한 문제점에 대한 검토를 통하여 우리는 하트(H. L. A. Hart)가 제시하는 승인의 규칙이 켈젠의 근본규범의 어떠한 점을 극복하고자 한 것인지를 이해할 수 있을 것이다.

| 제2절 근본규범 이론의 원형 |

켈젠 이전의 법실증주의자들이 법의 "당위"를 설명한 방법은 크게 두 가지로 분류될 수 있다.[6] 하나는 19세기 독일의 실증주의자들이 채택한 방법으로 법이 가지는 "당위"의 의미와 도덕이 가지는 "당위"의 의미 사이에 명확한 경계선을 포기하는 것(보다 강하게 표현하자면, 법의 당위를 도덕의 당위로 환원하는 것)이다. 이에 대하여 켈젠은 다음과 같이 비판한다.

> 실제로 법을 도덕과 마찬가지로 규범으로 여기고 법적 규범의 의미를 도덕규범의 의미와 마찬가지로 '당위'로 표현한다면, 법적 규범의 개념과 법적 당위에는 도덕의 고유한 속성에 속하는 절대적 가치의 흔적이 어떤 식으로든 남아 있게 된다. 그리하여 무언가가 법적 규범의 대상이 된다든가 어떤 내용이 법적 당위에 해당한다는 판단은 그것이 좋다, 정당하다, 정의롭다는 생각으로부터 완전히 벗어날 수 없게 된다. 법의 개념을 규범과 당위로 규정한 19세기의 실증주의 법학이 사실상 어떤 이데올로기적 요소로부터 완전히 벗어나지 못했다는 것은 바로 이러한 의미이다.[7]

다른 하나는 법의 당위를 사실적인 것으로 환원하는 것이다. 이러한 방법을 채택한 대표적인 이로는 영국의 고전적인 법실증주의를 창시한 사람 중 한 명으로 평가받는 오스틴(J. Austin)을 들 수 있다.

여기에서는 이러한 두 가지 환원주의적 방법 중에서 특히 후자의 방법에 대한 비판을 중요하게 다루고자 한다. 왜냐하면 이러한 방법에 대한 켈젠의 불만이야말로『순수법학』제1판 등에서 "법의 기본적인 형식은 법적 명제이다."라는 테제를 취하게 만드는 원인이 되었기 때문이다. 주의할 것은 이러한 방법론의 대표적인 이로 오스틴을 들 수 있지만 켈젠이 법의 당위를 의사와 관련된 것으로 환원하는 것에 반대하게 된 직접적인 계기는 오스틴의 이론에 대한 불만이 아니었다는 점이다. 그가 그러한 입장에 서게 된 것은 빈델반트(W. Windelband)의 서남독일학파의 영향 때문이었고 그의 이러한 입장은 마르부르크학파, 특히 코헨(H. Cohen) 등의 영향으로 강화되었다.[8] 켈젠에게 깊은 영향을 준 서남독일학파와 마르부르크학파의 신칸트주의의 기본 입장과 방향을 잘 보여주는 것은 빈델반트가 제시한 "칸트를 이해한다는 것은 칸트를 뛰어넘는다는 것을 의미한다."는 표현이다.[9] 즉, 신칸트주의는 칸트의 이론을 그대로 추구하기보다는 본래의 칸트의 목표를 보다 더 잘 추구하기 위하여 칸트를 필요에 따라 수정하자는 입장이었다고 할 수 있다. 그러므로 켈젠은 칸트의 이론을 수용하고자 있지만 엄밀하게 말하자면 신칸트주의에 의하여 재해석된 칸트의 이론을 수용하고 있다고 평가할 수 있을 것이다.

이러한 환원주의들에 대한 반대는 근본규범에 있어서 "근본"이라는 말과 "규범"이라는 말의 의미에 영향을 미치게 된다.

1. 근본의 의미

(1) 법체계의 근본

법의 당위 내지 효력을 사실의 문제로 환원하지 않기 위해서는 하나의 이론적 장치를 도입할 필요가 있었는데 그것이 바로 켈젠이 자신의 제자 메르클(A. J. Merkl)에게서 빌려 온[10] '법질서의 단계구조에 관한 이론'이다.[11] 법질서의 단계구조에 관하여 켈젠은 다음과 같이 설명한다.

> 한 사람이 다른 사람을 교도소에 감금해서 자유를 박탈하는 것과 같은 특정한 강제행위에 해당하는 사실이 왜 법적 행위이고, 그에 따라 특정한 법질서에 속하는지를 묻는다면 이 행위가 특정한 개별적 규범, 즉 법관의 판결을 통해 지시되었기 때문이라고 대답하게 된다. 다시 이 개별적 규범이 왜 효력을 갖고, 더욱이 특정한 법질서의 구성부분으로서 효력을 갖는지를 묻는다면 이 개별적 규범이 형법에 따라 정립되었기 때문이라고 답하게 된다. 다시 이 형법의 효력근거에 대해 묻게 되면, 헌법에 마주치게 된다. 즉, 형법은 헌법의 규정에 따라 헌법이 권한을 부여한 기관을 통해 헌법에 규정된 절차를 준수해서 성립하게 되었다고 답하게 된다.[12]

분명 헌법은 개별 법체계에 존재하는 최상위의 실정법으로서의 역할을 수행하고 있다. 그래서 그것은 입법을 담당하는 기관과 입법절차를 규율하는 내용을 담고 있고, 장래에 제정된 법률의 내용을 규정하기도 한다.[13] 그러한 이유에서 이후에 제정되는 법률이 헌법을 파기할 힘을 갖지 않으며 오직 절대다수와 같이 강화된 조건하에서만 헌법이 개정 내지 폐기될 수 있다는 헌법의 엄격한 개정요건이 요구된다.[14]

하지만 헌법이 법체계의 최상위에 있는 실정법이라면, 그 헌법의 효력은 도대체 어디에서 비롯된 것인가라는 지극히 당연하고도 새로운 문제가 제기될 수밖에 없다. 이에 대한 처음의 답변은 그 헌법이 그것보다 더 이전의 헌법에 의하여 효력을 얻는다는 것이다. 그러나 그 헌법도 역시 동일한 질문에 놓이게 될 것이고, 그에 대해 그것 또한 더 이전의 헌법에 의하여 효력을 얻는다는 동일한 형태의 답변이 제시될 것이다. 그렇게 계속해서 거슬러 올라간다면, 종국에는 "어떤 찬탈자나 어떤 계기로 구성된 협의체가 공포한 역사상 최초의 헌법"에 다다르게 된다. 이 역사상 최초의 헌법을 효력 있게 해 주는 규범이 필요하게 되는데, 그것은 법체계의 "근본"이라고 불릴 만하고 그래서 "근본규범"이라고 명명된다.[15] 그러므로 근본규범이 행하는 법체계의 근본으로서의 역할은 다음과 같다.

> 근본규범은 최초의 입법자의 행위 및 이 입법자의 행위에 기초하는 법질서의 다른 모든 행위에 대해 당위의 의미, 즉 법명제를 통해 법적 조건이 법적 결과와 연결되는 특수한 의미를 부여한다. … 법질서를 구성하는 모든 사실들(구성요건/요건사실/법률효과)이 갖는 규범적 의미는 궁극적으로 근본규범에 기초한다.[16]

근본규범이 가지는 의미를 가장 잘 보여주는 것은 혁명에 의하여 어떤 법체계가 새로운 법체계로 대체되는 경우이다.[17] 프랑스 대혁명 시기에 국민공회가 왕정을 폐지하고 공화정 수립을 선언한 경우가 이에 해당할 것이다. 이와 같이 혁명이 성공하여 "사람들의 사실상의 행동이 새로운 질서에 부합하게 되면",[18] 기존의 법체계가 종식되고 새로운 법체계가 효력을 갖게 된다. 이제 법적 규범들의 효력의 근거를 소급해서 올라가는 절차가 혁명정부의 새로운 헌법에 이르러 멈추게 되고, 혁명 이전의 법체계로 소급해갈 수가 없다. 그러므로 혁명 이전의 법체계의 근본규범과는 다른 새로운 근본규범이 필요하게 된다.

새로운 질서를 수립하면서 정립한 행위를 법적 행위로 해석하고 새로운 질서에 반하는 사실들은 불법으로 해석하게 된다. 이는 곧 새로운 근본규범을 전제한다는 뜻이다. 새로운 근본규범은 더 이상 군주가 아니라, 혁명정부에게 법제정의 권위를 위임한다. 만일 이 혁명정부가 제기한 새로운 질서가 실효성이 없어서 혁명정부의 시도가 실패하게 되면, 혁명정부가 정립한 행위는 헌법제정이 아니라 반역죄, 즉 법제정이 아니라 법위반으로 해석되며, 따라서 군주에게 법생성 권위를 위임한 근본규범을 전제로 효력을 갖는 구질서에 기초하여 해석이 이루어진다.[19]

그렇다면 역사상 최초의 헌법이 새로운 법체계를 성립시키는 데 성공하여 새로운 근본규범을 전제해야할지 여부를 결정해 주는 것은 무엇인가? 이와 관련하여 켈젠은 '근본규범의 내용'이라는 문제로 설명한다.

근본규범의 내용이라는 표현 자체는 『일반국가학』에서 그 기원을 찾을 수 있다. 여기에서 근본규범과 최초의 헌법의 관계를 다음과 같이 묘사하면서 근본규범의 내용이 제시된다.

이 근본규범은 무엇보다도 먼저 법을 창설하는 기관을 설정함으로써 법논리적 의미에 있어서의 헌법을 창설한다. 그 다음 단계에서는 그러한 과정을 통하여 창정된 입법자가 스스로 입법 자체를 규제하는 규범을 정립함으로써 실정법적 의미에 있어서의 헌법이 성립한다.[20]

여기에서는 근본규범을 '법논리적 의미에서의 헌법'이라고 부르고 역사상 최초의 헌법을 '실정법적 의미에서의 헌법'이라고 부른다.[21] 아마도 우리나라의 헌법학계에서 켈젠의 근본규범을 (실정법적 의미에서의) 헌법과 연관시키는 혼란이 발생한 것은 이러한 표현 때문일 것이다. 그러나 근본규범을 헌법이라고 부른 것은 실정법적인 의미에서가 아니라 법체계의 논리적인 의미에서일 뿐이다.[22]

켈젠이 근본규범의 내용은 법을 창설하는 기관이 누구인가를 설정하는 것이라고 주장하는 것은 흔히 알려져 있는 것과 다른 또 하나의 근본규범의 이론적 기원을 추측하게 해 준다. 법체계의 근본으로서의 근본규범은 칸트(I. Kant)가 말하는 근원적 계약과 상당한 유사성을 가지고 있다. 근본규범이 가지는 법체계의 근본이라는 의의를 설명함에 있어서 켈젠은 근원적 계약이라는 개념의 영향을 받았음이 틀림없다. 근본규범과 근원적 계약의 유사성에 대해서 켈젠 스스로도 다음과 같이 인정한다.

> 여기서 전개된 근본규범 또는 법논리적 의미에 있어서의 헌법의 개념은 자연법설에 있어 매우 중요한, 국가를 최초로 구성하는 원계약 또는 사회계약의 개념에 어느 정도까지는 부합한다.[23]

그러나 켈젠은 사회계약설적 전통이 시원적 계약에 절대적인 내용을 담고자 한 것에 반대하면서 "근본규범은 아무런 절대적 내용을 갖지 않으며, 동시에 선천적으로도 그 내용을 갖지 않고 재료 여하에 따라 구성된다."고 강조하여 근본규범과 시원적 계약을 구별짓는다. 이 점에서 근본규범은 효력 근거이지 효력 내용이 아니라고 강조된다.[24] 언제 어디서나 보편적으로 통용될 수 있는 어떤 절대적인 내용(예컨대, 민주주의적 내용)을 담고 있는 시원적 계약과는 달리, 근본규범이 재료에 따라 그 내용이 결정된다고 한다면 그 재료는 무엇인가? 이에 대하여 켈젠은 자신의 여러 저술들에서 거의 동일한 답변, 즉 "근본규범의 내용은 인간의 행동이 어느 정도 부합하는 질서가 생성된다는 사실에 의존한다."라는 답변을 제시하고 있다.[25] 즉, 사람들의 행동이 새로운 법체계에 '어느 정도' 부합한다는 사실을 재료로 하여 근본규범의 내용을 구성하게 된다는 것이다.

그렇다면 이렇게 형성되는 근본규범의 내용은 무엇인가? 그것은 사람들의 행위가 '어느 정도' 부합하는 법체계의 헌법을 만든 기관에 그것을 창설할 수 있는 권한을 부여하는 것이 될 것이다.[26]

이러한 재료와 내용의 차이는 곧 실효성과 효력의 차이가 된다. 실효성은 인간의 행동이 어느 정도 부합하는 질서가 생성된다는 사실(재료)을 의미하지만, 효력은 그 법질서와 그 속의 규범들이 보다 상위의 규범으로부터 권한을 부여받은 대로 창설되었다(내용)는 것을 의미하기 때문이다. 하지만 근본규범의 내용이 재료에 의하여 결정되므로 분명 효력은 실효성을 기반으로 하게 된다. 효력과 실효성은 동일하지는 않지만 실효성이 없이는 효력이 존재할 수 없다.[27]

혁명에 의한 방식으로 새로운 법체계가 기존의 법체계를 대체하는 경우에 새로운 근본규범이 필요하다면, 기존의 법체계가 새로운 법체계의 독립을 합법적으로 승인하는 경우에는 어떠한가? 이에 대하여 켈젠은 "근본규범이 갖는 의미는 특히 하나의 법질서가 합법적인 방식으로 변경되는 것이 아니라, 혁명적인 방식으로 새로운 법질서에 의해 대체되는 경우에 분명하게 드러난다."고 간결하게 언급하고 있을 뿐이다.[28] 이러한 켈젠의 답변을 보다 분명하게 밝히기 위해서는 앞에서 살펴본 바와 같이 우리는 법적 규범의 효력을 어디까지 소급할 수 있는가라는 문제를 검토해야만 한다. 새로운 법체계에 속하는 법적 규범의 효력을 설명함에 있어서 여전히 소급할 수 있는 기존의 법체계의 규범이 존재한다. 즉, 새로운 법체계의 헌법제정행위는 기존의 법체계의 규범에 의하여 그러한 권한을 수권받았다. 그러므로 이때 새로운 법체계의 규범의 효력에 대한 설명은 새로운 근본규범을 전제할 필요가 없고 기존의 법체계의 규범들까지 소급하면 된다. 즉, 새로운 법체계의 효력의 문제는 기존의 법체계의 근본규범을 이용한다.[29]

법체계의 "근본"으로서의 근본규범은 헌법(최초의 헌법과 그 이후의 헌법)과 그보다 하위에 있는 법적 규범들의 효력 근거가 됨으로써 법체계의 통일성의 토대를 마련해 준다. 만약 이와 달리 법체계의 통일성을 실정법인 헌법에서 찾게 된다면, 그 헌법의 변경에 따라 법체계의 통일성이 흔들리게 될 것이기 때문이다.[30]

(2) 법적 인식의 근본

근본규범은 또 다른 의미에서 근본적인데, 그것은 실정법을 인식하는 초월적(transzendental)-논리적 전제조건으로 사용된다는 의미에서 그러하다.[31] 주의할 것은 본래 칸트에게 있어서 초월적이라는 말은 모든 경험에 선험적이면서(a priori) 동시에 경험인식의 대상이 아니라 경험인식의 절차에 관련된다는 의미로 사용되고 있는 데 반해 켈젠은 인식의 절차에 관련된다는 의미로만 사용하고 있다는 점이다. 즉, 근본규범은 법적 소재를 실증주의적으로 파악하기 위해 필연적으로 필요한 전제조건인 것이다.[32]

행위의 의미에는 객관적 의미와 주관적 의미가 있다. 주관적 의미는 행위자가 자신의 행위에 결부시키는 의미인 반면에 객관적 의미는 규범에 의하여 해석되어지는 의미이다. 켈젠은 유명한 "쾨페닉의 대위"를 그 예로 들어 설명한다.[33] 켈젠이 당시에 세간에 회자되던 이야기를 예시로 선택해서인지 이 사건에 대한 설명을 제시하지 않는데, 쾨페닉의 대위란 1906년 독일 베를린 외곽 쾨페닉 시청에서 일어난 사기 사건을 말한다. 무직자였던 범인은 한 고물상에서 대위 계급장이 달린 군복을 마련한 후 군부대 앞에서 보초 교대를 마치고 나오는 경비대원들에게 황제의 명령이라고 하면서 쾨페닉 시청으로 동행할 것을 요구하였다. 그러자 경비대원들은 대위 군복을 보고 상관의 명령이라고 생각하여 그 요구에 따랐다. 또한 범인은 경비대원들에게 황제의 명령이라고 하면서 쾨페닉 시청에 있던 시장과 재정담당관을 공금횡령죄로 체포하고 시청을 포위하여, 가짜서명을 명기한 영수증을 넘겨주고 시금고에 있던 공금을 가져갔다.[34] 쾨페닉의 대위는 자신의 행위에 대하여 행정명령이라는 주관적인 의미를 부여하였을지 모르지만, 객관적 의미로 볼 때(다시 말해서 규범에 의하여 해석한다면) 그것은 범죄에 불과하였다.

이처럼 규범은 '해석도식'으로서의 기능을 수행한다. 인간의 행위는 법체계의 규범에 의하여 객관적 의미를 부여받음으로써 법적 해석의 대상이 된다. 반면 자연의 일부이며 시공간 안에서 발생하며 감각을 통해 지각할 수 있는 외적 사실들은 그 자체로는 법적인 것일 수 없고 따라서 법적 해석의 대상이 될 수 없다. 그것은 인간의 행위와 결합되었을 때 그리고 그 인간의 행위가 법체계의 규범에 의하여 객관적인 의미를 부여받을 때에만 법적 해석의 대상이 된다.[35]

근본규범이 법적 인식의 근본이 되는 이유는 규범으로서 그것이 역사상 최초의 헌법을 제정한 자의 행위에 대하여 법창설이라는 객관적 의미를 부여해 주기 때문, 다시 말해서 그 행위를 법창설행위라고 해석해 주기 때문이다. 그렇기 때문에 그 헌법은 법적 인식의 대상이 되게 된다. 이제 하위 법률은 그것을 창설하는 행위를 통하여 생성되고, 그 행위는 그 헌법에 의하여 법창설이라는 객관적 의미를 부여받는다. 법의 단계적 구조에 따른 연쇄는 여기에서도 동일하게 일어난다.[36] 요컨대, 근본규범에 의하여 그 법체계에 속하는 것들이 법적 규범들이 되고 법적 인식의 대상이 될 수 있게 되는 것이다.

빈델반트 등의 서남독일학파와 코헨 등의 마르부르크학파를 통하여 칸트에 깊은 영향을 받았던 켈젠은 법적 인식의 근본으로서의 근본규범을 칸트의 인식론에 유비시켜서 실정법을 인식하는 초월적-논리적 전제조건으로 이해한다.[37] 이것은 칸트가 "모든 형이상학으로부터 자유로운 상태에서 자연과학에 의해 형성된 자연법칙 안에서 우리의 감각에 주어진 사실에 관한 해석"이 가능하기 위해서는 초월적인 것들을 필요로 한다고 본 것처럼, "신이나 자연과 같은 초법적인 권위에 근거하지 않은 상태에서 일정한 사실들 … 을 … 법적 규범들의 체계로 해석"하는 것이 가능하기 위해서는 근본규범이 초월적으로 논리적으로 전제되어야

만 한다는 의미이다.[38]

2. 규범의 의미

오스틴에 대한 켈젠의 불만은 오스틴이 법을 "명령"으로 이해하는 것, 즉 존재와 당위를 엄격하게 구별하지 않는 것에서 비롯된다.[39] 그는 오스틴이 다음과 같은 잘못을 저질렀기 때문에 철저하게 실증주의적이지 못하였다고(켈젠 자신의 표현에 따르면, "분석적 법리학의 방법을 철저하게 수행하지 못하였다."고) 비판한다.[40]

켈젠은 오스틴이 규범이라는 중요한 개념을 채택하지 않고 법을 명령으로 정의한 것은 법이 가지는 중요한 측면들을 제대로 묘사할 수 없다고 보았다.[41] 즉, 켈젠은 법을 명령으로 이해하는 것이 일종의 '은유' 이상의 의미를 가질 수 없다고 보았다. 왜냐하면 명령이라는 것은 한 사람의 '의사'에 기초한 것이기 때문에 그 의사가 사라졌거나 바뀌었다면 명령이 사라지게 되지만, 그것을 법에 엄격하게 적용하여 주권자의 심리적인 의사가 사라진 경우 혹은 주권자가 사망한 경우 그러한 사실만으로 명령으로서의 법이 더 이상 존재하지 않게 된다고 말할 수는 없기 때문이다.[42] 그뿐만 아니라 개인이 아닌 기관의 경우 "의사"가 무엇인지에 관한 다음과 같은 문제가 발생할 수밖에 없다.

> 입법자들의 과반수(majority)가 자신들에게 제출된 법안에 찬성하였을 때 법률이 제정된다. 법률의 내용은 법안에 반대한 입법자들의 "의사"가 아니다. 그들의 의사는 분명히 정반대이다. 그러나 반대자들의 의사의 표현은 그 법안에 찬성한 구성원들의 의사의 표현만큼이나 법률이 존재하기 위해서 필수적이다. 법률은, 소수(minority)를 포함한, 전체 입법부의 법률이지만, 분명 이것이 그 법률의 내용이 입법부의 모든 구성원들의 — 심리적인 의미에서의 — 의사라는 것을 뜻하지는 않는다. 설령 그 법안에 찬성한 다수만을 고려한다고 하더라도, 그 법률이 다수의 의사였다는 주장은 명백한 허구이다. 법안에 찬성하는 것이 결코 그 법률의 내용을 실질적으로 "의욕하는 것"을 함의하지 않는다. 심리적으로, 그것이 무엇인지 알고 있는 것에 대해서만 "의사를 가질" 수 있다. 전혀 알지 못하는 것에 관해서는 "의사를 가질" 수 없다.

모든 경우에 그런 것은 아닐지라도 매우 많은 경우에, 법안에 찬성한 입법부의 구성원들 중 상당수가 그 법안의 내용을 알지 못하거나 매우 피상적으로만 알고 있다는 것은 의심할 여지가 없다. 의결(議決)을 할 때 어떤 입법자가 자신의 손을 들거나 "찬성"이라고 말하는 것이, 타인이 특정한 방식으로 행동할 것을 "명령하는" 사람이 그 행위에 대하여 "의사를 가지는" 방식으로 그가 그 법안의 내용을 자신의 의사의 내용으로 삼는다는 것을 의미하지 않는다.[43]

간략하게 이야기하자면, 켈젠이 보기에 법적 규범은 어떤 사람이 자신의 행위에 법창설행위라는 주관적인 의미를 부여하고 다른 법적 규범에 의하여 그 행위에 그러한 객관적인 의미가 부여되는 경우 그 행위에 의하여 생성되는 것이다.[44] 또한 그것은 법적 조건을 법적 결과와 결합시키는 법적 명제(Rechtssatz)를 기본적인 형식으로 가진다는 점에서 명령인 도덕규범과 구별된다.[45]

전술한 것처럼, 법체계 내의 모든 법적 규범은 헌법에 이를 때까지는 혹은 역사상 최초의 헌법에 이를 때까지는 그 창설행위가 상위의 규범에 의하여 법창설행위로서의 의미를 부여받음으로써 생성되어진다. 이제 역사상 최초의 헌법은 법체계의 근본이 되는 근본규범에 의하여 창설행위에 의미를 부여받아 생성된다.

규범이라는 표현을 쓰는 것에서도 알 수 있듯이, 근본규범은 헌법을 만드는 행위를 법창설행위로 해석하게 해 주는 규범이다. 그런데 이러한 근본규범 역시 "규범"이라면, 그것 역시 창설행위가 있어야 하고 그 행위가 다른 규범에 의하여 의미를 얻어야 할 것이다. 그러나 만약 그렇게 한다면, 규범의 효력은 무한 소급에 빠지게 될 것이 틀림없다. 그렇다면 켈젠은 법체계의 최종적인 근거지움의 문제를 어떻게 해결하는가?

알베르트(H. Albert)는 윤리의 최종적인 근거지움을 포함한 모든 종류의 최종적인 근거지움[46]이 불가능하다는 것을 논증한 바가 있다. 합리주의(rationalism)에 따르면, 근거지움이란 어떤 것으로부터 다른 것을 이끌어 내는 논증을 의미하는데 이에 속하는 것으로는 연역법(deduction), 귀납법(induction), 가추법(abduction)을 들 수 있다.[47] 이 중에서 귀납법은 예외사례에 의하여 언제나 오류가능성이 있고, 가추법은 가능성을 논증할 수 있을 뿐이다. 그러므로 최종적인 근거지움의 방법으로 채택할 수 있는 것은 연역법밖에 없다.

켈젠 역시 규범의 효력 근거를 도출하는 방법은 연역법이라고 생각한다. 켈젠이 보기에 예수가 산상수훈(山上垂訓)에서 원수를 사랑하라고 명령했을 때 그 계명이 효력을 갖는 것은 다음과 같은 연역법(삼단논법)에 의하여 설명되어야 한다.[48]

> 대전제: 예수의 명령에 복종해야 한다.
> 소전제: 예수가 원수를 사랑하라고 명령했다.
> ─────────────────────────────────
> 결론: 원수를 사랑하라는 명령에 복종해야 한다.

여기에서 주의할 것은 대전제에서 언급된 규범만이 결론에서 언급된 규범의 효력근거(규범적 조건)라는 점이다. 소전제로 기능하는 명제는 규범의 효력 근거가 아니고 단순한 사실적 조건에 지나지 않는다.[49]

그러나 알베르트가 보기에 연역법을 취하는 최종적인 근거지움의 모든 시도는 언제나 전제를 필요로 하기 때문에 자신이 '뮌히하후젠[50]-트릴레마'(Münchhausen-Trillemma)라고 부르는 다음의 세 가지 오류 중 하나를 범하게 되어 있다.[51]

1. 무한 소급(an infinite regress): 이것은 근거를 찾을 때까지 계속해서 물러나야만 한다는 필연성으로부터 발생하는 것처럼 보인다. 그러나 그러한 무한소급은 실질적으로는 불가능하기 때문에 확실한 기초를 제공할 수 없다.
2. 연역법에 있어서 논리적 순환(a logical circle in the deduction): 근거지움의 과정에서 근거지움에 필요한 진술들을 미리 사용하기 때문에 발생한다. 그렇기 때문에 확실한 기초를 제공해 줄 수 없다.
3. 어떤 지점에서의 근거지움의 절차의 중단(the breaking-off of the process at a particular point): 명백하게 이것은 원리적으로 보면 항상 가능하지만 충분한 근거지움의 원리를 임의로 보류시키는 것이다.

그렇다면 켈젠은 최종적인 근거지움의 방법으로 근본규범을 내세우는 것은 뮌히하우젠-트릴레마 중 어떠한 것을 선택하고 있는 것인가? 켈젠 자신은 자신의 방법에 대하여 다음과 같이 설명하고 있다.

> 규범의 효력의 근거를 추구하는 것은 … '무한 소급'(regressus ad infinitum)이 아니다. 자연적 존재의 체계 내에서는 최종 또는 최초의 원인이라는 것

은 있을 수 없지만, 규범체계에서는 그 체계 내에서의 최종적인 효력 근거가
되는 최고의 규범에 이르러 끝을 맺는다.[52]

알베르트의 용어를 빌리자면, 켈젠은 '무한 소급'이라는 문제를 피하기 위하여
'어떤 지점에서의 근거지움의 절차의 중단'이라는 전략을 사용하고 있다고 평가할
수 있다.[53] 이 절차 중단을 위한 방법으로 켈젠이 채택한 것은 마르부르크학파의
코헨의 영향을 받은 "가설의 방법"(method of hypothesis)이었다.[54] 즉, 그는 근본규
범을 하나의 가설적 토대로 사용하여, 근본규범이 효력을 가지고 있다고 전제하에
서만 그 근본규범에 기초하는 법체계 역시 효력을 가진다고 이해한다.[55]

하지만 가설에 대한 켈젠의 언급은 매우 빈약해서 구체적인 의미를 이해하기
쉽지 않다. 그러므로 이러한 켈젠의 언급을 이해하기 위해서는, 보다 정확하게는
근본규범이 어떠한 "규범"인지 이해하기 위해서는, 코헨이 내세운 가설의 방법을
살펴볼 필요가 있다. 초기에 코헨은 칸트의 해석에 관한 3권의 책, 즉『칸트의 경
험 이론』(1871년),[56]『칸트의 윤리 정초』(1877년),[57]『칸트의 미학 정초』(1889년)[58]를
차례로 출판하였다. 이 중에서 켈젠의 순수법학에 직접적으로 영향을 준 것은 인
식의 문제를 다루는『칸트의 경험 이론』이었다. 하지만 1871년 초판이 발간된 당
시에는 코헨에게 켈젠의 근본규범에 영향을 준 가설의 방법이라는 아이디어가 존
재하지 않았다. 코헨이 가설의 방법을 생각할 수 있었던 것은 1878년 발표한 "플
라톤의 이데아론과 수학"이라는 논문을 준비하면서 플라톤을 연구하였던 덕분이
었다.[59] 그래서 1885년 출판된『칸트의 경험 이론』제2판에서는 가설의 방법의 시
초가 등장하게 된다.[60] 또한 플라톤으로부터 얻은 아이디어들은 칸트에 대한 연구
와 더불어 1902년부터 코헨이『철학의 체계』를 저술하는 데 많은 영향을 미쳤다.
이 기획은 원래 4권을 목표로 하였으나 실제로는 3권으로 종료되게 되었는데, 각
각은『철학의 체계 제1권: 순수이성의 논리학』(1902년),[61]『철학의 체계 제2권: 순
수의지의 윤리학』(1904년),[62]『철학의 체계 제3권: 순수감정의 미학』(1912년)[63]으로
출판되었다. 가설은『철학의 체계』에서 더욱 발전된 형태로 등장하게 된다.

플라톤이 말하는 가설은 근대 자연과학에서 다루어지는 가설과는 완전히 다른
개념으로, 수학적 추론과 증명의 토대 내지는 전제를 형성하는 수학적 정리나 공
리와 같은 것이다. 그리고 이것은 선의 이데아와는 구별된다. 선의 이데아는 무
조건적이고 무전제적이며, 그것에 대한 변증적인 인식이 무조건적이고 무전제적

이며 타당한 지식을 가져다준다. 플라톤과 달리, 코헨은 무조건적이고, 무전제적이며 타당한 지식이라는 존재할 수 없다고 본다. 모든 지식들은 사고라는 수단을 통하여 발생하는 것이다. 그리고 이것은 최상위의 개념들에 있어서 그리고 과학적 인식의 최종적인 토대들, 기본적인 개념들에 있어서도 마찬가지이다. 그러한 것들은 그 자체로 혹은 스스로 존재하는 불변의 진리들 내지는 절대적인 토대들이 아니고 다른 것들과 마찬가지로 사고에 의하여 형성되는 것들이다. 따라서 그것들은 토대들을 놓아주는 것으로서 기능하게 된다. 그러한 의미에서 그것들은 가설인 것이다.[64]

근본규범이 가설적 토대라고 할 때 켈젠이 의도하고자 한 것도 이와 같은 것이다. 근본규범은 그 자체로 혹은 스스로 존재하는 토대가 아니고, 사고에 의하여 형성되는 것으로 토대를 놓아주는 역할을 하는 것, 즉 가설인 것이다. 그리고 어떤 명령이 타당한 규범으로 생각되기 위해서 반드시 근본규범이 초월적이고 필연적인 전제가 되어야만 한다.[65]

| 제3절 원형의 문제점과 보완 |

1. 첫 번째 수정과 보완

(1) 문제점

1) 근본"규범"과 법적 규범 이론의 충돌

켈젠의 말처럼 근본규범이 가설적 토대인 규범이라고 한다면 우리는 그것이 어떠한 규범인지 물어봐야만 할 것이다. 왜냐하면 켈젠은 법적 규범과 기타 규범들(예컨대, 도덕적 규범)을 엄격하게 구별하고 있기 때문이다. 근본규범은 기타 규범들일 수 없을 것이다. 만약 그렇다면 법의 당위 내지 효력이 법이 아닌 무엇인가에 기초하고 있다는 의미가 되기 때문이다. 그러므로 근본규범이 실정법은 아니더라도 법적 규범임에는 틀림이 없다. 이것이 왜 문제가 되는지 살펴보자.

법을 사실로 환원하는 경우에 발생하는 문제점, 보다 구체적으로 법을 명령으로 환원하는 경우에 발생하는 문제점에 집중하여 일찍이 켈젠은 도덕과 달리 법은 명령이 아니라 가언판단이라고 주장하였다. 이러한 주장은『국법학의 주요문제』에서도 발견할 수 있다. 켈젠 스스로는 이때의 자신의 입장에 대하여 다음과 같이 설명하고 있다.

> 『국법학의 주요문제』에서는 일반적으로 행해지고 있는 사고방식에 따라 법을 국가의 의사로 그리고 따라서 재구성된 법적 규범(법적 명제)을 스스로 어떻게 행동하기를 원하는가에 대한 국가의 의사에 관한 가언판단으로 특징짓는다. 이것은 법적 명제가 조건과 결과라는 논리적 형식을 통하여 물리적 사실들을 연결시킨다는 것을 의미한다. 그리고 국가가 그 결과인 물리적 사실들을 '의욕한다'고 주장하는 것은 모든 법적 명제들의 총체의 통일체로서의 국가에 귀속시키는 것을 표현한다는 것을 의미하는 것에 불과하다. 무엇보다도, 법적 명제는 조건으로서의 어떤 특정한 물리적 사실에 결과로서의 어떤 특정한 물리적 사실이 법적으로 결합되어 있다는 것을 의미하는 것에 불과하다. 국가가 이러한 법적 결과를 '원한다'고 말하는 것은 이러한 물리적 사실이 법적 명제의 체계의 통일체 속에 포함되어 있다는 것을 의미할 뿐이다.[66]

이러한 입장은『일반국가학』에서도 유지되고 있어서 다음과 같이 언급하고 있다.

> 이차적 규범과 마찬가지로 일차적 규범은 법체계에서의 제약과 효과 간의 관계, 특히 양자의 법법칙상의 관계만을 나타내 준다. 그러나 이러한 법법칙상의 관계는 그 자체에 제약과 효과의 결합이 표현되어 있으므로, 문법적으로는 명제를 통해, 논리적으로는 당위판단인 가치판단으로 간주되는 판단을 통해서만 성립될 수 있다. 이러한 이유 때문에 법규범이나 법을 "명령"(Imperativ)으로 특징짓는 것을 허용되지 않는다. 명령이란 부당한 행동을 대상으로 한 의사의 직접적 표현이지, 어떤 법칙상 결합이나 법칙성 및 그와 관련된 인식작용의 표현은 아니다. 법인식의 대상으로서의 법은 – 이러한 관점에서만 법의 법칙성이 문제시된다 – 일종의 판단 체계이지 명령의 체계는 아니다. 물론 명령은 법인식 속에서 비로소 구성되는 법의 재료 중 하나일 수 있으며, 구성요건들 그 자체가 명령일 수 있다. 법법칙으로서의 법은 법규이며 일종의 가언판단이다.[67]

이것은 『순수법학』 제1판에서는 다음과 같이 표현된다.

> 자연법칙이 "A이면 필연적으로 B이어야 한다."고 말한다면, 법적 법칙은 "A
> 이면 마땅히 B이어야 한다."고 말한다. 이때 A와 B의 연관성이 어떠한 도덕
> 적 또는 정치적 가치를 갖는지에 대해서는 전혀 언급하지 않는다. 따라서 당
> 위는 법과 관련된 경험적 소재를 파악하기 위한 (상대적인) 초월적 개념범주
> 일 뿐이다. 이 측면에서 실정법이 사실들을 결합하는 특수한 방식을 파악하고
> 표현하기 위해 당위는 필수불가결한 전제이다. ⋯ "이른바 불법이 발생한다
> 면 불법에 따른 결과가 마땅히 발생해야 한다."고 말할 때 이 '마땅히'는 – 법
> 의 개념범주로서 – 법명제를 통해 법적 조건과 법적 결과가 서로 결합하게
> 되는 특수한 의미를 뜻할 뿐이다.[68]

문제는 법적 규범이 이러한 법적 명제의 형식, 즉 법적 조건과 법적 결과(강제
행위)의 결합을 반드시 가지고 있어야 한다면 법적 규범으로서 근본규범은 그러
한 법적 명제를 가지고 있을 수 있냐는 것이다. 근본규범이 말하는 것은 "어떤 기
관이 특정한 방식으로 창설한 것은 법적 규범으로서 복종하라." 정도 이상의 것
일 수 없다. 실제로 켈젠도 근본규범이 말하는 바의 한 예시로 "강제행위는 새로
운 헌법 및 그 헌법에 의해 선출된 의회와 관련규범들에 따라 위임된 기관에 의해
창설되고 적용되는 일반적 규범과 개별적 규범에서 규정하는 조건과 방식에 따
라 정립되어야 한다."를 들고 있다.[69] 근본규범이 다른 법적 규범처럼 법적 조건에
따른 법적 결과를 규정한다고 이야기하는 것은 과도한 것일 뿐만 아니라 그 자체
가 실정법이 되어 버리는 것이다. 그렇다고 해서 근본규범이 법적 명제의 형식을
취하지 않는다고 한다면 근본규범은 법적 규범이 아닌 기타의 규범이 되어 버릴
것이고 법적 당위는 법적 규범이 아닌 무엇인가에 기초한다는 것이 되어 버린다.

2) 근본규범의 "내용"

근본규범의 내용이 의미하는 바가 무엇인지 그리고 그것이 어떠한 혼란을 가
져오는지에 관해서는 여러 비평가들의 비판이 있었다.[70] 여기에서는 켈젠이 법적
인식의 근본으로서의 근본규범을 칸트의 인식론에 유비시켜서 실정법을 인식하
는 초월적-논리적 전제조건으로 이해하는 것이 근본규범의 내용 때문에 문제가

있다는 지적을 하려고 한다.

칸트의 인식론의 유비에는 두 가지 측면에서 의문이 있다. 첫째, 칸트의 인식론은 『순수이성비판』에서 제시된 것으로 존재를 대상으로 하여 제시된 것인 반면에 켈젠의 법적 인식은 당위와 관련하여 제시된 것이라는 점이다. 칸트가 보기에 당위의 영역은 인식의 문제가 아니라 정초의 문제가 논의되어야 한다.[71] 그런데도 켈젠은 당위의 영역에 대하여 인식의 문제를 제시하면서 칸트를 유비시키고 있다. 그러다 보니 동일한 인식이라는 표현을 사용하고 있지만 그 인식의 방법이 다르다는 차이가 생겨난다.

인식의 방법의 차이점은 켈젠이 법적 인식이 이루어지는 법과학[72]을 자연과학과 비교하는 지점에서 확연하게 드러난다. 그는 과학에서 이루어지는 인식이란 "판단"이라고, 보다 자세히 말하자면 여러 가지 사건들 중에서 의미 있게 연관되어 있는 사건들을 골라내고 그것들 사이의 관계를 하나의 가언판단(hypothetical judgement)으로 구성하는 것이라고 이해한다. 즉, 모든 과학은 조건과 결과를 결합시키는 인식을 한다는 것이다. 법과학이 속한 규범과학이 자연과학과 구별되는 것은 바로 이 결합의 형식이다. (칸트가 말하는 인식에 가까운) 자연과학은 인과관계의 가언판단을 하는 반면에 (켈젠이 말하는 인식을 다루는) 규범과학은 귀속관계의 가언판단을 한다.[73]

둘째는 바로 여기에서 핵심적으로 다루고자 하는 근본규범의 내용의 문제로, 칸트의 인식론과 켈젠의 그것 사이에는 보편성·추상성과 경험성·개별성의 차이가 존재한다는 것이다.

일견 보기에는 존재와 당위의 차이, 인과관계의 가언판단과 귀속관계의 가언판단 사이의 차이 등을 무시한다면, 순수법학의 차원에서 논의하는 한 법적 인식이 칸트의 인식론과, 근본규범이 초월적인 전제와 유사해 보인다고 할 수 있다. 하지만 그렇게 보이는 것은 순수법학이 가지는 특수한 입장 때문이다. 보다 원론적인 이야기로 되돌아가 보자. 『순수법학』제1판을 시작하는 단락에서 켈젠이 천명하고 있는 너무나 유명하고 자명해 보이는 다음과 같은 구절을 살펴보자.

> 순수법학은 실정법에 관한 이론이다. 더욱이 어떤 특수한 법질서가 아니라,
> 실정법 자체에 관한 이론이다. 순수법학은 일반적 법학이지, 특수한 국가법
> 규범 또는 국제법규범에 관한 해석이 아니다.[74]

이러한 표현은 켈젠에게 중요한 의미를 가지고 있는 것이어서『순수법학』제2판에서도 아무런 변화 없이 그대로 언급되고 있다.[75] 이에 대하여 우리는 잘 이해하고 있다고 생각하지만, 그 의미를 구체적으로 고민하지 않는 것 또한 사실이다. 가장 간단한 의미에서 보자면, 이러한 켈젠의 언급은 순수법학이 어떤 특수한 법체계에만 특수한 것을 다루고 있지 않다는 말이다. 그리고 이것이 우리가 흔히 생각하는 이 단락의 의미이기도 하다. 그러나 이 언급의 보다 구체적인 의미를 이해하기 위해서는 이것의 기원이라고 할 수 있는『일반국가학』에서의 표현을 고찰해볼 필요가 있다.

> 흔히 "일반국가학"으로 표현되는 문제들이 무엇인가에 대해 탐구해 본다면, 일반국가학은 일종의 매우 일반적인 법학임을 알 수 있을 것이다. 본질적으로 일반국가학의 내용을 이루는 문제는 — 국가 (그리고 법)의 본질 전반에 관한 문제와 함께 — 국가 질서의 "효력"과 "창설"에 관한 문제이다. 즉, 법질서 효력의 의미 전반과 공간적, 시간적, 인적인 효력범위에 관한 문제 그리고 법질서의 창설"단계", 창설"기관", 창설"방법"에 관한 문제들이다. … "일반"국가학은 일반적 헌법학을 의미하기도 한다. 가능한 제헌법의 이론인 일반국가학에 대하여 "현실적"이고 구체적인 국가의 이론인 특별국가학이 실정헌법의 이론으로서 병립한다. 일반국가학과 마찬가지로 특별국가학 또한 "법"학이다. 다만 "가능한" 법들에 한해서만 문제를 제기하는 일반국가학보다 "현실적인" 여러 법에 대하여 더 명확하게 인식될 수 있기 때문에, 특별국법학에서 윤리학적 · 정치학적 논의로부터의 뚜렷한 분리 요구가 일반국가학의 영역에서보다도 더욱 강하게 주장된다. 비록 일반국가학이 실정법의 "가능성"에 대해 질문을 던짐으로써 실정법의 이론일 수밖에 없다 할지라도 그러하다.[76]

각각의 개념들에 관하여 이러한 언급을 적용해 보면, 순수법학이 다루는 개념들은 어떤 특수한 법체계에서 일어나는 개별적인 문제와 무관하고 일반적이고 추상화된 형태만을 다루고 있다는 의미가 된다. 이제 보다 구체적으로 근본규범의 내용에 이러한 언급을 적용해 보면, 순수법학은 근본규범의 현실적인 모습들을 다루고 있지 않고 그것은 개별 법학들에서 구체화시킬 수밖에 없다는 의미가 된다. 그러므로 각 법체계의 법학은 각각의 고유한 근본규범들을 다룰 수밖에 없다. 이렇게 본다면, 칸트가 인간의 보편적인 초월적이고 논리적인 전제를 제시한 것과 달리, 순수법학이 제시한 것은 보편적인 근본개념이 아니라 다양한 근본개념들의 일반화되고 추상화된 개념을 제시한 것에 불과하다. 이러한 차이점의 중요한 결론은 개별 법학의 차원에서는 근본규범들이 결코 경험과 무관하지 않다는 것, 즉 선험적(a priori)이지 않다는 것과 바로 그래서 법체계에 따라 개별적이라는 것이다.

법체계들에서 각각의 근본규범의 내용이 경험적인 재료(사람들의 행위가 해당 질서에 어느 정도 부합한다는 경험적인 사실)에 의하여 결정된다는 사실은 그것이 보편적이지 않으며 사실 의존적임을 극명하게 보여준다. 그렇기 때문에 켈젠이 근본규범을 선택하는 것은 자의적이지 않다고 다음과 같이 언급했을 때 그것은 근본규범의 내용이 칸트의 초월적인 것과 확연하게 다르다는 것을 실토하고만 것에 불과하게 된다.

> 근본규범은 자유로운 발견의 산물이 아니다. 근본규범은 우리가 헌법제정행위 및 이 헌법에 따라 정립된 행위의 주관적 의미를 그 객관적 의미로, 즉 객관적으로 효력 있는 법적 규범들로 해석할 경우에 나타나는 상이한 근본규범들 중에서 선택을 한다는 의미에서 자의적으로 전제되는 것이 아니다. 우리가 전적으로 특정된 헌법에 관련된 그러한 근본규범을 전제로 할 경우에만, 즉 우리가 전적으로 특정된 그러한 헌법에 따라 행위해야 한다는 점을 전제로 할 경우에만, 우리는 헌법제정행위 및 합헌적으로 정립된 행위의 주관적 의미를 그 객관적 의미, 즉 개관적으로 효력 있는 법적 규범들로 해석하고 이러한 규범들에 의해 형성된 관계를 법적 관계로 해석할 수 있다.[77]

또한 근본규범의 내용이라는 것은 그것이 가설이라는 켈젠의 설명과도 잘 부합하지 않는다. 근본규범과 대조되는 시원적 계약은 일종의 사고실험으로서라도 누군가의 의욕에 의하여 체결되는 것이므로 내용을 가질 수 있다. 그러나 근본규범이 내용을 가지고 있다고 한다면 그것이 누군가가 의욕한 것이 아니라는 설명과 부합하기 어려워진다.

(2) 수정과 보완

1) 법적 규범과 법적 명제의 구별

1945년에 출간된 『법과 국가의 일반이론』에서부터 켈젠은 더 이상 법적 규범의 기본적인 형식이 법적 명제라고 주장하지 않게 된다. 이제 그는 법적 규범과 법적 명제를 엄격하게 구분하여 전자를 법적 권위에 의하여 만들어진 것(그리고 법학에 의하여 인식되는 것)이고 후자를 법학에 의하여 재현된 것이라고 주장한다.

> 어떤 공동체의 법, 즉 입법과정을 통하여 법적 권위에 의하여 만들어진 것들을 "만약 이러저러한 조건들이 충족되면, 이러저러한 제재가 따를 것이다."라는 진술형식으로 재현하는 것이 법학의 임무이다. 법학이 법을 재현하는 수단인 이러한 진술들은 법을 만드는 권위들에 의하여 창설된 규범들과 구별되어야 한다. 이러한 진술들을 규범이라고 부르는 것보다는 법적 명제라고 부르는 것이 더 나을 것이다. 법을 창설하는 권위들에 의하여 제정된 법적 규범들은 규정적(prescriptive)이다. 반면에 법학에 의하여 정식화된 이러한 법의 명제들은 기술적(descriptive)이다. 여기에서 "법적 명제" 내지 "법의 명제"라는 용어를 기술적인 의미에서 사용한다는 것이 중요하다.[78]

1960년에 출간된 『순수법학』 제2판에서는 이러한 입장을 보다 명확하게 설명하고 있다.[79] 법학은 인간행위에 의해 창조되고 그러한 행위에 의해 적용되고 준수되는 법적 규범과 그러한 법적 규범에 의하여 형성되는 관계를 기술하는 역할을 한다. 법적 명제란 바로 그러한 관계를 서술하는 명제이다. 법적 규범이 법적 권위에 의하여 창설되는 것이고 명령이라면, 법적 명제는 법적 인식에 의하여 재구성된 가언판단이다.[80] 또한 『법과 국가의 일반 이론』에서 논리법칙이 법적 규범에 그대로 적용될 수 있다고 여전히 생각하고 있었으나 『순수법학』 제2판에서 이러한 입장 변화에 부합하게 논리법칙이 법적 명제에 적용되며 법적 규범은 법적 명제를 통해서 간접적으로만 논리법칙이 적용할 수 있다고 주장하게 된다.[81]

이러한 변화에 따라 그는 법적 규범을 더 이상 판단이 아니라 그가 비판하였던 명령으로 보게 된다.[82] 이제 법적 규범은 다음과 같이 정의되게 된다.

여기서 규범이란 말은 어떤 것이 존재하거나 일어나야 한다는 것, 특히 인간
이 일정한 방식으로 행위해야 한다는 것을 말한다. 그것은 그 의도에 있어 타
인의 행위로 지향되어 있는 일정한 인간의 행위가 갖는 의미이다.[83]

그런데 이렇게 자신의 입장을 정반대로 바꾸어 법적 규범을 '의사'와 관련시키
면, 켈젠 자신이 오스틴을 비판하면서 제기하였던 비판에 스스로 답변해야 한다
는 문제에 빠진다. 앞에서 살펴본 것처럼, 그러한 입장에 대하여 그는 하나의 은
유 이상의 의미를 가지지 못한다고 비판하였다. 특히 의회와 같이 기관이 법을 창
설하는 경우 '의사'라는 것이 존재할 수 있을까라는 의문에 답변해야만 한다. 앞에
서 인용한 것처럼 심지어 그는 대다수의 경우 의원들이 법안의 내용을 알지도 못
하면서 투표를 하는데 알지 못하는 것에 관하여 의욕할 수 있는가라고 통렬하게
비난했었는 데 말이다. 이제 켈젠은 이에 대하여 다음과 같이 답변한다.

내가 종전에 주장했던 견해, 즉 투표자의 다수가 법률의 내용을 알지 못하거
나 단지 불충분하게만 알기 때문에 그리고 의욕의 내용이 의욕자에 의해 의
식되어야 하기 때문에 투표행위 – 이것이 다수결을 형성하며, 이것을 통해
법률의 효력이 발생한다 – 가 반드시 의사행위인 것은 아니라는 나의 견해는
더 이상 유지될 수 없다. 의원이 그 내용을 알지 못하는 법률안에 찬성하는 투
표를 할 경우, 그의 의사의 내용은 일종의 수권이다. 투표자는 그가 동의한 법
률안이 어떠한 내용을 포함하고 있더라도 그것이 법률이 되기를 의욕한다.[84]

켈젠이 법적 규범과 법적 명제를 이렇게 구별함으로써 근본규범은 법적 규범
이면서도 그 자체가 법적 원인과 법적 결과(강제행위)를 직접적으로 연결하고 있지
않아도 되게 되었다. 이것은 순수법학이 근본규범을 다른 어떤 규범이 아닌 법적
규범이라고 주장하면서도 법적 규범의 고유한 특성 때문에 근본규범이 곤란을 겪
지 않을 수 있는 길을 제시한 것이다.

2) 근본규범의 "내용"의 포기

역사상 최초의 헌법을 창설하는 행위에 그러한 규범적 의미를 부여해 준다는
점에서 근본규범은 사회계약설의 전통에서 말하는 시원적 계약과 상당히 유사한

측면이 있다. 켈젠은 시원적 계약과 근본규범의 차이를 강조하기 위하여 시원적 계약이 민주주의와 같은 절대적인 내용을 담고 있는 반면에 근본규범은 누가 입법자인지에 관해서 말하는 것 외에는 어떠한 내용도 담지 않는다고 이야기한다.

앞에서 살펴본 것처럼, 근본규범이 특정한 내용을 가진다면 그것이 단지 사유된 규범인 가설일 수 있는지 문제가 된다. 특히 첫 번째 수정에 의하여 법적 규범이 누군가의 의사와 결부된 것이고 근본규범 또한 법적 규범이라면, 그 내용에 최초의 헌법의 창설자에게 입법권한을 부여하겠다는 것과 관련된 의사가 들어가야만 할 것인데 그것이 의욕된 것이 아니고 사유된 것인 가설적 토대일 수 있을지가 문제된다.

그뿐만 아니라 아마도 이것을 켈젠이 보다 심각한 문제라고 받아들였을 것인데, 근본규범의 내용이 '사실들'에 의하여 결정된다면 그가 강조해 온 존재와 당위의 이원론(반환원주의)과 어떻게 양립될 수 있는지 의문이 생긴다.

그래서 『순수법학』 제1판의 단원 제목이었고 『법과 국가의 일반 이론』에서도 여전히 그렇게 유지해 왔던 근본규범의 내용이라는 설명을 켈젠은 『순수법학』 제2판에서부터는 그러한 표현 없이 서술하고 근본규범의 내용이 사실들에 의하여 결정된다는 이야기를 빼고서 혁명의 상황을 설명한다. 이에 대하여 들라크루아(S. Delacroix)는 다음과 같이 지적한다.[85]

> 『순수법학』 제2판에서는 켈젠이 근본규범의 내용에 관하여 어떠한 언급도 하지 않는 것으로 보아, 그가 이러한 긴장을 인식하였음이 틀림없다. 켈젠은 다음과 같은 사실을 깨달은 것으로 보인다. 즉, 근본규범의 "내용"이라는 관념은 (1) 켈젠으로 하여금 자신이 법사회학의 영역으로 분류하고 자신의 이론에서 배제시킨 사회적 실천에 대한 개념화를 재도입하게 만들거나(이것은 켈젠으로 하여금 자신의 방법론적 이원론을 폐기하게 만들거나 적어도 완화시키게 만든다) (2) 혹은 자신의 전체 이론체계의 정합성을 위협하는 내적 모순을 가져온다.

이러한 문제의식에서 켈젠은 "근본개념은 사유상의 규범일 뿐이다. ⋯ 사유상의 규범이란 그 내용이 직접적으로 해명될 수 있는 규범이 아니다. ⋯ 실정법질서의 근본규범은 결코 직접적으로 해명할 수 있는 것이 아니다."고 선언하게 된다.[86]

2. 두 번째 수정과 보완

(1) 문제점

첫 번째 수정에 의하여 근본규범은 법적 규범이면서도 더 이상 법적 명제의 형식을 취해야 한다는 부담을 지지 않게 되었다. 즉, 법학에 의하여 인식되는 법적 규범이 아니라 법학에 의하여 재현되는 법적 명제가 가언판단의 형태를 갖추면 되므로 근본규범은 비록 실정법은 아니지만 법적 규범의 형태를 갖출 수 있는 가능성을 가지게 되었다.

하지만 새로운 문제점에 봉착하게 되었는데 법적 규범이 법적 명제의 형식이 아니라면 무엇인가라는 질문에 대하여 그것은 명령이라고 대답하였다는 점이다. 보다 구체적으로 이야기하자면 "그 의도에 있어 타인의 행위로 지향되어 있는 일정한 인간의 행위가 갖는 의미"라고 답변한 것이다. 이제 규범과 누군가의 의사는 불가분의 관계가 되었다. 그렇다면 근본규범이 단지 사유된 가설이라는 답변을 하게 된다면 그것은 규범일 수 있는가라는 새로운 문제에 봉착하게 된다.

(2) 수정과 보완

켈젠 자신도 이러한 문제점을 인식하였는지 스스로 다음과 같은 비판을 예상하였다.[87]

> 실재적인 의지적 행위에 의해 정립된 것이 아니고 오직 법률적 사고 속에서 전제된 규범을 상정하는 데 대해서는 규범이란 사고행위가 아니라 의사적 행위의 의미일 뿐이라고, 당위와 의욕 사이에는 본질적인 상관관계가 존재한다고 항변할 수 있다.

규범이 의사행위의 의미라면 근본규범은 어떻게 규범일 수 있는가라는 문제에 대응하기 위하여 켈젠은 종래의 입장, 즉 근본규범을 코헨식의 '가설'로 이해하는 것을 포기하게 된다.[88] 그러면서 그는 바이힝거(H. Vaihinger)식의 '의제'(fiction) 이론을 받아들여 근본규범뿐만 아니라 그 행위가 근본규범을 의미로 가지는 하나의 상상적인 권위 역시 함께 사유하여야 한다고 답변한다. 즉, 근본규범이 규범이기 위해서는 누군가의 의사가 필요하므로 상상적인 누군가를 함께 생각해야 한

다는 것이다.[89]

이러한 답변은 분명 근본규범이 규범이기 위하여 갖추어야 할 요건인 누군가와 그 의사를 상정하자는 것이지만, 그러한 누군가가 존재할 리가 없지 않다는 의문이 들기 마련이다. 애초에 그런 누군가가 존재한다면 그것은 근본규범이 아니지 않은가? 이에 대한 켈젠의 답변은 다음과 같다.

> 이러한 의제(Fiktion)와 함께 근본규범의 상정은 근본규범이 그 효력을 근거지우는 헌법은 더 상위의 어떠한 권위도 있을 수 없는 최고의 권위의 의사적 행위의 의미라는 상정과 모순되게 된다. 이리하여 근본규범은 바이힝거(Vaihinger)적 의미에서의 진정한 의제가 된다. 의제는 그것이 현실과 모순될 뿐만 아니라 스스로도 모순이라는 것이 그 특징이다. 왜냐하면 근본규범의 상정, 예컨대 "사람은 신의 명령에 복종하여야 한다."는 종교적 도덕질서의 근본규범이나 "사람은 역사적 최초의 헌법이 규정하는 대로 행위하여야 한다."는 법질서의 근본규범의 상정은, 실재적인 의지적 행위의 의미로서의 그러한 규범은 결코 없기 때문에, 현실과 모순될 뿐만 아니라, 그것은 그것이 최고의 도덕 또는 법의 권위의 수권이면서 또 이에 따라 이러한 권위보다 더 상위에 있는 – 물론 다만 의제된 – 권위에서 출발하기 때문에, 스스로도 모순이기도 하기 때문이다.[90]

요컨대, 근본규범은 의제된 규범이고, 여기에서 의제된 규범이라는 함은 그 규범이 실제로 존재하는 의사행위의 의미가 아니고 의제된 의사행위의 의미라는 뜻이다. 이러한 켈젠의 설명은 그의 사후 1979년에 유작으로 출간된 『규범의 일반이론』에서도 거의 동일하게 설명되고 있다.[91]

그렇다면 바이힝거의 의제란 무엇인가? 켈젠은 바이힝거의 의제에 대하여 아주 간단하게 "바이힝거에 따르면, 의제는 사람들이 사고의 목적을 주어진 자료로는 달성할 수 없을 때 이용하는 (임시방편의) 사고방법이다. … 근본규범은 바이힝거의 '마치 ~ 인 것처럼'의 철학에서의 의제이지, – 내 자신이 때때로 표현하였던 것처럼 – 가설인 것이 아니다. 즉, 현실과는 부합하지 않는다는 것을 알면서도 의식적으로 이루어지나 혹은 의식적으로 이루어져야만 한다는 점에서 가설과 구별

되는 의제라는 것에 주의해야 한다."고 언급하고 있을 뿐이다.[92]

바이힝거에 따르면, '마치 ~ 인 것처럼의 철학'에 대한 씨앗이 뿌려진 것은 그가 플라톤의 이데아론을 접한 것이었다고 한다.[93] 이후 그는 마르부르크학파에 속했던 랑게(F. Lange)에 깊은 영향을 받았으며,[94] 쇼펜하우어(A. Schopenhauer)와 다윈(C. Darwin) 등에게 깊은 영향을 받아 이성이 유기체적 존재가 생존하려는 의지에 종속된다는 주장을 받아들였다.[95] 이러한 다양한 영향하에서 바이힝거는 생존이라는 목적에서 보자면 실제 세계가 어떠한지를 올바르게 보는 것이 아니라 오히려 의제가 도움이 될 수 있고, 학문에 있어서도 그러하다고 주장하였다.[96] 예컨대, 돌턴(J. Dalton)의 원자에 관한 논의는 실제 원자가 세상에 존재한다는 것을 입증하지는 못하였지만[97] 그것이 있다고 의제한다면 화학의 논의에 더 유용하였기 때문에 원자라는 의제를 채택하게 되었다. 또 다른 예로 우주상수(cosmological constant)를 들 수 있다. 우주가 팽창하지도 수축하지도 않는다고 믿었던 아인슈타인은 중력에 의하여 우주가 수축되지 않는 것을 설명하기 위하여 그것에 대항하는 척력을 의제하였는데, 이것을 우주상수라고 부른다. 그는 우주상수에 대하여 입증하지 않았지만 그것을 의제해야만 우주의 상태를 설명할 수 있기 때문에 그렇게 한 것이다. 후에 1929년 허블에 의하여 실제로는 우주가 팽창한다는 것이 밝혀져서 아인슈타인은 이를 폐기하였다. 그러나 우주가 가속 팽창하고 있다는 사실이 밝혀짐에 따라 척력의 존재를 의제할 필요가 생겼고 과학자들은 다시 우주상수를 도입하게 되었다. 이러한 우주상수의 의제는 우주상수가 어떠한 것인지에 대하여 아무것도 밝혀주지 않지만 그것을 의제하면 우주의 가속 팽창을 잘 설명해 주기 때문에 채택하고 있는 것에 불과한 것이다.

바이힝거에 따르면, 의제에는 두 종류의 것이 있다. 하나는 세미의제(semi-fiction)라고 불리는 것으로 우연히 세계에 대응하지 않는 진술이나 명제이고,[98] 다른 하나는 진정한 의제(true fiction; real fiction)라고 불리는 것으로 세계에 대하여 불가능한 무엇인가를 주장하는 것, 즉 스스로 모순적인 것이다.[99] 바이힝거가 다루고자 하는 의제는 바로 후자이다. 그에 따르면, 모든 이론은 필연적으로 그것이 진실이 아님을 알면서도 그렇다고 간주하는 진정한 의제를 포함하고 있다.

이러한 바이힝거의 논의는 다음과 같이 요약될 수 있을 것이다.[100]

바이힝거는 본래의 현실을 감각에 직접적으로 주어지는 것에만 한정하는 감각주의적인 진리관을 논의에 기초에 둠으로써 칸트가 경험의 대상을 본래 가능하게 하기 위한 구성적인 원로서 도입했던 지성의 원칙도 단순한 규제적 내지 발견법적인 원리라고 다시 해석하고, 이론적인 판단은 모두 개념에 의한 현실의 위조로서의 의제에서 성립한다고 주장한다. 그렇지만 그에게 있어 좀 더 중요한 것은 이 허구가 우리의 삶에 있어서는 마치 참인 '것처럼' 간주되는 유용하면서 불가결한 것이고, 또한 그것은 경험과학의 진보에 구체적으로 기여함으로써 정당화되기도 한다는 점이다. 따라서 삶에 있어 유용한 의제를 매개로 하여 획득되는 사유일반의 성과로서의 인식은 관조적 · 이론적이라기보다 오히려 제1차적으로 실천적인 관점에서, 더욱이 실제의 역사 과정 속에서 발견되는 구체적인 주체의 목적 활동에 입각해서야 비로소 그 본질이 파악되게 된다.

이제 켈젠은 자신의 근본규범이 바로 이러한 의미에서 의제라고 생각하게 된 것이다. 즉, 그는 근본규범이 규범으로 존재할 수 없다는 것을 알면서도 그것이 규범으로 존재한다고 의제하는 것(진정한 의제)이 순수법학의 목표에 더 유용하기 때문에 그렇게 해야 한다고 주장한다.

| 제4절 비판: 여전한 문제들 |

지금까지 우리는 켈젠이 처음에 어떻게 근본규범에 관한 이론을 형성하였고, 그 이론이 발생시킨 문제점들, 특히 그의 이론적 정합성이 흔들리는 측면들을 살펴보았다. 또한 그 문제점들을 해결하기 위한 여러 차례에 걸친 켈젠의 수정과 보완 역시 검토해 보았다.

여기에서는 이러한 수정과 보완에도 불구하고 여전히 그의 이론에는 만족스럽지 못한 측면들이 있다는 것을 주장하고자 한다. 크게 두 가지의 문제점을 제시하고자 한다. 첫 번째 문제점은 근본규범의 설명 내에 존재하는 논리적 시점의 순환이라는 문제이다. 보다 근원적이며 사실은 첫 번째 문제의 근원이기도 한 두 번째 문제점은 근본규범의 두 가지 역할, 즉 법체계의 '근본'과 인식의 '근본'이 사실은 충돌한다는 점이다. 차례로 검토해 보도록 하자.

1. 논리적 시점의 순환

A가 B의 사실적 원인 내지 논리적 근거라고 한다면, A는 B보다 앞서는 시점에 존재해야 한다. 물론 B라는 행위가 A라는 미래의 사실들을 예측하여 이루어진 것일 수 있겠지만, 이 경우에는 엄밀하게 말하자면 A라는 미래의 사실들이 B라는 행위의 근거가 아니고 A라는 미래의 사실들에 대한 예측 C가 B라는 행위의 근거이다. 이 경우에 예측 C는 행위 B보다 선재한다.

켈젠이 근본규범의 의미를 분명하게 해준다고 말하였던, 혁명의 사례로 되돌아가 보자. 새로운 근본규범을 전제하는 것을 a라고 하자. 사람들이 새로운 법질서의 규범들의 창설행위가 가지는 의미를 규범으로 해석하고 자신들의 행위를 그것에 부합시키는 것을 b라고 하자.

근본규범의 변경 a는 무엇을 원인 내지 근거로 해서 이루어지는가? 사람들이 새로운 법질서의 규범들의 창설행위가 가지는 의미를 규범으로 해석하고 자신들의 행위를 그것에 부합시키는 것(b)이다. 그러므로 b는 a보다 앞서는 논리적 시점에 존재해야 한다.

그런데 b가 가능하려면, 즉 사람들이 새로운 법질서의 규범들의 창설행위가 가지는 의미를 규범으로 해석하는 것이 어떻게 가능한가? 즉, b는 무엇을 원인 내지 근거로 해서 이루어지는가? 바로 새로운 근본규범을 전제하는 a이다. 이에 따르면 a는 b보다 앞서는 논리적 시점에 존재해야 한다.

우리는 a가 b보다 선재하면서도 b가 a에 선재한다는 모순적인 결론을 얻게 된다. 즉, a와 b가 서로 순환관계에 빠져 있다는 것을 알게 된다.

2. 법체계의 '근본'과 법적 인식의 '근본'의 충돌

이러한 모순의 근원은 법체계의 '근본'과 인식의 '근본' 사이에 존재하는 내용의 차이에 있다. 전자는 법체계와 그 규범들이 효력을 "가질 수 있는 조건"에 관한 이야기라면, 후자는 법체계와 그 규범들이 효력이 있는 것으로 "해석될 수 있는 조건"에 관한 이야기이다. 켈젠이 우리가 어리둥절할 수밖에 없는 다음과 같은

질문을 던진 이유도 바로 이러한 갈등에서 비롯된 것이다.[101]

> 나는 때때로 근본규범은 법학에 의해서도 전제된다는 가정에 대해 의구심을
> 토로했다. 이러한 의문은 이 책에서 서술한 차이점, 즉 규범의 정립과 규범의
> 전제 사이에 존재하는 차이점을 살펴봄으로써 제거될 것이다.

이러한 비판이 쉽게 납득되지 않는다면, 혁명 사례로 되돌아가 보자. 여기에서 켈젠은 혁명에 의하여 새로운 법질서가 효력을 가지는 상황을 설명하는 것과 혁명에 의하여 사람들이 새로운 법질서를 효력을 가지는 것으로 해석하는 상황을 설명하는 것을 구별하지 못하고 있다.

분명 근본규범이 법적 인식의 근본이라는 설명은 후자를 다루고 있다. 그렇기 때문에 사람들이 그렇게 해석하지 않는 상황을 설명할 수 있는 것이다. 즉, 근본규범을 전제하지 않는 경우를 설명할 수가 있다.

반면에 근본규범이 법체계의 근본이라는 것은 어떠한 것을 설명하고 있는가? 이에 대한 답변은 그가 근본규범의 내용이라고 불렀다가 그 표현을 삭제하고 있지만 여전히 어느 정도 전제하고 있는 구절, 즉 "근본규범의 변경은 법적 규범들의 창조와 적용으로 해석될 수 있는 요건 사실들의 변경의 결과이다. 헌법은 그 헌법에 따라 정립된 규범들이 대체적으로 적용되고 준수될 경우에 실효성이 있다. 구헌법이 그 실효성을 상실하고 신헌법이 실효성을 갖게 되었기 때문에, 다시 말해 일반적 규범이 더 이상 구헌법에 따라 군주에 의해서가 아니라 신헌법에 따라 권한을 갖는 의회에 의해 창조되[기] … 때문에 새로운 근본규범을 전제한 상태에서 해석된다."는 켈젠의 언급에서 찾을 수 있다.[102] 여기에서 근본규범의 변경은 더 이상 개인의 선택이 아니고 수범자 집단의 전체적인 행동 양상의 문제이다. 누군가가 자신은 구헌법을 유효한 규범으로 인식하고 새로운 규범을 불법으로 보면서 기존의 근본규범을 유지하는 가능성이 존재할 여지가 없게 된다.

바이힝거의 이론을 따라 의제로서의 근본규범을 받아들인다면 이러한 갈등을 더욱 강해진다. 왜냐하면 바이힝거의 이론은 우리가 물자체라는 것을 인식할 수 없고 따라서 의제일지라도 그것이 유용하다면 받아들여야 한다는 것을 전제하고 있기 때문이다.

3. 해결책

우리는 켈젠의 근본규범이 가지는 이러한 문제점을 해결하는 방법을 하트의 『법의 개념』에서 찾을 수 있다. 하트는 승인의 규칙을 설명하면서 그것이 켈젠이 말하는 근본규범과 다른 점에 대해서 자세하게 설명한다. 그중 가장 중요한 것은 하트는 켈젠과 달리 궁극적인 규범이 존재한다는 것과 궁극적인 규범을 전제한다는 것을 구별하고 전자를 사실의 문제로 본다는 점이다. 이에 대한 하트의 설명은 다음과 같다.[103]

> 이 책의 중심 주제 중의 하나는 법체계의 기초가 법적으로 무제한한 주권에 대한 습관적 복종에 있는 것이 아니라, 그 체계 내에 존재하는 규칙이 유효한지를 확인하기 위하여 유권적인 판단 기준을 제공하는 궁극적인 승인의 규칙에 있다는 것이다. … 이 책에서는 켈젠이 사용하는 것과 다른 용어가 채택되었는데, 그 이유는 여기서 취한 관점이 다음의 중요한 점들에서 켈젠과는 다르기 때문이다.
> 첫째, 승인의 규칙이 존재하는지 그리고 그 내용이 무엇인지의 문제, 즉 어떤 일정한 법체계에서 효력의 판단 기준이 무엇인지의 문제는 이 책에서 다소 복잡하기는 하나 사실의 문제로 간주된다.

즉, 궁극적인 규칙은 사실의 문제로서 객관적으로 존재 여부가 결정되고 그것은 법체계의 근본으로서 기능한다. 하트에 따르면, 시민들의 대다수가 새로운 승인의 규칙을 받아들이지 않고 그 법체계의 공무담당자만이 그것을 받아들이는 법체계가 존재할 수 있다. 물론 이러한 국가는 "도살장으로 끌려가는 양과 같은 비참한 모습"이겠지만 말이다.[104] 이때 새로운 승인의 규칙을 수용하는 공무담당자들에게는 승인의 규칙이 존재하고 그것을 수용하지 않는 시민들에게는 존재하지 않는 것이 아니다. 그들의 수용 여부와는 무관하게 객관적으로 존재하는 것이다.

반면에 법적 인식의 근본으로서 궁극적인 규칙을 수용 내지 전제할 것인지 여부는 개인의 선택의 문제이다. 즉, 실효성과 무관하게 사람들은 궁극적인 규칙을 수용하여 자신이 지지하는 법체계의 규범을 효력 있는 것으로 말할 수 있다.

비록 지금까지 확립되어 본 적이 없거나 또는 폐기되어 버린 체계의 규칙의 효력에 관하여 언급하는 것은 통상적으로 무의미하며 소용없는 일이지만, 그럼에도 불구하고 그것이 항상 무의미한 것은 아니며 또한 소용없는 것도 아니다. 로마법을 가르치는 생생한 방법은 마치 그 체계가 여전히 실효성을 띠는 것처럼 말하고 특정의 규칙의 효력에 대하여 토론하고 그 규칙들의 조건으로 문제를 해결해 보는 것이다. 혁명으로 파괴된 예전 사회 질서를 회복하고 새 것을 거부하려는 희망을 키우는 한 방법은 구체제의 법적 효력의 판단 기준[구체제의 승인의 규칙]을 고집해보는 것이다. 이와 같은 방법은 벨라루스인들이 암묵적으로 행하고 있는 것이며 그들은 제정러시아에서 유효했던 상속에 관한 규칙에 의거하여 여전히 재산권을 청구하고 있다.[105]

물론 이렇게 두 개념을 완전히 분리하고 나면 근본규범의 효력의 근거를 전제에서 찾던 켈젠의 해결책은 더 이상 사용할 수가 없게 된다. 궁극적인 규범은 상위의 규범으로부터 효력의 근거를 구할 수 없기 때문에 켈젠은 근본규범이 정립되는 것이 아니라 전제되는 규범이라고 역설하게 된 것이다. 하지만 하트는 승인의 규칙이 개인의 전제 여부와 무관하게 객관적으로 존재한다고 말하기 때문에 이러한 전략을 받아들일 수 없다. 그래서 그는 '성숙한 체계의 규칙'은 단계구조에 의하여 효력을 얻지만 승인의 규칙은 사회적 관행에 의하여 효력을 얻는다고 설명한다.[106]

제7장
하트의 최종적인 근거지움: 승인의 규칙

| 제1절 서론 |

1960년대 『법의 개념』[1]이 출간된 이후 영미법철학에서 그리고 현대 법실증주의에서 하트(H. L. A. Hart)가 가졌던 영향력은 아마도 1970년대 『정의론』[2]이 출간된 이후에 정치철학에서 롤스(J. Rawls)가 가졌던 영향력에 결코 뒤지지 않을 것이다. 『법의 개념』의 "서문"에서 하트는 자신의 작업의 목적을 다음과 같이 밝히고 있다.

> 이 책에서 저자는 법, 강제 및 도덕 등 서로 다르면서도 관련이 있는 사회 현상들의 이해를 돕고자 한다. 이 책은 주로 법철학을 공부하는 사람들을 위하여 쓴 것이지만, 법보다도 도덕철학, 정치철학, 또는 사회학에 주된 관심을 가진 사람들에게도 이 책이 이용되기를 희망한다. 이 책의 목적은 법의 비판이나 법정책보다 법적 사고의 일반적 틀을 명확히 하는 것이기 때문에 법률가는 이 책을 분석적 법리학(analytical jurisprudence)의 논저로 보려 할 것이다.[3]

법철학에 분석철학의 세례를 준 하트답게 그가 분석적 법리학의 주된 방법으로 채택한 것은 언어철학의 방법이었다. 그래서 그는 법철학의 주요문제들에 대하여 "언어의 의미에 관한 것이라도 해도 좋을"[4] 답변들을 제시한다. 제2절에서 살펴볼 명령과 규칙의 구별이 그 대표적인 예라고 할 수 있다. 여기에서 하트는 고

전적 법실증주의자인 오스틴(J. Austin)의 법명령설[5]을 일차적인 공격대상으로 삼고 있는데,[6] 오스틴이 법의 본성으로 말하는 명령과 자신이 보기에 법의 본성이라고 생각되는 규칙 사이에는 "하지 않을 수 없었다"(being obliged)와 "를 할 의무가 있다"(having an obligation)의 차이가 존재한다고 지적한다.[7]

하지만 하트는 자신의 작업이 단순히 분석의 방법에 머무르지 않는다고 강조한다.[8] 자신의 동료인 옥스퍼드 대학교의 언어철학자 오스틴(J. L. Austin)의 표현인 "우리는 현상을 날카롭게 인식하기 위하여 언어에 대한 날카로운 의식을 활용하고 있다."[9]를 모토로 삼아, 분석적 법리학의 방법에서 채택하였던 태도를 가지고 사회 상황이나 현상의 주요한 특징들을 기술하고자 노력한다. 그러한 의미에서 그는 자신의 저서를 "기술적 사회학의 저술"(an essay in descriptive sociology)이라고 할 수 있다고 평한다.[10] 이러한 표현은 다소 어색하고 과장된 부분이 있기는 하지만[11] 적어도 그가 추구했던 바가 무엇인지 잘 보여준다. 즉, 이론적인 필요성에 의하여 어떠한 개념을 발명하는 것이 아니라 예민한 태도로 관찰한 결과를 기술하고자 하는 것이다. 그는 규칙의 주요한 특징들, 이차적 규칙의 필요성, 승인의 규칙 등의 개념을 그러한 태도와 방식으로 관찰하고 기술하고자 한다.[12] 이 장에서는 그러한 개념들 중에서도 승인의 규칙을 집중적으로 살펴보고자 한다. 이렇게 본다면, 이론적 필요성에 의하여 전제된 근본규범과 달리 승인의 규칙은 사회의 법체계가 유효한 것으로 제대로 작동하기 위해서 존재하고 있는 것을 하트가 관찰하여 기술하고 있는 것에 불과하다.[13]

먼저 이를 위하여 제2절에서는 규칙의 개념을 살펴보고, 제3절과 제4절에서 본격적으로 승인의 규칙을 살펴보고자 한다. 먼저 법체계에 승인의 규칙이 필요한 이유를 살펴보고, 승인의 규칙이 하는 기능을 살펴보고자 한다. 이러한 고찰을 통하여 우리는 하트가 말하는 승인의 규칙이 법체계의 효력의 문제와 관련하여 켈젠의 근본규범이 가지고 있는 난점을 어떻게 해결하고 있는지 알 수 있을 것이다. 마지막으로 제5절에서는 이러한 하트의 승인의 규칙을 둘러싼 해석의 문제들 몇 가지를 검토하고자 한다.

| 제2절 규칙의 개념 |

하트는 오스틴(J. Austin)이 말하는 법명령설을 비판하기 위하여 그것을 단순화
시킨 모델인 '권총 강도 사례'를 제시한다.

> 권총 강도가 어느 피해자에게 지갑을 내놓으라고 명령하고 만일 그가 거부하
> 면 발사하겠다고 위협한다. 만일 그 피해자가 이에 따른다면 우리는 그가 그
> 렇게 하지 않을 수 없었다(obliged)고 말함으로써 그가 그렇게 하도록 강요된
> 방식을 설명한다. 어느 사람이 타인에게 위협을 가하면서 명령을 하고 이러
> 한 "하지 않을 수 없었다."는 의미에서 타인에게 따르지 않을 수 없게 하는 경
> 우에 명백히 법의 본질, 또는 적어도 "법리학의 열쇠"(the key to the science
> of jurisprudence)가 나타난다고 보는 사람들이 있다. 이 점이 영국의 법리학
> 에 다대한 영향을 끼쳐 왔던 오스틴의 분석의 출발점이다.[14]

물론 오스틴이 제시한 명령으로서의 법은 이러한 단순한 '권총 강도 사례'와 완
전히 동일하지는 않다. 이들 사이에는 적어도 다음의 두 가지 정도의 차이가 존재
한다. 첫째, 오스틴이 제시한 명령은 권총 강도 사례의 명령에 비해 일반적이다.
즉, 법은 일반적인 형태의 행동을 지시하고, 법의 수범자는 별도의 규정이 없는 한
일반적인 사람들 모두이다.[15] 둘째, 권총 강도 사례의 명령과 달리 오스틴의 명령
은 상시적이고 계속적인 특성을 가진다. 법의 이러한 특성을 설명하기 위해 오스
틴은 "일반적 복종의 습관"(general habit of obedience)이라는 관념을 추가하였다.[16]

이러한 차이점에도 불구하고 하트가 오스틴의 법명령설을 '권총 강도 사례'로
단순화시킨 이유는 이 사례가 자신이 주장하고자 하는 법과 명령의 차이, 보다 구
체적으로 말하자면 규칙과 명령의 차이를 잘 보여주기 때문이다.

> 권총 강도의 경우를 생각해 보자. A는 B에게 돈을 내라고 명령하여 응하
> 지 않으면 쏘겠다고 위협한다. 강제적인 명령의 이론에 따르면, 이런 상황에
> 서 일반적으로 의무(obligation or duty)의 관념이 예시된다. 법적 의무(legal
> obligation)는 이러한 상황에서 발견할 수 있다. 즉, A는 습관적으로 복종을

받는 주권자이어야 하고 명령은 단일한 행동이 아니고 행동의 경로를 명한 일반적인 것이어야 한다. 권총 강도의 경우가 의무를 표시하고 있다는 주장이 적합하다는 것은 이 상황이 확실히 만일 B가 명령에 따랐다면 그는 돈을 주지 않을 수 없었다고 하는 상황이라는 사실 때문이다. 그러나 만일 이 사실들에 관하여 B가 돈을 줄 의무를 가지고 있다고 한다면 그 상황을 잘못 기술하였다는 것도 확실하다. 따라서 처음부터 의무의 관념을 이해하기 위해서는 명백히 이것 이외의 무엇인가가 필요하다. 사람이 어떤 일을 하지 않을 수 없었다(was obligated to do)라고 하는 주장과 그는 그것을 할 의무를 지고 있었다(had an obligation to do)라는 주장 사이에서는 설명해야 할 차이가 있다.[17]

법은 '하지 않을 수 없다'고 묘사되는 사례(명령)가 아니라 '할 의무가 있다'고 묘사되는 사례(규칙)이다. 이처럼 법은 규칙에 속한다. 그렇다면 어떤 규칙이 존재한다는 것은 어떠한 상황인가? 규칙이 존재한다면 일정한 행동의 정형성이 존재할 것이다. 즉, 어떤 법칙을 가지고 어떤 행동들이 나타날 것이다. 그렇다면 이러한 행동의 정형성이 존재한다는 것만으로 규칙이 존재한다고 할 수 있는가? 다음의 경우를 생각해 보자.

> 매일 아침에 A는 핸드드립 커피를 마신다. 그런데 어느 날 A는 커피를 마시지 않았다.

이 경우에 핸드드립 커피를 마시지 않은 A가 스스로에 대해서 비판적 자세를 취하지 않으며, 또한 그것을 마시지 않은 것에 대해서 스스로나 다른 사람들에게 정당화를 할 필요가 없다. 왜냐하면 매일 아침에 핸드드립 커피를 마시는 것은 규칙이 아니라 단순한 개인적인 습관에 불과하기 때문이다.[18] 사회적인 습관의 경우도 마찬가지일 것이다.

> 습관이 존재하기 위해서는 집단의 구성원은 일반적인 행동에 관하여 전혀 생각할 필요는 없으며 또한 당해 행동이 일반적이라는 것을 아는 것마저 필요치 않다. 더욱이 그들은 그 행동을 가르치고자 노력하거나 유지하려고 생각할 필요는 없다. 각자는 타인이 실제로 그렇게 하고 있는 것과 마찬가지로 각

기 행동하는 것만으로 충분하다.[19]

단순한 습관의 경우가 규칙이 존재한다고 말할 수 있는 사례는 어떠할까? 이번에는 앞의 것과 비슷해 보이지만 조금 다른 사례를 살펴보도록 하자.

다른 사람들과 마찬가지로 녹색신호일 때 A는 횡단보도를 건넌다. 그런데,
어느 날 A는 적색신호일 때 횡단보도를 건넜다.

행동의 정형성이 존재한다는 점에서는 매일 아침에 핸드드립 커피를 마시는 경우와 동일해 보인다. 그러나 이 경우는 앞의 사례와 다른 측면이 존재한다. A가 빨간 신호에 횡단보도를 건너는 것을 본 사람들은 그러한 행위에 대하여 비난할 수 있을 것이다. 또한 A는 스스로에 대해서 비판적 자세를 취할 수도 있다. 왜냐하면 이것은 규칙이 존재하는 경우이기 때문이다. 이러한 사례에서 알 수 있듯이, 규칙이 존재하기 위해서는 특정한 행동의 통상적인 반복 외에도 "공통의 기준으로서 일정한 행동의 정형에 대한 비판적인 반성적 태도"[20]가 필요하다. 이러한 태도는 (자기비판을 포함한) 비판 그리고 준수에 대한 요구, 그리고 그러한 비판이나 요구가 정당화된다는 인정 속에서 나타난다.[21]

| 제3절 승인의 규칙의 필요성 |

1. 의무의 일차적 규칙으로만 이루어진 사회

하트는 의무의 일차적 규칙으로만 이루어진 사회를 제시한다. 이 사회에는 승인의 규칙이 존재하지 않고, 공무담당자도 없으며, 따라서 법체계도 존재하지 않는다. 아주 특수한 경우를 제외하고는 이러한 사회에는 곧 결함이 발견될 것이고 그 결함을 보충할 필요성을 느끼게 될 것이다. 그러한 사회에서 직면하게 되는 세 가지 어려움은 바로 규칙의 불확실성, 유연성의 부족, 효율성의 결여이다.

(1) 불확실성

의무의 일차적 규칙만 존재하는 사회에서는 사회의 규칙들 사이에 (그 사회의 규칙이라는 점을 제외하고는) 아무런 공통점을 발견할 수 없을 것 이다. 더욱이 규칙이 무엇인지 혹은 규칙의 범위가 무엇인지에 관하여 의문이 생긴다면, 이 의문을 해결해줄 절차나 방법이 없다. 그러므로 의무의 일차적 규칙만으로 이루어진 사회에서는 규칙이 무엇인지 불확실성이 존재한다.[22]

(2) 유연성의 부족

의무의 일차적 규칙만이 존재하는 사회에서는 어느 누구도 규칙을 변경할 권한을 가지고 있지 않을 것이다. 그러므로 환경이 변화하더라도 이렇게 변화된 환경에 규칙을 적응시킬 수 없다. 의무의 일차적 규칙만으로 이루어진 사회는 이처럼 유연성이 부족하다.[23]

그뿐만 아니라 그러한 사회에서는 일차적 규칙 하에서 가지게 되는 본래의 법적 지위를 변경할 권한이 존재하지 않는다. 그러므로 어느 누구도 자신의 법적 지위를 변경할 수 없고, 권리의무관계를 창설할 수 없다.[24]

(3) 효율성의 결여

의무의 일차적 규칙과 관련된 어떤 행동에 대하여 어떤 사람들은 규칙에 부합하는 행동이라고 보고 다른 사람들은 규칙에 위반되는 행동이라고 본다면, 의무의 일차적 규칙만으로 이루어진 사회에는 이에 대한 최종적인 판단을 할 권한을 부여받은 이가 없기 때문에 그 사회의 구성원들은 그 행동을 해야 할지 여부를 결정하지 못할 것이다. 이러한 사례가 매우 많다면 규칙을 지키라는 사회적 압력은 서로 다른 의견에 의하여 분산될 것이고 결국 사회적 규칙이 잘 지켜지지 못할 것이다.[25]

2. 이차적 규칙의 도입

이러한 결함들에 대한 구제책으로 사회는 의무의 일차적 규칙과는 다른 이차적 규칙을 보충하게 된다. 이러한 도입 자체를 우리는 법이 존재하지 않던 세계에서 법이 존재하는 사회로 한 걸음 나아간 것으로 평가할 수 있을 것이다.[26] 불확실성, 유연성의 부족, 효율성의 결여라는 결함들을 해결하기 위하여 각각 승인의 규칙, 변경의 규칙, 재판의 규칙을 도입한다.

(1) 승인의 규칙

규칙이 무엇인지, 규칙의 범위가 무엇인지에 관하여 발생할 수 있는 불확실성을 해결하는 방법은 이러한 의문에 대하여 유권적인 선언을 할 수 있는 권한을 부여하는 규칙, 즉 승인의 규칙을 도입하는 것이다. 즉, 승인의 규칙은 어떤 규칙이 그 사회의 규칙이라는 것을 알려주는 표지들을 명확하게 해 준다.[27]

(2) 변경의 규칙

새로운 환경에 맞도록 그 사회의 규칙을 수정하기 위해서는 변경의 규칙을 도입하여야 한다. 간단히 말하자면, 변경의 규칙은 특정한 개인이나 단체에 새로운 일차적 규칙을 도입하고 낡은 규칙을 폐지할 수 있는 권한을 부여하는 것이다.[28]

(3) 재판의 규칙

사회적 압력의 분산으로 말미암은 효율성의 결여를 해결하기 위해서는 재판의 규칙이 도입되어야 한다. 재판의 규칙은 특정한 경우에 일차적 규칙이 위반되었는가라는 문제에 대해서 권위적인 결정을 내릴 수 있는 권한을 개인에게 부여하는 것이다. 이제 이 문제에 관하여 사람들 사이에 의견의 불일치가 존재하더라도 그러한 권한을 부여받은 자가 결정을 내림으로써 사회적 압력은 더 이상 분산되지 않게 된다.[29]

| 제4절 승인의 규칙의 기능 |

하트에 따르면, 승인의 규칙이 존재하기 이전에는 규칙들이 다음과 같은 집합체를 이룰 뿐이다.

… 그 집단이 지키며 살아가는 규칙들이 하나의 체계를 형성하지 않고, 어떤 특정집단이 수용하는 규칙이라는 당연한 점을 제외하고는 어떠한 구별방법이나 공통된 표지를 가지고 있지 않은 개별적인 표준들의 집합에 불과할 것이다. 이러한 점에서 본다면, 그 규칙들은 우리의 에티켓 규칙과 유사할 것이다.[30]

그러나 승인의 규칙이 일단 등장하게 되면, 법체계의 관념 역시 도입되게 된다. 이제 규칙들은 과거의 규칙들과는 다른 양상을 띠게 되는 것이다.

이러한 복잡성 때문에, 근대 법체계에 존재하는 승인의 규칙은 권위적인 문헌의 단순한 수용과는 매우 달라보일지도 모른다. 그러나 후자의 가장 단순한 형태에서조차도 그 규칙은 법의 고유한 요소들을 많이 가지고 있다. 그 규칙은 권위적인 표지를 제시함으로써 비록 미숙한 형태이기는 하지만 법체계의 관념을 도입한다. 왜냐하면 이제 규칙들은 개별적이고 서로 무관한 것들에 불과하지 않고 단순한 방식으로 통일되어 있기(unified) 때문이다.[31]

그렇다면, 승인의 규칙은 구체적으로 법체계에 있어서 어떠한 역할을 수행하는가? 다시 말하자면, 법체계를 설명함에 있어서 어떠한 기능을 수행하는가? 라즈(J. Raz)에 따르면, 법체계에 관한 이론은 다음과 같은 4가지 문제에 답변할 수 있어야만 한다.[32]

(1) 존재의 문제: 법체계가 존재한다고 판단할 수 있는 기준들은 무엇인가? 우리는 지금 존재하고 있는 법체계를 존재하지 않게 된 법체계(예컨대, 로마법체계) 또는 존재한 적이 없는 법체계(예컨대, 플라톤이 제시한 이상국가(ideal state)에서의 법체계)와 구별한다. 또한 우리는 프랑스 법체계가 프랑스에는 존재하지만 벨기에에는 존재하지 않는다고 말하고 현재 팔레스타인에서는 30년 전에 효력을 가지고 있던 것과는 다른 법체계가 존재한다고 말한다. 법체계이론의 목표들 중 하나는 그러한 진술들의 참과 거짓을 결정해 주는 기준들을 제시하는 것이다. 이것들을 법체계의 "존재의 기준들"(existence criteria)이라고 부를 것이다.

(2) 동일성의 문제(그리고 그것과 관련된 소속의 문제): 어떤 특정한 법이 속해 있는 체계를 결정해 주는 기준은 무엇인가? 이것들은 소속의 기준들 (criteria of membership)이다. 그리고 이것들로부터 우리는 법들이 어떤 특정한 체계를 구성하고 있는가라는 질문에 대답하는 동일성의 기준들 (criteria of identity)을 도출해 낼 수 있다.

(3) 구조의 문제: 모든 법체계 또는 특정한 유형의 법체계들에 공통된 구조가 존재하는가? 동일한 체계에 속한 법들 사이에는 (모든 법체계에 되풀이 되는 또는 중요한 법체계들 사이에서 차이를 나타내는) 어떠한 관계의 양상이 존재하는가?

(4) 내용의 문제: 모든 법체계 또는 특정 유형의 법체계들에 있어서 되풀이 되는 동일한 형태의 법들이 존재하는가? 모든 법체계에 공통되는 또는 중요한 법체계들을 결정하는 어떠한 내용이 존재하는가?

승인의 규칙은 이 중에서 (1)과 (2)를 설명함에 있어서, 즉 법체계의 존재와 법체계의 동일성의 문제를 설명함에 있어서 핵심적인 역할을 한다. 차례로 살펴보자.

1. 법체계의 존재의 문제

하트는 법체계의 존재의 문제에 대하여 다음과 같이 언급한다.

> 따라서 법체계의 존재 요건으로 두 가지의 최소한의 필요충분조건이 있다. 한편으로는 그 체계의 효력의 궁극적 판단 기준에 따라 효력이 인정되는 행동의 규칙들에 사람들이 일반적으로 복종하고 있어야 한다. 다른 한편으로는 법적 효력의 판단기준을 명시하는 체계의 승인의 규칙과 변경의 규칙 및 재판의 규칙이 공무담당자에 의한 공식적 행동에 관한 공통적이고 공적인 판단 기준으로서 유효하게 수용되어야 한다.[33]

법체계의 존재에 관한 하트의 이러한 언급은 다음의 2가지 내용을 포함하고 있다. 첫째, 법체계의 일반적인 사람들의 측면이다. 물론 단순한 사회에서는 대다수의 사람들이 규칙을 수용할 것이다.

그러한 사회에도 규칙을 수용하는 사람과 (사회적 압력에 대한 두려움 때문에 준수하는[conform] 경우를 제외하고는) 규칙을 거부하는 사람 사이에 (앞에서 이미 설명한) 긴장이 나타날 수 있겠지만, 육체적 힘이 거의 비슷한 개인들로 이루어진 그렇게 느슨하게 조직된 사회가 유지되기 위해서는 규칙을 거부하는 사람이 소수일 수밖에 없다는 것은 명백하다. 그렇지 않다면, 규칙을 거부하는 사람들이 사회적 압력을 거의 받지 않아서 두려움을 느끼지 않을 것이기 때문이다. 규칙을 거부하는 사람이 소수에 불과하다는 사실은 우리가 알고 있는 원시사회들에 의해서도 확인된다. 비록 의견을 달리하는 사람들과 규칙을 위반하는 사람들이 존재하지만, 그곳의 대다수는 내적 관점에서 바라본 규칙에 따라 살아간다.[34]

그러나 복잡해진 현대국가에서는 이러한 일이 존재하기가 쉽지 않을 것이다. 실제로는 일반시민의 상당수 혹은 대다수가 법의 구조나 그 효력의 판단기준에 대한 일반적인 관념을 가지고 있지 않을 것이다. 그들은 단순히 불복종의 결과 내지는 제재에 대한 두려움 때문에 법에 복종하는 것에 불과할 수 있다.[35]

이러한 관점에서 본다면, 법체계가 존재하기 위해서 일반시민이 일반적으로 법을 수용해야 한다고 주장하는 것은 지나친 것이 된다. 즉, 그러한 주장을 하는 것은 법체계의 존재 조건으로 복종만을 이야기한 오스틴(J. Austin)에 대한 반작용으로 정반대의 오류를 범하는 것이다.[36] 그러므로 법체계의 존재 조건 (1)은 다음과 같은 것이 된다.

> 법체계의 존재조건 (1): 일반시민이 그 법체계의 이차적 규칙에 의하여 효력을 인정받는 일차적 규칙에 일반적으로 복종한다.

법체계의 존재 조건에 대한 하트의 언급에 나타난 두 번째 측면은 공무담당자의 태도이다. 공무담당자가 공무담당자로서 규칙을 운용할 때에는 규칙에 단순히 복종하는 것일 수 없다.[37] 공무담당자는 일반시민들에게 자신이 하는 일이 자신은 물론 타인에게도 올바른 것이라고 생각을 해야만 (혹은 적어도 그렇게 생각하는 척해야만) 한다.[38] 그들은 이차적 규칙을 단순히 복종하는 것이 아니라 수용해야만 한다. 그러므로 법체계의 존재 조건 (2)는 다음과 같은 것이 된다.

법체계의 존재조건 (2): 공무담당자는 그 법체계의 이차적 규칙(승인의 규칙, 변경의 규칙, 재판의 규칙)을 공식적 행동에 관한 공통적이고 공적인 판단 기준으로 수용해야만 한다.

이러한 이중적 구조는 복잡한 사회구조를 가진 국가를 해명하는 데 도움이 된다. 어떤 국가에 A민족과 B민족이 공존하고 있다고 가정해 보자. 절대 다수는 A민족이지만, 지배민족은 B민족이다. 이러한 경우에는 B민족 출신의 공무담당자들이 법을 만들고 그 법을 수용하는 반면에 A민족의 대다수는 그 법을 수용하지 않고 처벌이 두려워 어쩔 수 없이 지키는 것에 불과할 수 있을 것이다. 우리의 직관적인 평가에 따르자면, 이러한 국가에도 법체계가 존재한다고 평가하여야 할 것이 틀림없다. 법체계의 존재기준에 관한 하트의 설명방식은 이러한 국가에 법체계가 존재한다고 설명하는 데 도움이 될 것이다. 물론 하트가 지적한 것처럼, 그 국가는 "도살장으로 끌려가는 양과 같은 비참한 모습"일 것이지만 말이다.[39]

2. 법적 규칙의 효력의 성립조건과 법체계의 동일성의 문제

효력을 이해함에 있어서 하트는 켈젠과 유사하면서도 다른 모습을 보인다.[40] 켈젠은 모든 규범이 체계에 포함되어 있다고 본다. 그리고 모든 규범의 효력은 다른 규범으로부터만 나온다고 본다.

객관적 의미에서 타인이 의사행위의 주관적 의미에 맞게 행위해야 한다는 규범의 효력은 그 타인의 일정한 행위로 지향된 의사행위라는 존재사실에서가 아니라 다시금 당위규범으로부터만 도출된다.[41]

그러므로 모든 규범의 효력은 일종의 연쇄, 즉 라즈가 명명한 "효력의 연쇄"(chain of validity)를 이루게 된다.[42] 이러한 효력의 연쇄를 이루는 규범들은 하나의 규범체계를 이룬다. 그러나 이러한 효력의 연쇄도 궁극적으로 어떤 한계에 다다를 수밖에 없고 따라서 궁극적인 규범이 존재하여 이 연쇄를 끝마쳐줘야 한다. 그것이 바로 근본규범이다. 그러나 켈젠의 출발점, 즉 모든 규범의 효력은 다른 규범으로부터 나온다는 전제와 상충하지 않으려면 이 근본규범은 "전제"되는 것이어야 한다.

하트는 이러한 근본규범의 문제점을 너무나 잘 알았고, 그것을 해결하기 위해서 켈젠의 출발점을 부정한다. 즉, 하트가 보기에 모든 규칙이 다른 규칙으로부터 그 효력을 얻는 것이 아니다.

다소 불분명한 어조로 말하고 있기는 하지만, 하트는 규칙에 대한 다음의 4가지 정도 구분을 전제하고 있다.

(i) 체계에 포함되지 않는 규칙
(ii) 승인의 규칙이 존재하지 않는 단순한 체계에 포함되어 있는 규칙
(iii) 승인의 규칙이 존재하는 성숙한 체계에 포함되어 있는 (승인의 규칙 이
　　　외의) 규칙
(iv) 승인의 규칙

편의상 (i), (ii), (iii)을 각각 "비체계적인 규칙", "단순한 체계의 규칙", "성숙한 체계의 규칙"이라고 부르자.[43] 효력의 문제와 관련하여 의미를 가지는 것은 성숙한 체계의 규칙과 여타의 규칙의 구별이다.[44]

비체계적 규칙 내지는 단순한 체계의 규칙은 그 효력을 사회의 실천에서 찾는다. 즉, 공동체의 구성원들이 그 규칙을 일반적으로 수용한다는 사실에서 효력을 찾을 수 있다.

승인의 규칙 역시 사회의 실천에서 효력을 찾지만, 공동체의 일반구성원이 아니라 공무담당자가 그것을 일반적으로 수용한다는 사실에서 효력을 찾는다는 특징을 가진다.

성숙한 체계의 규칙의 경우에는 효력의 근거가 다르다. 성숙한 체계의 규칙의 모범례로는 법적 규칙을 들 수 있다. 성숙한 체계의 규칙의 경우에는 전혀 다른 방식으로 효력이 도출된다.

규칙이 존재한다는 진술은 더 이상 관습적 규칙의 단순한 경우에서와 같이
일정한 행동 양식이 관행상 표준으로서 일반적으로 수용되고 있다는 사실의
외적 진술이 아니다. 그것은 이제 수용되었지만 진술되지 않은 승인의 규칙
을 적용하고 또한 대략적으로 "체계 내의 효력의 판단 기준에 비추어 유효하

다.”는 것 이상으로 다른 것을 뜻하지 않는 내적 진술인 것이다.[45]

즉, 성숙한 체계의 규칙은 “체계 내의 효력의 판단 기준에 부합한다.”는 것으로부터 효력을 얻는다. 그러므로 법적 규칙의 효력의 성립 기준에 대한 하트의 주장은 다음과 같이 정리될 수 있다.

> 법적 규칙의 효력의 성립기준: 법체계 내의 일반적인 규칙들은 그 체계 내의
> 효력의 판단 기준에 부합할 때 효력을 가진다.

효력에 대한 이러한 설명방식은 법체계의 동일성의 문제에 대해서도 답변을 제시해준다.

> 법체계의 동일성의 기준: 동일한 효력의 판단 기준에 의하여 효력을 얻는 두
> 법적 규칙은 동일한 법체계에 속한다.

그러나 이러한 하트의 설명 방식에서도 켈젠과 마찬가지로 효력의 궁극적인 판단의 기준이 되는 것이 존재해야만 한다.

> 승인의 규칙이 법체계의 궁극적 규칙이라는 의미는 잘 알려진 법적 추론의
> 연쇄 과정을 추구하면 가장 잘 이해된다. 어떤 제시된 규칙이 법적으로 유효
> 한지 의문이 생기는 경우 이에 답하기 위하여 우리는 그것과 다른 규칙에 의
> 하여 주어진 효력의 판단 기준을 사용하여야 한다. 옥스퍼드 지방 의회에서
> 제정된 이 조례가 법적 효력이 있는가? 있다. 왜냐하면 그것은 보건부 장관
> 이 내린 제정법 시행령이 부여하는 권한의 행사와 그것이 명시하는 절차에
> 따라 만들어진 것이기 때문이다. 이 첫 단계에서 시행령은 조례의 효력을 평
> 가하는 판단 기준을 제시하고 있다. 실제로는 이 이상 진전할 필요는 없지만
> 그렇게 될 가능성은 항상 있다. 우리는 시행령의 효력에 의문을 제기하고 장
> 관에게 그 시행령을 제정하도록 수권하는 제정법의 조건에 의하여 그 효력
> 을 평가할 수 있다. 종국적으로 제정법의 효력에 의문이 제기되고 의회에서

여왕이 제정한 것은 법이라는 규칙에 준거하여 평가하게 되면 우리는 효력에 관한 탐구를 더 이상 할 수 없게 된다.[46]

그렇다면 켈젠과 마찬가지로 하트 역시 최종적인 규칙, 즉 승인의 규칙의 효력에 대해서 답변해야만 하는 어려움에 빠지게 된다. 그러나 하트는 켈젠과 달리 모든 규칙이 체계적 효력을 갖는다고 생각하지 않기 때문에 승인의 규칙을 "전제"하지 않아도 된다.[47] 승인의 규칙은 마치 비체계적인 규칙 내지는 단순한 체계의 규칙처럼 사회적 관행에 의하여 효력을 얻는다.

그러나 다른 점에서와 같이 이 점에서도 승인의 규칙은 체계의 다른 규칙들과는 다르다. 그것이 존재한다는 주장은 사실에 관한 외적 진술일 뿐이다. 왜냐하면 체계 내의 종속적 규칙은 비록 그것이 일반적으로 무시된다 하더라도 유효하고 그런 의미에서 "존재한다"라고 할지 모르지만 이에 반해 승인의 규칙은 법원, 공무담당자, 사인들의 법을 확인하는 복잡하고 그러나 정상적으로 조화적인 관행으로서만 존재하기 때문이다. 그 존재는 사실의 문제이다.[48]

이러한 승인의 규칙의 독특성 때문에, 법체계에 속하는 규칙의 효력의 성립기준과 동일성 기준은 다음과 같이 정리된다.

법적 규칙의 효력의 성립기준: ① 공무담당자가 어떤 규칙을 효력의 궁극적인 판단 기준으로 일반적으로 수용한다면, 그것은 효력을 가진다.
② 그 효력의 판단 기준에 부합하는 규칙은 효력을 가진다.

법체계의 동일성 기준: ① 규칙의 효력을 판단하는 궁극적인 기준으로 수용되는 어떤 규칙은 그 판단에 의하여 효력을 가지는 다른 규칙들과 동일한 법체계에 속한다.
② 동일한 효력의 판단 기준에 의하여 효력을 얻는 두 법적 규칙은 동일한 법체계에 속한다.

| 제5절 승인의 규칙을 둘러싼 해석의 문제들 |

1. 승인의 규칙이 발생하기 이전의 사회

하트가 말하는 의무의 일차적 규칙으로만 이루어진 사회를 검토해 보자. 한편으로는 하트는 "상상하는 것이 가능하다."고 말하는가 하면, 다른 한편으로는 "그러한 상상이 실재한다고 주장하는 많은 연구가 있다."고 이야기한다.[49] 특히 그는 의무의 일차적 규칙으로만 이루어졌던 사회가 이차적 규칙을 도입하게 되는 모습을 다음과 같이 묘사하면서 의무의 일차적 규칙으로만 이루어진 사회가 역사적으로 실존했었던 것처럼 이야기한다.

> 법이 생기기 이전 상태에서 법이 존재하는 상태로 넘어가는 것(분명 이것은 역사적으로 중요한 사건임에 틀림없다)은 뚜렷하게 구별되는 몇 가지 단계를 거쳐서 이루어질 것이다. 그 첫 번째 단계는 종래의 불문의 규칙들을 단순히 성문화시키는 것인데, 비록 그것이 매우 중요한 단계임에는 틀림없지만 그 자체가 [법이 생기기 이전의 상태에서 법이 존재하는 상태로 넘어가는] 결정적인 진전은 아니다. 결정적인 진전인 것은 문서 내지 비석을 조회하는 것을 권위적인 것으로, 즉 규칙의 존재에 관한 의문을 해결하는 올바른 방법으로 인정하는 것이다.[50]

여기에서 "법이 생기기 이전 상태"란 바로 의무의 일차적 규칙으로만 이루어진 사회를 말하고, "법이 존재하는 상태"란 이차적 규칙을 도입한 사회를 말한다. 전자의 단계에서 후자의 단계로 넘어가는 것이 역사적으로 중요한 사건이라면, 전자 역시 역사적 사건이어야만 한다.

그렇다면, 의무의 일차적 규칙으로만 이루어진 사회에는 어떠한 규칙이 존재하였을까? 이에 대해서 하트는 "인간본성과 세상에 대한 자명한 이치"[51]에 비추어 볼 때 반드시 존재해야만 하고 실제로도 원시사회에서 존재한 의무의 일차적 규칙들을 다음과 같이 나열한다.

> … 인간이 서로 가까이 공존하고자 한다면, 인간이 유혹을 느끼지만 억제를
> 해야만 하는 폭력의 자유로운 행사, 절도, 사기에 대해서 어떤 형태로 제한을
> 가하는 규칙이 존재해야만 한다.[52]

이에 따르면 의무의 일차적 규칙으로만 이루어진 사회에는 폭력의 자유로운
행사를 금지하는 규칙, 절도를 금지하는 규칙, 사기를 금지하는 규칙 등이 적어도
반드시 존재해야만 한다.

그러나 하트의 설명과 달리, 이러한 의무의 일차적 규칙으로만 이루어진 사회
는 과거에 존재한 적이 없을 것이고 앞으로도 존재할 수 없을 것이다. 왜냐하면
폭력의 자유로운 행사, 절도, 사기라는 것은 이미 개인에게 신체, 재산권 등에 대
한 권리를 가질 수 있는 권한을 부여하는 규칙을 전제하고 있기 때문이다. 예컨
대, 재산권을 생각해 보자. 의무의 일차적 규칙만으로 이루어져 있는 사회에서는
로크(J. Locke)가 묘사한 다음과 같은 재산권 발생을 상상할 수 없다.[53]

> 이러한 이성법에 의하여, 인디언이 사슴을 잡으면 그 사슴은 그 인디언의 것
> 이 된다. 즉, 비록 사슴이 이전에는 모든 사람의 공유물이었음에도 불구하고,
> 이러한 이성법은 그 사슴에 노동을 부여한 사람이 그 사슴을 소유하도록 허
> 용해 준다.[54]

누구의 재산도 아닌 것 혹은 인류 전체의 공유물인 것에서 재산권을 획득하
게 해 주는 이러한 권한부여적 규칙(이를 로크는 "이성법"이라고 부른다)이 존재하
지 않는다면, 어느 누구도 재산권을 가질 수 없을 것이고 그 결과 절도나 사기
를 저지르는 것 자체가 불가능할 것이다. 어떤 행동을 금지하는 규칙이 존재한
다는 것은 역설적이게도 그 행동을 하는 것이 가능하다는 것을 전제한다. 따라
서 절도나 사기의 전제가 되는 재산권을 발생시켜주는 권한부여적 규칙이 존재
하지 않는 사회에서는 절도나 사기를 금지하는 의무의 일차적 규칙 역시 존재
하지 않을 것이다.

그러므로 우리는 의무의 일차적 규칙만으로 이루어진 사회가 "역사적 사건"이
라는 하트의 언급을 덜 진지하게 받아들이고 "상상 가능하다"는 것에 초점을 두
어야만 한다. 즉, 하트의 이론을 정합적이게 만들기 위해서 우리는 이러한 사회를

하나의 사고실험(thought experiment)으로 선해할 필요가 있다.[55]

비슷한 방식의 사고실험을 전개한 예로는 비트겐슈타인의 『철학적 탐구』를 들 수 있을 것이다. 먼저 비트겐슈타인은 "언어의 뜻은 그 대상이다."는 주장을 검토하기 위해서 그러한 언어로만 이루어진 모형을 만들어 본다.

> 아우구스티누스가 제시한 기술(記述)에 들어맞는 하나의 언어를 상상해 보자: 이 언어는 건축 기사 A와 조수 B 사이의 의사소통에 사용된다. A는 벽돌, 기둥, 석판, 들보 등 건축석재들로 집을 짓고 있다. B는 A에게 필요한 순서대로 건축 석재들을 건네야 한다. 그들은 이 목적을 위해 "벽돌", "기둥", "석판", "들보"라는 낱말로 구성된 언어를 사용한다. A가 낱말들을 외치면, B는 이러이러한 외침을 들을 때 가져오라고 지시받은 석재를 날라 온다.[56]

그 후 비트겐슈타인은 이러한 언어가 한 민족의 전체 언어라고 상상하는 사고실험을 한다.[57] 그리고 그러한 세계에서 일어날 수밖에 없는 흠결들을 발견하고, 언어의 중요한 요소들을 새롭게 밝혀낸다.[58]

마찬가지로 하트 역시 법이 의무의 규칙만으로 이루어져 있다고 주장하는 이론가들에 맞서기 위하여 그러한 규칙만으로 이루어진 사회를 상상하는 사고실험을 한다. 그리고 그러한 사회에서 발생할 수밖에 없는 흠결들, 즉, 불확실성, 유연성의 부족, 효율성의 결여를 발견하고, 이를 극복하기 위해서 법에 필수적인 이차적 규칙들을 밝혀내는 작업을 수행한 것이다.

2. 이차적 규칙에서 말하는 공무담당자는 누구인가?

하트는 공무담당자에 대해서 구체적인 설명이나 정의를 제시하고 있지 않기 때문에, 그의 글들로부터 하트의 생각을 추출해 내는 수밖에 없다. 그 실마리가 되는 것은 법이 없는 세계(의무의 규칙만으로 이루어진 단순한 사회구조)와 이를 극복하기 위한 법의 세계로의 진전에 대한 하트의 설명이다. 하트는 법의 기본적인 요소들을 밝혀내기 위하여 다음과 같은 특이한 사회에 대해서 이야기한다.

입법부, 법원, 어떠한 종류의 공무담당자도 존재하지 않는 사회를 상상하는 것은 당연히 가능하다. 실제로, 이러한 상상이 실재한다고 주장할 뿐만 아니라 사회통제의 유일한 수단이 (우리가 의무의 규칙이라는 용어로 설명해 온) 표준적인 행동양식에 대한 집단의 일반적인 태도인 사회에서의 삶을 자세히 설명하는, 원시사회에 관한 많은 연구들이 존재한다. 이러한 종류의 사회구조는 종종 "관습"(custom)이라고 불린다. 그러나 "관습"이라는 용어를 사용하지 않을 것이다. 왜냐하면 그 용어는 관습적 규칙이 매우 오래된 것이고 다른 규칙에 비하여 적은 사회적 압력으로 지지되고 있다는 의미를 종종 함의하고 있기 때문이다. 이러한 의미를 함의하는 것을 피하기 위해서, 그러한 사회구조를 의무의 일차적 규칙의 사회구조라고 부르고자 한다.[59]

여기에서 하트는 "입법부, 법원, 어떠한 종류의 공무담당자도 존재하지 않는 사회"와 "의무의 일차적 규칙만이 존재하는 사회"를 이야기하면서, 아무런 설명 없이 다음과 같은 도식을 성립시키고 있다.

입법부, 법원, 어떠한 종류의 공무담당자도 존재하지 않는 사회	=	의무의 일차적 규칙만 존재하는 사회

이 도식 속에는 하트가 생각하는 "공무담당자"의 중요한 특성이 전제되어 있다. 즉, 권한부여적 규칙이 없고 의무부과적 규칙만 존재하는 사회에는 당연히 공무담당자가 존재하지 않는다는 하트의 설명으로부터 우리는 하트가 생각하는 공무담당자가 "공적인 권한을 부여받은 자"임을 알 수 있다. 권한이 없이 의무만 부여되어 있는 공무담당자가 존재하는 어떤 사회를 상상하는 것이 가능할 것이다. 그러므로 우리가 상상할 수 있는 모든 사회의 모든 공무담당자가 하트의 "공무담당자"는 아닌 셈이다.

그렇다면, 어떤 공적 권한을 가진 자가 공무담당자인가? 이것은 의무의 일차적 규칙과 다르게 권한을 부여하는 이차적 규칙에 의하여 권한을 부여받는 이들일 것이다.

그러한 규칙의 가장 단순한 형태는 집단이나 그 집단 내의 어떠한 계층의 생활의 행위에 대한 **새로운 일차적 규칙을 도입하고 낡은 규칙을 폐지하는 권한을 개인이나 사람들의 단체에 부여하는 것이다.**[60]

일차적 규칙의 단순한 체제에 대한 세 번째 보충, 사회적 압력이 분산됨으로써 생기는 비효율성을 해결하기 위한 보충은 **특정한 경우에 일차적 규칙이 위반되었는가의 질문에 권위적인 결정을 내릴 수 있는 권한을 개인에게 부여하는 이차적 규칙들로 이루어져 있다.**[61]

만약 무엇이 규칙인지에 관하여 혹은 어떤 규칙의 정확한 범위에 관하여 의문이 발생한 경우에, 이러한 의문을 해결할 어떠한 절차도 존재하지 않을 것이다. 즉, 그곳에서는 권위적인 문헌을 검토할 수도 없고, **이 점에 대하여 권위적인 선언을** 하는 공무담당자에게 질의할 수도 없을 것이다. 왜냐하면 그러한 절차가 있다면 그리고 어떤 권위적인 문헌 내지 개인을 인정한다면, 그것은 그 집단이 가진 규칙의 전부라고 가정했던 의무의 규칙과는 구별되는 다른 유형의 규칙이 존재함을 의미하기 때문이다.[62]

이러한 하트의 언급에 따르면, 하트가 말하는 공무담당자란 "새로운 일차적 규칙을 도입하고 낡은 규칙을 폐지하는 권한", "특정한 경우에 일차적 규칙이 위반되었는가의 질문에 권위적인 결정을 내릴 수 있는 권한", "무엇이 규칙인지에 관하여 혹은 어떤 규칙의 정확한 범위에 관하여 권위적인 선언을 할 수 있는 권한" 중 어느 하나를 가진 자를 말한다. 그리고 처음 두 가지의 권한은 사실상 마지막 권한의 파생적 권한이므로 결과적으로 공무담당자는 무엇이 규칙인지에 관하여 혹은 어떤 규칙의 정확한 범위에 관하여 권위적인 선언을 할 수 있는 권한 내지는 그것의 파생적 권한을 가진 자를 의미한다.

3. 승인의 규칙은 권한을 부여하는가 아니면 의무를 부과하는가?

하트는 승인의 규칙이 어떠한 내용을 가지는가에 대하여 다음과 같이 설명한다. 그에 따르면, 초기의 승인의 규칙은 어떤 목록을 조회하는 것을 법의 확인에 있어서 권위적인 것으로 받아들이는 것이었다.

> 결정적인 진전인 것은 문서 내지 비석을 조회하는 것을 권위적인 것으로, 즉
> 규칙의 존재에 관한 의문을 해결하는 올바른 방법으로 인정하는 것이다. 그
> 러한 인정이 이루어져야만, 매우 단순한 형태의 이차적 규칙(의무의 일차적
> 규칙이 존재하는지를 최종적으로 확인해 주는 규칙)이 존재한다.[63]

이것은 사회에 극소수의 법만이 존재하던 시대라면 가능한 방법이겠지만, 오늘날 같이 수많은 법이 존재하는 시대에는 현실적으로 불가능한 방법이다. 그래서 오늘날과 같이 발달된 법체계에서는 어떤 목록을 토대로 이루어지는 것이 아니라 "법"이라는 자격을 가지는 것들이 가지는 공통된 특성을 명시하는 방법으로 이루어진다.

> 발달된 법체계에 존재하는 승인의 규칙은 당연히 더 복잡하다. 문헌 내지 목
> 록을 검토함으로써 규칙을 확인하는 대신에, 일차적 규칙이 가지고 있는 어
> 떤 일반적인 특징을 검토함으로써 규칙을 확인한다. 이러한 특징은 그 일차
> 적 규칙이 어떤 특정한 집단에 의하여 제정되었다는 사실이나 오랜 기간에
> 걸쳐 관행적으로 실천되어왔다는 사실 혹은 사법판단과 관련이 있다는 사실
> 일 수 있을 것이다. 더욱이, 규칙을 확인하는 기준으로 사용되는 일반적인 특
> 징이 여러 개 존재하는 경우에는, 그 기준들 사이의 충돌을 해결하기 위하여
> (법률보다는 관습, 판례를 통상적으로 하위에 둔다. 법률을 법의 '상위의 원
> 천'으로 한다고 정하는) 규정을 제정할 수도 있다.[64]

이러한 승인의 규칙의 내용은 많은 이들이 보기에 혼란스러운 것 같다. 일견, 공무담당자에게 어떤 권한을 부여한다기보다는 제약 내지는 의무를 부과하는 것처럼 보이기 때문이다. 예컨대, 하트가 예를 들고 있는 다음과 같은 승인의 규칙을 생각해 보자.

여왕이 의회에서 제정한 것이 법이다.[65]

직관적으로 생각할 때, 이러한 승인의 규칙에 따라 공무담당자가 법을 확인하고 그 법에 따라 공무를 담당해야만 한다는 것은 자명하다. 그렇다면, 공무담당자에게 의무를 부과하는 것이 아닌가? 실제로 하트 자신도 승인의 규칙에 대하여 공무담당자가 어떤 의무를 가지는 것처럼 진술하고 있기까지 하다.

> 공무담당자들은 이 규칙들[승인의 규칙, 변경의 규칙, 재판의 규칙]을 공식적
> 행동에 관한 공통의 표준으로 간주하고 자신이나 타인의 일탈을 위반이라고
> 비판적으로 평가하여야 한다.[66]

그래서 많은 비판가들은 하트가 말하는 승인의 규칙이 권한부여적 규칙이 아니라 의무부과적 규칙이라고 지적한다.[67] 왜 이런 문제점이 발생할까? 이것은 하트가 말하는 "공무담당자"의 모호성에서 비롯되었다고 생각된다. 앞에서 예시로 든 "여왕이 의회에서 제정한 것이 법이다."라는 승인의 규칙을 생각해 보자. 이러한 승인의 규칙에서의 "공무담당자", 즉 권한을 부여받는 자는 "여왕"뿐이다. 나머지 공무담당자는 이러한 승인의 규칙에 의하여 권한을 부여받고 있지 않다. 나머지 공무담당자가 공무담당자인 것은 다른 이차적 규칙(변경의 규칙과 재판의 규칙)에 의하여 공적 권한을 부여받았기 때문이지 승인의 규칙에 의한 것이 아니다. 그러므로 나머지 공무담당자들을 중심으로 승인의 규칙을 본다면, 그것은 권한부여적 규칙이 아닌 것처럼 보이는 것이다. 그러나 권한을 부여받는 공무담당자인 여왕의 입장에서 보자면, 승인의 규칙은 권한부여적 규칙이다.

제8장
법의 효력과 최종적인 근거지움에 대한 소결

법의 효력의 문제와 관련하여 하트(H. L. A. Hart)보다는 켈젠(H. Kelsen)을 먼저 다루는 것이 정당할 것이다. 왜냐하면 이 문제에 관한 한 켈젠의 업적은 너무나 결정적이기 때문이다. 켈젠의 가장 중요한 업적 2가지는 법의 효력에 대한 문제를 도덕이나 사실의 문제로 환원하지 않는 방법을 제시하였다는 것과 법체계의 최종적인 근거지움에 대한 해법으로 궁극적인 규범을 창안하였다는 것이다.

켈젠의 설명처럼, 법적 규범들은 도덕이나 다른 어떤 사실적인 것에 의하여 효력을 얻는 것이 아니라 그것보다 상위에 있는 법적 규범에 의하여 효력을 얻는다. 그 결과 법들의 효력은 "효력의 연쇄"[1]를 이루고 있다. 이러한 설명은 우리로 하여금 계속해서 상위의 법적 규범을 추적하게 만드는데, 그 최종적인 위치에는 헌법이 자리하고 있다.

그렇다면 이 헌법은 어떻게 효력의 근거를 얻는가? 바로 이 지점에서 등장하는 것이 궁극적인 규범이다. 우리가 제6장과 제7장에서 살펴 본 근본규범(켈젠)과 승인의 규칙(하트)이 여기에 해당한다. 이제 궁극적인 규범 역시 하나의 규범으로서 효력을 가지고 있어야 하는데 그 근거가 무엇인지가 문제된다. 이것을 단순히 문제가 한 단계 더 밀린 것에 불과한 것으로 이해해서는 안 된다. 헌법과 궁극적인 규범 사이에는 중요한 차이가 존재하기 때문이다. 켈젠이 범한 실수는 바로 이것을 잘못 이해한 것이다. 켈젠은 모든 규범은 체계상의 효력을 가진다라는 잘못된 생각들을 전제하였기 그러한 실수를 저지른 것이다.

켈젠을 곤혹스럽게 한 것은 근본규범이 이러한 전제와 잘 부합하지 않아 보인다는 것이다. 근본규범은 체계상의 효력, 즉 자신이 속한 체계 내의 상위의 규범으로부터 얻는 효력을 가지고 있을 수가 없다. 그래서 그는 가설이라고 설명하기도 하고, 의제라고 설명하기도 하는 등 여러 가지 노력을 기울이고 있는 것이다.

하트에 따르면 규칙에는 다음과 같은 4가지의 종류가 있다.

(i) 체계에 포함되지 않는 규칙

(ii) 승인의 규칙이 존재하지 않는 단순한 체계에 포함되어 있는 규칙

(iii) 승인의 규칙이 존재하는 성숙한 체계에 포함되어 있는 (승인의 규칙을
　　　제외한) 규칙

(iv) 승인의 규칙

이제 하트는 규칙이 가지는 효력의 다양성을 인정한다. 승인의 규칙을 제외한 법적 규칙들은 (iii)에 해당하고 그것은 켈젠이 말한 것처럼 체계상의 효력을 가진다. 그러나 (i)과 (ii)는 그 효력을 사회적 실천에서 찾는다. 즉, 공동체의 구성원이 그 규칙을 일반적으로 수용한다는 사실에서 효력을 찾을 수 있다. 그리고 (iv)도 역시 사회적 실천에서 그 효력을 찾는데 다만 그것이 공무담당자들이 그것을 수용한다는 사실이라는 점에서 차이가 난다.

이러한 하트의 논의를 받아들여 우리는 법체계에 속하는 규범들을 궁극적인 규범과 그렇지 않은 규범을 구별하고 전자는 사실상의 효력을, 후자는 체계상의 효력을 가지는 것으로 이해해야 한다.

또한 궁극적인 규범을 이렇게 이해하는 것은 켈젠이 범한 또 하나의 중요한 실수를 벗어나게 해 준다. 다음의 두 가지 문제는 구별되어야 한다. 첫째, 궁극적인 규범의 존재에 관한 것이다. 궁극적인 규범은 우리가 법체계를 유효한 것으로 보고자 하는가라는 관점의 문제에 무관하게 객관적으로 존재하고 있는 것이다. 둘째, 궁극적인 규범의 전제이다. 각자가 그 법체계를 유효한 것으로 보고자 할 때 혹은 적어도 그러한 것으로 기술하고자 할 때 궁극적인 규범을 전제하면서 법체계를 바라보는 것이다.

03

법과 행위의 지도

제9장
법의 규범성: 법을 행위의 근거로 삼는 이유

| 제1절 서론 |

이 장에서는 사람들이 법을 행위의 근거로 삼는 이유가 무엇인지를 고찰하고자 한다. 자연법론과 달리 법에 대한 도덕적 평가를 하지 않고서 법의 규범성에 관한 문제를 설명하고자 해 왔던 법실증주의는 사람들이 법을 행위의 근거로 삼는 이유에 관하여 어떻게 설명해 왔는가? 법실증주의 진영에서는 이러한 질문에 대한 답변으로 3가지 테제가 주장되어 왔는데 이를 간략하게 정식화하자면 다음과 같은 형태로 표현될 수 있을 것이다.

> 제재 테제(sanction thesis): 법을 행위의 근거로 삼는 법체계의 수범자는 법이 규정하고 있는 제재 내지는 폭력의 행사를 피하고자 하기 때문에 법을 행위의 근거로 삼는 것이다.[1]

> 수용 테제(acceptance thesis): 법을 행위의 근거로 삼는 법체계의 수범자의 대부분은 법을 수용하기 때문에, 즉 법에 대하여 반성적인 비판적 태도를 취하기 때문에 법을 행위의 근거로 삼는 것이다.[2]

> 권위 테제(authority thesis): 법을 행위의 근거로 삼는 법체계의 수범자의 대

부분은 법이 정당한 권위(legitimate authority)를 가지고 있다고 믿기 때문에
법을 행위의 근거로 삼는다.

이러한 테제들은 주로 독립적인 논의로서 주장되어 온 것이 아니라 법의 본성
에 관한 이론과 결합되어 주장되어 왔다. 즉, 많은 법이론가들은 법의 본성에 관
한 논의에 초점을 두고 규범성의 문제를 바라보았기 때문에 두 문제를 혼합하여
설명해 왔다. 그러므로 여기에서는 법을 행위의 근거로 삼는 이유에 관한 테제들
을 법의 본성에 관한 주장을 제거한 형태로 정식화하여 제시하였다.

또한 여기에서 권위 테제로 정식화되는 라즈(J. Raz)의 경우에는 법의 본성에
관한 자신의 이론에서 핵심이 되는 권위의 개념을 설명할 때에 법의 규범성에 관
하여 언급하지 않는다.[3] 따라서 여기에서는 권위에 대한 라즈의 이해방식을 토대
로 법의 규범성에 관한 주장을 구성하여 제시한다. 그러므로 여기에서 제시된 권
위 테제는 라즈의 입장에 대한 일종의 구성적인 해석이라고 할 수 있을 것이다.[4]

이하의 논의에서 이러한 테제들의 주장하는 바를 좀 더 분명하게 설명하기 위
해서 필요한 경우라면, 이러한 테제들이 법의 본성에 관한 이론과 어떤 방식으로
결합되는지도 함께 고찰할 것이다. 그러나 그러한 고찰은 법을 행위의 근거로 삼
는 이유를 설명하기 위해서 필요한 만큼만 이루어질 것이다.

이 장에서는 제재 테제, 수용 테제, 권위 테제를 비판적으로 검토함으로써 법
실증주의가 법을 행위의 근거로 삼는 이유를 설명하는 올바른 방법이 무엇인지를
살펴보고자 한다.

| 제2절 제재 테제 |

우리에게 알려진 모든 인간의 법체계는 제재를 가하고 폭력을 행사하거나 그렇
게 하겠다고 위협함으로써 수범자들에게 어떤 행동을 하도록 하는 강제적인 제도이
다. 법실증주의자들 중 어떤 이들은 바로 이러한 특성이 법을 행위의 근거로 삼는
이유를 설명해 주는 핵심적인 단서라고 본다. 이러한 제재 테제를 취하는 대표적인
법실증주의자로 벤담(J. Bentham), 오스틴(J. Austin), 켈젠(H. Kelsen)을 들 수 있다.

일반적으로 제재 테제는 "명령설"(imperative theory)[5]이라고 부를 수 있는 입장과 밀접하게 결합되어 있다.[6] 명령설에 따르면, 법은 일종의 명령으로 이해된다. 예를 들어 벤담은 법을 다음과 같이 정의한다.

> 주권자의 권력에 복종하는 특정 사람 또는 사람들의 계급이 특정 사례에 있어서 준수해야 할 행위와 관련하여 국가의 주권자가 생각하고 채택한 의사를 선언하는 기호들의 집합: 그러한 선언이 실현시키는 수단이 될 것이 기대되고 행동에 의문을 가진 사람들에게 동기로서 작동할 것이 기대되는 특정 사건들에서 수행될 것을 믿는 그러한 의사.[7]

법은 명령이기 때문에 그것은 "무엇을 해야 한다"는 의사(will; 벤담), 소망(desire; 오스틴), 당위(ought; 켈젠)에 대한 표현과 그러한 행위를 하지 않을 경우 "제재" 내지 "폭력의 행사"가 가해질 것이라는 위협으로 이루어진다. 예컨대, 우리 형법 제250조 제1항의 "사람을 살해한 자는 사형, 무기 또는 5년 이하의 징역에 처한다."는 다음과 같이 분석될 수 있다.

(1) 사람을 살해해서는 안 된다.
(2) 만약 그렇지 않으면 사형, 무기 또는 5년 이하의 징역에 처한다.

(1)은 수범자들에게 어떤 행위를 하지 않을 것을 요구하는 것이고 (2)는 그러한 행위를 할 경우에 제재 내지 폭력의 행사를 가할 것이라고 위협하는 것이다. 제재 테제는 법과 제재(폭력의 행사) 사이의 이러한 긴밀한 관련성이야말로 법의 규범성을 설명해 준다고 본다. 즉, 사람들이 법을 행위의 근거로 삼는 것은 사람들이 법에 규정된 제재 내지 폭력의 행사를 피하고자 하기 때문이라는 것이다.

이러한 제재 테제를 통하여 사람들이 법을 행위의 근거로 삼는 이유를 설명하는 이론들 중에서 아마도 켈젠의 이론이 가장 완숙된 모습을 가지고 있다고 생각된다.[8] 이제 켈젠의 이론을 검토함으로써, 제재 테제가 어떤 방식으로 이러한 문제를 설명하는지를 좀 더 구체적으로 살펴보도록 하자.

1. 제재 테제에 관한 켈젠의 이론

켈젠이 제재 테제를 어떻게 설명하는지 살펴보도록 하자. 켈젠은 법을 명령으로 이해하게 되면서 제재 테제에 관한 종래의 입장 역시 변화시킨다. 이전까지 켈젠은 법과 기타의 사회질서를 구별하는 기준이 "제재"에 있다고 보았다. 그러나 이제 켈젠은 모든 실효적인 규범체계(사회질서)가 필수적으로 제재를 가지고 있다고 생각한다. 겉으로 볼 때 제재를 가지고 있지 않는 것처럼 보이는 도덕 체계와 종교 체계는 사실은 법과는 다른 유형의 모습으로[9] 제재를 가지고 있을 뿐이라는 것이다.[10]

그러므로 이제 켈젠은 법이 제재를 가지고 있다는 점에서 다른 규범체계와 구별된다고 생각하지 않는다. 켈젠에 따르면, 법이 다른 규범체계와 구별되는 것은 법에서 제재의 역할을 하는 것이 "강제행위"라는 점이다. 즉, "사회유해적인 것으로 간주되는 사태에 대한 효과로서 질서에 의해 확정된 행위가 관련 당사자의 의사에 반해, 그리고 저항이 있는 경우에는 물리적 폭력을 행사해서라도 집행될 수 있다는 사정, 즉 강제의 요소가 [법과 기타의 사회질서를 구별함에 있어서] 결정적인 기준이다."[11] 그러므로 법의 일반적인 형태는 "조건 C가 주어졌을 때 강제행위 A가 행하여져야 한다."이다.

이러한 켈젠의 언급은 2가지 측면에서 주의해서 받아들여야 한다. 첫째, 법이 강제질서라고 해서, 법체계에 속한 모든 규범들이 강제행위를 확정하고 있다는 의미는 아니다. 즉, "법질서는 비록 그에 속한 모든 규범들이 강제행위를 확정하고 있지 않더라도 강제질서라고 부를 수 있다."[12] 그것은 강제행위를 규정하지 않는 법적 규범들은 독립적인 규범이 아니라 "비독립적인 규범"이기 때문에 그러하다.[13]

둘째, 법이 규정하는 모든 강제질서가 제재인 것은 아니다. 강제질서 중에는 제재로서의 성격을 갖지 않는 것도 존재한다. 그렇다면, 제재로서의 성격을 가지는 강제행위와 그렇지 않은 강제행위를 어떻게 구별하는가?

법은 인간행위의 질서이다. 그러나 켈젠이 지적하는 것처럼, 법이 인간행위의 질서라고 해서 인간행위만이 법의 내용인 것은 아니고 다른 요소들 역시 법의 내용에 포함될 수 있다. "인간행위의 사실들이 아닌 사실들은 … 인간행위와 관련된 것으로서뿐만 아니라 인간행위의 조건 내지 인간행위의 효과로서도 법적 규칙의 내용으로 들어올 수 있다."[14] 이와 같은 사정은 강제행위의 분류에 있어서 중요한 역할을 한다.

"조건 C가 주어졌을 때 강제행위 A가 행하여져야 한다."에서 조건 C가 인간행위인 경우 그 조건 C가 되는 인간행위는 위법행위이고 강제행위 A는 제재이다.[15] 그러나 조건 C가 인간행위가 아닐지라도, 강제행위 A가 적용되는 경우가 있다. 예컨대, A 소유의 가축들이 구제역에 걸린 경우를 생각해 보자. 분명 이러한 사실은 인간행위가 아니다. 그러나 이러한 사실은 특정한 법의 조건을 충족시키고, 그 법은 A로부터 가축들의 소유를 박탈하여 그 가축들을 매장할 강제행위를 할 것을 명한다.[16] 이 경우 그러한 강제행위는 제재가 아니다. 그러므로 제재인 강제행위와 제재가 아닌 강제행위는 다음과 같이 구별된다.

(i) 제재인 강제행위는 인간행위를 조건으로 하는 강제행위이다.
(ii) 제재가 아닌 강제행위는 인간행위가 아닌 사실을 조건으로 하는 강제행위이다.

이상의 논의에서 알 수 있듯이, 법이 규정하는 제재는 "인간행위를 조건으로 하는 강제행위"이다.

켈젠에 따르면, 법이 제공하는 행위의 근거의 본질은 바로 이러한 제재에 있다. 즉, 켈젠은 제재의 조건이 되는 행위는 법이 금하는 위법행위이고 제재의 조건이 되는 행위와 반대되는 행위는 법이 요구하는 법적 의무라고 말한다.[17] 이에 따르면, 사람들은 제재를 피하기 위하여 위법행위(법이 금지하는 행위)를 하지 않고 법적 의무(법이 요구하는 행위)를 하게 되는 것이다.

2. 제재 테제의 문제점

지금까지 우리는 켈젠이 법을 행위의 근거로 삼는 이유를 어떻게 설명하는지를 살펴보았다. 전술한 것처럼 아마도 이러한 켈젠의 이론이 가장 완숙된 형태의 제재 테제일 것이다. 그러나 아무리 완숙된 형태의 것일지라도 제재 테제는 법을 행위의 근거로 삼는 이유를 설명하기에 문제가 있어 보인다. 지금부터는 제재 테제가 법을 행위의 근거로 삼는 이유를 설명하는 데 왜 실패할 수밖에 없다고 생각하는지를 밝히고자 한다.[18] 이러한 비판들은 앞에서 살펴본 켈젠의 이론에서 발견되는 문제점들 중에서 제재 테제를 주장하는 모든 이론들에 적용될 수 있는 것들에 초점을 두고 있다.

첫째, 제재 테제에 따르면, 사람들이 법을 따르는 가장 직접적인 근거는 "제재"(혹은 제재를 규정하고 있는 법 내지 제재에 의하여 뒷받침되는 법)가 아니라 "제재를 피하고자 하는 소망" 내지 "제재가 행위자에게 적용되는 것은 행위자의 이익에 반한다는 사실"이다. 사람들이 후자를 행위의 근거로 삼음으로써 법에 주목하게 되고 법을 행위의 근거로 삼게 되는 것이다. 그러나 이러한 설명은 라즈가 지적하는 것처럼 법을 부차적이고 보조적인 근거에 불과한 것으로 전락시킨다. 즉, "행위자는 제재를 피하고자 하기 때문에 법에 주목할 근거를 가지고 있는 것"일 뿐이다.[19]

둘째, 제재 테제는 제재와 그 외의 법적 결과들의 차이점을 지나치게 강조한다. 즉, 제재 태제는 사람들이 제재 외의 법적 결과들에 의해서도 법을 행위의 근거로 삼는다는 사실을 간과한다.[20] 예컨대, "남산터널을 통과하는 경우 혼잡통행료 2000원을 내야 한다."와 같은 법이 있다고 생각해 보자. 이 법은 남산터널을 통과하는 것을 줄이기 위하여 제재가 아닌 혼잡통행료를 규정하고 있는 것이다. 아마도 많은 사람들은 혼잡통행료를 내지 않기 위해서 남산터널의 통과를 자제할 것이다. 이처럼 제재가 아닌 법적 결과들도 사람들로 하여금 법을 행위의 근거로 삼게 한다. 이러한 사실에도 불구하고 제재 테제는 제재의 역할을 지나치게 강조한다.

셋째, 법은 스스로 정당하다고 주장한다. 즉, 법은 법적 의무와 위법행위 등을 규정함에 있어서 수범자들에게 이미 적용되고 있는 타당한 행위의 근거들을 반영한다고 주장한다.[21] 그러나 제재 테제는 이러한 점을 설명할 수 없다는 문제점을 가진다. 하트(H. L. A. Hart)는 제재 테제가 가지는 이러한 문제점을 불법행위와 법적 의무의 개념을 제재 테제로써 정의하고자 한 켈젠의 이론을 비판하는 과정에서 밝혀냈다.[22] 켈젠은 위법행위와 의무를 다음과 같이 정의한다.

> 위법행위는 제재인 강제행위의 조건이 되는 인간행위이다.
> 법적 의무는 강제행위의 조건이 되는 인간행위와 반대로 행동하는 것이다.

그러나 이러한 위법행위의 정의는 다음과 같은 법들을 구별하는 데 실패한다.[23]

다음의 법들을 생각해보자.

> (a) 음주운전을 한 사람은 벌금을 내야만 한다.
> (b) 자동차를 구입하는 사람은 취득세를 내야만 한다.
> (c) 구제역에 걸린 가축들은 매장되어야만 한다.

　(a), (b), (c)의 법들 모두는 소유의 박탈이라는 강제행위를 명령하고 있다. 그러나 이러한 법들 사이에는 차이가 존재한다. (a)와 (b)의 법들은 인간행위를 조건으로 하는 강제행위를 명령하는 반면에, (c)의 법은 인간행위가 아닌 사실을 조건으로 하는 강제행위를 명령하고 있다. 따라서 지금까지의 켈젠의 설명에 따르면, (a)와 (b)의 강제행위는 제재인 반면에 (c)의 강제행위는 제재가 아니다. 또한 (a)와 (b)의 조건인 인간행위는 위법행위이다. 이러한 결론은 문제점을 가지고 있다. 켈젠의 설명은 (b)의 법을 제대로 해명하지 못하기 때문이다. 즉, 법에 관한 우리의 일반적인 관념에 비추어 볼 때, 세금은 제재가 아니고 또한 자동차를 사는 행위는 위법행위가 아니다.

　켈젠 역시 이러한 문제점을 어느 정도는 인식하고 있었던 것 같다. 그래서 그는 자신의 저술들의 몇몇 곳에서 "사회적으로 유해하다" 혹은 "사회적으로 바람직하다"는 부가적인 조건을 추가하여 (a)와 (b)에 대한 구별을 시도한다.[24]

> 원칙적으로, 위법행위의 법적 개념은 **정치적인 관점에서 볼 때 사회에 유해한 행위**를 한 개인과 직·간접적으로 제재가 가해지는 개인이 일치할 것을 전제로 한다. 이러한 조건하에서만 그 행위의 결과로서 제재가 가해지는 개인의 행위라는 위법행위의 법학적 정의는 정확한 것이 된다. (『법과 국가의 일반이론』)[25]

> … [제재가 아닌 강제행위가] 제재와 구별되는 것은 그러한 강제행위가 법적으로 확정되어 있고 **사회적으로 바람직하지 않은 일정한 인간의 특정한 작위 또는 부작위**와 결부되어 있지 않다는 점, 다시 말해 그들 조치의 조건이 일정한 인간에 의해 행해진, 법적으로 확정되어 있는 위법이나 범죄가 아니라는 점뿐이다. 위법이나 범죄는 **일정한 인간의 작위나 부작위로서 그러한 행위는**

사회적으로 바람직하지 못한 것이기 때문에 법적으로 정해진 일정한 절차를 통해 그 확인이 있을 경우에는 그에 대해 일정한 강제행위가 부과됨으로써, 다시 말해서 법질서에 의해 확정되어 있는 강제행위의 조건이 됨으로써 금지되어 있는 행위이다. (『순수법학』 제2판)[26]

그러므로 이제 제재인 강제행위와 제재가 아닌 강제행위는 다음과 같이 구별된다.

> (i) 제재인 강제행위는 사회적으로 유해한(바람직하지 못한) 인간행위를 조건으로 하는 강제행위이다.
> (ii) 제재가 아닌 강제행위는 사회적으로 유해하지 않은 인간행위 내지는 인간행위가 아닌 사실을 조건으로 하는 강제행위이다.

따라서 위법행위와 법적 의무의 법학적 정의 역시 다음과 같이 수정된다.

> 위법행위는 강제행위의 조건인 사회적으로 유해한(바람직하지 못한) 인간행위이다.
> 법적 의무는 강제행위의 조건인 사회적으로 유해한(바람직하지 못한) 인간행위와 반대로 행동하는 것이다.

법적 의무와 위법행위의 개념에 대한 이러한 수정은 법이 어떤 행위를 위법행위로 정의할 때 그러한 행위에 행위자의 이익에 반하는 법적 효과를 결합시킬 뿐만 아니라 그러한 행위가 사회적으로 바람직하지 못한 인간행위라는 주장을 한다는 사실을 인정하는 것이다. 제재 테제는 이러한 사실을 설명하지 못한다.

넷째, 사람들이 법을 행위의 근거로 삼는 이유가 제재(혹은 "제재를 피하고자 하는 소망" 내지 "제재가 행위자에게 적용되는 것은 행위자의 이익에 반한다는 사실")와 무관한 경우들이 많이 존재하는데 제재 테제들은 이러한 경우를 설명하지 않는다. 예컨대, 다음과 같은 경우를 생각해 보자.

> 인적이 너무나 드문 곳이어서 일 년에 차가 몇 대 지나다니지 않는 도로가

있다고 생각해 보자. 당연히 이 도로에 경찰이 오는 경우는 사고가 났을 때를 제외하고는 없다. A는 이러한 사실을 알고 있었는데, 그 도로를 운전하다가 빨간 신호등이 켜지자 차를 멈춘다. 그러자 동행하던 B가 묻는다. "경찰도 없고, 신호위반에 의한 제재를 받지도 않을 텐데 왜 차를 멈췄어?" 이에 A는 "왜냐면 법이 그렇게 할 것을 규정하고 있으니까"라고 답한다.

이와 같이, 어떤 법이 특정한 행위를 할 것을 규정한다는 이유만으로 그러한 행위를 하는 경우들이 존재한다. 이러한 상황에서 A가 법을 행위의 근거로 삼은 것은 법 그 자체이지 법에 결부된 제재(혹은 "제재를 피하고자 하는 소망" 내지 "제재가 행위자에게 적용되는 것은 행위자의 이익에 반한다는 사실")가 아니다. 그러므로 제재 테제는 사람들이 법을 행위의 근거로 삼는 이유를 설명하기에 부족해 보인다. 아퀴나스(T. Aquinas)의 다음과 같은 지적처럼, 제재 테제는 법을 스스로 받아들이려는 정의로운 사람을 배제시킨 채 사악한 사람의 경우만을 표준으로 삼고 있는 것이다.

> 두 번째 방식에서는, 어떤 강제적인 원칙에 의하여 구속받는 것처럼, 사람이 법을 복종한다고 말하여진다. 그렇다면, 도덕적이고 정의로운 사람은 법에 의하여 구속되지 않고, 오직 사악한 사람만이 그러하다. 강제되고 강압되는 것은 사람의 의지에 반하는 것이다. 사악한 사람의 의지는 법과 충돌하는 반면에, 선한 사람의 의지는 법과 조화를 이룬다. 이러한 의미에서 본다면, 정의로운 사람이 아닌 사악한 사람만이 법에 복종하는 것이다.[27]

다섯째, 제재 테제는 사람들이 법을 행위의 근거로 삼는 이유가 법이 제재를 규정하고 있기 때문만이 아니라 법이 사회적으로 바람직한 행위를 명령하고 바람직하지 못한 행위를 금지하고 있다고 믿기 때문[28]이기도 하다는 점을 설명하지 못한다.[29] 이러한 비판은 독립적인 것이 아니라 세 번째 비판과 네 번째 비판의 결론이라고 할 수 있다.

사람들이 법을 행위의 근거로 삼는 이유를 설명할 때에 더 중요한 것은 제재가 아니라 법이 사회적으로 바람직한 행위를 명령하고 바람직하지 못한 행위를 금지하고 있다는 사람들의 신념이다. 왜냐하면 법이 사회적으로 바람직한 행위를 명령하고 바람직하지 못한 행위를 금지하고 있다고 믿는다는 사실은 사람들이 법을 행위의 근거로 삼는 이유를 설명함에 있어서 법을 보조적 근거가 아닌 직접적인 근거로 설명할 수 있도록 해 주기 때문이다. 그러므로 사람들이 법을 행위의 근거로 삼는 이유에 관한 설명은 이러한 신념을 설명할 수 있어야만 할 것이다. 제재 테제는 이러한 신념을 간과하고 있다.

| 제3절 수용 테제 |

앞 절에서는 제재 테제에 대한 비판점 중 하나를 지적하지 않았다. 일반적으로 우리는 법적인 상황을 묘사하기 위하여 규범적인 언어를 사용한다. 예컨대, 그러한 법적 진술은 "법에 따르면, A는 x를 할 권리를 가지고 있다.", "B는 y를 할 의무가 있다는 것이 법이다."와 같은 형태를 가진다. 그런데 권총 강도의 경우를 생각해 보자. A는 B에게 돈을 내놓으라고 명령한다. 그리고 돈을 내놓지 않으면 총을 쏘겠다고 위협을 가한다. 이러한 상황은 제재 테제가 설명하는 것과 매우 유사하게 제재를 피하기 위하여 돈을 내놓는 상황인 것이다. 그러나 이러한 상황은 법적인 상황과 달리 "A는 B에게 돈을 줄 의무가 있다."고 기술될 수 없다. 그러므로 사람들이 법을 행위의 근거로 삼는 이유를 제재의 규정, 제재에 대한 예측, 제재를 피하려는 소망 등으로 환원시키는 제재 테제는 왜 우리가 법에 대하여 이야기할 때 "권리", "의무", "옳다", "그르다"와 같이 규범적인 용어를 사용하는지 설명하지 못한다는 문제점이 있다.

제재 테제가 가지는 이러한 문제점으로부터 우리는 사람들이 법을 행위의 근거로 삼는 이유에 관한 설명이 권총 강도의 상황과 법적인 상황의 차이를 해명할 수 있어야 한다는 점을 알 수 있다. 수용 테제를 주장하는 대표적인 법철학자인 하트(H. L. A. Hart)는 바로 이러한 문제를 규범성에 관한 설명에 있어서 핵심적인 것으로 본다.[30] 즉, 하트는 법적인 상황을 기술하기 위하여 규범적인 용어를 사용한다는 사실이 규칙이 가지고 있는 "수용"이라는 측면의 중요성을 깨닫게 해 준다고 주장한다. 이러한 사고의 과정을 통하여 하트는 사람들이 법을 행위의 근거로 삼는 이유가 규칙의 수용에 있다고 보는 수용 테제를 주장한다. 이제 하트의 수용 테제를 살펴봄으로써 수용테제의 설명 방식과 그것의 문제점을 검토해 보고자 한다.

1. 하트의 수용 테제

사람들이 법을 행위의 근거로 삼는 이유에 관하여 하트는 수용 테제를 주장함으로써 규칙의 외적 측면뿐만 아니라 내적 측면까지 설명할 수 있는 답변을 제시한다. 수용 테제에 따르면, 법이 (단순한 습관이 아니라) 규칙이므로 법체계의 수범자들의 대부분은 법에 대하여 규범적인 태도를 가진다. 즉, 대체로 그들은 법이 정하고 있는 행위의 정형을 "집단 전체가 따라야 하는 일반적 기준으로"[31] 본다. 그래서 그들은 법을 행위의 근거이자 행위의 정당화로 받아들이고, 다른 이들에게도 그러한 행위를 요구하며 일탈 행위에 대해서는 비판과 처벌을 한다.

이러한 수용 테제에 따르면, 제재는 "복종의 정상적인 동기로서가 아니라 자발적으로 복종하고자 하는 자가 복종을 하지 않으려고 하는 자에게 희생되지 않기 위한 보증으로서 요구되는 것"에 불과하다.[32]

그렇다면, 하트가 말하는 "법을 수용한다"는 말의 정확한 의미가 무엇인가?[33] 법의 수용은 "행위의 정형을 자신의 미래의 행위를 인도하는 지침으로 그리고 준수의 요구와 이에 대한 다양한 형태의 압력을 정당화시켜 주는 비판의 기준으로 받아들이는 개인의 지속적인 의향으로 이루어져 있다."[34] 수용 테제에 따르면, 법체계의 수범자들은 대체로 법을 이와 같이 수용하기 때문에 법을 행위의 근거로 삼는다.

수용 테제에 대해서는 흔한 오해가 존재한다. 수용 테제에서 말하여지는 법의 수용은 수범자들이 그러한 법을 도덕적으로 정당한 행위의 근거로 받아들이는 것으로 생각되기 쉽다. 그러나 하트는 법의 수용이 도덕적 동의를 필연적으로 포함하지 않는다고 주장한다.

> 많은 사람들은 그들이 도덕적으로 구속되는 것으로 여기지 않는 법들에 의하여 강제될 수 있다. 그뿐만 아니라 그 체계를 자발적으로 수용하는 사람들은 스스로가 그것을 수용하도록 도덕적으로 구속받는다고 생각해야만 한다는 것은 진실이 아니다. 만약 그들이 그렇게 생각한다면 그 체계가 가장 안정적이겠지만 말이다. 실제로 그들이 그 체계에 대하여 충실한 것은 매우 다양

한 고려들(장기적인 이익의 계산, 타인에 대한 사심 없는 관심, 무비판적으로 세습된 태도 내지는 전통적인 태도, 타인들이 하는 것처럼 하고 싶다는 단순한 소망)에 기초할 수 있다. 체계의 권위를 수용하는 사람들이 자신의 양심을 비추어 보고 도덕적으로 그것을 수용해서는 안 된다고 결정해서는 안 될 어떠한 이유도 사실은 존재하지 않는다. 하지만 그들은 다양한 이유들로 그것을 계속해서 수용하고 있는 것이다.[35]

하트는 사람들이 법적 의무와 도덕적 의무를 표현할 때 동일한 용어를 일반적으로 사용함으로써 이 문제에 관하여 혼동을 느낀다고 지적한다. 법체계의 권위를 받아들이는 사람들은 "나는 꼭 해야만 한다.", "나는 의무를 가지고 있다."와 같은 용어로 법적 의무를 표현한다. 그러나 그렇다고 해서 그러한 사람들이 법적 의무를 도덕적으로 옳다고 판단하는 것은 아니다.[36]

2. 수용 테제의 문제점

수용 테제는 사람들이 법을 행위의 근거로 삼는 이유를 설명함에 있어서 여전히 제재에 의존해야만 하고, 제재 테제가 가지는 문제점을 완전히 극복하지 못하였다. 수용 테제가 가지고 있는 이러한 문제점들은 다음과 같이 지적할 수 있다.[37]

수용 테제가 가지는 첫 번째 문제점은 법이 가지는 배제적인 우월적 지위를 제대로 설명하지 못하기 때문에 그것을 설명하기 위해서 다시 제재에 의존해야만 한다는 것이다. 즉, 수용이라는 측면에서는 도덕적 규칙과 법적 규칙이 구별되지 않기 때문에, 수용 테제는 어떤 사회에 "A에게 x를 할 권리가 있다."는 도덕적 규칙과 "A가 아닌 B가 x를 할 권리가 있다."는 법적 규칙이 동시에 존재한다면 그 사회의 구성원들이 B에게 그러한 권리가 존재하는 것으로 행동해야 하는 이유를 설명할 수 없다. 그러므로 하트는 법과 도덕을 구별하기 위하여 그리고 법적 규칙의 우월적 지위를 설명하기 위하여 다시금 제재에 의존할 수밖에 없다. 이러한 사실은 법과 기타의 규칙을 구별하는 기준에 대한 하트의 언급에서 잘 드러난다.

사회적 압력이 물리적 제재에 이르지 않는, 단지 일반적으로 분산된 적대적이거나 비판적인 반작용의 형태를 취할지도 모른다. 그것은 불승인이나 사람들에 대하여 위반된 규칙을 존중하도록 호소하는 언어적 표명에 한한 것일 수 있다. 그것은 주로 수치심, 자책감, 죄의식이라는 감정의 작용에 크게 의존할지 모른다. 사회적 압력이 지금 말한 것 같은 것일 때는 우리들은 그 규칙을 사회 집단의 도덕적 부분으로서 분류하고 그 규칙하에서 의무를 도덕적 의무로서 분류하고 싶어할 것이다. 반대로 여러 가지 형태의 압력 중에서 물리적 제재가 현저하거나 일상적일 때는 그 제재가 공무담당자에 따라 상세하게 규정되어 있지 않으며 집행되지도 않고 일반적으로 사회에 맡겨 둔다 할지라도 우리들은 그 규칙을 법의 원시적 또는 기본적 형태로서 분류하고 싶을 것이다.[38]

이러한 제재에 의한 보완은 동시에 수용되는 도덕적 규칙과 법적 규칙이 충돌할 경우에 법적 규칙을 행위의 근거로 삼는 이유가 제재라고 설명하는 것이 되고 만다.

수용 테제가 가지는 두 번째 문제점은 제재 테제와 마찬가지로 행위의 근거를 설명함에 있어서 "법이 사회적으로 바람직한 행위를 명령하고 바람직하지 못한 행위를 금지하고 있다는 사람들의 신념"을 제대로 반영하지 못한다는 점이다.[39]

하트는 법적 규칙에 대한 수용이 반드시 도덕적인 이유에서 이루어져야 하는 것은 아니라고 생각하였다. 그는 법적 규칙에 대한 수용이 도덕적인 이유 외에도 다양한 고려들에 기초할 수 있다고 보았다.

많은 사람들은 그들이 도덕적으로 구속되는 것으로 여기지 않는 법들에 의하여 강제될 수 있다. 그뿐만 아니라 그 체계를 자발적으로 수용하는 사람들은 스스로가 그것을 수용하도록 도덕적으로 구속받는다고 생각해야만 한다는 것은 진실이 아니다. 만약 그들이 그렇게 생각한다면 그 체계가 가장 안정적이겠지만 말이다. 실제로 그들이 그 체계에 대하여 충실한 것은 매우 다양한 고려들(장기적인 이익의 계산, 타인에 대한 사심 없는 관심, 무비판적으로 세습된 태도 내지는 전통적인 태도, 타인들이 하는 것처럼 하고 싶다는 단순한 소망)에 기초할 수 있다. 체계의 권위를 수용하는 사람들이 자신의 양심을 비추어 보고 도덕적으로 그것을 수용해서는 안 된다고 결정해서는 안 될 어떠한 이유도 사실은 존재하지 않는다. 하지만 그들은 다양한 이유들로 그것

을 계속해서 수용하고 있는 것이다.[40]

다시 말해서, 하트는 법적 규칙을 수용한다는 것이 법적 규칙에 대한 도덕적 동의를 필요로 하지 않는다고 주장한다. 물론 도덕과 무관한 개인적인 규칙의 경우에는 비도덕적인 근거에 의하여 수용할 수도 있을 것이다. 그러나 우리가 관심을 가지는 것은 법과 관련된 문제이다.[41] 법을 수용하는 경우에도 비도덕적인 근거들에 의하여 그것을 수용할 수 있는가? 특히 법관이 승인의 규칙을 수용하는 경우에도 비도덕적인 근거들에 의하여 그것을 수용할 수 있는가? 다시 말해서, 어떤 사람이 내적인 법적 진술을 하는 경우에 그는 그 진술처럼 행동해야 할 도덕적인 근거가 존재한다고 믿지 않을 수 있는가? 특히 법관이 타인과 관련된 헌신된 (committed) 법적 판단을 발언하는 경우에 그 타인에게 그러한 판단대로 행동해야 할 도덕적인 근거가 존재하지 않는다고 믿을 수 있는가?

『법의 개념』 출간 이후에 하트는 이 문제와 관련하여 "많은 사람들은 수범자들의 법적 의무들에 관한 사법진술이 수범자들의 행위의 근거들과 직접적인 관련이 있어야만 하는 것은 아니라고 내가 주장해야만 한다는 것은 역설적이라고 (또는 심지어 혼동을 나타낸다고) 생각할 것이다."라고 고백하였다.[42] 즉, 하트는 많은 사람들이 이러한 문제들과 관련하여 자신의 주장이 혼란스럽다고 느낀다는 사실을 알았고 따라서 자신의 입장을 보다 적극적으로 해명해야 할 필요성을 느꼈다. 그래서 하트는 『법의 개념』 이후에 출간된 논문집인 『벤담에 관한 논문집』에서 이러한 문제에 관하여 새로운 주장을 추가하여 자신의 입장을 더욱 자세하게 해명한다.

『벤담에 관한 논문집』에서 하트는 승인의 규칙을 수용하는 법관의 태도를 다음과 같은 모습으로 묘사한다. 즉, 승인의 규칙은 특정한 형태의 내용독립적이고 확정적인 근거들(content-independent peremptory reasons)을 승인하는 법원의 관행으로 특징지워진다. 내용독립적이라는 말은 그 근거의 내용이 무엇인지와 관계없이 그러한 근거가 존재한다는 이유만으로 그것을 따라야만 한다는 뜻이다. 그리고 확정적이라는 말은 그러한 근거가 있는 이상 더 이상의 숙고는 끝내야 한다는 의미이다.[43] 그러므로 하트는 (a) 법관이 승인의 규칙을 수용한다는 것이 법의 도덕적 구속력을 인정하는 것을 함의하지 않는다는 것과 (b) 따라서 어떤 사람이(특히 법관이) 내적 진술을 한다고 해서 그가 법에 대하여 도덕적 동의를 하는 것이 아니라는 사실을 주장한다. 이러한 설명을 바탕으로 하트는 법관의 내적 진술이 도덕적인 판단을 표현하지 않는다고 주장한다.

포스테마(G. J. Postema)에 따르면, 하트의 입장은 다음의 4가지로 요약된다.[44]

A. 법원의 공무담당자들이 법의 헌신된 진술들(committed statements of law)을 하는 것은 어떤 공동체에서 어떤 법체계가 집행되기 위한 필요조건이기 때문에, 법의 초연한 진술(detached statements of law)은 가능하다. 즉, 초연한 진술들은 헌신된 법적 진술들을 하는 사람들의 관점에서 말하여진다.

B. "존스는 A를 할 법적 의무가 있다."고 말하는 스미스 법관은 다음의 3가지 조건들을 만족할 때 그리고 오직 그때에만 헌신된 법적 진술을 표현하는 것이다.

(1) 그 법체계 내의 다른 법관들과 마찬가지로 스미스 법관은 (법관으로서 적용하고 집행해야 할 의무가 있는 법체계의 규범들을 확인하는 기준을 정의하는) 승인의 규칙 R을 수용한다.

(2) R에 의해 확인된 규칙 L이 존재한다.

(3) L은 "존스는 A를 할 법적 의무가 있다."는 결론을 보장한다.

C. 만약 B에서의 (1), (2), (3) 조건들이 만족된다면, L이 그 법체계의 효력의 기준을 만족시킨다는 사실은 스미스가 L을 준수해야 할 권위적인 법적 근거를 구성한다.

D. 헌신된 판단을 표현할 때 "존스는 A를 할 법적 의무가 있다."는 규칙들에 따를 때 존스가 A를 할 것이 적합하게 요구된다는 것을 의미한다.

이러한 하트의 입장은 다음의 3가지 점에서 법관이 내적 진술을 하는 것과 도덕적인 동의를 하는 것을 분리시킨다. 첫째, 법적 의무에 관한 헌신된 판단들은 이에 상응하는 헌신된 도덕적 판단들을 함의하지 않는다. "존스는 A를 할 법적 의무가 있다."는 헌신된 판단에 대한 스미스 법관의 발언으로부터 존스가 A를 할 근거에 대한 스미스의 견해들에 관하여 어떠한 것도 이끌어 낼 수 없다. 그러한 발언으로부터 이끌어 낼 수 있는 것은, 스미스는 자신이 존스를 그 기준에 부합하도록 행동하게 만들어야 할 근거를 가지고 있고 또한 이러한 기준의 요구에 따라 존스

의 행동을 처벌할 근거들 역시 가지고 있다고 생각한다는 것뿐이다.[45]

둘째, 스미스 법관이 법에 복종하는 근거는 확정적이고 내용 독립적이다. 즉, 스미스가 법에 복종해야 하는 근거는 L이 승인의 규칙에 의하여 정하여진 기준들을 만족시킨다는 사실로만 이루어지고 결코 규칙이 요구하는 행위가 가지는 도덕적인 장점에 의존하지 않는다.[46]

셋째, L이 승인의 규칙을 만족시킨다는 사실이 스미스 법관에게 L을 준수해야 할 근거를 제공하는 것은 오직 다음과 같은 이유에서이다. 즉, 그것은 그 법체계 내의 다른 법관들과 마찬가지로 스미스가 승인의 규칙을 만족시키는 규칙들을 권위적인 법적 근거들로 보아야 하는 지위에 있기 때문이다.[47]

이러한 하트의 새로운 논변에도 불구하고 많은 법이론가들은 여전히 하트의 주장에는 문제가 있다고 주장한다. 이러한 지적은 상당히 일리가 있어 보인다. 특히 내적인 법적 진술을 하는 대부분의 경우에는 그렇게 행동할 도덕적 근거가 존재한다고 믿거나 적어도 그러한 체한다고 주장하는 라즈의 비판은 설득력이 있다. 이하에서는 라즈의 논변을 중심으로 하트의 견해를 비판하고자 한다.

하트는 『벤담에 관한 논문집』에서 전술한 새로운 주장들을 전개하면서 다음의 두 가지 테제를 거부하고 있다.

(1) 법적인 의무와 도덕적인 의무에 관해서 말할 때 "의무"와 "책무"는 동일한 것을 의미한다. 많은 법이론가들이 (1)의 테제에 반대하였다. 즉, 많은 법이론가들은 "권리", "의무"와 같은 주요한 법적 용어들이 도덕적 문맥에서 그것들이 가지는 의미와 다른 특별한 법적 의미(meaning)를 가진다고 주장하였다.[48]

(2) 승인의 규칙을 수용하는 법관은 법적 의무들이 도덕적으로 구속력이 있다고 받아들이거나 적어도 그렇게 받아들이는 체한다.

(2)의 테제를 반대하기 위하여 하트는 다음의 세 번째 테제 역시 반대한다.

(3) 어떤 사람이 어떤 행동을 수행할 (법적) 의무를 가지고 있다는 것은 그가 그것을 수행할 (법적) 근거를 가지고 있다는 것을 함의한다.

이러한 3가지 테제를 반대함으로써 하트는 법을 수용한다는 것이 도덕적으로 동의할 필요가 없다고 주장한다. 이러한 하트의 견해를 반박하기 위하여 (2)의 테제부터 살펴보도록 하자. 하트는 이러한 테제가 "승인의 규칙을 수용하는 법관은 입법부의 정당성을 수용한다."는 것을 함의한다고 이해하기 때문에 그것을 거부한다. 그러나 라즈가 지적하는 것처럼 이러한 이해는 잘못된 것이다. 왜냐하면 법관은 수범자들이 입법부가 만든 법에 도덕적으로 구속받는다고 믿으면서도 입법부의 정당성을 부인할 수도 있기 때문이다. 예컨대, 법관은 입법부를 무시하는 것이 국가를 무정부상태로 빠지게 한다고 믿기 때문에 찬탈자 내지 독재자의 법들을 지켜야 할 도덕적 의무가 있다고 믿을 수도 있다.[49]

(2)의 테제를 옹호하기 위하여 라즈는 자신의 행동과 관련하여 규칙을 수용하는 것("나는 차를 멈추어야만 한다.")과 타인의 행동과 관련하여 규칙을 수용하는 것("그는 차를 멈추어야만 한다.")을 구별할 것을 주장한다. 즉, 전자의 경우에는 이기심과 같은 이유들로 그러한 규칙의 효력을 믿을 수 있지만 후자의 경우에는 그러한 이유들이 규칙의 효력에 대한 믿음을 정당화해 줄 수 없다는 것이다. 내가 차를 멈추는 것이 나에게 이득이 된다는 것은 내가 차를 멈추어야만 한다는 것을 수용하는 근거가 될 수 있다. 그러나 다른 사람이 차를 멈추는 것이 나에게 이익이 된다는 것은 (그 다른 사람이 나의 이익을 증진시켜야만 하는 것이 아닌 한) 내가(혹은 또 다른 제3자가) 그 사람이 차를 멈추어야 한다는 것을 수용하기 위한 근거가 될 수는 없다.[50]

하트 역시 이러한 점을 받아들일 것이다. 라즈는 이러한 점을 받아들이는 것에서 한 발짝만 나가면 "승인의 규칙을 수용하는 법관들은 법적 의무들이 도덕적으로 구속력이 있다고 받아들이거나 적어도 그렇다고 받아들이는 체한다."는 명제를 받아들일 수 있다고 생각한다. 왜냐하면 다른 사람들이 무엇을 해야만 하는지를 말하는 규칙들은 그들의 이익 내지는 도덕적 고려들에 의해서만 정당화될 수 있기 때문이다. 나에게 이익이 된다는 것은 (그 사람들이 나의 이익을 증진시켜줘야 할 도덕적 의무를 가지고 있지 않는 한) 그 사람들이 어떤 일을 해야만 하는 이유를 설명해 주지 못한다. 어떤 개인이 특정하게 행동하는 것이 자신에게 이익이 된다는 것은 만약 자신에게 그러한 이익을 증진시켜야 할 도덕적 근거가 존재하지 않는다면, 그 사람이 그렇게 행동하는 것을 정당화시켜주지 않는다. 그러므로 도덕적 근거들이 없다면 다른 사람들에게 의무를 부과하는 규칙을 수용할 수 없다는 결론이

나온다. 승인의 규칙은 다른 사람에게 의무를 부과하는 규칙들을 수용할 것을 요구하는 규칙이다. 그러므로 승인의 규칙을 수용하는 법관은 도덕적 근거들에 관한 신념을 가지고 있을 때에만 수용할 수 있는 규칙을 수용하는 것이다. 따라서 법관들은 도덕적 근거들에서 그것을 수용하거나 적어도 그러한 체를 해야만 한다.[51]

그러나 이러한 결론을 받아들이기 위해서는 (3)의 테제를 받아들여야만 한다. 하트는 (3)의 테제를 "타인들이 의무를 가지고 있다는 진술들은 타인들이 해야 할 절대적인 근거를 가지고 있는 행위를 언급하는 것이 아니다. … 그러한 진술들은 의무를 가진 수범자들에게게 기인하는 행위들을 언급한다."고 주장함으로써 반대한다.[52]

하트는 자신의 결론에 대하여 만족스러워 하지 않았다. 하트가 그렇게 불만족스러워한 것은 당연한 것이다. 왜냐하면 만약 자신의 결론이 옳다면 다음과 같은 이상한 또 다른 결론들 역시 도출될 것이기 때문이다. 즉, 수범자가 자신의 의무를 수행하지 않는 것은 위법행위가 아니라는 결론이 도출되거나 수범자에게는 위법행위를 하지 않아야 할 근거가 존재하지 않는다는 결론이 도출될 것이다.[53] 그러나 라즈가 지적하는 것처럼,[54] 이것은 의무부과적 법들은 법원에게 의무를 위반한 자들에게 제재를 적용할 것을 명령하는 것이라는 켈젠의 주장과 매우 유사하다.[55] 그렇다면, 켈젠의 주장이 야구의 규칙들을 심판에 관한 규칙으로 환원시키는 것과 같이 불합리해 보인다는 켈젠에 대한 하트의 비판은 자신에게도 적용될 수 있을 것이다.[56] 그러므로 (3)의 테제를 반대하는 것은 옳지 않고 그 결과 하트는 (2), (3)의 테제 모두를 받아들여야만 한다.[57]

(2), (3)의 테제가 모두 옳다고 한다면, 하트가 (1)에 테제에 반대하는 논거는 사라지게 된다. 하트는 (3)의 테제를 반대함으로써 (1)의 테제를 주장하였다. 즉, 법적 의무는 사람들에게 직접적으로 어떠한 행위를 할 근거를 제공하는 것이 아니고 법원에게 어떠한 의무를 부과할 근거를 제공하는 것에 불과하기 때문에 법적 의무와 도덕적 의무는 서로 다른 의미를 갖는다. 그러므로 (3)의 테제가 옳다면 (1)의 테제에 대한 하트의 반박은 그 논거가 사라지게 된다. 그러므로 법적 의무와 도덕적 의무는 동일한 의미를 가지고 있다.[58]

이상의 논의로부터 우리는 내적 진술을 할 때 대체로 도덕적인 구속력을 함의함을 알 수 있다. 특히, 법관이 법관으로서 행동하면서 내적인 법적 진술을 하는 경우에 그는 법이 도덕적으로 구속력이 있다고 믿거나 혹은 그러한 체를 하여야 한다. 다시 말해서 L이라는 법이 타인 P에게 어떤 의무 x를 부과하는 것이라고 말하는 사람(특히 법관)은 P에게 그렇게 할 도덕적 의무가 존재한다고 믿거나 혹은 적어도 그렇게 믿는 체를 하여야만 한다. (물론 이 경우에 실제로 법이 도덕적으로 정당한 의무를 부과해야만 하는 것은 아니다. 그렇게 믿는 것이면 충분하다.) 그러므로 하트의 주장과 달리 타인과 관련된 내적 진술을 하는 사람은 법에 대한 도덕적 동의를 함께 표현하는 것으로 이해해야만 한다.

그러므로 수용 테제가 법에 대한 수용이 법의 도덕적 타당성에 대한 믿음을 포함하지 않는다고 주장하는 것은 잘못이다.

| 제4절 권위 테제 |

제재 테제는 수범자들이 법을 행위의 근거로 삼는 이유를 설명함에 있어서 제재에 기초함으로써 법이 가지는 배제적인 우월적 지위를 설명하는 데는 부분적으로나마 성공하였지만, 사람들이 법을 기술할 때 규범적인 언어를 사용하는 사실을 전혀 설명할 수 없었다. 그래서 수용 테제는 수용이라는 개념을 도입함으로써 사람들이 법을 기술할 때 규범적인 언어를 사용한다는 사실을 해명하려고 하였다. 그러나 앞에서 살펴본 것처럼, 수용이라는 개념을 통하여 법을 행위의 근거로 삼는 이유를 설명하려는 수용 테제의 시도는 성공적이지 못하였다. 즉, 수용 테제가 내세우는 수용이라는 개념은 법이 가지는 배제적인 우월적 지위를 설명할 수 없을 뿐만 아니라 사람들이 규범적인 언어를 사용할 때 대체로 법이 도덕적으로 구속력이 있는 규범들이라고 믿는다는 사실을 설명하지 못한다.

두 테제의 실패에서 알 수 있듯이, 법을 행위의 근거로 삼는 이유에 대한 설명은 법이 가지는 배제적인 우월적 지위를 설명할 수 있으면서도 동시에 사람들이 법을 기술할 때 규범적인 언어를 사용한다는 사실(나아가 그러한 진술을 할 때 사람들이 대체로 법이 유효한 규범들이라고 믿는다는 사실)을 설명할 수 있어야 한다. 보다 구체적으로 이야기하자면, 다음과 같은 사실들을 설명할 수 있어야 한다.

1. 법의 배제적인 우월적 지위: 통상적으로 법은 다른 모든 행위의 근거들의

적용을 배제시킨다.[59]

2. 법의 정당성 주장: 법은 스스로 바람직한 행위의 근거를 제시한다고 주장한다.

3. 법의 정당성에 대한 수범자들의 신념: 수범자들의 대부분은(특히 법적 공무담당자는) 법이 정당하다고 믿거나 그렇다고 믿는 체한다.

권위 테제를 주장하는 라즈(J. Raz)는 하트의 논의를 수용하여 "법의 규범성에 관한 문제는 법을 기술하거나 법적 상황을 기술함에 있어서 규범적인 언어의 사용을 설명하는 문제이다."라고 지적한다.[60] 그러면서도 하트와 달리 라즈는 모든 법, 즉 집행되는 모든 곳의 모든 법체계가 사실상의 권위(de facto authority)를 필연적으로 가지고 있다는 사실에 주목함으로써 위의 사실들을 완전하게 설명할 수 있는 방법을 제시하고자 한다. 사실상의 권위를 가지고 있다는 것의 의미는 "법이 정당한 권위(legitimate authority)를 가지고 있다고 주장하거나 그것이 정당한 권위를 가지고 있다고 생각된다."는 것이다.[61] 권위 테제는 권위의 이러한 특성들이야말로 법을 행위의 근거로 삼는 이유를 설명함에 있어서 핵심적인 단서가 된다고 본다.

먼저 라즈가 정당한 권위의 특성들을 어떻게 설명하는지 살펴보고, 이러한 라즈의 설명을 토대로 사람들이 법을 행위의 근거로 삼는 이유를 설명해 보도록 하자.

1. 정당한 권위의 특성들: 권위의 봉사적 이해방식

권위 테제에 따르면, 정당한 권위는 실천적 추론에 있어서 수범자들과 행위의 근거들을 중재하는 역할을 한다. (이하에서는 별다른 말이 없는 한 "권위"라는 말을 정당한 권위를 지칭하기 위하여 사용한다.) 라즈는 이러한 권위의 역할을 중재인(arbitrator)의 비유를 통하여 설명한다.[62]

중재인에게 분쟁을 맡기는 두 사람의 경우를 생각해 보자. 그들이 중재인의 결정에 따르기로 합의하였기 때문에 중재인은 분쟁을 조정할 권위를 가지고 있다. 이 경우에 사람들은 중재인이 말하는 대로 행위해야 할 것이다.[63]

이러한 중재인의 역할을 이해함에 있어서 주의할 점이 2가지 있다. 첫째, 중재인은 분쟁자들이 본래 가지고 있는 행위의 근거들에 기초하여 판단을 내려야만 한다. 만약 그렇지 않다면 사람들은 중재인의 역할에 의문을 가질 것이다.[64] 둘째, 중재인이 판단을 내리고 나면 분쟁자들은 더 이상 자신들이 가지고 있는 행위의 근거들에 의존할 수 없다. 중재인의 판단은 관련된 다른 모든 행위의 근거들을 배제시킨다. 즉, 중재인의 판단은 기존의 행위의 근거들에 더하여지는 것이 아니라 그것들을 대체한다. 만약 그렇지 않다면 중재의 핵심과 목적을 저버리게 될 것이다.[65]

라즈는 중재인의 비유를 통하여 파악할 수 있는 권위의 특성들을 다음과 같이 정리한다. 첫째, 권위자가 내리는 지시는 수범자들이 본래 가지고 있는 행위의 근거들에 기초해야만 한다. 이것을 라즈는 "의존 테제"라고 부른다.

> 의존 테제(dependence thesis): 모든 권위적 지시들은 무엇보다도 그 지시들의 수범자들에게 적용되고 명령에 의하여 다루어지는 상황들과 관계된 근거들에 기초해야만 한다.[66]

둘째, 권위가 정당화되는 통상적인 방법은 권위자가 말하는 대로 할 때 수범자들의 본래의 행위의 근거들에 더 충실하게 행위할 수 있다는 사실을 수범자들에게 보여주는 것이다. 라즈는 이것을 "통상적 정당화 테제"라고 부른다.

> 통상적 정당화 테제(normal justification thesis): 한 개인이 다른 개인이 권위를 가지고 있다는 것을 인정해야만 한다는 것을 보여주는 통상적이고 주된 방법은 수범자라고 말하여지는 자가 자신에게 직접적으로 적용되는 근거들을 따르려고 하기보다는 권위자라고 말하여지는 자의 지시를 권위적으로 구속력 있는 것으로 받아들이고 그 지시에 따르려고 노력할 경우에 (권위적 지시라고 말하여지는 것이 아닌) 자신에게 적용되는 근거들에 더 잘 부응할 가능성이 크다는 것을 보여주는 것이다.[67]

셋째, 권위적 지시가 발하여진 이상 수범자들은 더 이상 자신들이 가지고 있던 행위의 근거들에 의존할 수 없다. 즉, 권위적 지시는 관련된 다른 모든 행위의 근거들을 배제시킨다(대체한다). 이것을 라즈는 "선취 테제"라고 부른다.

선취 테제(preemption thesis): 권위가 어떤 행위의 수용을 요구한다는 것이 그 행위를 수행하는 근거이고, 그것은 무엇을 해야 할 것인지를 판단할 때에 관련된 다른 근거들에 추가되는 것이 아니라 다른 근거들을 대체한다.

의존 테제와 통상적 정당화 테제는 라즈가 권위의 "봉사적 이해방식"(service conception)이라고 부르는 것을 잘 나타내준다. 즉, 그것들은 실천적 추론에 있어서 수범자들과 행위의 근거들을 중재하는 권위의 역할을 잘 설명해 준다.[68]

또한 선취 테제는 권위의 봉사적 이해방식이 가지는 함의를 보여준다. "만약 권위의 수범자들이 [본래] 의존하도록 되어 있는 근거들 대신에 권위의 지도에 따라 행동하지 않는다면, 권위의 중재적 역할은 설명될 수 없을 것이다."[69]

2. 권위 테제

권위 테제는 모든 법이 정당한 권위를 가지고 있다고 생각하지 않는다. 실제로 우리에게 알려진 법들 중 많은 것들은 정당한 권위를 가지고 있지 못하다.[70] 그러나 모든 법이 스스로에 관하여 정당한 권위를 가지고 있다고 주장한다는 것도 사실이다. 즉, 법체계가 정당한 권위를 가지고 있지 못할 수도 있고 자신이 주장하는 것에 못 미치는 수준의 정당한 권위를 가지고 있을 수는 있지만, 적어도 모든 법체계는 자신들이 정당한 권위를 가지고 있다고 주장한다. 자신이 정당한 권위가 없다고 스스로 주장하는 법은 존재하지 않는다.

모든 법이 스스로에 관한 정당한 권위를 가지고 있다고 주장한다는 사실은 "법이 사용하는 언어에서 그리고 법의 대변자, 즉 법제도들이 표현하는 견해들에서 드러난다. 법제도들이 공식적으로 '권위자들'(authorities)이라고 불린다는 사실을 통하여, 법제도들이 스스로가 그들의 수범자들에게 의무를 부과할 권리를 가지고 있다고 생각한다는 사실을 통하여, 그들의 수범자들이 자신들에게 충성을 다할 의무가 있고 법제도들이 복종할 것을 요구할 때(즉, 어떤 법적 교의가 의무위반을 정당화하는 상황을 제외한 모든 경우에 있어서) 법에 복종해야만 한다는 법제도들의 주장을 통하여 우리는 법이 [정당한] 권위를 주장한다는 사실을 명백하게 알 수 있다."[71]

이것은 경험적으로 알 수 있는 것이기도 하지만 개념적으로도 당연한 것이기도 하다. 자신이 정당한 권위가 없다고 주장하는 법을 상상해 보자. 예컨대, 그것은 다음과 같은 법조항을 가지고 있을 것이다.

　　이 법은 정당한 권위를 가지고 있지 못한 법이다.

　그러한 주장을 하는 법은 다음과 같은 주장을 하는 사람과 동일한 모순을 범하는 것이 된다.

　　언어 A를 사용하는 공동체의 어떤 사람이 언어 A로 "xyzmd"라고 말한다고
　　생각해 보자. 그 사람은 "xyzmd"라고 말함으로써 언어 A가 아무런 의미를
　　전달하지 못한다는 것을 의미하고자 한다.

　이러한 주장을 하는 사람은 "xyzmd"라는 말을 함으로써 언어 A가 아무런 의미도 전달하지 못한다는 의미를 전달하고자 하는 것이다. 그러나 이러한 주장을 하는 사람이 이러한 주장을 의도하기 위해서는 적어도 그는 자신이 그 주장에서 사용되는 "xyzmd"를 통하여 어떤 의미를 전달하고자 해야만 하기 때문에 그는 "수행적 자기모순"[72]을 범하게 된다.[73] 우리가 앞에서 가정한 법 역시 그러한 법조항을 발하기 위해서는 자신에게 정당한 권위가 있다고 주장해야만 하기 때문에 그 법 역시 수행적 자기모순을 범하게 된다.[74] 따라서 우리는 다음과 같이 이야기할 수 있다.

　　1. 언어 A를 통하여, 언어 A가 의미를 가지고 있지 않다는 의미를 전달하고
　　　 자 하는 것은 수행적 자기모순에 빠진다.
　　2. 마찬가지로, 어떤 법을 통하여 그 법이 정당한 권위를 가지고 있지 않다고
　　　 주장하는 것은 수행적 자기모순에 빠진다.

　그러므로 우리는 법을 필연적으로 사실상의 권위를 가지고 있는, 즉 정당한 권위를 가지고 있다고 주장하는 제도라고 말할 수 있다.[75] 앞에서 말한 정당한 권위에 대한 "봉사적 이해방식"에 따르면, 법이 정당한 권위를 필연적으로 주장한다는 사실은 다음과 같이 해석될 수 있다. 즉, 모든 법은 수범자들이 자신의 지시를 따

름으로써 본래 그들이 따라야 할 행위의 근거들에 잘 부응할 수 있다고 주장한다. 이것은 우리가 앞에서 규범성의 문제에 관한 설명이 해명할 수 있어야만 하는 사실들 중 두 번째의 사실인 "법의 정당성 주장", 즉 법은 스스로 바람직한 행위의 근거를 제시한다고 주장한다는 사실을 설명해준다.

이러한 점에 기초하여 권위 테제는 수범자들이 법을 행위의 근거로 삼는 이유에 대하여 법 스스로가 정당한 권위를 가지고 있다고 주장하고 수범자들은 그러한 주장을 믿기 때문이라고 설명한다.[76]

"통상적 정당화 테제"에 따르면, 법의 수범자들이 대체로 법을 발하는 권위자가 정당한 권위자라고 믿기 때문에 법을 행위의 근거로 삼는다는 것은 수범자들이 법을 행위의 근거로 삼음으로써 본래 그들이 따라야 할 행위의 근거들에 잘 부응할 수 있다고 믿기 때문에 법을 행위의 근거로 삼는다는 의미이다.

또한 "선취 테제"에 따르면, 이처럼 법을 발하는 권위자들을 정당한 권위자라고 믿는 수범자들은 법이 관련된 행위의 근거들에 추가되는 것이 아니라 다른 행위의 근거들을 대체하는 것으로 받아들이는 것이 된다. 이것은 수범자들이 법을 배제적인 우월적 지위를 가지고 있는 것으로 받아들인다는 의미이다.

이와 같은 방식으로 권위 테제는 법이 가지는 배제적인 우월적 지위를 해명하면서도 동시에 사람들이 법을 기술할 때 규범적인 언어를 사용한다는 사실(나아가 그러한 진술을 할 때 사람들이 대체로 법이 유효한 규범이라고 믿는다는 사실)을 해명할 수 있는, 법을 행위의 근거로 삼는 이유에 관한 설명을 제시한다.

이러한 이해방식에 따르면 제재는 법을 행위의 근거로 삼는 수범자들이 그렇게 하는 이유라기보다는 법을 행위의 근거로 삼기를 거부하는 이들이 법적 의무를 행하는 이유라고 볼 수 있을 것이다. 즉, 제재는 사람들이 법을 따르게 만드는 하나의 보조적 수단으로 이해된다.

3. 권위 테제에 대한 검토

권위에 기초하여 법을 행위의 근거로 삼는 이유를 설명하는 라즈의 권위 테제는 법의 효력이 아니라 신념에 기초한 설명이라고 할 수 있다. 라즈가 이렇게 한 이유는 법의 규범성을 설명함에 있어서 규범적인 언어의 사용에 관한 설명이 핵심적이라고 보았기 때문이다. 즉, 규범적인 언어의 사용은 법체계의 실제적인 타당성이 아니라 법체계의 타당성에 대한 신념과 관련이 있기 때문에 규범성에 대한 설명은 신념에 기초해야 한다는 것이다.[77]

이러한 라즈의 주장에 대하여 스파크(T. Spaak)는 법을 기술할 때에 법 그 자체보다는 법에 관한 우리의 신념들을 참조함으로써 규범적인 언어에 대한 우리의 사용을 잘 설명할 수 있다는 라즈의 주장은 당연히 옳지만, 그러한 설명을 제시하는 것은 중요한 철학적 문제들을 제시해 주지 않기 때문에 별로 중요하지 않다고 비판한다. 스파크가 생각하기에 더 중요한 문제는 우리가 법을 기술할 때 규범적인 언어를 사용하기에 충분한 이유가 존재하는가 여부이다. 이러한 질문에 대한 답변은 우리가 법이 어떠하다고 생각하는가가 아니라 법이 어떠한가에 달려 있다. 따라서 스파크는 법실증주의가 법의 규범성을 설명하는 방식으로는 효력에 기초한 설명이 더 옳다고 주장한다.[78]

그러나 이러한 비판에서 스파크가 전제하고 있는, 규범성을 설명하는 작업이 법실증주의가 다루는 규범성을 설명하는 작업과 다르기 때문에, 스파크의 비판은 라즈의 규범성 이론에 관한 정당한 비판이라고 보기 어렵다. 즉, 스파크는 법의 규범성에 관한 설명을 "법이 규범적인 힘을 가지고 있다고 평가할 수 있는 조건은 무엇인가"라는 질문에 대한 답변으로 이해하는데, 이것은 법실증주의가 다루지 않는 영역인 법에 대한 평가의 문제에 속하는 것이다.

법실증주의는 법을 기술하는 것과 법을 평가하는 것을 구별하고 법을 평가하지 않고서 법을 기술하는 것을 목적으로 하는 이론적 태도이다. 그러므로 어떤 이론가가 법실증주의자로서 법을 다루고자 한다면 법의 규범성의 문제에 관해서도 동일한 접근방식을 취해야만 한다. 즉, 그 이론가는 법의 규범성의 문제를 "사람들이 법을 행위의 근거로 삼는 이유가 무엇인가?"라는 질문으로 이해해야 하고, "사람들이 법을 행위의 근거로 삼아야 하는 이유는 무엇인가?", "어떠한 조건에서 법이 규범적인 힘을 가지고 있다고 평가할 수 있는가?" 등의 질문으로 이해해서는 안 된다.

그러므로 스파크의 비판에도 불구하고 권위 테제가 규범성의 문제를 법의 효력이 아니라 사람들의 신념에 기초하여 설명하는 것은 법실증주의가 규범성에 접근하는 타당한 방법이라고 생각된다.

| 제5절 법의 규범성에 대한 소결 |

이상의 논의를 바탕으로 우리는 다음과 같은 결론들을 얻을 수 있다. 사람들이 법을 행위의 근거로 삼는 이유에 관한 설명은 법이 가지는 배제적인 우월적 지위를 설명할 수 있어야 하고, 사람들이 법을 기술할 때 규범적인 언어를 사용한다는 사실과 그러한 진술을 할 때 사람들이 대체로 법이 유효한 규범들이라고 믿는다는 사실을 설명할 수 있어야 한다. 즉, 그것은 법의 배제적인 우월적 지위, 법의 정당성 주장, 법의 정당성에 대한 수범자들의 신념을 설명할 수 있어야 한다.

제재 테제는 제재에 기초하여 법의 배제적인 우월적 지위의 중요성을 해명하고자 한다. 그러나 제재에 기초한 해법은 제재를 피하고자 하는 소망을 행위의 궁극적인 근거로 제시한다는 문제점이 있다. 또한 제재 테제는 사람들이 제재가 부과되지 않을 것이 확실한 경우에도 여전히 법을 행위의 근거로 삼는다는 사실을 설명하지 못한다. 궁극적으로 그것은 사람들이 법을 기술함에 있어서 규범적인 언어를 사용하는 이유가 무엇인지 밝히지 못한다.

반면에 수용 테제는 규칙의 내적 측면을 설명함으로써 사람들이 법을 기술할 때 규범적인 언어를 사용하는 이유가 무엇인지 밝히려고 한다. 수용 테제는 법을 직접적인 행위의 근거로 설명할 수 있고 사람들이 제재가 부과되지 않는 경우에도 법을 행위의 근거로 삼는 이유를 해명할 수 있다. 그러나 수용 테제는 사람들이 법을 기술함에 있어서 규범적인 언어를 사용하는 이유가 무엇인지 밝힘에 있어서 부분적인 성공을 거두었을 뿐이며, 법의 배제적인 우월적 지위를 설명하는 데 실패한다.

권위 테제는 법의 배제적인 우월적 지위를 설명하면서 동시에 법을 기술함에 있어서 규범적인 언어의 사용을 설명할 수 있는 단서로 모든 법이 필연적으로 정당한 권위를 주장한다는 사실에 주목한다. 이에 따르면, 법이 정당한 권위를 주장한다는 것은 스스로 배제적인 우월적 지위를 가지고 있다고 주장하는 것인 동시에 스스로 바람직한 행위의 근거를 제시한다고 주장하는 것이다. 그리고 수범자들은 법을 따를 때 자신들이 본래 따라야 할 행위의 근거를 잘 따를 수 있다고 믿음으로써 그러한 주장을 받아들인다. 이것은 법이 배제적인 우월적 지위를 가지는 이유, 사람들이 법을 기술함에 있어서 규범적인 언어를 사용하는 이유 그리고 그러한 진술을 할 때 사람들이 대체로 법을 유효한 규범이라고 믿는 이유를 잘 설명해 준다.

이러한 권위 테제에 따르면, 제재는 법을 행위의 근거로 삼는 수범자들이 그렇게 하는 이유라기보다는 법을 행위의 근거로 삼기를 거부하는 이들이 법적 의무를 행하는 이유이고 따라서 그것은 사람들이 법을 따르게 만드는 하나의 보조적 수단으로 이해된다.

따라서 수범자들이 법을 행위의 근거로 삼는 이유를 설명함에 있어서 법실증주의는 권위 테제를 취하는 것이 가장 타당해 보인다. 법실증주의자들이 이러한 방식으로 설명한다면, 그들은 법이 실제로 도덕적으로 타당한지 여부에 대한 판단을 포함하지 않고서도, 즉 법에 대하여 객관적이고 중립적인 태도를 취하면서도 수범자들이 법을 행위의 근거로 삼는 이유를 올바르게 설명할 수 있을 것이다.

제10장
법의 규범적인 기능:
법이 행위를 지도하는 방식

| 제1절 서론 |

제9장에서는 수범자들이 법을 행위의 근거로 삼는 이유에 대하여 고찰하였다. 그 결과 우리는 법을 행위의 근거로 삼는 수범자들이 그렇게 하는 이유가 법이 정당한 권위를 가지고 있다고 믿는 것에서 비롯된다는 것을 알 수 있었다. 그러나 이러한 고찰만으로는 법의 규범성에 관한 전체적인 설명을 제시하였다고 말할 수 없다. 왜냐하면 수범자들이 행위의 근거로 삼는 법들이 실제로 수범자들의 행위를 어떻게 지도하는가라는 문제가 여전히 남아 있기 때문이다. 이 장에서는 바로 이러한 문제, 즉 법의 규범적인 기능에 관한 문제를 살펴보고자 한다. 즉, 법이 사람들의 행위를 지도하는 방식에는 어떠한 유형들이 있는가라는 질문에 관하여 답변하고자 한다.

그렇다면 법들이 수범자들의 행위를 지도하는 것은 어떠한 방식으로 이루어지는가? 이 장에서는 이러한 문제, 즉 법의 규범적인 기능에 관한 문제를 고찰하고자 한다. 다시 말해서, 이 장에서는 법이 사람들의 행위를 지도하는 방식에는 어떠한 유형들이 있는가라는 질문에 관하여 답변하고자 한다. 이러한 질문에 관하여 쉽게 떠올릴 수 있는 답변은 법이 사람들에게 의무를 부과함으로써 행위의 근거를 확정한다는 것이다. 즉, 법은 법적 의무가 사람들이 어떤 행동을 함에 있어서 기초해야 하는 유일한 합법적인 근거라고 주장함으로써 행위의 근거를 제시할 수 있다. 이 경우에는 행위자에게 법이 요구하는 특정한 행위를 선택하도록 강제함으로써 행위의 근거를 확정하는 것이다. 법은 행위자에게 어떤 선택의 여지를 주지 않기 때문에 행위자는 오직 종속자로서의 지위에 머무르게 된다.

어느 누구도 이상의 설명이 사람들의 행위를 지도하는 하나의 방식을 올바르게 설명하고 있다는 것에 반대하지 않을 것이다. 그런데 법철학자들 중에는 보다 강한 형태의 주장을 하는 이들이 있다. 이들은 법이 사람들에게 행위의 근거를 제시하는 방식에는 오직 의무부과적인 유형만이 존재한다고 주장한다. 이러한 주장을 하는 이들은 수범자들이 법을 행위의 근거로 삼는 이유가 제재 내지 강제행위에 있다고 보는 입장을 주로 취한다. 이들에 따르면, 법체계 내에서 행위를 지도하는 규범, 즉 행위의 근거를 제시하는 규범은 오직 의무부과적 규범(duty-imposing norm)뿐이다.

이러한 주장의 타당성과 관련하여 가장 문제가 되는 것은 권한을 부여하는 법이다. 주지하다시피 법체계에는 의무부과적인 법뿐만 아니라 권한을 부여하는 법도 존재한다. 문제는 법이 권한을 부여하는 것 역시 행위의 근거를 제시하는 하나의 독자적인 방식으로 볼 수 있을 것인가, 즉 권한부여적 규범(power-conferring norm) 역시 독자적으로 행위를 지도하는 것으로 볼 수 있을 것인가 하는 점이다. 법의 규범성을 이해함에 있어서 제재의 역할을 지나치게 강조하는 것에 반대하는 하트(H. L. A. Hart)와 라즈(J. Raz)는 법을 의무부과적 규범만으로 환원하는 것에 대해서도 반대한다. 이들은 권한부여적 규범이 분명 의무부과적 규범과는 다른 방식이지만 독자적으로 행위의 근거를 제시한다고 주장한다. 그러므로 이 장에서 다룰 논의의 핵심은 권한부여적 규범을 독자적으로 행위의 근거를 제시하는 규범으로 인정할 수 있을 것인가이다. 이것을 살펴보기 위하여 먼저 제2절에서는 모든 법적 규범을 의무부과적인 규범으로 환원시키려는 입장을 살펴보고, 그러한 입장이 가지는 문제점을 비판할 것이다. 그 이후에 제3절에서는 권한부여적 규범의 독자성을 검토해 보고자 한다.

| 제2절 의무부과적 규범으로의 환원주의 |

1. 개관

법체계 내에서 행위의 근거를 제시하는 규범은 오직 의무부과적 규범뿐이고 따라서 권한부여적 규범은 독자적으로 행위의 근거를 제시할 수 없다고 주장하는 입장에 속하는 대표적인 법철학자들로는 벤담(J. Bentham), 오스틴(J. Austin), 켈젠(H. Kelsen), 해리스(J. W. Harris), 맥코믹(N. MacCormick) 등을 들 수 있다. 이러한 입장에 속하는 법철학자들은 의무부과적인 법만이 독자적으로 행위의 근거를 제시할 수 있고 그 외의 법들은 의무부과적인 법과 결합되어야만 행위의 근거를 제시할 수 있다고 주장한다. 이들은 "법체계의 구조"와 "법의 개별화"를 통하여 의무부과적인 법과 기타의 법들이 결합하는 방식을 설명하면서 이러한 결합방식을 토대로 모든 법적 규범들은 의무부과적 규범들로 환원될 수 있다고 주장한다.

우리는 이처럼 권한부여적 규범의 독자성을 부정하는 입장을 "환원주의"(reductionism)라고 부를 수 있을 것이다. 이러한 입장을 취하는 법철학자 중 한 명인 해리스[1]는 이러한 종류의 환원주의를 다음과 같이 설명한다.

> 나는 '환원주의'의 견해를 취한다. 입법된 원천 – 소재들에 포함되어 있는 문장들의 구문론적인 구조가 무엇이든지 간에, 입법의 산물은 언제나 하나의 고유한 논리적 형태, 즉 조건적인 명령 내지 허가의 형태로 환원된다. 그것의 표층적 구조가 무엇이든지 간에, 법과학에 의하여 기술되는 법은 … 명령적인 '심층적' 구조를 가지고 있다. 그것은 바로 벤담에 의하여 주창된 견해이다. '법의 모든 조항들이 … 공통적으로 가지고 있는 것은 무엇인가? 그것들은 모두 명령을 말한다. 그리고 그렇게 함으로써 그것들은 의무를 창설한다 … .'[2]

이처럼 환원주의는 법적 소재들의 표층적 구조들이 어떠한 형태를 가지고 있든지 그것들을 의무부과적인 규범들로 환원시킬 수 있다고 주장한다. 해리스는 이와 같이 법적 규범을 의무와 관련된 규범들로 환원하는 것은 다음의 2가지 장점을 가지고 있다고 주장한다.

첫째, 정치논리적인 장점이다. "공무담당자의 행위에 대하여 실정법의 규칙에 의해 규정된 의무를 넘어섰다고 말하거나 적합한 헌법적 원천으로부터 비롯된 규칙에 의해 규정된 의무를 넘어섰다고 말하는 것은 중요한 종류의 정치적 비판이다. 의무와 무관한 법의 부분들은 그러한 비판의 기초가 될 수 없을 것이다."[3]

둘째, 방법론적인 장점이다. "만약 법이 논리적으로 독립적인 요소들로 구성된다고 한다면, 폐지(derogation)의 원리와 비충돌(non-contradiction)의 원리는 설명될 수 없을 것이다. 예컨대, X(권한부여적 법규에 관한 언명)가 Y(권리제한적 법규에 관한 언명)와 모순되거나 Y를 폐지시킨다고 말하여진다면, 그러한 말을 하는 사람은 X 때문에 A를 해야 할 의무나 그러한 의무의 면제가 없을 것이지만 Y 때문에 A를 해야 할 것이 법적으로 요구/허가되는 예시를 … 염두에 두어야만 한다. 이것이 그렇다면, X와 Y 모두는 의무를 부과하거나 의무를 면제하는 규칙들의 일부로 생각되어야만 한다."[4]

이러한 환원주의가 법체계의 모든 법들을 의무부과적 법들로 환원시키는 것을 가능하게 해 주는 것은 법체계의 구조의 문제와 법의 개별화의 문제이다. 그렇다면, 법체계의 구조의 문제와 법의 개별화의 문제란 무엇이고 이러한 환원주의는 법체계의 구조의 문제와 법의 개별화의 문제를 어떻게 이해하는지 차례로 살펴보도록 하겠다.

(1) 법체계의 구조의 문제

법의 분석에 있어서 법체계의 중요성을 최초로 강조한 법철학자는 켈젠이다. 그는 "만약 우리가 우리의 관심을 하나의 개별적인 규칙에만 제한한다면 법의 본성을 이해하는 것은 불가능하다."고 역설한다.[5] 그렇다면 법체계에 대한 설명은 무엇을 해명해 주어야 하는가? 이에 대하여 법체계 이론을 엄밀하게 분석한 라즈는 "분석적인 관점에 따르면, 완전한 법체계 이론은 다음의 4가지 문제들에 대한 대답으로 구성된다."고 말한다.[6]

(1) 존재의 문제
(2) 동일성의 문제(그리고 그것과 관련된 소속의 문제)
(3) 구조의 문제
(4) 내용의 문제

법체계의 구조에 관한 문제란 법체계에 속하는 법들 사이에서 나타나는 관계의 문제이다.[7] 라즈에 따르면, 법체계에 속하는 법들 사이의 관계는 내부적 관계와 외부적 관계로 나눌 수 있다. 내부적 관계란 두 법들 중 하나의 법이 다른 법의 존재의 조건(혹은 조건의 일부)이거나 다른 법의 의미 내지 적용에 영향을 미치는 관계를 말하고 외부적 관계란 그 외의 모든 관계를 말한다.[8] 법체계의 구조의 문제와 관련이 있는 것은 이들 중에서 오직 내부적 관계뿐이다.

의무부과적 법만이 독자적인 행위의 근거가 될 수 있다고 주장하는 환원주의의 입장은 법체계 내에 존재하는 모든 내부적 관계는 의무부과적 법과 기타의 법 사이의 관계라고 주장한다. 환원주의자들은 이러한 주장을 통하여 의무부과적 법이 아닌 모든 법적 규범들은 의무부과적 규범들에 의존해서만 존재할 수 있다고 주장한다.

(2) 법의 개별화의 문제

법체계의 구조의 문제가 법적 규범들 사이의 관계에 관한 문제라면, 법의 개별화의 문제는 법적 규범을 기술하는 법적 명제를 만드는 방법에 관한 문제이다. 이것을 설명하기 위하여 라즈가 제시하는 다음의 예시적인 진술들을 살펴보자.[9]

(1) 모든 성인 남성들은 자신들의 주소가 바뀐 지 2주 내에 자신들의 주소의 변경을 행정당국에 신고해야만 한다.

(2) 모든 성인 여성들은 자신들의 주소가 바뀐 지 2주 내에 자신들의 주소의 변경을 행정당국에 신고해야만 한다.

(3) 모든 법인들은 자신들의 주사무소의 주소가 바뀐 지 2주 내에 자신들의 주소의 변경을 행정당국에 신고해야만 한다.

(4) 모든 사람들은 이 법이 통과된 지 2주 내에 자신들의 주소를 행정당국에 신고해야만 한다. 그리고 그 후에는 자신의 주소가 바뀐 지 2주 내에 행정당국에 신고해야만 한다.

이러한 4개의 진술들이 모두 참이라고 가정해 보자. 이것들은 모두 완전한 법적 규범들을 기술하는 진술일 수 있을 것이다. 그러나 그렇다고 해서 4개의 진술들 모두가 법을 "합리적으로 재구성하는" 진술인 것은 아니다. (1), (2), (3)은 어떤 법적 명제가 진술하는 내용의 일부분을 기술하는 것에 불과한 것일 수 있다. 아마도 완전한 법적 명제인 것은 (4)일 것이다. 혹은 이러한 4개의 진술 중 어느 것도 완전한 법적 명제가 아닐 수도 있을 것이다.

이러한 문제를 다루는 것을 법의 개별화라고 한다. 즉, 법의 개별화란 바로 법적 소재들을 정리하여 완전한 법적 명제를 확정하는 작업을 말한다.[10] 완전한 법적 명제의 확정을 어떻게 결정해야 하는가? 완전한 법적 명제의 확정을 결정하는 것은 개별화의 원리들이다. 이러한 개별화의 원리들을 다루는 문제를 라즈는 벤담의 용어를 사용하여 "개별화의 문제"(problem of individuation)라고 부른다.[11]

그렇다면, 환원주의자들은 개별화의 원리들을 어떻게 제시하는가? 법체계의 법들 중에서 의무부과적 법들만이 독자적으로 행위의 근거를 제시할 수 있다고 주장하는 환원주의자들은 모든 완전한 법적 명제들이 반드시 의무부과적인 형태로 기술되어야 한다고 주장한다. 환원주의자들은 이러한 개별화의 원리를 통하여 모든 규범들이 의무부과적 규범들에 의존적이라고 주장한다. 환원주의가 제시하는 개별화의 원리의 예로서 벤담의 개별화의 원리를 살펴보도록 하자. 다소 불완전한 형태이기는 하지만[12] 최초로 법의 개별화의 원리를 제시하였던 벤담은 다음의 5가지 정도의 기본적인 원리들을 개별화의 원리로서 제시하였다.[13]

   (1) 모든 법은 특정한 상황에서 특정한 사람들이 특정한 행위들을 해야만 한다는 입법자의 의사의 표현이므로, 모든 법은 특정한 상황에서 특정한 행위가 의무적이라는 것을 규정하는 규범이다.[14]

   (2) 입법자의 의사의 표현, 즉 사람들에게 특정한 방식으로 행동하라고 하는 규정은 의무의 부과에 해당하고, 그리고 격려적인 내지는 보상적인 조항을 통해서나 규정의 위반에 대해 제재를 규정하는 처벌법을 통하여 제재에 의하여 뒷받침되는 경우에만 법의 창설에 해당한다.

   (3) (2)의 원리를 따르면, 입법자가 명령하거나 금지한 모든 행위 상황들은 별개의 법들의 핵이다. 법관에게 살인자를 처벌할 것을 명령하는 법은 살인의 금지를 포함한다는 사실이 (법관들에게 지시하는) 오직 하나의 법만이 존재한다는 것을 함의하지 않는다. 즉, 비록 한쪽이 다른 한쪽을 함의하더라도 두 개의 법들이 존재한다.

   (4) 법들의 충돌은 법들을 적합한 형태로 재현하기 전에 해결된다. 법체계에

대한 적합한 기술은 어떠한 법들의 충돌도 기술하지 않고, 또한 그러한 충돌을 해결할 수단도 제시하지 않는다. 두 법 사이의 충돌을 해소해 주는 규칙은 무엇보다도 두 법 중 어느 쪽의 입법자가 상대적으로 더 중요한가, 각각의 법이 만들어진 시기가 언제인가를 참조한다.

(5) 법의 개별화는 입법자가 법적 소재를 정식화한 방법에 어느 정도 의존한다. 예컨대, (i) "모든 남성"은 C의 조건 하에서 A를 행해야만 한다와 같은 취지의 법령이 만들어졌다고 하자. 그리고 또한 몇 년 후에 (ii) "모든 여성"은 C의 조건하에서 A를 행해야만 한다와 같은 취지의 또 다른 법이 만들어졌다고 하자. 법체계는 2개의 법, 즉 (i)에 대응하는 하나의 법 그리고 (ii)에 대응하는 다른 하나의 법을 가진다.

만약 두 번째 법이 (ii') '모든 사람'은 C의 조건하에서 A를 행해야만 한다와 같이 정식화되었다면, 법체계는 (i)과 (ii') 모두에 대응하는 오직 하나의 법을 포함한다.

이와 같은 벤담의 개별화의 원리들에 따라 법을 개별화하면, 모든 법적 규범들은 의무부과적 규범들로 환원된다.

지금까지 우리는 모든 법을 의무부과적 법으로 환원시킬 수 있다는 환원주의가 그러한 환원의 이론적 근거로 제시하는 법체계의 구조의 문제와 법의 개별화의 문제가 어떠한 문제인지 개관하였다. 켈젠은 이러한 방식의 환원주의를 가장 정합적인 방식으로 제시하고 있다. 그러므로 켈젠의 이론을 살펴봄으로써 법이 행위를 지도하는 방식에 관한 환원주의의 구체적인 설명방식을 고찰하고자 한다.

2. 켈젠의 환원주의

법들은 어떠한 규범적인 기능을 가지는가라는 문제에 대하여 켈젠은 법이 표현하는 "당위"의 의미가 통상적인 의미보다 넓게 사용된다는 점을 지적함으로써 법이 다양한 규범적인 기능을 가지고 있다고 설명한다.

여기에서 "~해야 한다"라는 말은 통상적 의미보다 더 넓게 사용된다. 통상적 언어관용에 의하면, "당위"는 명령에만, "허가"는 허용에만, "가능"은 수권에만 대응한다. 그러나 여기서 "~해야 한다"란 그 의도에 있어 타인의 행위로 지향된 행위가 갖는 규범적 의미를 지칭한다. 이러한 "당위"에는 "허가"와 "가능"이 함께 포함되어 있다. 왜냐하면 규범은 명령할 뿐만 아니라 허용하기도 하고, 특히 수권하기도 하기 때문이다.[15]

이러한 켈젠의 설명에 따르면, 법이 가지는 주요한 규범적인 기능은 "금지", "허가", "수권"이다. 즉, 법체계에 존재하는 주요한 법적 규범들로는 "금지적 규범"(의무부과적 규범), "수권적 규범"(권한부여적 규범), "허가적 규범"을 들 수 있고, 부수적으로 존재할 수 있는 규범들로는 "해석적 규범", "폐지적 규범" 등을 들 수 있다.

그러나 켈젠은 이러한 다양한 법적 규범들 중에서 의무부과적 규범인 금지적 규범을 제외한 기타의 규범들의 경우에는 그것들이 독자적으로 존재할 수 없는 종류의 것들이라고 주장한다.[16] 켈젠은 그러한 자신의 주장의 근거로서, 금지적 규범을 제외한 모든 규범들은 필연적으로 금지적 규범과 더불어 "강제행위 관계"를 형성해야만 하고(법체계의 구조의 문제) 그 결과 그러한 규범들만에 대한 진술은 하나의 완전한 법에 대한 진술이라고 부를 수 없다(법의 개별화의 문제)는 사실을 제시한다.

(1) 논의를 위한 예비적 검토

『법체계의 개념』에서 라즈는『순수법학』제2판보다는『법과 국가의 일반이론』을 검토하는 것이 법체계의 구조와 개별화의 원리에 관한 더 정합적인 켈젠의 설명을 추출해낼 수 있다고 주장한다.[17] 그것은 다음과 같은 이유에서이다.

제재를 법과 기타의 사회질서를 구별하는 지표로 이해하였던 종래의 입장과 달리『순수법학』제2판에서 켈젠은 법이 다른 사회질서와 구별하는 기준으로 강제행위를 제시한다. 이에 따르면, "사회유해적인 것으로 간주되는 사태에 대한 효과로서 질서에 의해 확정된 행위가 관련 당사자의 의사에 반해, 그리고 저항이 있는 경우에는 물리적 폭력을 행사해서라도 집행될 수 있다는 사정, 즉 강제의 요소가 [법과 다른 사회질서의 구별에 있어서] 그 결정적 기준이다."[18] 켈젠은 법 일반의 두드러진 특징이 또한 모든 법적 규범의 두드러진 특징이라고 언제나 암묵적으로 가정해왔기 때문에 법의 특징에 대한 이러한 새로운 설명은 법의 개별화의 원리들에 중요한 영향을 미친다.[19]

그러나 라즈는 법의 특징에 대한 새로운 설명이 참이라고 볼 수 없다고 주장한다. 왜냐하면 폭력적인 사적 제재(lynching)나 복수(vendetta)의 경우에는 법질서로 전환되지 않더라도 특정한 도덕체계들에 의하여 규정될 수 있기 때문이다. 유사하게, 비법적인 사회질서는 부모에 의한 자식의 체벌이나 선생에 의한 학생의 체벌 등을 규정할 수 있다. 또한 강제는 공동체 전체 혹은 일부가 위험에 처한 경우에 비법적인 사회질서에 의하여 수권되거나 심지어 규정될 수 있다.[20]

또한 라즈는 법을 강제질서로 정의하는 것은 켈젠 스스로가 채택해 왔던 규범적인 사회질서에 대한 설명과 모순된다고 주장한다. 켈젠은 사회질서의 기능이 인간의 특정한 상호행동을 발생시키는 것이라고 보았고, 그중에서 법질서는 그 질서 자체 내에서 규정된 제재를 통하여 질서에 부합하는 행동을 수행하는 사회질서라고 설명하였다.[21]

이러한 이유들에서 라즈는『순수법학』제2판에서 새롭게 채택한 강제질서로서의 법이라는 켈젠의 주장에 반대하면서 따라서 법체계의 구조 및 법의 개별화에 관한 원리 역시『순수법학』제2판 이전의 저술에서 도출해야 한다고 주장한다.[22]

그러나 라즈의 주장에는 다음과 같은 문제점이 있어 보인다. 켈젠이 자신의 이론에서 A라는 입장을 주장한 적도 있고 B라는 입장을 주장한 적도 있다고 가정해보자. 그러한 경우에 두 입장 중 어떤 것을 켈젠의 입장으로 선택해야 하는가? 즉, 이러한 선택의 기준은 무엇인가? 이에 대하여 (1) 어떤 것이 더 최종적인 결론인가 (2) 어떤 것이 더 전체 이론과 정합적인가 (3) 어떤 것이 더 나은 결과를 가져오는가라는 세 가지의 기준이 있을 수 있을 것이다. (1)을 "입장의 최종성", (2)를 "전체적 정합성", (3)을 "결과의 풍부성"이라고 부르자. 이 중에서 가장 일차적인 것은 "입장의 최종성"일 것이다. 그러나 라즈는 입장의 최종성을 포기하고, 전체적 정합성과 결과의 풍부성이 더 나은 것을 선택해야 한다고 주장하면서 라즈는 자신이 지지하는 입장의 전체적 정합성과 결과의 풍부성을 설명하고 있다. 그러나 라즈의 논거들은 납득하기 어렵다.

먼저 전체적 정합성에 관한 라즈의 주장을 살펴보자. 라즈는 "강제질서로서의 법"이라는『순수법학』제2판의 견해가 "규범적인 사회질서에 대한 정의"라는『법과 국가의 일반이론』의 견해와 정합성을 이루지 못하기 때문에 전자가 포기되어야 한다고 이야기한다. 그러나 이미 이론적인 입장을 변경한 뒤의 이론을 그렇게 입장을 변경하기 전의 이론과 비교하여 정합적이지 않다고 이야기하는 것은 부당한 평가가 아닐까? 따라서 켈젠이 자신의 입장을 바꾸어 강제질서로서의 법이라는 주장을 할 때에 규범적인 사회질서 일반에 대한 견해 역시 수정하였다고 해석하는 것이 더 타당하지 않을까?

또한 결과의 풍부성에 관하여 살펴보자. 라즈는 강제질서인 점에서 법이 다른 사회질서와 구별된다는 것은 잘못이라고 이야기한다. 그러면서 그는 그 이전의 켈젠의 이론, 즉 제재에 의하여 법이 다른 사회질서와 구별된다는 것을 받아들일 것을 주장한다. 이것은 라즈가 결과의 풍부성을 암묵적으로 이야기하고 있다고 볼 수 있을 것이다. 그러나 그것이 더 나은 결과를 가져오는가? 그렇지 않다. 라즈 자신이 다른 곳에서 그 이전의 켈젠의 이론이 잘못된 결과를 가져온다고 비판하고 있지 않은가?[23]

이상에서 살펴본 것처럼, 라즈의 주장과 달리 입장의 최종성이라는 논거를 포기할 만큼 그 이전의 켈젠의 견해가 전체적으로 정합적이지도 결과가 풍부하지도 않다. 그러므로 여기에서는『순수법학』제2판의 견해를 바탕으로 법체계의 구조의 문제와 법의 개별화의 문제에 관한 켈젠의 주장을 분석하고자 한다.

(2) 법체계의 구조에 관한 켈젠의 이론

켈젠은 법체계의 구조에 관한 문제가 가지는 중요성을 깊이 인식하였기 때문에 자신의 저술들 곳곳에서 법체계의 구조(법들 사이의 관계)에 관하여 언급한다. 앞 절에서 설명한 이유로 여기에서는『순수법학』제2판의 언급들에 기초하여 법체계의 구조에 관한 켈젠의 교의를 설명한다.

켈젠은 법을 강제질서로 보는데, 이것은 법체계의 구조에 관한 켈젠의 이해에 있어서 중요한 역할을 한다. 강제질서로서의 법체계는 "강제행위의 조건 C가 충족되면 강제행위 A가 행하여져야 한다."는 것을 구성하는 법들의 관계를 가지고 있고, 이것은 켈젠이 보기에 법체계에 있어서 가장 대표적인 내부적 구조이다. 이것을 우리는 "강제행위 관계"라고 부르자.[24] 켈젠은 모든 내부적 관계들이 이러한 강제행위 관계라고 본다.

강제행위는 그 조건의 성질에 따라 제제인 강제행위와 제재가 아닌 강제행위를 구별할 수 있다. 그러한 구별을 법들의 관계에도 적용하여 "강제행위 관계"를 제제인 강제행위를 규정하는 법들의 관계와 제재가 아닌 강제행위를 규정하는 법들의 관계로 구별할 수 있을 것이다. 켈젠은 전자의 관계가 가장 중요하다고 보는

데, 이를 특별히 "처벌 관계"(punitive relation)[25]라고 부를 수 있다. 켈젠은 처벌 관계의 예로 의회에 의해 의결된 법률이 일정한 행위를 규정하는 규범을 포함하면서 동시에 그 규범의 비준수에 대해 제재를 결부시키고 있는 또 다른 규범을 포함하는 경우를 든다. 이 경우에 전자의 규범은 독립적인 규범이 아니며 후자의 규범과 본질적으로 결합되어 있다.[26]

또한, 켈젠은 "강제행위 관계"의 특수한 경우로 "수권 관계", "해석 관계", "제한 관계", "폐지 관계" 등을 지적한다. 권한부여적 규범은 금지적 규범과 결합하여 "수권 관계"를 이룬다. 켈젠에 따르면, "권한부여"를 개인에게 법적 규범을 창조할 수 있는 힘인 법적 권능을 부여하는 것으로 이해하는 한 권한부여적 규범은 의무부과적 규범과 결합해야만 행위의 근거를 제시할 수 있는 비독립적 규범에 불과한 것이다. 수권 관계를 이루는 권한부여적 규범의 예로 켈젠은 일반적인 법적 규범을 창조할 권한을 부여하는 규범, 즉 입법을 규율하거나 관습을 법창조적인 요건사실로 도입하고 있는 헌법규범, 그리고 법률이나 관습을 통해 창조된 일반적인 법적 규범이 권한 있는 사법기관이나 행정기관에 의해 이들 기관에 의해 창조되는 개별적 규범의 형태로 적용되는 절차인 재판절차나 행정절차를 규율하는 규범을 든다.[27]

"해석 관계"란 어떤 규범이 다른 규범의 의미를 보다 상세하게 해명해 줌으로써 다른 규범의 해석에 도움을 주는 관계이다. 법 중에는 다른 규범을 표현하는데 사용된 개념을 정의하거나 어떤 규범을 다른 방식으로 유권적 해석을 함으로써 다른 규범의 의미를 보다 상세하게 규정하는 규범이 존재한다. 이러한 규범들 역시 의무부과적 규범과 결합되어어만 행위의 근거를 제시할 수 있는 비독립적 규범에 해당한다. 켈젠은 그러한 규범의 예로 "살인이란 고의로 타인의 사망을 초래하는 인간의 모든 행위이다."라는 조항을 든다. 이 조항은 살인에 대한 정의규정이다. 따라서 이 조항은 "누군가가 살인을 행했을 경우에는 권한 있는 법원이 그에 대해 사형을 부과해야 한다."라고 규정하는 다른 조항과 결합할 경우에만 규범적 성격을 가지게 된다.[28]

"제한 관계"란 어떤 규범이 다른 규범에 의하여 금지되는 특정한 행위를 예외적으로 허용함으로써 그 다른 규범의 적용범위를 제한하는 관계를 말한다. 정당방위를 허용하는 규범과 상해를 처벌하는 규범 사이의 관계가 대표적인 예이다.[29]

모든 내부적 관계가 "강제행위 관계"의 특수한 경우라고 생각하는 켈젠은 별다른 의심 없이 모든 허용적 규범들이 이러한 관계를 이룬다고 생각한다. 즉, 켈젠은 일정한 행위를 적극적으로 허용하는 규범이 위법행위에 대해 제재를 결부시킴으로써 일정한 행위를 금지하는 법적 규범의 적용범위를 제한하는 것에 불과하다고 이해하고 따라서 그것은 의무부과적 규범과 결합될 때에만 행위의 근거를 제시하는 비독립적 규범에 해당한다고 생각한다.[30]

어떤 규범은 다른 규범의 효력을 완전히 폐지할 수도 있다. 이와 같은 규범들의 관계를 "폐지 관계"라고 부르자. 켈젠은 "폐지 관계" 역시 "강제행위 관계"의 특수한 경우라고 본다. 그러므로 폐지규범 역시 강제행위를 확정하고 있는 다른 규범과 결합할 경우에만 행위의 근거를 제시하는 것으로 이해될 수 있는 비독립적인 법적 규범이다.[31]

법체계의 구조에 관한 켈젠의 이러한 설명은 개별화의 원리를 결정하는 데 영향을 미친다.

(3) 법의 개별화에 관한 켈젠의 이론

켈젠은 법과학에 의해 만들어지는 법적 명제들이 법적 규범들을 단순히 재기술하는 것이라고 생각하지 않는다. 법과학자는 법적 규범을 "합리적으로 재구성"하여 기술한다.[32] 이러한 법과학자의 역할을 하트는 다음과 같은 비유로써 묘사한다.

> 포로수용소의 소장이 다소 멍청하고 화재를 몹시 무서워하는 사람이라고 가정하자. 수용소장은 불에 타기 쉬운 물건을 발견할 때마다 포로들에게 그것을 줍도록 명령한다. 매일같이 수용소장은 포로수용소를 돌아다니며 독일어로 "저 상자를 주워라.", "저 종이를 주워라.", "저 볏단을 주워라."고 외친다. 통역자는 충실하게 그 독일어에 해당하는 영어를 외친다. 그러던 어느 날, 그 통역자가 지혜롭게 "그리고 불에 타기 쉬운 모든 것을 주워라."는 말을 덧붙인다. 통역자가 말하는 것을 듣고 수용소장은 다음과 같이 말한다. "잘했다. 내가 말하고자 했던 것이 바로 그것이야. 적당한 말이 생각나지 않았을 뿐이야. 너는 내 명령을 통역하는 것 이상의 일을 하였다. 너는 … 특정한 법체계의 규범적 법과학이라고 부르는 일을 한 것이다. 즉, 너는 내 명령을 합리적으로 재구성하였다."[33]

법적 규범을 이렇게 합리적으로 재구성하기 위해서 필요한 것이 바로 "법의 개별화"라고 부르는 작업이다. 그렇다면, 켈젠은 어떠한 개별화의 원리를 제시하는가?『순수법학』제2판의 견해를 바탕으로 개별화의 원리를 도출해보자.

법질서가 강제질서라는 것은 법적 명제가 강제행위의 조건과 그 효과로서 부과되는 강제행위에 관한 언급으로 표현될 수 있다는 의미이다. 즉, "법질서는 … 강제질서인 까닭에 법질서는 그것에 의해 규정된 일정한 조건 아래에서 그것에 의해 규정된 일정한 강제행위가 실행되어야 함을 언급하는 명제들을 통해 기술될 수 있다."[34] 이러한 "법에 의해 규정된 일정한 조건 아래에서 법에 의해 규정된 일정한 강제행위가 실행되어야 한다."는 명제를 켈젠은 "법적 명제의 기본형태"라고 부른다.[35] 켈젠의 개별화의 원리는 바로 법적 명제가 이러한 형태로 기술되어야 한다는 것이다.

> 개별화의 원리: 법적 명제는 "조건 C가 주어졌을 때 강제행위 A가 행하여져
> 야 한다."는 형태로 기술되어야 한다.

그렇다면, 다양한 법적 소재들을 어떻게 정리하여야만 하나의 법적 명제의 기본형태를 완성할 수 있는가? 이러한 법적 명제의 기본형태의 내용을 채우기 위해서는 우리가 법체계의 구조의 문제에서 고찰하였던 "강제행위 관계들"에 기초해야만 한다. 이것은 다음과 같은 하나의 명제로 표현할 수 있고 그것을 "강제행위 관계의 원리"라고 부르고자 한다.

> 강제행위 관계의 원리: 어떤 법적 규범들이 하나의 "강제행위 관계"를 이루는
> 경우 그 법적 규범들은 하나의 법적 명제의 내용을 이룬다.

예컨대, 다음의 두 법적 규범이 있다고 가정해 보자.

> (a) 살인을 해서는 안 된다.
> (b) 법적 규범 (a)를 위반한 자는 사형을 부과해야 한다.

강제행위 관계의 원리에 따르면, 이러한 법적 규범들은 "살인을 한다면 사형을

부과해야만 한다."는 하나의 법적 명제로 기술될 수 있다. 또한 (a)와 같은 규범들이 강제행위를 규정하는 규범들과 결합될 때에만 규범적 의미를 가지기 때문에 켈젠은 이것들을 "비독립적 규범"이라고 부른다.[36]

또한 앞에서 살펴본 것처럼, "강제행위 관계"에는 다양한 특수한 형태들이 존재한다. 이러한 특수한 "강제행위 관계들"로부터 우리는 다음과 같은 개별화의 구체적인 원리들을 이끌어 낼 수 있다.

> 수권 관계의 원리: 어떤 규범이 강제행위를 규정하는 다른 규범의 창설, 집행조직, 집행절차 등을 규율할 권한을 부여하는 경우, 두 규범은 하나의 법적 명제의 내용을 이룬다.

> 해석 관계의 원리: 어떤 규범이 강제행위를 규정하는 다른 규범의 의미를 보다 상세하게 해명해 주는 경우, 두 규범은 하나의 법적 명제의 내용을 이룬다.

> 제한 관계의 원리: 어떤 규범이 강제행위를 규정하는 다른 규범의 적용범위를 제한하는 경우, 두 규범은 하나의 법적 명제의 내용을 이룬다.

수권 관계의 원리에 대하여 구체적인 예를 들어 살펴보도록 하자. 일정한 국가법질서가 살인에 대해 형벌을 부과함으로써 이를 법적으로 금지하는 경우를 상정해 보자. 이러한 경우에 어떤 자가 살인을 범했다는 단순한 사실만으로는 결코 규정된 처벌을 가능케 하는 조건이 될 수 없다. 법질서의 규범들이 규정하고 있는 절차를 통해 이들 규범으로부터 수권을 받은 법원에 의해 살인행위가 확인되어야 하며, 그에 기초해 당해 법원이 법률이나 관습법에 규정된 일정한 형벌을 명령하고 또 다른 기관에 의해 형벌이 집행되어야 한다. 법원은 살인에 대해 일정한 형벌을 결부시키고 있는 일반적 규범이 합헌적인 절차에 따라 창조된 경우에만 살인범에 대해 형벌을 부과할 수 있는 권한을 부여받고 있다. 이러한 일반적 규범을 창조할 수 있는 권한을 부여하는 헌법규범은 제재가 가해질 수 있는 조건만을 규정한다.[37] 이와 관련된 모든 법적 규범들은 "입법권한을 부여받은 자들이 살인을 범한 자를 일정한 방식에 따라 처벌하는 일반적 규범을 정립한 경우, 그리고 형사소송법에 따라 권한을 부여받은 법원이 형사소송법에 규정된 절차에 따라 특정인이 살인죄를 범했음을 확정한 경우, 그리고 법원이 법률에 규정된 형벌을 명령한 경우에 일정한 기관은 그 형벌을 집행해야 한다."는 하나의 법적 명제로 표현될 수 있다.[38]

켈젠은 이처럼 모든 법들이 "강제행위의 원리"를 통하여 하나의 법적 명제들을 구성한다고 보았기 때문에 권한부여적 규범의 독자성을 부정하고 모든 법들을 의무부과적인 규범으로 환원시킬 수 있다고 보았다.

3. 환원주의에 대한 비판적 검토

지금까지 우리는 법적 규범을 "명령" 내지 "요구"로 보는 입장이 권한부여적 규칙의 독자성을 어떻게 부정하는지 살펴보았다. 그러나 하트가 지적하는 것처럼, 그러한 입장은 "너무나도 많은 대가를 지불하면서 모든 법을 취향에 맞는 통일된 형태로 환원하고 있다. 즉, 상이한 유형의 법적 규칙이 수행하고 있는 상이한 사회적 기능을 왜곡하고 있는 것이다."[39] 그렇다면, 모든 법적 규범을 의무부과적 규범들로 환원하는 입장에는 구체적으로 어떤 문제점들이 발생하는가? 우리는 이러한 입장의 문제점들을 다음과 같이 지적할 수 있다.

첫째, 법이 규정하는 제재가 규범적인 기능을 결정한다고 생각하는 환원주의적 입장(특히 켈젠)에는 문제가 있어 보인다. 왜냐하면 어떤 규범이 특정한 행위를 하지 않는 것에 대하여 제재를 부과하기 때문에 그 규범이 의무적인 것이 아니라 오히려 반대로 어떤 규범이 의무적이기 때문에 특정한 행위를 하지 않는 경우에 제재를 부과하는 것이기 때문이다. 그러므로 동기를 부여하기 위하여 행위들에 결부되는 법적 결과들이 법의 규범적 성격을 결정한다고 생각하는 것은 잘못이다.

둘째, 모든 법적 규범들을 의무부과적 규범으로 환원하는 입장은 제재 테제를 비판하면서 지적하였던 문제점, 즉 제재와 기타의 법적 결과를 구별할 기준을 제시하지 못한다는 문제점을 그대로 가지고 있다. (이러한 문제점은 앞에서 지적하였던 첫째 문제점과 밀접하게 관련이 있다.) 의무를 부과하는 규범을 따르지 않았을 경우의 법적 결과와 권한을 부여하는 규범을 따르지 않았을 경우의 법적 결과에는 차이가 있다. 권한을 부여하는 규범, 예컨대 유언법을 따르지 않았을 경우 그러한 유언은 "무효"이다. 그러나 그것이 무효일지라도 제정법 규정을 따르지 않는 우리의 행위는 의무의 위반이 아니고 범죄도 아니다.[40]

이러한 환원주의를 취하는 법철학자 중 한 명인 오스틴 역시 이러한 문제점을 깨달았다. 그는 유언법을 따르지 않는 결과 유언을 한 행위가 무효가 되는 것을 "무효(nullity)의 제재"라고 재해석함으로써 이 문제를 해결하고자 하였다. 그러나 이것은 다음과 같은 새로운 비판에 처하게 될 것이다. 즉, "이러한 재해석은 이러한 종류의 법들의 기본적인 목적을 놓친 것이다. 명백히 그러한 법들은 잘못한 일을 처벌하는 것이 아니라 권한과 자율성을 부여하는 것에 관한 것이다."[41]

셋째, 모든 법을 제재 내지 강제행위와 관련된 규범으로 환원시키는 개별화의 원리는 법의 기능을 완전히 왜곡시키는 것이 된다. 이러한 개별화의 원리를 운동경기에 비유하자면, 그것은 겉으로는 야구선수들에게 적용되는 규칙들처럼 보이는 모든 야구의 규칙들은 심판이 제재를 가하도록 하는 규칙들로 환원할 수 있다고 주장하는 이론가의 설명과 유사하다.[42] 예컨대, 수비수는 타자가 친 공이 땅에 닿지 않은 상태에서 잡음으로써 타자를 아웃시킬 수 있다는 규칙은 사실 심판이 타자에게 "퇴장"이라는 제재를 가하도록 하는 규칙이라는 것이다. 이 이론가는 자신이 혼잡해 보이는 야구의 규칙들에 하나의 통일성을 부여해 냈다고 만족스러워할지도 모른다. 그러나 경기 규칙에 대한 이러한 설명에 대하여 분명 우리는 야구의 규칙들이 사용되는 방식과 그것들이 가지고 있는 본래의 기능을 왜곡시킨다고 항의할 것이다.[43] 우리는 모든 법을 공무담당자가 제재 내지 강제행위를 부과하는 것과 관련된 규범들로 환원시키는 개별화의 원리에 대하여 동일한 비판 내지 항의를 할 수 있다. 즉, 권한부여적 규칙을 의무부과적 규칙의 단편으로 취급하는 것은 이 규칙들이 사회생활에서 이야기되고 생각되고 실제로 사용되고 있는 방식을 왜곡하는 것이다. 우리들은 야구의 모든 규칙이 사실은 심판으로 하여금 선수에게 제재를 가하게 하는 지시라는 이론에 동의할 수 없는 것과 마찬가지로 이것에도 동의할 수 없다.[44]

넷째, 모든 법적 규범들을 의무부과적인 규범들로 환원하려는 입장이 채택하고 있는 개별화의 원리에 문제가 있다는 것은 법체계의 내용을 완전히 의무만으로 환원시키는 것이 불가능하다는 사실로부터도 알 수 있다. 특히 법체계가 규정하는 권리의 모든 내용들이 의무들로 환원될 수 있는 것은 아니다.[45] 라즈는 법체계가 규정하는 권리들을 의무로 완전히 환원하는 것이 불가능한 이유를 다음과 같이 제시하고 있다.[46]

법률과 사적 거래는 어느 누구에게도 의무를 부과하지 않고서 한 개인에게 어떤 권리를 부여할 수 있기 때문이다.[47] 이에 대하여 그러한 권리에 대응하는 의무가 존재하지 않는 것은 법이 의무를 조건적으로 규정하였기 때문이라고 반론할 수도 있을 것이다. 즉, 법이 "어떤 사람이 어떤 권리를 가지고 있고 또한 어떤 기타의 조건이 충족된다면 다른 어떤 사람에게 의무가 있다."고 규정하고 있는데 그러한 어떤 기타의 조건이 충족되지 않았기 때문에 아직 의무가 존재하지 않는 것에 불과하다고 주장할 수 있을 것이다. 그러나 이러한 반론은 받아들일 수가 없다. 대응하는 의무가 존재하지 않는 권리를 이와 같은 방식으로 의무로 환원시키는 것이 그 권리의 본성을 왜곡시키는 것이 아닌가 하는 우려는 둘째치고라도,[48] 권리를 적어도 아직까지는 존재하지 않는 의무로 환원시켜야만 한다는 불합리에 빠지게 된다. 권리들은 그것들을 보호하기 위하여 새로운 규칙을 만들 권한을 법원에게 부여한다. 즉, 만약 법원이 모든 유효한 도덕적 고려들에 비추어 볼 때 권리를 보호하기 위한 어떤 행동을 하는 것이 최선이라고 판단한다면 권리들은 법원이 그러한 행동을 하도록 수권하고 명령한다.[49] 그러므로 권리는 새로운 규칙들의 "원천"이 될 수 있다. 그러므로 우리는 권리를 의무로 완전히 환원시킬 수 없다.

이러한 주장이 의미하고자 하는 것은 의무의 개념을 언급하지 않고서도 권리의 개념을 설명할 수 있다는 것이 아니다. 전술한 설명은 권리를 무엇보다도 잠재적인 의무의 "원천"으로 표현하는 것이다. 그러나 "권리"에 대한 설명이 "의무"에 의존하기 때문에 권리를 규제하는 규칙들이 단순히 의무의 규칙과 동일하거나 그것의 일부라는 결론이 정당화된다고 생각하는 것은 잘못이다.

그러므로 법체계의 모든 규범들을 의무부과적 규범들로 환원시킬 수 있다는 입장이 채택하는 개별화의 원리는 법체계의 모든 내용을 설명하는 데 실패할 수밖에 없고, 따라서 그러한 입장은 잘못이다.

다섯째, 법체계의 모든 규범들이 의무부과적 규범들로 환원될 수 있다는 입장 중 일부가 주장하는 것처럼 모든 수권적 규범들이 의무부과적 규범들로 기술될 수 있는 것은 아니다. 라즈는 맥코믹을 비판하는 가운데 이러한 유형의 주장을 설득력 있게 논박하였다.[50]

라즈에 따르면, 어떤 법들이 권한 부여적이면서 동시에 의무부과적일 수 있다는 것은 그렇게 놀라운 결론이 아니다. 예컨대, 다음의 진술들을 살펴보자.

(1) "x는 y 주민들의 구성원들에게 적용할 의무부과적인 법들을 제정할 권한
을 가지고 있다."

(2) "y의 구성원들은 x의 제정법에 복종해야만 한다."

이 경우에 (1)의 형태의 모든 진술은 (2)의 형태의 진술을 함의하고 (2)의 형태
의 진술에 함의된다.[51] 이와 같이, 의무부과적인 법들을 창설할 권한을 부여하는
모든 진술은 복종할 의무를 부과하는 진술을 함의하고 또한 그러한 진술에 함의
된다. 왜냐하면 사실 이 두 진술은 하나의 동일한 법을 진술하기 때문이다. 그러
나 규범창설적 권한을 부여하는 모든 규범들이 의무부과적인 법의 제정만을 수권
하는 것이 아니다. 규범창설적 권한을 부여하는 규범들은 의무부과적인 법의 제
정뿐만 아니라 권한부여적인 법의 제정 역시 수권한다.[52] 만약 하나의 규칙이 의
무부과적인 법의 제정뿐만 아니라 권한부여적인 법의 제정 역시 수권한다면, 우
리는 하나의 규범에 의하여 2가지 권한 모두 수권된다고 진술할 만한 이유를 가
지고 있고 따라서 그러한 규범이 의무를 부과한다고 기술하는 것은 그러한 규범
을 왜곡하는 것이다. 따라서 그러한 규범은 의무를 부과한다가 아니라 권한을 부
여한다고 진술되어야 한다.[53] 이것은 권한을 부여하는 수권적 규범의 존재가 특정
한 사람들에게 이러한 권한들에 의하여 제정된 의무부과적인 법들을 준수할 의무
를 가지고 있다는 것을 함의한다는 것을 부정하지 않는다.[54]

더욱이 법들이 의무부과적인 법들을 제정할 권한만을 부여할 때조차도, 우리
는 그러한 법들을 일차적으로 권한부여적인 법들로 보고 (1)의 형태의 진술들을
그러한 법들에 대한 적절한 기술로 간주하며 (2)의 형태의 진술을 그러한 법들로
부터 나오는 결과로 간주할만한 근거들을 여전히 가지고 있을 수도 있다. 라즈는
이러한 해석이 그러한 법들에 관하여 보다 잘 이야기할 수 있는 일상적인 방법에
부합한다고 지적한다.[55] 또한 이러한 법들은 (입법자들이 자신의 입법적 권한들을 실
행한 경우에만 그리고 그 후에만 영향을 받는) 일반적인 시민들의 행동들보다는 보다
더 직접적으로 입법자들의 행동을 지도하기 때문에 의무부과적인 것으로보다는
권한부여적인 것으로 기술하는 것이 더 옳을 것이다.[56] 그러므로 모든 법적 규범들
을 의무부과적인 규범들로 환원시킬 수 있다는 환원주의적 입장은 타당하지 않다.

| 제3절 권한부여적 규범의 독자성 |

1. 서론

제2절에서 우리는 모든 법적 규범을 의무부과적 규범으로 환원시킴으로써 권한부여적 규범의 독자성을 부정하는 입장을 살펴보고 그것의 문제점을 지적하였다. 이 절에서는 권한부여적 규범이 독자적인 형태로 행위의 근거를 제시하는 것으로 해석해야 하는 이유를 살펴보고자 한다. 이를 위해서 먼저 권한부여적 규범의 개념을 살펴본 다음에 권한부여적 규범이 어떻게 행위의 근거를 제시하는지 살펴볼 것이다.

제2절에서 모든 법적 규범을 의무부과적 규범으로 환원시키려는 입장이 법의 규범적인 기능을 왜곡시킨다고 비판하였다. 그렇다면 의무부과적 규범 외에도 권한부여적 규범을 추가한다면 법의 규범적 기능은 어떻게 설명되는가? 이 문제를 살펴보기 위하여 마지막에는 법적 규칙의 분류에 관한 문제를 살펴보고자 한다.

2. 권한부여적 규범의 개념에 관한 분석

여기에서는 규범적인 권한에 관한 하트의 진술로부터 권한부여적 규범의 개념을 분석하고자 한다. 하트는 권한부여적 규범이 부여하는 규범적인 권한에 관하여 다음과 같이 설명한다.

> 약속을 한다는 것은 약속을 한 사람이 책무를 지게 만드는 어떤 말을 하는 것이다. 말이 이러한 종류의 효과를 가지기 위해서는, 적합한 상황에서 적합한 사람이(즉, 각종 강박들이 배제된 상태에서 자신의 입장을 이해하고 있는 사람이) 어떤 말을 하는 경우에 그 사람은 그 말이 언급하는 것을 해야 한다고 규정하는 규칙이 존재해야만 한다. 그러므로 약속을 할 때 우리는 자기 자신에게 책무를 부과하고 타인에게 권리를 부여함으로써 우리 자신의 도덕적 상황을 변경하는 특정의 절차를 사용한다. 법률가들의 전문용어로 말하자면, 이것을 하기 위하여 우리는 규칙들에 의하여 부여된 '권한'(power)를 행사한다.[57]

여기에서 하트는 규범적인 권한의 개념을 분석함에 있어서 "나는 약속을 한다."와 같은 말을 하는 경우에 그 말이 가지는 발화수반력(illocutionary force)에 집중하고 있다.[58] 약속을 한다는 것은 자신에게 책무를 부과하고 수신자에게 권리를 부여함으로써 자신의 지위를 변경시키는 권한의 행사를 하는 것이다. 그런데 "~할 것을 약속한다."는 말 자체는 권한을 행사하는 발화, 즉 오스틴(J. L. Austin)의 분류에 따를 때 행사발화(exercitive)가 아니라 언약발화(commissives)이다.[59] 그러므로 자신에게 책무를 부과하고 수신자에게 권리를 부여하는 것은 권한의 행사(행사발화)의 본성이 아니라 약속을 하는 것(언약발화)의 본성이다. 또한 하트가 지적하는 것처럼 어떠한 말을 하는 것이 규범적인 권한의 행사라는 행사발화로서의 발화수반적 힘을 가지기 위해서는 그러한 힘을 가질 수 있도록 해 주는 규칙이 존재해야만 한다.

따라서 우리는 규범적인 권한의 개념을 "규칙이 규정하는 범위 내에서 자기 또는 타인의 법적인 지위의 변경을 가져올 수 있는 능력"으로 이해할 수 있을 것이고, 권한부여적 규범이란 그러한 규범적인 권한을 행사할 수 있는 편의를 부여하는 규범으로 이해할 수 있을 것이다.[60]

3. 권한부여적 규범의 독자성

이러한 권한부여적 규범은 어떻게 독자적으로 행위를 지도하는가? 이 질문에 답하기 위해서 우리는 다시 개별화의 문제를 살펴볼 필요가 있다. 제5장에서 논의된 권한부여적 규범의 독자성 부정설에 대한 비판이 법의 개별화에 관한 논의 자체를 부정하는 것이 아님에 주의해야만 한다. 앞에서의 비판은 법의 개별화 작업 자체가 아니라 잘못된 개별화의 원리에 대한 비판이다. 즉, 벤담이나 켈젠과 마찬가지로 법이론가가 법의 개별화의 작업을 설명하는 것은 반드시 필요하다고 생각한다. 왜냐하면 법의 개별화는 실제로 법률가들이 행하는 중요한 활동 중 하나이기 때문이다.[61]

이와 달리 법의 개별화 자체에 관하여 부정적인 견해도 있다. 예컨대, 드워킨(R. Dworkin)은 다음과 같이 법의 개별화를 비판한다.

라즈 박사가 주장하는 것처럼 그것은 '우리가 무엇을 하나의 완전한 법으로 간주해야 하는가'의 문제에 대한 올바른 대답에 따라서 법이론들이 성공하거나 실패할 수 있는 그런 지점까지 우리를 몰고 간다. 나에게 그것은 지나치게 정도를 넘어선 것으로 보인다. 당신이 지리학에 대한 긴 책을 읽었고, 그 책이 어떤 정보를 담고 있는지를 나에게 말하도록 내가 당신에게 요구한다고 가정하자. 당신은 일련의 사실에 관한 명제들로 그렇게 할 것이다. 그러나 이제 내가 당신에게 그 책은 얼마나 많은 사실에 대한 명제들을 담고 있고, 그 명제들을 세는 데에 당신은 어떤 이론을 이용했는가를 물어본다고 가정하자. 당신은 내가 미쳤다고 생각할 것이다. 그 이유는 단순히 내가 당신에게 어느 특정한 해변가에는 얼마나 많은 수의 모래알갱이가 있는가를 물어보는 것처럼 그 문제가 지나치게 어렵거나 마치 내가 당신에게 임신 초기의 여자를 포함하고 있는 한 집단 안에서 얼마나 많은 인간이 있는가를 물어보는 것처럼 어려운 개별적 구별을 요구하기 때문이 아니다. 당신은 내가 주어진 자료에 대해서 전적으로 잘못된 종류의 문제를 물었기 때문에 내가 미쳤다고 생각할 것이다. 그 책은 매우 많은 정보를 담고 있다. 명제는 그 정보를 제시하는 방식인데, 사용된 그 명제의 수가 얼마인가는 정보의 내용과는 독립적인 고려사항들, 예를 들면 어떤 사람이 '바위'라는 일반적인 용어를 사용하는지 아니면 특정한 종류의 바위들의 이름을 사용하는지 같은 고려사항들에 의존할 것이다.[62]

이러한 비판에 대하여 라즈는 다음과 같이 반론을 제기한다.

개별화의 교의의 목적이 얼마나 많은 규칙들이 존재하는가를 셀 수 있도록 해 주는 것이라고 생각하는 사람은 오직 순박한 독자뿐일 것이다. 개별화의 문제는 '하나의 법', '하나의 의도', '하나의 생각'과 같이 가산명사들을 셀 때마다 일어난다. 또한 가산명사들은 개별화의 문제뿐만 아니라 정량화(quantification), 동일설 및 차이와 같은 다른 표현의 형태들도 발생시킨다. '~라는 하나의 법이 존재한다.', '하나의 생각이 존재한다.' 등; '이것은 동일한 법이다', '이것은 상이한 규칙이다.', '나는 동일한 생각을 가지고 있었다.', '아니야, 나의 의도는 달랐어.', '나는 다른 의도도 가지고 있었어.' 등. 개별화의 교의들은 그러한 표현들의 사용과 그러한 표현들이 만드는 구조들을 연구한다. 이러한 사례들 중 어느 것이 어제 당신이 얼마나 많은 의도들을 가졌었는지를 세는 것이 말이 되게 하는가?[63]

그렇다면, 개별화의 원리는 어떻게 수정되어야 하는가? 하트는 제2절에서 살펴본 환원주의, 즉 모든 법을 제재 내지 강제행위와 관련된 규범으로 환원시키는 개별화의 원리가 법의 기능을 완전히 왜곡시킨다고 비판한다. 이러한 개별화의 원리를 운동경기에 비유하자면, 그것은 겉으로는 야구선수들에게 적용되는 규칙들처럼 보이는 모든 야구의 규칙들은 심판이 제재를 가하도록 하는 규칙들로 환원할 수 있다고 주장하는 이론가의 설명과 유사하다는 것이다.[64] 예컨대, 수비수는 타자가 친 공이 땅에 닿지 않은 상태에서 잡음으로써 타자를 아웃시킬 수 있다는 규칙은 사실 심판이 타자에게 "퇴장"이라는 제재를 가하도록 하는 규칙이라는 것이다. 이 이론가는 자신이 혼잡해 보이는 야구의 규칙들에 하나의 통일성을 부여해냈다고 만족스러워할지도 모른다. 그러나 경기 규칙에 대한 이러한 설명에 대하여 분명 우리는 야구의 규칙들이 사용되는 방식과 그것들이 가지고 있는 본래의 기능을 왜곡시킨다고 항의할 것이다.[65] 우리는 모든 법을 공무담당자가 제재 내지 강제행위를 부과하는 것과 관련된 규범들로 환원시키는 개별화의 원리에 대하여 동일한 비판 내지 항의를 할 수 있다. 즉, 권한부여적 규칙을 의무부과적 규칙의 단편으로 취급하는 것은 이 규칙들이 사회생활에서 이야기되고 생각되고 실제로 사용되고 있는 방식을 왜곡하는 것이다. 우리들은 야구의 모든 규칙이 사실은 심판으로 하여금 선수에게 제재를 가하게 하는 지시라는 이론에 동의할 수 없는 것과 마찬가지로 이것에도 동의할 수 없다.[66]

그렇다면, 어떠한 개별화의 원리를 채택해야 할 것인가? 권한부여적 규범의 독자성을 인정하는 라즈는 다음과 같이 개별화의 원리를 제시한다.[67]

(1) 모든 법체계에는 의무부과적 규칙과 권한부여적 규칙이 존재한다.
(2) 이것들은 행위를 지도하는 규범이다.[68]
(3) 모든 법체계에는 규범들이 아닌 여러 가지 기타 유형의 법들이 존재한다.
(4) 규범이 아닌 모든 법들은 법적 규범들과 내부적 관계를 가지고 있다.
(5) 법적 규칙들은 충돌할 수 있다.

우리의 연구의 목적상, 여기에서는 이러한 5가지 개별화의 원리 전부를 검토하기보다는 (1)과 (2)만을 집중적으로 검토하고자 한다. (1)과 (2)는 법이 행위를 지도하는 유형에는 적어도 두 가지 유형, 즉 의무부과적인 방식과 권한부여적인 방식이 존재한다는 것을 함의한다.

법이 의무부과적인 방식으로 행위를 지도하는 경우를 살펴보자. 이 경우에 법은 법적 의무가 사람들이 어떤 행동을 함에 있어서 기초해야 하는 유일한 합법적인 근거라고 주장함으로써 행위의 근거를 제시하는 것이다. 즉, 법은 행위자에게 법이 요구하는 특정한 행위를 선택할 것을 강요함으로써 행위의 근거를 확정하는 것이다.[69]

라즈의 주장처럼 법이 행위자를 지도하는 것을 의도한다면, 즉 법이 행위자가 무엇을 할 것인지를 결정함에 있어서 기초로 삼는 근거들을 확정하는 것을 의도한다면 법은 행위를 지도하는 것이다.[70] 권한을 부여하는 것도 법이 어떤 행동을 할 것인지 여부에 관한 근거들을 법적으로 확정지우는 하나의 방법이므로 역시 행위를 지도한다고 보아야 한다. 권한부여적 법은 행위자에게 규범적인 권한, 즉 자기 또는 타인의 법적 지위를 변경시킬 수 있는 능력을 부여한다. 이것은 행위자의 결정에 영향을 미친다. 이때 권한부여적 법이 행위자의 결정에 미치는 영향은 단순히 우연적인 것이 아니다. 즉, 권한을 부여하는 법은 행위자가 자신의 행위를 결정함에 있어서 법이 결합시키는 법적 결과들에만 기초하도록 하기 위하여 행위자의 행위에 법적 결과를 결합시킨다. 따라서 권한부여 역시 규범적인 행위 지도의 한 방식이다.[71]

그러므로 의무의 부과와 권한의 부여는 서로 상이한 방식이지만 둘 다 행위의 근거를 확정한다고, 즉 행위를 지도한다고 말할 수 있다. 다시 말해서, 법이 행위를 지도하는 방식에는 적어도 의무부과와 권한부여라는 두 종류의 유형이 존재하고 따라서 권한부여적 규범은 독자성을 가진다고 할 수 있다.[72]

4. 법의 규범적 기능: 법적 규범의 분류에 관한 문제

지금까지 우리는 권한부여적 규범이 독자적으로 행위의 근거를 제시한다는 것을 고찰하였다. 제2절에서는 모든 법을 의무부과적 규범으로 환원시키려는 시도가 법의 규범적 기능을 왜곡시킨다고 비판하였는데, 이처럼 권한부여적 규범의 독자성을 인정한다면 법의 규범적 기능은 어떻게 설명되는가? 여기에서는 다소 제한적인 방식으로 이 문제에 답변하고자 한다. 즉, 법의 규범적인 기능을 체계적으로 제시하려는 시도를 하지는 않을 것이다. 이 장의 목적에 비추어 볼 때 법의 규범적 기능과 관련하여 법적 규칙을 어떻게 분류할 것인가라는 문제를 살펴보는 것으로 충분하다.

먼저 권한부여적 규범의 독자성을 인정하는 하트가 법의 규칙들을 어떻게 분류하였는지에 관하여 검토하고자 한다. 하트의 분류방법에 대해서는 다양한 해석들이 존재한다. 여기에서는 이러한 해석들을 검토하여 어떠한 해석이 가장 하트의 입장에 부합하는지를 밝히고자 한다. 그 이후에 하트의 입장을 비판하고 수정해야 할 점을 지적하고자 한다.

(1) 하트의 분류방법에 관한 해석

하트는 권한부여적 규칙의 독자성을 추가하는 것만으로 법체계의 모든 규칙들을 다 설명할 수 있다고 생각하지 않는다. 그래서 그는 "권한을 부여하는 법을, 의무를 부과하며 위협을 배경으로 하는 명령과 유사한 법으로부터 구별하는 것은 시작에 불과하다."고 말한다.[73] 그러면서도 하트는 "그러나 아마도 법체계의 몇 가지 주요한 특징이 이러한 유형의 규칙에 의하여, 즉 사적 및 공적인 법적 권한의 행사를 위한 규정이 있다는 것에 의하여 충분히 나타났다고 할 수 있다."고 평가한다.[74] 그래서 그는 의무부과적 규칙들만으로 구성된 것이 아닌 법체계의 모습을 기술하기 위해 구체적으로 권한부여적 규칙을 설명한다. 그러기 위해 그는 권한부여적 규칙을 사적인 권한을 부여하는 규칙과 공적인 권한을 부여하는 규칙으로 구분한다.

> 또한 우리는 바로 앞에서 논의했던 법들과 대비되는 사적인 성질이 아닌, 공적인 또는 공식적인 성질을 갖는 법적 권한을 부여하는 또 다른 종류의 법들을 고찰하겠다. 이러한 법들의 예는 통상 정부가 분할되는 세 가지 형태, 즉 사법부, 입법부 및 행정부에서 찾아볼 수 있다.[75]

하트는 사적인 권한을 부여하는 규칙의 예로 계약, 유언, 신탁, 혼인을 할 권한을 부여하는 규칙들을 들고, 공적인 권한을 부여하는 규칙의 대표적인 예로는 승인의 규칙, 변경의 규칙, 재판의 규칙을 들고 있다.

그런데 하트는 법체계를 설명하면서 의무부과적 규칙과 권한부여적 규칙의 구분을 제시할 뿐만 아니라 일차적 규칙과 이차적 규칙의 구분을 제시한다. 이러한 두 가지의 분류방법들은 서로 어떠한 관계를 가지고 있는지 문제된다. 이것이 왜 문제되는가? 하트는 일차적 규칙에 관하여 말할 때 대체로 "의무의 일차적 규칙"이라고 언급한다. 이러한 하트의 언급들에 따를 때 계약, 유언, 신탁, 혼인을 할 권한을 부여하는 규칙들의 위치가 불분명해 보인다. 즉, 그러한 규칙들은 국민을 직접적인 대상으로 하기 때문에 이차적 규칙으로 보기에도 곤란하고 권한부여적 규칙이기 때문에 일차적 규칙으로 보기에도 곤란하다.

학자들은 이 문제에 관하여 서로 다른 해석을 제시한다. 이들의 해석 차이를 분류해보면, 크게 다음과 같은 두 가지 입장이 존재한다.

(1) 일차적 규칙은 개인에게 의무를 부과하는 규칙이고, 이차적 규칙 중 일부는 개인에게 권한을 부여하는 규칙이고 다른 일부는 법적 공무담당자들에게 권한을 부여하는 규칙이다.

(2) 일차적 규칙은 개인에게 적용되는 규칙이고, 이차적 규칙은 법적 공무 담당자에게 적용되는 규칙이다. 즉, 일차적 규칙에는 의무부과적 규칙과 권한부여적 규칙이 모두 존재한다.

먼저 (2)의 해석을 살펴보도록 하자. (2)의 해석을 채택하는 학자로는 이상영, 김도균,[76] 빅스(B. Bix) 교수를 들 수 있다. (2)의 해석은 두 가지의 분류를 전혀 다른 분류방식으로 이해한다. 이러한 입장이 하트의 분류방법을 어떻게 설명하는지 살펴보자.

하트는 법을 규범의 체계로 파악한다. 그 규범의 체계는 일차적 규칙과 이차적 규칙으로 나누어진다. 일차적 규칙은 사회구성원에게 의무를 부과하거나 권리를 부여 하는 규칙이고, 이차적 규칙은 이러한 일차적 규칙들을 누가 도입하고, 개정하고, 폐지할 수 있는가, 그리고 어떤 절차에 따라서 이루어질 수 있는가에 상관하는 규칙이다 …. 하트는 이차적 규칙을 세 가지 종류로 나눈다. 즉, 낡은 일차적 규칙을 폐지하고 새로운 일차적 규칙들을 도입하여 법체계를 역동적으로 만드는 변경의 규칙, 일차적 규칙들의 내용이나 그 목적이 불분명해 도대체 어떻게 법규를 위반했는지 알 수 없어 사회구성원들에게 혼란을 주거나 분쟁해결에 지장을 초래할 때 이를 해결하는 재판절차와 기관을 정해 법체계의 효과를 높이는 재판의 규칙, 도대체 어떠한 규범이 법에 속하는지 아닌지, 효력이 있는 법규인지 아닌지 자체가 불확실할 때 이를 판별해 주는 승인의 규칙이 그것이다. 물론 이차적 규칙들은 단지 일차적 규칙들만을 대상으로 하지 않는다. 이차적 규칙들은 바로 자신들, 즉 이차적 규칙들을 대상으로 하기도 한다.[77]

대부분의 일차적 규칙이 의무부과적 규칙이고, 많은 이차적 규칙이 권한부여적이라는 것에서 이러한 구별은 겹치지만 완전히 겹치는 것은 아니다. 예컨대, 계약과 유언에 관한 규칙들은 시민들에게 권한을 부여한다. 또한 공무담당자들에게 의무를 부과하는 많은 규칙이 존재한다.[78]

이러한 입장에 따르면, 의무부과적 규칙/권한부여적 규칙의 분류는 규칙이 가지는 규범적인 기능의 차이에 따른 구별이고 일차적 규칙/이차적 규칙의 분류는 규칙의 직접적인 대상의 차이에 따른 구별이다. 따라서 일차적 규칙에는 의무부과적 규칙뿐만 아니라 권한부여적 규칙도 존재할 수 있다. 즉, 일차적 규칙에는 국민들을 대상으로 의무를 부과하거나 권한을 부여하는 규칙들이 존재하며, 이차적 규칙에는 공무담당자에게 권한을 부여하는 변경의 규칙, 재판의 규칙, 승인의 규칙이 존재한다.

이러한 해석은 계약, 유언, 신탁, 혼인을 할 권한을 부여하는 규칙들을 권한부여적인 일차적 규칙으로 분류함으로써 앞에서 제기한 문제를 완전히 해결해 주지만, 다음과 같은 하트의 직접적인 언급들에 반한다는 문제점이 있다.

기본적 혹은 일차적인 것으로 생각될 수 있는 한 가지 유형의 규칙하에서는 사람들은 원하든 원하지 않든 간에 어떤 행위를 하거나 하지 말아야 할 것이 요구된다. 다른 유형의 규칙은 어떤 의미에서 첫 번째 유형의 규칙에 기생 하거나 또는 이차적인 것이다. 왜냐하면 그 규칙들은 어떤 것을 행하거나 말함으로써 사람들이 일차적 유형의 새로운 규칙을 도입하거나, 오래된 규칙을 폐기 또는 수정하거나 여러 가지 방법으로 그 적용 상황을 결정하거나 그들 작용을 통제할 수 있도록 규정하기 때문이다. 첫째 유형의 규칙은 의무를 부과하고, 둘째 유형의 규칙은 공적 또는 사적인 권한을 부여한다. 첫째 유형의 규칙은 물리적인 활동이나 변화를 포함하는 행동에 관련이 있고, 둘째 유형의 규칙은 물리적 활동이나 변화뿐만 아니라 의무의 창설이나 변동을 이끄는 작용을 마련한다.[79]

단지 의무의 일차적 규칙만 있다면 개인들은 이행으로부터 구속되고 있는 것들을 해제하거나 이행으로부터 발생하는 이익들을 타인에게 양도할 능력이 없다. 왜냐하면 이러한 해제나 양도의 작용들은 의무의 일차적 규칙하에서의 개인의 본래 위치의 변화를 만들어 내고, 이러한 작용들이 가능하다면, 일차적 규칙과는 구별되는 종류의 규칙이 있어야 하기 때문이다.[80]

인용문들에서 알 수 있듯이, 하트는 첫째 유형의 규칙이 의무부과적이고 둘째 유형의 규칙이 권한부여적이라고 명시적으로 언급하고 있을 뿐만 아니라 이러한 구분이 일차적 규칙과 이차적 규칙의 구분임을 밝히고 있다.

우리들은 이미 어느 주어진 사회 집단 속에 이 두 가지 유형의 규칙이 존재하고 있다는 주장이 무엇을 의미하는가에 대한 몇 가지 예비적인 분석을 했다. 이 장에서는 이 분석을 조금 더 진행하는 동시에, 오스틴이 강제적 명령이라는 관념에서 발견하였다고 잘못 주장한 것, 즉 "법리학의 열쇠"는 이 두 가지 유형의 규칙의 결합 속에서 존재하고 있다는 일반적 주장을 할 것이다.[81]

이 두 가지 유형의 규칙의 결합이 바로 이 장의 목표라고 밝히고 있는데, 이 장의 제목이 바로 "일차적 규칙과 이차적 규칙의 결합으로서의 법"이다. 그러므로 설령 (2)의 해석 그 자체가 법적 규칙을 합리적으로 분류할 수 있게 해 준다고 하더라도 우리는 그것을 하트의 입장에 대한 올바른 해석이라고 할 수는 없다.

이제 (1)의 해석을 살펴보도록 하자. (1)의 입장을 취하는 학자로는 심헌섭,[82] 오병선, 최봉철, 오세혁,[83] 콜먼(J. Coleman),[84] 웍스(R. Wacks),[85] 스파크(T. Spaak) 교수를 들 수 있다. 그들이 하트의 입장을 어떻게 해석하는지 한번 살펴보자.

법적 규칙은 도덕적 규칙과 같이 의무에 관련된 것이지만 도덕적 규칙과는 달리 '일차적 규칙'과 '이차적 규칙'으로 세분되고 이 두 가지 규칙의 상호관계에 의존하는 체계적 특성을 가지고 있다. 일차적 규칙이란 사람에게 의무를 부과하는 것으로 위법행위나 범죄행위를 금지하는 규칙, 즉 '의무의 규칙'이다. 이차적 규칙이란 이와 달리 사람에게 어떤 행위를 의무지우는 규칙이 아니다. 특정행위를 할 수 있도록 권한을 부여하는 규칙이다.[86]

하트는 법적 규칙을 일차적 규칙과 이차적 규칙으로 나눈다. 그는 사회구성원들에게 법적 의무를 부과하는 일차적 법적 규칙이라고 하였으며, 또한 그는 일차적 규칙들을 확인하는 방식, 창설하고 변경하는 방식과 일차적 규칙에 대한 위반을 처리하는 방식을 정한 규칙들을 이차적 규칙이라고 하였다. 따라서 이차적 규칙은 승인의 규칙, 변경의 규칙, 재판의 규칙으로 구성된다.[87]

이러한 입장은 하트의 언급에 잘 부합하기는 하지만 사적인 권한을 부여하는 규칙, 예컨대 신탁, 혼인, 유언 등을 할 수 있는 권한을 부여하는 규칙의 위치를 정립하는 것에 어려움이 있다. 이것은 결국 사적인 권한을 부여하는 규칙이 변경의 규칙과 동일한지, 포함되는지, 아니면 구별되는지의 문제이다. 이 문제와 관련하여 하트는 다음과 같이 언급하고 있다.

개인들에게 일차적 규칙들하의 자신들의 본래의 지위를 변경시킬 수 있는 권한을 부여하는 규칙에 대하여 이미 어느 정도 상술하였다. 그러한 권한부여적 규칙이 없다면, 법이 사회에 제공하는 편리함 중 일부가 사회에 결여되게 될 것이다. 왜냐하면 (물론 권한부여적 규칙의 원초적인 형태 역시 약속이라는 도덕적 제도에 토대를 두고 있는 것이기는 하지만) 권한부여적 규칙에 의해서 우리는 유언을 하고, 계약을 체계하고, 소유권을 이전하고, 그리고 (법에 따른 생활을 특징짓는) 그 밖에 임의로 설정할 수 있는 많은 권리의무관계를 만들 수 있기 때문이다. 이러한 규칙과 입법의 관념에 포함되어 있는 변경의 규칙과의 근친관계는 자명한 것이다. 그리고 계약을 체결하거나 재산권을 이전하는 것을 개인들이 제한적인 입법권을 행사하는 것으로 생각할 때에 켈젠의 이론과 같은 최근의 이론에서 나타나는, 계약, 소유권 제도에 관

한 혼란이 해명된다.[88]

여기에서 "이러한 규칙과 입법의 관념에 포함되어 있는 변경의 규칙과의 근친 관계는 자명한 것이다."는 하트의 언급을 어떻게 이해할 것인가? 즉, 하트의 언급 은 다음의 3가지 중 어느 것으로 이해해야 할 것인가?

> (a) 사적 권한을 부여하는 규칙과 변경의 규칙은 동일하다.[89]
> (b) 사적 권한을 부여하는 규칙은 변경의 규칙에 포함된다.[90]
> (c) 사적 권한을 부여하는 규칙은 변경의 규칙과 유사하다.

이러한 3가지 해석 중 어떤 것을 선택하느냐에 따라 "(1) 일차적 규칙은 개인 에게 의무를 부과하는 규칙이고, 이차적 규칙 중 일부는 개인에게 권한을 부여하 는 규칙이고 다른 일부는 법적 공무담당자들에게 권한을 부여하는 규칙이다."는 입장은 다른 의미를 가지게 된다. 즉, (a)와 (b)의 해석을 취하는 경우에는 (1)은 (1.1)의 뜻을 포함하게 될 것이고 (c)의 해석을 취하는 경우에는 (1.2)의 뜻을 포함 하게 될 것이다.

> (1.1) 이차적 규칙에는 승인의 규칙, (사적 권한을 부여하는 규칙과 동일하거
> 나 이를 포함하는) 변경의 규칙, 재판의 규칙만이 존재한다.
> (1.2) 이차적 규칙에는 승인의 규칙, 변경의 규칙, 재판의 규칙, (변경의 규칙
> 과 유사하지만 구별되는) 사적 권한을 부여하는 규칙이 존재한다.

하트의 언급을 보다 정확하게 이해하기 위하여 원문을 참조하면 다음과 같다.

> The kinship of these rules with thr rules of change involved in the notion of
> legislation is clear ···.[91]

결국 근친관계, 유사성이라는 말로 사용되는 kinship의 의미를 어떻게 이해할 것인가가 중요하다. 이것을 동일하다 내지 포함된다로 이해하는 것은 kinship의

의미에도 맞지 않을 뿐만 아니라 전체적인 논의의 맥락에도 맞지 않다. 또한 이 구절을 번역하고 있는 두 종류의 일본어 번역서의 경우에도 각각 "유사하다"는 의미로 번역하고 있다.

> 이러한 규칙과 입법의 관념에 포함되어 있는 변경의 규칙은 명확하게 유사하여 (야사키 미츠쿠니[矢崎光圀] 교수의 번역)[92]

> 이러한 규칙과 입법이라는 관념에 포함되어 있는 변경의 규칙의 유사성은 자명하여 (하세베 야스오[長谷部恭男] 교수의 번역)[93]

그러므로 변경의 규칙과 사적 권한을 부여하는 규칙은 단지 유사한 것으로 이해하는 (c)와 (1.2)의 입장을 받아들여야 한다. (1.2)의 입장을 취하는 대표적인 주석가로는 맥코믹을 들 수 있다.[94] 이러한 입장에 따르면, 하트의 주장은 다음과 같이 이해된다. 일차적 규칙은 의무를 부과하는 규칙인 반면에 이차적 규칙은 개인 또는 공무담당자에게 권한을 부여하는 규칙이다. 그리고 이차적 규칙에 속하는 규칙들에는 사적인 권한을 부여하는 규칙(유언을 할 권한을 부여하는 규칙, 혼인을 할 권한을 부여하는 규칙 등)이 있고 공적인 권한을 부여하는 규칙(변경의 규칙, 재판의 규칙, 승인의 규칙)이 있다. 이러한 해석이 법적 규칙의 분류에 관한 하트의 언급에 가장 잘 부합한다.

(2) 하트의 분류방법에 대한 비판과 수정

규칙에 관한 하트의 분류방법은 크게 다음과 같은 2가지 문제점이 있다. 첫째, 하트의 분류방법에는 일차적 규칙과 이차적 규칙에 관한 혼동이 있는 것으로 보인다. 전술한 것처럼 하트의 언급에 비추어 볼 때, 하트는 사적인 권한을 부여하는 규칙을 이차적 규칙으로 분류하였다고 해석하는 것이 타당하다. 그러나 일차적 규칙이 개인들에게 적용되는 규칙인 반면에 이차적 규칙은 규칙에 적용되는 규칙이라고 한다면, 사적인 권한을 부여하는 규칙은 개인들에게 그러한 규범적인 권한을 부여하는 것이므로 일차적 규칙으로 분류되어야 할 것이다.

둘째, 하트는 이차적 규칙에 속하는 규칙들이 전적으로 권한부여적 규칙이라고 설명하지만 이러한 설명은 잘못이라고 생각된다. 법적 공무담당자들에게 규칙의 존재를 확인하고 규칙을 변경하며 규칙에 기초하여 판결을 내리는 것과 관련된 의무를 부과하는 많은 규칙들이 존재한다. 이러한 규칙들은 이차적 규칙이지만 의무부과적 규칙인 것으로 보아야 할 것이다.

따라서 법적 규칙의 분류에 대한 하트의 생각은 다음과 같이 수정되어야 한다. 즉, 일차적 규칙은 국민들에게 직접적으로 적용되는 것으로 이차적 규칙을 다른 규칙에 관한 규칙으로 규정하고, 일차적 규칙과 이차적 규칙 각각에는 의무부과적 규칙과 권한부여적 규칙 모두가 포함되는 것으로 보아야 한다. 이렇게 법적 규칙을 분류한다면, 우리는 법의 규범적인 기능을 보다 올바르게 파악할 수 있을 것이다.

| 제4절 법의 규범적인 기능에 대한 소결 |

이상의 논의를 바탕으로 규범적인 기능의 문제에 관하여 우리는 다음과 같은 결론들을 얻을 수 있다.

규범적인 권한은 "규칙이 규정하는 범위 내에서 자기 또는 타인의 법적인 지위의 변경을 가져올 수 있는 능력"으로 정의될 수 있고, 규범적인 권한의 성격에 따라 권한부여적 규범은 사적인 권한을 부여하는 규범과 공적인 권한을 부여하는 규범으로 구분될 수 있다.

법이 행위자를 지도하는 것을 의도한다면, 즉 법이 행위자가 무엇을 할 것인지를 결정함에 있어서 기초로 삼는 근거들을 확정하는 것을 의도한다면 법은 행위를 지도하는 것이다. 권한을 부여하는 법은 행위자가 자신의 행위를 결정함에 있어서 법이 결합시키는 법적 결과들에만 기초하도록 하기 위하여 행위자의 행위에 법적 결과를 결합시키기 때문에 권한부여 역시 어떤 행동을 할 것인지 여부에 관한 근거들을 법적으로 확정지우는 것이다. 그러므로 권한을 부여하는 것도 역시 행위를 지도한다고 보아야 한다.

따라서 법이 사람들에게 행위의 근거를 제시하는 것, 즉 법이 사람들의 행위를 지도하는 것은 의무를 부과하는 방식뿐만 아니라 권한을 부여하는 방식으로도 이루어질 수 있다. 즉, 권한부여적 규범들은 독자적으로 사람들에게 행위의 근거를 부여한다고 해석하여야 하고, 따라서 권한부여적 규범들을 의무부과적 규범들로 환원하려는 시도는 타당하지 않다. 그러므로 법실증주의자가 법이 사람들의 행위를 지도하는 방식을 설명할 때에는 의무부과적인 방식뿐만 아니라 권한부여적인 방식도 함께 다루어야만 할 것이다. 이렇게 할 때에 법실증주의자들은 법의 규범적인 기능을 왜곡하지 않고 올바르게 설명할 수 있을 것이다.

또한 법의 규범적인 기능을 파악하기 위해서는 법적 규칙을 올바르게 분류할 필요가 있다. 하트의 분류방식을 비판적으로 검토한 결과, 우리는 일차적 규칙이란 국민들에게 직접적으로 적용되는 것으로 이차적 규칙이란 다른 규칙에 관한 규칙으로 규정하고, 일차적 규칙과 이차적 규칙 각각에는 의무부과적 규칙과 권한부여적 규칙 모두가 포함되는 것으로 분류하는 것이 타당하다는 결론을 얻을 수 있었다. 이렇게 법적 규칙을 분류한다면, 우리는 법의 규범적인 기능을 보다 올바르게 파악할 수 있을 것이다.

04

법의 기술

제11장
법적 명제에 대한 켈젠의 이론

| 제1절 서론 |

켈젠(H. Kelsen)[1]의 순수법학에 있어서 "법과학"(legal science)[2]은 핵심적인 개념 중 하나이다. 왜냐하면 법과학은 순수법학이 그 "순수성"을 확보하도록 해 주는 중요한 이론적 장치이기 때문이다. 즉, "순수법학의 순수성은 본질적으로 그것이 과학이려 하지 정치이려 하지 않는 데 ⋯ 있다."[3] 그러므로 이 장에서는 순수법학 의 근본개념들 중에서 "법과학"에 관한 켈젠의 이해방식을 상술하고자 한다. 즉, 켈젠이 법과학의 역할을 어떻게 설명하는지, 법과학이 법적 규범들을 어떻게 다루어야 한다고 주장하는지를 고찰하고자 한다.

순수법학에 따르면, 법과학은 법적 규범들을 인식하고 그것들을 기술하는 작업을 한다. 따라서 제2절에서는 법과학이 법적 규범들을 어떻게 인식하는지 살펴보고자 한다. 이것은 다음 절에서 다룰 문제, 즉 그렇게 인식된 법적 규범들을 법과학이 어떻게 기술(記述) 내지 재현(再現)하는가라는 문제를 이해하는 데 중요한 전제가 된다. 먼저 제2절에서는 법과학에 대한 켈젠의 설명을 살펴볼 것인데, 이것은 제3절에서부터 본격적으로 살펴볼 켈젠의 법적 명제 이론을 이해하는 데 큰 도움이 줄 것이다.

켈젠은 이러한 법과학에 대한 이해를 바탕으로 법적 규범(legal norm)과 법적 명제(legal proposition)는 엄격하게 구분되어야 한다고 주장한다.[4] 법적 규범은 법기관에 의해 창설되고, 법기관에 의해 적용되며, 수범자에 의해 준수되는 것이다.[5] 반면에 법적 명제는 법과학에 의해서 구성되는 것으로 "법적 규범에 의하여 규정된 요건들 사이의 관계"를 기술한다.[6] 즉, 법적 규범은 법과학의 인식의 대상이고, 법적 명제는 법과학에 의해 기술 내지는 구성되는 것이다.

하트(H. L. A. Hart)가 지적하듯이,[7] 켈젠이 법적 규범과 법적 명제의 구별을 도입한 것은 "순수법학"의 목적과 임무에 비추어 볼 때 당연한 것이다. 순수법학은 어떤 특정한 법체계를 재현 내지는 기술하려는 법학자에게 그렇게 하는 방법을 가르쳐 주고 그렇게 할 때 사용해야 하거나 해서는 안 되는 개념들을 제시해 주며 그러한 법학자의 재현 내지 기술이 취해야 하는 형태를 알려주는 일반이론이다. 그러므로 이러한 목적에 비추어 볼 때, 법학자가 인식해야 하는 대상인 법적 규범과 법학자가 재현 내지 기술해야 하는 방식인 법적 명제를 구별하는 것은 당연한 일이다.

그러나 켈젠이 이러한 구별을 처음부터 그렇게 명쾌하게 제시한 것은 아니었다. 『국법학의 주요문제』(1911년)와 『순수법학』 제1판(1934년)에서 켈젠은 다소 모호하고 일관되지 못한 모습을 보였다. 켈젠 자신도 스스로에 관하여 『국법학의 주요문제』에서 법적 명제와 법적 규범의 차이를 여전히 용어상으로 밝히지 못했다고 인정하고 있다. 즉, 그는 법적 규범을 창설하는 법적 권위의 기능과 법적 명제를 형성하는 법과학 사이의 대립을 강조했음에도 불구하고, 법적 규범과 법적 명제의 구분에 관해서는 일관되게 확정하지 못했다.[8]

이러한 이유에서 법적 규범과 법적 명제 사이의 구별의 단초가 언제부터 존재하는지에 관하여 논란이 있다. 켈젠이 "Rechtssatz"의 의미에 변화를 두었다는 것은 본인 스스로도 인정하는 바인데, 이것을 어떻게 해석할 것인가가 문제가 된다.[9] 켈젠 자신은 이러한 변화를 인정하면서도, 자신이 혼동한 것은 용어상의 문제일 뿐이라고 해명한다. 예컨대, 켈젠은 스톤(J. Stone)이 자신에 대하여 『순수법학』 제2판(1960년)에서 법적 규범과 법적 명제에 대한 이전의 혼동을 인정하였다고 말하는 것[10]에 대하여 자신이 『국법학의 주요문제』에서부터 이미 법적 규범과 법적 명제를 혼동하지 않았다고 주장한다.

나는 법적 규범을 그 대상이 법적 규범들인 법과학의 진술들과 결코 혼동하지 않았다. 이미 나의 책『국법학의 주요문제』(1911)에서부터 나는 법, 즉 그 본질이 무엇인가가 행하여져야 한다는 것을 규정하는 것인 규범과 그것들의 대상이 규범들인 법과학을 구별하였다. 스톤 교수는 내가『순수법학』제2판에서 그러한 혼동을 인정하였다고 말한다 … . 그러나 그곳에서 나는 내가 이러한 혼동을 저질렀다고 결코 인정하지 않았다. 오히려 그 반대이다! 그곳에서 나는 내가 이미『국법학의 주요문제』와『순수법학』제1판에서부터 규범들과 규범들에 관한 진술을 구별하고 있다고 주장하고 있다. 내가 말한 것은 오직 "용어상으로 나는 이러한 차이를 충분히 분명하게 특징짓지 않았다."는 점이다.[11]

즉, 켈젠은 "법적 명제는 명령이 아니며 판단이다. 즉, 인식에 주어진 대상에 관한 진술이다"라는『순수법학』제2판의 주장이 자신의 책『국법학의 주요문제』에서부터 주장되어 온 테제라고 주장한다.[12] 이러한 해명은『국법학의 주요문제』제1판에서의 입장을 설명하는 제2판의 "서문"(1923년)에서 나타난 다음과 같은 구절에 비추어 볼 때 어느 정도 납득할 만하다고 생각된다.

『국법학의 주요문제』에서는 일반적으로 행해지고 있는 사고방식에 따라 법을 국가의 의사로 그리고 따라서 재구성된 법적 규범(법적 명제)을 스스로 어떻게 행동하기를 원하는가에 대한 국가의 의사에 관한 가언판단으로 특징짓는다. 이것은 법적 명제가 조건과 결과라는 논리적 형식을 통하여 물리적 사실들을 연결시킨다는 것을 의미하고 국가가 그 결과인 물리적 사실들을 '의욕한다'고 주장하는 것은 모든 법적 명제들의 총체의 통일체로서의 국가에 귀속시키는 것을 표현한다는 것을 의미하는 것에 불과하다. 무엇보다도, 법적 명제는 조건으로서의 어떤 특정한 물리적 사실에 결과로서의 어떤 특정한 물리적 사실이 법적으로 결합되어 있다는 것을 의미하는 것에 불과하다. 국가가 이러한 법적 결과를 '원한다'고 말하는 것은 이러한 물리적 사실이 법적 명제의 체계의 통일체 속에 포함되어 있다는 것을 의미할 뿐이다. 이것이 '국가' 내지 '국가의 의사'의 개념을 '질서의 통일체', '귀속점', '관계점'을 의미하는 것으로 환원시키는 것의 실제적인 의미이다.『국법학의 주요문제』는 이러한 의미를 충분하게 분명하게 제시하지는 못하였고 일관되게 표현하지 못하였다.[13]

이러한 켈젠의 언급들로 미루어 볼 때, 켈젠이 잘못된 용어법 때문에 일관되지 못한 모습이었기는 하지만 초기부터 이러한 문제를 생각하고 있었고 이러한 법적 규범과 법적 명제가 구체적으로 어떤 차이가 있는지에 관해서는 켈젠의 사고가 점차 발전되었다고 이해할 수 있을 것이다.

법적 명제에 관한 켈젠의 입장이 혼동으로부터 벗어나 어느 정도 제대로 된 모습을 갖추기 시작한 것은 『법과 국가의 일반이론』(1945년)부터이다. 그러므로 여기에서는 『법과 국가의 일반이론』에서 나타난 입장과 그곳에서 나타난 문제점을 극복한 『순수법학』 제2판에서의 입장을 중심으로 켈젠의 법적 명제 이론을 살펴보고자 한다.

| 제2절 법과학 |

1. 법과학의 개념과 인식

순수법학이 하나의 과학인 것은 그 목표가 그 대상을 "인식"하는 것에 있기 때문이다. 따라서 법과학으로서의 순수법학은 "형성"이나 "평가"를 목표로 하지 않는다.[14] 켈젠은 이러한 점을 자신의 저서들 여러 곳에서 되풀이해서 말하고 있다.

> 순수법학은 하나의 이론으로서 오로지 대상을 인식하고자 할 뿐이다. 순수법학은 법이란 무엇이고 법이란 어떠한 것인가라는 물음에 대답하고자 시도할 뿐, 법이 어떠해야 하고 어떻게 만들어져야 하는가라는 물음에 대합하려고 하지 않는다. (『순수법학』 제1판)[15]

> 이 이론은, 그 유일한 목적이 법의 형성이 아니라 오직 법의 인식인 과학의 고유한 방법에 어울리지 않는 모든 요소들을 배제시킨다. (『법과 국가의 일반이론』)[16]

> 법과학은 법에 대한 인식이지, 법의 형성이 아니다. (『순수법학』 제2판)[17]

물론 과학에는 법과학만이 존재하는 것이 아니다. 과학에는 법과학뿐만 아니라 자연과학, 사회학, 법사회학 등이 포함된다. 그렇다면 법과학은 어떻게 다른 과학들과 구별되는가? 이에 대하여 켈젠은 과학의 분과들을 구별해 주는 종차가 인식의 방법과 대상이라고 생각한다. 즉, 켈젠은 법과학의 인식이 가지는 다음과 같은 특성들 덕분에 법과학이 여타의 과학들과 구별된다고 주장한다.

(1) 인식의 방법: 규범적인 인식
(2) 인식의 대상: 법적 규범

법과학의 인식이 가지는 이러한 2가지 특성을 차례로 검토해 보자.

(1) 인식의 방법

켈젠은 과학의 인식을 "판단"(Urteil)으로 이해한다. 보다 자세하게 말하면, 켈젠은 과학에서 이루어지는 인식이란 여러 가지 사건들 중에서 의미 있게 연관되어 있는 사건들을 골라내고 그것들 사이의 관계를 하나의 가언판단(hypothetical judgement)으로 구성하는 것이라고 이해한다. 예컨대, 다음의 사례를 생각해 보자.

어떤 사람이 냄비에 물을 부어서 거기에 설탕을 녹인 후 가열한다. 얼마 후
물이 끓는다.

이 사례에는 예컨대 다음과 같은 다양한 사건들이 무의미하게 나열되어 있다.

(1) 냄비에 물을 붓는다.
(2) 물에 설탕을 녹인다.
(3) 물을 가열한다.
(4) 물이 수증기로 변한다.

과학은 (1), (2), (3), (4)의 사건들 중에서 (3)과 (4)가 서로 연관되어 있다는 사실을 인식한다. 그리고 과학은 (3)과 (4) 사이에 존재하는 관계를 인식한다. 그 결과, 과학의 인식은 "물을 가열하면, 물이 수증기로 변한다."라는 가언판단을 구성

한다. 이것이 바로 인식이라는 행위를 통하여 과학이 행하는 것이다.

조건과 결과를 결합시키는 가언판단은 그 결합의 의미에 따라 인과관계의 판단과 귀속관계의 판단으로 구분된다. 인과관계의 판단은 "만약 A이면 B이다."(또는 B일 것이다)인 반면에, 귀속관계의 판단은 "만약 A이면 B이어야 한다."이다.[18] 인과관계의 판단의 예로는 앞의 사례에서 설명한 "물을 가열하면, 물이 수증기로 변한다."와 같은 가언판단을 들 수 있고, 귀속관계의 판단의 예로는 "살해를 한 자는 사형에 처해야만 한다."와 같은 가언판단을 들 수가 있다.

이러한 가언판단의 종류에 따라 과학의 인식은 "경험적인 인식"과 "규범적인 인식"으로 구분된다. 즉, 경험적인 인식은 인과관계의 가언판단을 하는 반면에, 규범적인 인식은 귀속관계의 가언판단을 한다. 또한 이러한 인식의 종류에 따라 과학 역시 "인과과학"과 "규범과학"으로 구별될 수 있다.[19] 지금까지 설명한 것을 하나의 표로써 나타내면 다음과 같다.

과학의 종류	인식의 종류	가언판단의 종류
인과과학	경험적인 인식	인과관계
규범과학	규범적인 인식	귀속관계

법과학은 규범과학에 속한다. 즉, 법과학의 인식은 "P가 존재하면, Q가 존재해야만 한다."라는 귀속의 가언판단을 구성하는 규범적인 인식이다. 이것이 바로 법과학의 인식이 가지는 첫 번째 중요한 특징이고, 법과학을 인과과학에 속하는 여타의 과학들과 구별해 주는 첫 번째 지표가 된다.[20] 그러므로 법과학은 "자연현상에 대한 인과법칙적 설명을 목표로 삼는 다른 모든 학문으로부터 엄격히 구별하게 된다."[21]

(2) 인식의 대상

순수법학에 따르면, "법과학의 인식의 대상은 법적 규범이다."라는 테제는 이중적인 의미를 가진다. 우선, 이러한 테제는 "법과학은 여타의 대상이 아니라 법적 규범을 대상으로 삼는다는 점에서 다른 과학과 구별된다."는 소극적인 의미를 가진다. 이러한 소극적인 의미는 순수법학자가 아니라도 누구나 인정하는 이 테제의 보편적인 의미이다.[22] 이것은 마치 우주과학이 우주를 그 인식의 대상으로 삼기 때문에 우주과학인 것처럼 법과학은 법을 그 인식의 대상으로 삼기 때문에 법과학이라는 의미이다.

법과학의 인식의 대상이 되는 법은 인간행동의 질서이다. 주의할 것은 법이 인간행동의 질서라고 해서 인간행동 이외의 것은 법적 규칙의 내용이 되지 않는다는 의미가 아니라는 점이다. 예컨대, 살인죄에 관한 규정은 죽음을 내용으로 하지만 죽음 그 자체는 인간 행동이 아니라 생리적 과정에 불과하다. 심지어 자연현상마저도 법적 규칙의 내용이 될 수 있다. 법적 규칙이 홍수의 피해자를 돕는 것을 명령할 수 있을 것이다. 이러한 규칙에서 홍수는 인간행동이 아니다.[23]

또한, 순수법학은 이러한 테제에 소극적인 의미 외에도 적극적인 의미를 부여한다. 이러한 적극적인 의미에 따르면, 이 테제는 법과학이 오직 법적 규범만을 인식의 대상으로 삼아야 하고 그 이외의 것은 인식의 대상에서 배제시켜야 한다는 의미가 된다. 켈젠은 이 테제에 이러한 적극적인 의미를 추가하는 것이야말로 순수법학이 스스로를 법에 관한 "순수한" 이론이라고 부르는 이유라고 말한다.

> 순수법학이 스스로를 법에 관한 "순수한" 이론이라고 부르는 것은 그것이 오로지 법으로 지향된 인식만을 보장해 주기 때문에, 그리고 정확히 법으로 규정된 대상에 속하지 않는 모든 것을 이러한 인식으로부터 배제시키기 때문에 그렇다.[24]

이러한 입장에 따라 켈젠은 법적 개념들에 관한 "법학적 정의는 법적 규범에 전적으로 기초해야만 한다."고 주장한다.[25] 예컨대, 위법행위를 "사회적으로 바람직하지 못한 행동"이라고 정의내리는 것은 법적 규범에 기초하지 않았기 때문에 법학적 정의일 수 없고 도덕적인 정의 내지는 정치적인 정의에 불과하다는 것이다.[26] 그렇다면, 위법행위의 법학적 정의는 무엇인가? 이에 대하여 켈젠은 위법행위란 "법이 정하고 있는 제재의 조건이 되는 행위"라고 답변한다. 마찬가지로 법적 의무에 대한 법학적 정의는 "제재의 조건이 되는 인간행위와 반대로 행동하는 것"이다.

"법과학의 인식의 대상이 법이다."는 테제는 지금까지 살펴본 이중적인 의미에서 법과학의 인식이 가지는 두 번째 중요한 특징이며 법과학을 여타의 과학들과 구별해 주는 두 번째 지표가 된다.

켈젠은 법과학이 법적 규범들을 인식하여 그것들을 재현함에 있어서 법적 규범들을 단순히 재기술한다고 생각하지 않는다. 그의 견해에 따르면, 법과학은 법적 소재를 정리하여 완전하고 통일적인 것으로 법을 재구성한다. 켈젠은 법과학에 의하여 이렇게 재현된 것을 "법적 명제"라고 부름으로써 인식의 대상이었던 "법적 규범"과 구별한다.

2. 비판적 검토

법과학에 대한 켈젠의 설명은 다음과 같은 문제점들을 가지고 있다고 생각된다. 차례로 살펴보도록 하자.

첫째, 켈젠의 설명대로 경험과학과 규범과학이 존재와 당위의 이분법에 의하여 엄격하게 구별되고 그 틈을 메울 수 없는 것이라면, 인간의 행동은 인과관계로도 설명할 수 있고 동시에 귀속관계로도 설명할 수 있다는 점을 어떻게 설명할 것인가라는 문제점이 존재한다. 즉, 인간의 행동이 인과법칙의 적용을 받는다면, 인간은 자유롭게 행동을 결정하지 못하는 존재인데 그에게 규범적인 효과를 귀속시킬 수 있을 것인가? 또한 역으로 인간이 자유롭게 행동을 결정한다면 인간의 행동은 인과법칙에 의하여 어떻게 설명 가능한가?[27]

켈젠도 이러한 문제를 의식하였고 이를 해명하고자 하였다. 그는 이러한 문제가 오해에 기인하였음을 밝힘으로써 이것을 해소하는 전략을 취한다. 흔히 우리는 인간이 인과법칙에 복종하고 있지 않고 자유의지를 가지고 있다는 사실이 귀속을 가능케 한다고 상정하지만, 그는 그 반대라고 주장한다. 즉, 인간이 자유롭기 때문에 귀속 가능한 것이 아니고 인간은 귀속되기 때문에 자유롭다는 것이다. 이러한 의미에서의 자유는 인과관계를 배제할 수 없고 실제로 인과관계를 배제하지도 않다는 것이다. 그러므로 인간의 행동이 인과관계에 의해서 설명되면서도 동시에 귀속관계에 의해서도 설명 가능하다고 주장한다.[28]

켈젠의 해결책은 분명 올바른 방법일 수 없다. 결국 켈젠의 해결방식은 인과법칙에 의하여 인간은 행위를 하지만 법에 의하여 처벌받도록 되어 있으면 처벌받아야 한다는 결론이다. 이러한 설명은 엄격한 결정론에 따라 인간을 이해하면서 인간을 규범적으로 이해할 여지를 인정한 것에 지나지 않는다.

그러나 분명 켈젠의 논의는 중요한 의미를 가지는데 이것은 자유의지에 관한 문제에 대한 어떤 해결책을 제시해 준다는 점에서 그러하다. 즉, 켈젠의 해결방법은 분명 잘못된 것이지만 계몽적인 방식으로 잘못되어 있다. 이러한 켈젠의 해결방법의 의미를 분명하게 보여주기 위하여 자유의지의 문제에 대한 신경과학의 실험을 검토해 보고자 한다.

자유의지를 실험하기 위해서는 자유의지를 어떻게 정의할 것인가라는 문제가 제기된다. 이와 관련하여 비트겐슈타인(L. Wittgenstein)의 다음과 같은 질문은 중요한 의미를 가진다.

> 하지만 우리가 간과해서는 안 되는 한 가지가 있다: '내가 내 팔을 들어 올릴'
> 때, 내 팔이 올라간다는 사실이다. 그리고 이제 다음과 같은 문제가 발생한
> 다: 내가 내 팔을 들어 올린다는 사실로부터 내 팔이 올라간다는 사실을 빼
> 면 무엇이 남는가?[29]

비트겐슈타인의 물음처럼, 자유의지가 존재한다면 그것은 바로 우리의 행동 이전에 존재하는 어떤 의식적 작용일 것이다. 1980년대에 리벳(B. Libet)은 이러한 자유의지를 검토하기 위하여 다음과 같이 실험을 설계하였다.

> 피험자에게 시계의 초침을 바라보게 하고 시계의 초침이 원하는 방향에 있을
> 때 자신의 앞에 놓여 있는 버튼을 누르게 한다. 이때 뇌파를 측정해서 뇌의
> 운동영역의 준비전위(RP, readiness-potential)를 측정한다.[30]

자유의지에 관하여 우리가 일상적으로 느끼고 이해한 바에 따르면, 우리가 버튼을 누르는 동작은 다음과 같은 일련의 작용으로 생각된다.

(1) 의식 속에서 버튼을 누르고 싶다고 의욕한다.
(2) 뇌가 신경을 통해 버튼을 누를 것을 명령한다.
(3) 버튼을 누른다.

그러나 리벳의 실험결과는 자유의지에 대한 우리의 경험과 완전히 반대였다. 즉, 실제로 우리가 버튼을 누르는 행위는 다음과 같은 일련의 작용의 결과였다.

(1) 1000밀리초 전: 뇌가 준비전위 Ⅰ를 한다.

(2) 500밀리초 전: 뇌가 준비전위 Ⅱ를 한다.

(3) 200밀리초 전: 의식 속에서 버튼을 누르고 싶다고 의욕한다.

(4) 0밀리초: 버튼을 누른다.

즉, 리벳의 실험은 의식이 먼저 결정을 하는 것이 아니라 뇌가 먼저 결정을 하고 이를 의식 속에서 반영을 한다는 사실을 보여준다. 하지만 의식과 뇌의 결정 순서가 달라졌다고 해서 자유의지가 존재하지 않는다고 바로 결론내릴 수는 없다. (3)와 (4) 사이에 존재하는 200밀리초의 간격 속에서 자유의지의 존재를 찾을 가능성이 여전히 남아있기 때문이다. 즉, 뇌가 먼저 결정을 하지만 200밀리초 동안 우리의 의식이 이를 거부할 수 있는 일종의 "거부권"을 가지고 있다면 여전히 자유의지를 가지고 있다고 볼 수 있을 것이다. 실제로 이 실험을 설계한 리벳 역시 자유의지를 이렇게 이해하면서 자유의지의 존재를 보존할 수 있으리라고 보았다.[31] 그러나 이 200밀리초의 문제를 어떻게 이해할 것인가는 여전히 논란의 문제로 남아 있어 보인다.[32]

법적 책임 등의 문제와 직접적으로 관련되어 있는 자유의지의 문제를 이러한 논쟁의 결과에 맡겨두는 것은 너무나 무책임한 일일 것이다. 누군가에게 법적 책임을 물을 수 있을 것인가라는 문제를 뇌신경과학의 논쟁에서 결론이 날 때까지 미루어둘 수는 없을 것이기 때문이다.

그렇다면 우리는 이 문제를 어떻게 해결해야만 할까? 앞에서 우리는 켈젠의 설명이 잘못되었지만 계몽적인 방식으로 잘못되어 있다고 했다. 그것이 계몽적이라고 평가한 이유는 켈젠의 설명이 자유와 책임의 문제가 해석의 문제임을 보여줌으로써 우리에게 이 문제를 해결할 가능성을 보여주고 있기 때문이다. 설령 결정론이 옳고 자유의지가 실제로 존재하지 않는다고 하더라도, 우리는 자신을 이해함에 있어서 자유의지가 있는 존재로 해석하고 서로를 이해함에 있어서도 자유의지가 있는 존재로 해석한다. 즉, 일반적으로 한 행위자는 자신에 대하여 자유의지가 있다고 해석하고 있고 우리도 그를 자유의지를 가지고 있다고 해석한다. 그렇기 때문에 우리는 서로를 규범적으로 해석하고 살아가고 있는 것이다. 그러므로 만약 우리가 책임능력을 "어떤 사람이 스스로에 대하여 행위의 책임을 이해하고 이에 따라 행위할 수 있는 능력을 가진 것으로 해석하고 다른 사람들도 그를 그렇게 해석함"으로 재정의한다면, 자유의지의 존재와 무관하게 여전히 행위자에게 법적 책임을 귀속시킬 수 있을 것이다. 이렇게 이해한다면, 책임무능력자는 "행위의 책임을 이해하고 이에 따라 행위할 수 있는 능력을 가진 것으로 해석할 수 없는 사람"으로 재정의될 것이다.

둘째, 법과학은 법적 개념들을 순수하게 법적 규범에만 기초하여 정의하여야 한다는 주장 역시 문제가 있어 보인다. 앞에서 설명한 "위법행위"의 개념을 다시 생각해보자. 위법행위의 법학적 정의는 "법이 정하고 있는 제재의 조건이 되는 행위"이다.

그렇다면, 우리는 제재란 무엇인가를 물어볼 것이다. 켈젠은 법을 강제질서라고 보지만 법이 규정하고 있는 모든 강제행위가 제재라고 설명하지는 않는다. 강제행위 중에는 제재로서의 성격을 갖지 않는 것도 존재한다. 제재로서의 강제행위와 그렇지 않은 강제행위는 어떻게 구별되는가? 이에 대한 켈젠의 답변은 다음과 같다.

(i) 제재인 강제행위는 인간행위를 조건으로 하는 강제행위

(ii) 제재가 아닌 강제행위는 인간행위가 아닌 사실을 조건으로 하는 강제행위이다.

다시 말해서, "조건 C가 주어졌을 때, 강제행위 A가 행하여져야 한다."에서 C가 인간행위인 경우 그 강제행위는 제재이고 C가 인간행위가 아닌 경우 그 강제행위는 제재가 아니라는 것이다. 예컨대, 어떤 마을에 구제역이 발생한 경우를 생각해보자. 분명 이러한 사실은 인간행위가 아니다. 그러나 이러한 사실은 특정한 법의 조건을 만족시키고 그 법은 가축의 소유주들로부터 가축의 소유를 박탈하는 강제행위를 명한다. 이 경우 그러한 소유의 박탈은 강제행위이지만, 그 조건이 인간행위가 아니기 때문에 제재가 아니라는 것이다.

이러한 위법행위와 제재에 대한 켈젠의 설명은 실제 우리 법을 설명함에 있어서 유용할까? 다음 법들을 생각해 보자.

(a) 신호위반을 한 운전자는 벌금을 내야만 한다.

(b) 남산터널을 통과한 운전자는 혼잡통행료를 내야만 한다.

(c) 구제역에 걸린 가축들은 그 소유주로부터 소유를 박탈해야 한다.

(a), (b), (c) 모두는 소유의 박탈이라는 강제행위를 명령하고 있다. 그러나 켈젠에 따르면, (a)와 (b)는 인간행위를 조건으로 하고 있는 반면에 (c)는 그렇지 않다는 중요한 차이가 존재한다. 따라서 (a)와 (b)에서 규정하고 있는 강제행위는 제재인 반면에, (c)에서 규정하고 있는 강제행위는 제재가 아니다. 다시 말하자면, (a)와 (b)에서 조건이 되는 인간행위는 위법행위이다.[33]

이러한 결론에 우리는 납득할 수 있겠는가? 그렇지 않을 것이다. 왜냐하면 우리는 남산터널을 통과하는 행위를 위법행위로, 혼잡통행료를 제재로 생각하지는 않을 것이기 때문이다. 이러한 예는 얼마든지 찾을 수 있다. "월급을 받은 사람은 소득세를 내야만 한다."라는 법을 생각해 보자. 이 법도 소유의 박탈이라는 강제행위를 명령하고 있고 인간행위를 조건으로 하고 있다. 그러므로 켈젠의 주장에 따르면, 월급을 받는 행위는 위법행위이고 소득세는 제재가 된다. 역시 우리가 받아들일 수 없는 결론이다.

켈젠 역시 이러한 문제점을 어느 정도는 인식하고 있었다고 생각된다. 그래서 그는 자신의 저술들의 몇몇 곳에서 "사회적으로 유해하다" 혹은 "사회적으로 바람직하다"는 부가적인 조건들을 추가하여 이러한 문제점을 해결하고자 하였다.

> 원칙적으로, 위법행위의 법적 개념은 정치적인 관점에서 볼 때 **사회에 유해한 행위**를 한 개인과 직간접적으로 제재가 가해지는 개인이 일치할 것으로 전제로 한다. (『법과 국가의 일반이론』)[34]

> [제재가 아닌 강제행위가] 제재와 구별되는 것은 그러한 강제행위가 법적으로 확정되어 있고 **사회적으로 바람직하지 않은 일정한 인간의 특정한 작위 또는 부작위**와 결부되어 있지 않다는 점, 다시 말해 그 조치들의 조건이 일정한 인간에 의해 행해진, 법적으로 확정되어 있는 위법이나 범죄가 아니라는 점뿐이다. (『순수법학』 제2판)[35]

그러므로 이러한 수정에 따르면, 제재인 강제행위와 제재가 아닌 강제행위는 다음과 같이 구별된다.

(i) 제재인 강제행위는 사회적으로 유해한(바람직하지 못한) 인간행위를 조건으로 하는 강제행위이다.

(ii) 제재가 아닌 강제행위는 사회적으로 유해하지 않은 인간행위 내지는 인간행위가 아닌 사실을 조건으로 하는 강제행위이다.

따라서 위법행위는 "강제행위의 조건인 사회적으로 유해한(바람직하지 못한) 인간행위"로 정의된다. 그러나 놀랍게도 켈젠은 이러한 부가적인 조건의 추가를 자신의 저술들에서 일관되게 제시하지는 않는다. 아마도 그것은 이러한 수정이 벌금과 세금의 혼동과 같은 문제는 해결할 수 있게 해 주지만 이를 위하여 치러야 하는 대가가 너무 컸기 때문이었을 것이다. 법적 개념의 법학적 정의들이 법적 규범에 전적으로 기초해야만 한다는 켈젠의 주장과 달리, 이러한 수정은 법적 규범에 기초하지 않는 "사회적으로 바람직하지 않다"는 기준을 추가하는 것이기 때문에 법적 개념들의 "순수한" 법학적 정의가 불가능하다는 것을 스스로 시인하고 마는 꼴이 된다. 켈젠도 이러한 모순을 알았기 때문에 자신의 수정을 자신의 저술들에서 일관되게 주장하기를 주저한 것이 아닐까?

| 제3절 법적 명제의 논리적 지위 |

1. "기술적 당위"로서의 법적 명제

『법과 국가의 일반이론』에서 켈젠은 이전의 자신의 혼동을 수정하고 법적 권위에 의하여 창설된 "법적 규범들"과 법과학이 그러한 규범들을 재현하는 수단인 "기술적(記述的)인 의미에서의 법적 명제들"(rules of law in a descriptive sense)을 구별할 것을 주장하였다.

어떤 공동체의 법, 즉 입법과정을 통하여 법적 권위에 의하여 만들어진 것들을 "만약 이러저러한 조건들이 충족되면, 이러저러한 제재가 따를 것이다."라는 진술형식으로 재현하는 것이 법과학의 임무이다. 법과학이 법을 재현하는 수단인 이러한 진술들은 법을 만드는 권위들에 의하여 창설된 규범들과 구별되어야 한다. 이러한 진술들을 규범이라고 부르는 것보다는 법적 명제라고 부르는 것이 더 나을 것이다. 법을 창설하는 권위들에 의하여 제정된 법적 규범들은 규정적(prescriptive)이다. 반면에 법과학에 의하여 정식화된 이러한 법의 명제들은 기술적(descriptive)이다. 여기에서 "법적 명제" 내지 "법의 명제"라는 용어를 기술적인 의미에서 사용한다는 것이 중요하다.[36]

이처럼 켈젠은 "어떤 특정한 법체계에 대한 규범과학에 종사하는 법학자들에게 그 법체계에 대한 기술 내지 재현은 오직 '기술적인 의미'에서의 '명제들' 내지는 '당위 진술들'의 형태를 취해야 한다."[37]고 말한다. 그런데, "기술적인 의미에서의 법의 명제들 내지 당위진술"이라는 켈젠의 주장은 쉽게 이해되지 않는다. 규범에 대한 법학자들의 기술에 나타나는 "당위"가 기술적(記述的)이라면, 그것은 과연 "당위"라고 할 수 있을 것인가? 그리고 반대로 규범에 대한 법학자들의 기술이 당위적인 힘을 가지고 있다면, 그것은 과연 "기술적"이라고 말할 수 있을 것인가?

그렇다면 우리는 "기술적인 의미에서의 명제 내지 당위"라는 켈젠의 주장은 어떻게 이해해야만 하는가? 이에 대하여 골딩(M. Golding)은 상당히 흥미로운 제안을 한다. 그는 만약 켈젠이 법적 언명들의 사용(using)과 언급(mentioning)을 구별하였다면 이러한 혼란이 어느 정도 해소되었을 것이라고 주장한다.

> … 그가 요구하는 것은 재구성이 공식적으로 창설된 법의 규범적이고 법적인 성질을 나타내야만 한다는 것이다. 다음과 같은 그림이 된다. 캘리포니아 주의 법에 의하여 법을 창설할, 즉 권위적인 법적 규칙들을 발할 권위를 위임받은 공무담당자 O는 자신의 법적 권한 내에서 진술들 O_1, O_2, O_3, O_4를 언명한다. 그러한 권위를 가지고 있지 않은 법률가는 캘리포니아주의 법을 재구성함에 있어서 우리의 원래의 체계에 대응하는 진술들 J_1, J_2, J_3, J_4를 규범적이고 법적인 특성을 나타낼 수 있는 그러한 방식으로 언명한다. 그러나 후자의 언명들은 비록 그것들이 캘리포니아주의 법들을 표현하지만 그 자체가 법적 규범들인 것들은 아니다. 문제의 근원은 켈젠이 그러한 재구성은 위에서 말한 성질, 즉 규범성과 법적 성격을 나타내야만 한다고 주장하는 것에 있다. 만약 켈젠이 법적 언명들의 사용(using)과 언급(mentioning)을 구별하였더라

면, 우리의 혼란은 어느 정도 해소될 수 있었을 것이다.[38]

골딩이 주장하는 바를 명확하게 이해하기 위해서는 단어(혹은 문장)의 사용과 언급 사이의 구별을 살펴볼 필요가 있다. 언어철학자들은 다음의 두 문장에서 나타나는 "소크라테스"라는 단어에는 차이가 있다는 것을 지적한다. 이것이 바로 사용과 언급 사이의 구별이다.[39]

(a) 소크라테스는 철학자이다.
(b) "소크라테스"는 다섯 글자로 되어 있다.

(a)에서 소크라테스는 어떤 특정한 사람을 지칭하기 위하여 사용되는 것이고, (b)에서 소크라테스는 인용부호를 넣은 것에서 알 수 있듯이 언급되고 있는 것이다. 이러한 구별을 하지 않으면 우리는 (a)와 (b)로부터 다음과 같은 오류에 빠지게 된다.

(c) 철학자는 다섯 글자로 되어 있다.

이제 골딩은 이러한 구별을 도입하여 켈젠이 말하고자 하는 것을 다음과 같이 재기술한다.

> 공무담당자는 특정한 개인들의 행동을 규율하기 위하여 "만약 상황 S_1이 충족되면 공무담당자 A_1은 제재들이 적용될 것을 지시하여야 한다."는 문장을 **사용**한다. 그러나 캘리포니아주의 법을 우리에게 알려주는 발언에서 법률가는 위의 문장을 **언급**한다. 즉, "만약 상황 S_1이 충족되면 공무담당자 A_1은 제재들이 적용될 것을 지시하여야 한다."는 캘리포니아주의 법이다 … . 규범적 법리학은 특수한 규범적이고 법적인 형태로 법들을 언급한다. 그러나 공무담당자는 다양한 언어적인 형태들로 규범들을 발할 수 있다.[40]

골딩의 주장을 적용시킨다면, 법을 창설하는 법적 권위자는 특정한 단어들을 사용하는 반면에 그것을 기술하는 법학자는 단어들을 언급하는 것이라고 말할 수 있다. 즉, 규범적 법과학의 진술들이 "기술적인 의미"이지만 "명제들" 내지는 "당위진술들"이라는 켈젠의 주장은, 입법자가 만든 법률의 의미를 설명하는 진술들은 그 법률의 의미와 동일한 어떤 당위진술들 내지는 명제들을 "언급"한다는 주장으로 이해될 수 있다. 만약 골딩의 이러한 해석이 옳다면, 켈젠의 주장은 "단어의 사용과 언급이라는 중요한 구별에 대하여 매우 예리하게 예견하였지만, 그것을 '당위'와 같은 단어의 규정적인 의미(prescriptive sense)와 기술적인 의미(descriptive sense)의 구별이라고 부적절하게 표현하였다고 이해할 수 있을 것이다."[41]

그렇다면, 이러한 골딩의 해석은 켈젠의 입장을 잘 나타내고 있는가? 하트는 골딩의 논문을 읽지 못한 상태에서 이와 유사한 생각을 하였고 1961년 11월에 이루어진 공개토론에서 이러한 생각을 켈젠에게 지적하였다. 그러나 하트의 예상과 달리 켈젠은 이러한 지적을 수용하지 않았다고 한다. 하트의 기록에 따르면, 켈젠은 특정한 체계의 법을 재현하는 규범적 법과학의 진술들이 결코 다르게 표현하는 것이 아니고 따라서 그러한 진술들이 단어들을 "언급"하는 것인 법에 관한 이차적 진술들이 아니라고 말하였다고 한다. 그래서 그는 "기술적인 의미에서"의 명제들과 당위진술들이라는 자신의 용어를 고수하였다.[42]

하트는 켈젠과의 공개토론 당시에는 켈젠이 단어들의 사용과 언급에 관한 구별을 받아들이지 않는 것이 잘못이라고 생각했지만, 그 이후에 켈젠의 생각이 옳았고 그러한 구별은 켈젠이 생각하는 법체계의 법들과 규범적 법과학의 진술들을 구별해 주기에는 너무나 조야하다는 것을 알게 되었다고 말한다. 그러면서 그는 다음과 같은 외국어를 말하는 사람과 통역자 사이의 관계에 대한 고찰이 켈젠이 말하고자 하는 바를 이해하는 데 도움이 된다고 주장한다.

> 포로수용소의 독일인 소장이 영미인 포로들에게 "Stehen Sie auf!"(일어서!)라고 외쳤다고 하자. 자신의 의무에 따라 통역자는 "Stand up!"이라고 외친다. 통역자가 수용소장의 말투, 태도, 동작을 의식적으로 따라하지 않더라도 그는 그 포로들에게 [독일인 소장이 말한] 원래의 말이 간청이나 부탁 등이 아니라 명령이라는 것을 분명히 하기에 충분하도록 그 명령을 재현할 수 있을 것이 틀림없다. "Stand up!"이라는 영어문장을 발화한 통역자의 언어행위는 본래의 독일어와 관련하여 어떻게 분류할 것인가? 명령을 내리는 것이라고 말할 것인가? 그러나 통역자는 명령을 내릴 권한을 가지고 있지 않다

는 것이 명백하다. 통역자는 수용소장의 명령을 통역할 의무를 가지고 있었다. 포로들이 복종하거나 불복종할 때, 그들이 그렇게 하는 대상은 통역자가 아니라 수용소장이다.[43]

통역자는 수용소장이 말하는 독일어를 언급하는 이차적 진술을 하고 있지 않고, 그러한 진술이 "Stand up!"과 동일한 의미라고 말하고 있지도 않다. 그 통역자는 독일인 소장의 말을 언급하지 않고서 그것을 "재현"하고 있는 것이다. 이것은 언어의 언급이 아니라 특수한 형태의 사용이다. 이러한 예시에서 우리는 통역자에 대하여 그가 원래의 명령을 "기술적인 의미에서의 명령"으로 재현하였고 명령법에 대한 그의 사용이 규정적이지 않고 기술적이었다고 말할 수도 있을 것이다. 따라서 하트의 이러한 예시는 켈젠이 주장하는 "기술적인 의미에서의 당위"의 의미를 매우 적절하게 묘사하고 있다고 할 수 있다. 포로수용소의 소장은 법적 권위에, 통역자는 법학자에, 포로들은 수범자들에 각각 대응한다. 법학자 역시 원래의 법을 언급하지 않고서 그것을 재현한다. 그리고 법학자의 "재현"은 원래의 것과 정확하게 동일한 종류의 것이 되지 않은 채 그것을 재현한다. 그러므로 우리는 법학자가 원래의 규범을 "기술적인 의미에서의 명제 내지는 당위"로 재현하였고 그것은 규정적이지 않고 기술적이라고 말할 수 있을 것이다.[44]

그러므로 하트는 다음과 같이 결론내린다. 비록 기술적인 의미에서의 명제 내지 당위라는 용어의 사용이 문제가 많다는 것을 알고 있더라도, 적어도 켈젠이 그러한 용어를 도입한 이유들을 이해할 수는 있다. 따라서 기술적인 의미에서의 명제와 당위라는 켈젠의 용어법이 적절하지 않다고 생각하지만, 그가 언어의 사용과 언급이라는 (골딩과) 자신의 제안을 받아들이지 않은 것은 현명하였다는 것이다.[45] 이러한 하트의 결론은 두 부분으로 되어 있다.

(a) 기술적인 의미에서의 명제 내지 당위라는 켈젠의 용어법은 부적절하다.
(b) 켈젠이 말하는 법적 규범과 기술적인 의미에서의 명제 내지 당위의 구별은 언어의 사용과 언급에 의한 구별로 설명될 수 없다.

하트의 결론 중 (b)는 타당해 보인다. 즉, 켈젠이 말하고자 하는 "기술적인 의미에서의 명제 내지 당위"는 언어의 사용과 언급의 구별로 설명될 수 없다. 하지만

(a)에 대해서는, 켈젠의 입장을 좀 더 자세히 살펴볼 필요가 있다. "기술적인 의미에서의 명제 내지 당위"라는 용어를 통하여 켈젠이 말하고자 하는 바는 정확하게 무엇인가? 이에 대한 답변의 실마리는 단어의 사용과 언급의 구별을 도입할 것에 대한 하트의 제안을 거절하면서 켈젠이 덧붙인 말에 있다. 이러한 켈젠의 언급에 대한 하트의 기록은 1963년 "UCLA Law Review"에 실은 판본과 1983년에 출간된 자신의 책 『법리학과 철학 논문집』에 재수록한 판본 사이에 차이가 존재한다.

> 그리고 그는 나에게 자신과 마찬가지로 "당위"의 기술적인 의미에 관하여 이야기한 **19세기의 논리학자인 로체**(Lotze)의 저술들을 읽어볼 것을 권하였다. **(토론 이전에도 읽어 본 적이 없고 그 이후에도 아직 읽어 보지 않은) 로체** 이후에 논리학은 아마 더욱 발전하였을 것이라고 주장하면서 나는 조금 켈젠을 놀렸다. 아가멤논 이후에도 용자들이 있었나니. 그러나 이 주제에 대한 논의는 여기에서 멈추었다. (『UCLA Law Review』)[46]

> 그리고 그는 나에게 자신과 마찬가지로 "당위"의 기술적인 의미에 관하여 이야기한 **19세기의 논리학자인 지그바르트**(Sigwart)의 저술들을 읽어 볼 것을 권하였다. **(아직까지 내가 읽어 본 적이 없는) 지그바르트** 이후에 논리학은 아마 더욱 발전하였을 것이라고 주장하면서 나는 조금 켈젠을 놀렸다. 아가멤논 이후에도 용자들이 있었나니. 그러나 이 주제에 대한 논의는 여기에서 멈추었다. (『법리학과 철학 논문집』)[47]

강조를 추가한 부분에서 알 수 있듯이, 하트는 "로체"를 "지그바르트"로 수정하고 있다. 아마도 1963년에 논문을 적을 당시에 하트는 "지그바르트"에 대한 켈젠의 언급을 "로체"에 대한 언급으로 잘못 기억하였던 것 같다. 여기에서 "로체"는 독일의 철학자이자 논리학자인 루돌프 헤르만 로체(Rudolf Hermann Lotze)[48]를 가리키는 듯하고, "지그바르트"는 크리스토프 지그바르트(Christoph Sigwart)[49]를 말한다.[50]

공개토론에서 켈젠이 하트에게 한 이 말이야말로 켈젠이 주장하는 바를 이해하는 실마리이지만, 위의 기록들을 보면 하트는 이러한 켈젠의 언급을 별로 중요하지 않게 생각했던 것 같다. 그렇기 때문에 그는 공개토론 당시에 켈젠에게 "아가멤논 이후에도 용자들이 있었나니"라고 농담을 하였을 뿐만 아니라 공개토론 이후에 그것을 기록하면서 이러한 켈젠의 언급을 잘못 기억하기까지 한 것 아닐까?

켈젠이 하트에게 지그바르트의 저술들을 읽어 보기를 권한 것은 어떤 이유에서였을까? 본래『법과 국가의 일반이론』을 기술할 당시까지만 해도 켈젠 자신도 지그바르트를 잘 몰랐거나 그에 대하여 무관심했던 것 같다. 그래서 실제로 그 책에서 켈젠은 지그바르트를 한 번도 언급하지 않는다. 켈젠이 지그바르트의 주장을 알게 된 것은 (혹은 적어도 그의 주장에 관심을 가지게 된 것은) 그 책에 대한 다른 이들의 비판들을 수용하는 과정에서였다. 예컨대, 켈젠이 지그바르트의 주장을 수용하게 되는 데 영향을 미친 사람으로 오스타드(H. Ofstad)를 들 수 있을 것이다.[51] 바로 켈젠이 하트에게 이야기하고 싶었던 것은 바로 비판자들이 자신에게 지적해 주었던 지그바르트의 논의에 관해서였을 것이다.『순수법학』제2판에서 켈젠은 오스타드의 비판을 수용하여 지그바르트의 논의에 관하여 다음과 같이 인용하고 있다.

> 크리스토프 지그바르트(Chirstoph Sigwart, Logilk, 3. Aufl., 1904, S. 17ff.)는 명령(Imperativ)과 판단(Urteil)을 구별한다. 명령은 참일 수 없고 다만 그것에 따르기를 의욕할 수 있을 뿐이다. 따라서 명령은 참일 수도 없고 거짓일 수도 없다. 반면 판단은 언명명제 또는 주장명제로서 참이기를 의욕할 수 있고, 따라서 참이거나 거짓일 수 있다. … 그는 다음과 같이 설명한다. " … 물론 이러한 '~하라.'라는 말에는 단순한 명령에는 들어 있지 않는 이중적 의미가 담겨 있다. 왜냐하면 '당위'(Sollen)는 참이고자 의욕하는 언명 속에서 고유한 술어로서의 의미도 갖는 반면, 주관적인 개인의 의욕과 명령하는 힘 또는 객관적 규범과의 관계를 말해 주는 상황술어로서 의무지워져 있음, 강제되어 있음의 의미를 담고 있기 때문이다."[52]

이러한 켈젠의 글에 비추어 볼 때, 켈젠이 하트에게 지그바르트를 읽어 볼 것을 권하면서 이야기하고 싶었던 바는 아마도 다음과 같은 의미였을 것이다. 즉, "기술적 의미에서의 법의 명제 내지 당위"라는 켈젠의 표현 자체는 본래 켈젠이 말하고 싶었던 "법적 규범은 명령이고, 법적 명제는 가언판단이다."를 나타내기에는 큰 문제가 없지만, 법적 명제에 나타난 당위의 속성이 무엇인지에 관하여 좀 더 자세히 설명할 필요가 있다는 것을 인정한다는 것이다. 그래서 자신이 설명하고 싶었던 바, 즉 "기술적인 의미에서의 당위"라는 말은 지그바르트가 말하는 "당위의 이중적 의미"와 동일하다는 것이다.[53] 이렇게 볼 때 켈젠은 하트의 결론 (a)를 받아들이지 못하였을 것이다.

2. 법적 명제의 의무논리적 성격

『법과 국가의 일반이론』에 나타난 켈젠의 법적 명제 이론에는 여전히 문제점이 존재한다. 아마도 그 책을 저술할 당시에 켈젠은 "기술적인 의미에서의 법의 명제 내지 당위"라는 개념을 새롭게 도입하면서도 그것이 자신의 이론 전체에 어떤 변화를 가져올지를 제대로 검토할 여유가 없었던 것 같다. 이러한 문제의 대표적인 예로 법적 명제의 의무논리(deontic logic)적 성격을 들 수 있을 것이다.

『순수법학』제1판에서 켈젠은 법적 규범이 진술이라고 보았기 때문에 법적 규범에 논리법칙이 적용된다고 보았다.[54] 그러나 『법과 국가의 일반이론』에서는 법적 규범과 "기술적인 의미에서의 법의 규칙"을 구별하는데, 그렇다면 논리법칙의 적용에 대한 설명이 변경되어야 할 것이 분명하다. 그럼에도 불구하고 켈젠은 『순수법학』제1판에서 제시한 설명들을 일부 유지하고 있었는데,[55] 『순수법학』제2판에서는 이러한 문제점을 보완하였다.

『순수법학』제2판에서 켈젠은 이제 법적 규범과 법적 명제들을 다음과 같이 구분한다.

> (1) 법적 규범은 법적 권위에 의하여 발하여지는 것인 반면에, 법적 명제는 그렇지 않다.[56]
>
> (2) 법적 규범은 명령(혹은 허용 내지 수권)인 반면에, 법적 명제는 법인식에 주어진 법질서의 의미에서 그 법질서에 의해 규정된 일정한 조건 아래에서 그 법질서에 의해 규정된 일정한 효과가 발생해야 함을 언급하는 가언판단이다.[57]
>
> (3) 법적 규범의 "당위"는 규정적이지만, 법적 명제의 "당위"는 기술적이다.[58]

이러한 (1), (2), (3)의 구분으로부터 다음과 같은 의무논리적인 결론을 이끌어 낼 수 있다. 법학이 기술하는 법적 명제들은 만약 그 법적 명제들의 기술대상이 되는 법에 그러한 내용이 존재한다면 참이고 반대로 그렇지 않다면 거짓이다. 하지만 법적 권위에 의하여 확정된 법적 규범은 참이거나 거짓일 수 없다. 왜냐하면 법적 규범은 "대상에 관한 언급이나 기술이 아니라 규정이며, 그 자체가 법과학에 의하여 기술되어야 할 대상"이기 때문이다.[59] 이것은 (4)과 같이 정리될 수 있을 것이다.

> (4) 법적 규범은 당위규범으로서 참일 수도 거짓일 수도 없고 다만 유효이거나
> 무효일 뿐인 반면에, 법적 명제는 당위명제로서 참이거나 거짓일 수 있다.[60]

여기까지는 『법과 국가의 일반이론』에서도 명확하게 구별하고 있다. 그러나 그 책에서 켈젠은 법적 규범에 논리적 법칙을 그대로 적용할 수 있다고 봄으로써 여전히 법적 규범과 법적 명제에 대하여 혼동을 보이고 있다. 예컨대, 그는 법적 규범들 사이에 모순율이 직접적으로 적용될 수 있다고 생각하였다.[61]

『순수법학』 제2판에서 켈젠은 이러한 자신의 잘못을 수정하여, (4)의 구분으로부터 입법자에 의하여 확립된 법적 규범과 법과학에 의하여 형성되며 그러한 규범을 기술하는 법적 명제는 논리적으로 서로 다른 성격을 갖는다는 결론을 도출해낸다.[62] 즉, 법적 규범은 명령, 허용, 수권으로서 참이거나 거짓일 수 없기 때문에 모순율이나 추론규칙들과 같은 논리적 원칙들이 직접적으로 적용되지 않는다.[63]

그렇다면 법적 규범에는 논리적 원칙들이 전혀 적용되지 않는 것인가? 이에 대하여 켈젠은 "논리적 원칙들은 직접적으로는 아니더라도 여전히 간접적으로는, 즉 그러한 원칙들이 법규범을 기술하는, 참이거나 거짓일 수 있는 법적 명제에 적용될 수 있는 한에서는 법적 규범에도 적용될 수 있다."고 말한다. 그러므로 두 개의 법적 규범을 서술하는 두 개의 법적 명제가 서로 모순되는 경우에는 그 법적 규범들이 동시에 효력이 있는 것으로 주장될 수 없다. 또한 어떤 법적 규범 n1을 기술하는 법적 명제가 다른 법적 규범 n_2를 기술하는 법적 명제에 의하여 도출될 수 있다면 n_1은 n_2에 의하여 도출될 수 있다.[64] 이것은 (5)와 같이 정리될 수 있다.

> (5) 법적 규범에는 논리적 법칙이 간접적으로 적용된다. 즉, 논리적 법칙이 그
> 법적 규범들을 기술하는 법적 명제들에 적용될 수 있는 한에서만 그 법적

규범들에도 적용될 수 있다.[65]

법적 명제의 의무논리적 성격에 관한 (4)과 (5)의 설명은 법적 규범과 법적 명제의 구별에 관한 전체이론과 조화를 이룰 수 있다.

| 제4절 법적 명제의 내용 |

법적 명제를 구성하는 일은 법적 소재들을 정리하여 완전하고 통일된 형태로 구성하는 일이다. 이러한 작업은 벤담(J. Bentham)의 용어법에 따라 "개별화"(individuation)라고 불린다.[66] 그렇다면, 켈젠은 법적 명제를 완전하고 통일적인 것으로 재구성하는 원리를 무엇이라고 보았는가? 또한 법적 명제를 통일되게 만드는 원리를 무엇이라고 보았는가? 이 절에서는 이러한 문제에 대하여 설명하고 한다.

법을 완전하고 통일적인 것으로 재구성한다는 말은 무슨 뜻인가? 다음의 사례를 생각해 보자.

> 포로수용소의 소장이 다소 멍청하고 화재를 몹시 무서워하는 사람이라고 가정하자. 수용소장은 불에 타기 쉬운 물건을 발견할 때마다 영국인 포로들에게 그것을 줍도록 명령한다. 매일같이 수용소장은 포로수용소를 돌아다니며 독일어로 "저 상자를 주워라.", "저 종이를 주워라.", "저 볏단을 주워라."고 외친다. 통역자는 충실하게 그 독일어에 해당하는 영어를 외친다.[67]

이 사례에서 나타나는 통역자의 통역인 "저 상자를 주워라.", "저 종이를 주워라.", "저 볏단을 주워라."는 각각의 규칙들을 기술하는 진술일 수는 있다. 그러나 그렇다고 해서 이러한 3개의 진술이 수용소장의 명령을 완전하고 통일적인 것으로 재구성하는 것은 아니다.

먼저 법을 완전한 것으로 재구성한다는 의미부터 살펴보자. 어느 날 그 통역자가 지혜롭게도 그러한 명령들을 "불에 타기 쉬운 모든 것을 주워라."는 말로 재구성하여 통역하였다고 해 보자. 이 경우 "불에 타기 쉬운 모든 것을 주워라."는 통역은 수용소장의 명령을 완전한 것으로 재구성하는 것이다. 동일한 방식으로 법들 역시 완전한 것으로 재구성할 수 있을 것이다.

또한 법을 통일적이게 만든다는 말은 무슨 의미인가? 수용소장이 어떤 포로들에게는 "물을 2컵 마셔라."고 명령을 하고 다른 포로들에게는 "물을 1컵 마셔라."고 명령을 한다고 하자. 포로들은 통일성이 없어 보이는 명령들에 혼란을 느낄 것이다. 그러던 어느 날 그 통역자가 다시 지혜를 발휘해서 포로들의 연령에 따라 다른 명령이 부과된다는 사실을 깨닫고 "14세 이상의 포로는 2컵의 물을 마시고 그 이하의 연령의 포로는 1컵의 물을 마셔라."고 재구성하였다고 하자. 이 경우 "14세 이상의 포로는 2컵의 물을 마시고 그 이하의 연령의 포로는 1컵의 물을 마셔라."는 수용소장의 명령들을 통일된 것으로 재구성한 것이다. 이처럼 법들을 모순되지 않고 통일되게 재구성하는 작업을 "통일화"라고 부를 수 있을 것이다.

그렇다면 법을 개별화하기 위해서는 법을 어떠한 방식으로 재구성해야 하는가? 다시 말하자면, 법을 완전화하는 원리는 무엇이며 법을 통일화하는 원리는 무엇인가? 이에 대한 켈젠의 주장을 차례로 살펴보도록 하자.[68]

1. 개별화의 제1원리: 완전화의 원리

켈젠은 어떠한 완전화의 원리들을 제시하고 있는가? 『순수법학』 제2판에서 켈젠은 법질서는 강제질서라는 점에서 기타의 규범질서와 구별된다고 주장한다. 여기에서 법이 강제질서라는 것은 법적 명제가 강제행위의 조건과 그 효과로서 부과되는 강제행위를 기술될 수 있다는 의미이다. 즉, 켈젠은 법질서가 강제행위라는 사실로부터 완전화의 원리를 이끌어 낸다.

> 법질서는 위에서 규정한 바와 같은 의미에서 강제질서인 까닭에 법질서는 그것에 의해 규정된 일정한 조건 아래에서 그것에 의해 규정된 일정한 강제행위가 실현되어야 함을 언급하는 명제들에 의하여 기술될 수 있다. 법질서에 속하는 법적 규범 속에 주어진 모든 소재는 법학을 통해 형성된 법적 명제의 이 같은 구조에 편입되며, 그러한 법적 명제는 법적 권위에 의하여 정립된 법

적 규범과 구별되어야 한다.[69]

이러한 "법에 의해 규정된 일정한 조건 아래에서 법에 의해 규정된 일정한 강제행위가 실행되어야 함을 언급하는 명제"를 켈젠은 "법적 명제의 기본형태"라고 부른다.

> 예컨대 누군가가 범죄를 저지르면 그에게 형벌이 가해져야 한다는 명제나 누군가가 그의 채무를 변제하지 않으면 그의 재산에 대해 강제집행이 가해져야 한다는 명제 또는 누군가가 전염병에 걸렸을 경우에 그는 일정한 시설에 수용되어야 한다는 명제는 법적 명제이다. 이를 일반적으로 표현하면, "법질서에 의해 규정된 일정한 조건 아래에서 법질서에 의해 규정된 일정한 강제행위가 가해져야 한다."라고 표현할 수 있다. 이것은 … 법적 명제의 기본형태이다.[70]

이러한 켈젠의 언급에 따르면, 법적 명제의 기본형태는 "조건 C가 주어졌을 때 강제행위 A가 행하여져야 한다."이다. 그러므로 완전화의 원리는 다음과 같이 정리될 수 있다.

> 완전화의 원리: 법적 명제는 "조건 C가 주어졌을 때 강제행위 A가 행하여져야 한다."는 형태로 기술되어야 한다.

그렇다면, 다양한 법적 소재들을 어떻게 정리하여야만 하나의 법적 명제의 기본형태를 완성할 수 있는가? 강제질서로서의 법체계는 "강제행위의 조건 C가 충족되면 강제행위 A가 행하여져야 한다."는 것을 구성하는 법들의 관계를 가지고 있고(이러한 관계를 우리는 "강제행위의 관계"라고 부를 수 있을 것이다), 이러한 관계를 이루고 있는 법들은 하나의 법적 명제의 내용을 이룬다. 즉, 어떤 법적 규범들이 하나의 "강제행위의 관계"를 이루는 경우 그 법적 규범들은 하나의 법적 명제의 내용을 이룬다. 이러한 완전화의 원리를 우리는 "강제행위 관계의 원리"라고 부를 수 있을 것이다. 예컨대, 다음의 두 법적 규범이 있다고 가정해 보자.

(a) 살인을 해서는 안 된다.

(b) 법적 규범 (a)를 위반한 자는 사형을 부과해야 한다.

완전화의 원리, 즉 강제행위 관계의 원리에 따르면 이러한 법적 규범들은 "살인을 한다면 사형을 부과해야만 한다."는 하나의 법적 명제로 기술될 수 있다. 여기에서 켈젠은 (a)와 같은 규범이 강제행위를 규정하는 (b)와 같은 규범들과 결합될 때에만 규범적 의미를 가진다고 보고 (a)와 같은 규범을 "비독립적 규범"이라고 부른다.[71]

"조건 C가 충족되면 강제행위 A가 행하여져야 한다는 관계", 즉 "강제행위 관계"에는 다양한 특수한 경우가 존재한다. 켈젠의 지적에 따르면, "수권 관계", "해석 관계", "제한 관계" 등이 존재한다. 이러한 강제행위 관계의 유형에 따라 다음과 같은 "완전화의 원리"의 특수한 형태들을 이끌어 낼 수 있다.

> 수권 관계의 원리: 어떤 규범이 강제행위를 규정하는 다른 규범의 창설, 집행조직, 집행절차 등을 규율할 권한을 부여하는 경우, 두 규범은 하나의 법적 명제의 내용을 이룬다.

> 해석 관계의 원리: 어떤 규범이 강제행위를 규정하는 다른 규범의 의미를 보다 상세하게 해명해 주는 경우, 두 규범은 하나의 법적 명제의 내용을 이룬다.

> 제한 관계의 원리: 어떤 규범이 강제행위를 규정하는 다른 규범의 적용범위를 제한하는 경우, 두 규범은 하나의 법적 명제의 내용을 이룬다.

켈젠은 법적 명제를 구성할 때에 그것을 완전하게 만들기 위해서는 이러한 완전화의 원리들에 따라 구성해야만 한다고 보았다.

2. 개별화의 제2원리: 통일화의 원리

하나의 법체계 내에서 법적 규범들이 충돌할 가능성에 대하여 전면적으로 부정하였던 이전의 견해와 달리, 『순수법학』 제2판에서 켈젠은 하나의 법체계 내에

존재하는 법적 규범들이 서로 충돌할 수 있다는 것을 인정한다.[72]

> 법기관들이 사실상 서로 충돌되는 규범들을 정립할 가능성을 부인할 수 없다. 다시 말해 법기관들이 그 주관적 의미가 당위인 행위들을 정립하고 그리고 이것이 그 행위들의 객관적 의미로 해석되더라도, 즉 그 행위들이 규범들로 간주되는 경우에도 이들 규범이 상호 충돌할 수 있음은 부인할 수 없다.[73]

그러나 아직까지 켈젠은 규범충돌은 규범충돌의 가능성을 완전히 인정하는 것은 아니고, 동일단계의 규범들 사이의 충돌과 상위단계의 규범과 하위단계의 규범 사이의 충돌을 구별하여 전자의 경우에 한해서만 인정한다.[74]

이처럼 동일단계에서 규범충돌이 일어나는 경우에 법과학은 그러한 법적 규범들을 어떻게 법적 명제로 재구성해야 하는가? 이에 대하여 켈젠은 법과학이 법적 규범을 "모순없는 명제들로 서술"할 수 있다고 주장한다.[75] 즉, 그는 다음과 같은 통일화의 원리에 따라 법적 명제를 기술해야 한다고 본다.

> 통일화의 원리: 법적 명제들은 모순이 없는 방식으로 통일되게 기술되어야 한다.

통일화의 원리를 실천하는 구체적인 방법을 설명하면서 켈젠은 (a) 동일한 시점에 동일한 기관에 의하여 충돌하는 법적 규범들이 창설된 경우, (b) 서로 다른 시점에 동일한 기관 내지는 상이한 기관에 의하여 충돌하는 법적 규범들이 창설된 경우로 구분한다.

먼저 후자 (b)의 경우를 살펴보자. 즉, 서로 다른 시점에 동일한 기관에 의하여 혹은 서로 다른 시점에 상이한 기관에 의하여 충돌하는 법적 규범들이 창설된 경우에는 다음과 같은 "신법우선의 원칙"(lex posterior derogat priori)을 적용할 수 있다.[76]

> 신법우선의 원칙: 서로 다른 시점에 동일한 기관 내지는 상이한 기관에 의하여 창설된 두 법적 규범이 충돌하는 경우에는 나중의 규범만이 유효한 것으로 보아야 한다.

그러나 전자 (a)의 경우에는 신법우선의 원칙을 적용할 수가 없다. 이처럼 동일한 법률 속에서 서로 충돌하는 법적 규범이 존재하는 경우에 대하여 켈젠은 그러한 규범들이 상호 조화를 이루도록 기술하려고 최대한 노력해야 한다고 주장한다. 하지만, 켈젠 역시 완전한 해결책이 존재한다고 생각하지는 않은 것 같고, 단지 그러한 경우를 해결할 수 있는 가능한 방법들을 제시하는 데 그치고 있다. 그가 제시하는 예시들을 살펴보자.[77]

[충돌사례 1: 부분적 충돌] 동일한 법률 내에 다음과 같은 두 규범이 있을 경우 그것은 부분적 충돌이다.
(1) 절도를 한 모든 자를 처벌해야만 한다.
(2) 14세 미만의 자를 처벌해서는 안 된다.

첫 번째 예시는 부분적 충돌을 하는 경우로, 이러한 경우에는 하나의 법적 규범이 다른 법적 규범을 제한하는 방식으로 재구성할 수 있다. 즉, 충돌사례 1의 경우 법적 명제는 "14세 이상의 자가 절도를 하였다면 처벌해야만 한다."라는 형태로 나타나게 된다.

[충돌사례 2: 완전한 충돌] 동일한 법률 내에 다음과 같은 두 규범이 있을 경우 그것은 완전한 충돌이다.
(1) 간통을 한 자를 처벌해야만 한다.
(2) 간통을 한 자를 처벌해서는 안 된다.

두 번째 예시는 완전한 충돌을 하는 경우로, 이러한 경우에는 두 법적 규범 중 모두 선택 가능한 것으로 재구성할 수 있다. 즉, 충돌사례 2의 경우 법적 명제는 "간통을 한 자는 처벌되어야 하거나 처벌되지 않아야 한다."라는 형태로 나타나게 된다.

그러나 이러한 사례들, 특히 충돌사례 2의 경우에는 완전한 해결책이 없을 수도 있다. 즉, 아무리 노력하여도 법적 규범이 충돌하지 않는 모습으로 재구성하는 것이 불가능할 수도 있다. 이러한 경우에 대하여 켈젠은 그러한 법적 규범들은 존재하지 않는 것으로 보아야 한다고 주장한다.[78]

| 제5절 비판적 검토 |

라즈(J. Raz)는 법실증주의자들이 법의 규범적 성격을 설명함에 있어서 겪게 되는 어려움을 다음과 같이 표현한다.

> 법실증주의자들이 직면하는 어려움 중 하나는 규범적인 언어를 사용한다는
> 점, 즉 법적 담론에서 사용되는 용어가 도덕적 담론에서 사용되는 그것과 동
> 일하다는 점이다. 오랫동안 많은 사람들은 법이 의무, 책무, 권리, 부정 등과
> 같은 용어에 의하여 기술되고 분석된다는 사실을 법이 본질적으로 도덕적이
> 라는 자연법론자들의 주장을 뒷받침해 주는 것으로 생각해 왔다.[79]

켈젠이 법적 명제를 분석하면서 밝혀낸 "기술적인 의미에서의 당위"는 이러한 문제를 해결하는 데 도움을 줄 수 있다. 즉, 켈젠의 주장에 따르면, 법적 명제를 말할 때 그러한 진술을 통하여 법학자가 타인들에게 그것의 대상이 되는 법적 규범을 유효한 행위의 근거로 삼을 것을 요구해야 하는 것은 아니다. 또한 그러한 발언을 하는 법학자 자신이 그 법적 규범을 유효한 행위의 근거로 삼고 있을 필요도 없다. 왜냐하면 법학자가 말하는 법적 명제는 오직 상황을 서술하는 "기술적인 의미"를 가지기 때문이다. 이것이 바로 어떠한 법질서를 수용하지 않는 아나키스트도 법학교과서를 기술할 수 있는 이유이다.

> … 이전에 내가 언급했던 예, 즉 아나키스트는 근본규범을 전제하지 않는다고
> 한 예는 잘못된 것이다. 아나키스트는 강제질서로서의 법을 감정적으로 부인
> 하고 승인하지 않으며, 강제질서에 의해 구성되지 않은 공동체, 즉 강제로부
> 터 자유로운 공동체를 희망한다. 아나키즘이란 일정한 희망에 기초하고 있는
> 정치적 태도이다. 근본규범을 전제하지 않는 사회학적 해석은 하나의 이론적
> 태도이다. 아나키스트 역시 실정법을 승인하지 않더라도 법학자로서 그것을
> 효력 있는 규범체계로 설명할 수 있다. 자본주의적 법질서를 의무나 권한, 권
> 리, 권능 등을 구성하는 규범체계로 기술하는 많은 교과서들이 정치적으로
> 그 법질서를 승인하지 않았던 법학자들에 의해 기술되었다.[80]

그러나 켈젠의 법적 명제 이론은 다음의 두 가지 오류와 심각하게 결합되어 있다. 이러한 오류들을 제거하지 않는다면 그의 이론이 가지는 장점들은 퇴색될 수밖에 없을 것이다.

첫째, 켈젠의 법적 명제 이론은 그의 오류, 즉 법체계 내에서 행위를 지도하는 규범 다시 말해서 행위의 근거를 제시하는 규범은 오직 의무부과적 규범뿐이라는 생각과 심각하게 결합되어 있다.[81] 이 때문에 켈젠은 법적 명제의 내용을 설명하면서 "강제행위의 관계"에 기초한 개별화의 원리(완전화의 원리)를 제시한다. 그러나 법과학이 법을 재현하는 과정에서 "조건 C가 주어졌을 때 강제행위 A가 행하여져야 한다."는 형태로 법을 재현해야 한다는 켈젠의 주장은 잘못이다. 하트가 지적하는 것처럼, 모든 법을 강제행위로 환원시켜 설명하는 것은 법의 기능을 완전히 왜곡시키는 것이 된다. 이러한 개별화의 원리를 운동경기에 비유하자면, 그것은 겉으로는 야구선수들에게 적용되는 규칙들처럼 보이는 모든 야구의 규칙들이 사실은 심판이 제재를 가하도록 하는 규칙들로 환원된다고 주장하는 이론과 유사하다.[82] 예컨대, 수비수는 타자가 친 공이 땅에 닿지 않은 상태에서 그 공을 잡음으로써 타자를 아웃시킬 수 있다는 규칙은 사실 심판이 타자에게 "퇴장"이라는 강제행위를 가하도록 하는 규칙이라는 것이다. 경기 규칙에 대한 이러한 설명에 대하여 우리는 야구의 규칙들이 사용되는 방식과 그것들이 가지고 있는 본래의 기능을 왜곡시킨다고 항의할 것이 틀림없다. 마찬가지로 법에는 권한을 부여하는 규칙도 존재하는데 이것을 강제행위를 부과하는 것으로 환원시키는 것은 이러한 규칙들이 사회에서 실제로 사용되는 방식을 왜곡하는 것이다.

둘째, 켈젠의 법적 명제 이론은 근본규범의 이론이 가지고 있는 오류, 즉 근본규범이 존재한다는 것과 근본규범을 전제한다는 것을 동일시하는 오류와 결합되어 있다.[83] 이것은 현대의 법학자로 하여금 로마법에 대하여 기술하는 것이 불가능하게 만드는 등의 문제점을 발생시킨다.

이러한 잘못된 오류들을 제거하기만 한다면, 켈젠의 법적 명제 이론은 법의 기술에 관한 법실증주의 설명에 중요한 도움을 줄 것이 틀림없다.

제12장
내적 관점과 내적 진술에 대한 하트의 이론

| 제1절 서론 |

법실증주의는 객관적이고 중립적인 관점에서 법을 설명하려는 이론적 태도를 말한다. 벤담(J. Bentham)이나 오스틴(J. Austin)과 같은 고전적 법실증주의의 대표자들이 이러한 기획을 내세우게 된 것은 당시 사회과학 일반의 분위기와 밀접하게 관련이 있었다.[1] 자연과학이 과학적인 방법으로 놀라운 지식의 발전을 가져오자 사회과학자들은 자신들도 자연과학의 방법으로 인간의 행동과 사회제도를 관찰한다면 동일한 지식의 발전을 가져올 수 있으리라 기대하였다. 그 결과 그들은 객관적으로 관찰될 수 있고 확증될 수 있는 자료들을 다루는 자연과학의 방법론을 채택하고자 하였다.[2] 고전적 법실증주의의 창시자들은 바로 이러한 관점에서 법이라는 현상을 관찰하였다. 그래서 이들은 눈으로 보거나 손으로 만질 수 없는 규범적인 현상들을 객관적으로 관찰할 수 있는 경험적인 현상으로 환원시켰다. 특히 이들은 규범성의 문제를 공무담당자가 수범자들에게 제재(sanction)를 가한다는 경험적인 사실로 환원시키고자 하였다. 그러나 자연법론자들과 비실증주의자들은 법실증주의의 이러한 방법론이 법의 규범성을 올바르게 설명할 수 없다고 끊임없이 비판해 왔다. 특히 사회과학 일반에서도 과학적인 방법론에 대한 회의적인 시각이 팽배하게 되자 법실증주의는 더욱 궁지에 몰리게 되었다.[3]

이러한 상황에서 현대의 대표적인 법실증주의자 중 한 명인 하트(H. L. A. Hart)

는 내적 관점을 도입함으로써 이러한 비판으로부터 자유로울 수 있는 형태의 법실증주의를 전개하였다.[4] 즉, 그는 고전적 법실증주의자들과 달리 법의 규범성을 환원적인 방법으로 기술하지 않는 새로운 방법론을 제시하였다.[5]

그러나 현대 법실증주의 진영 내에서는 하트의 이러한 시도에 대하여 의견이 분분하다. 하트의 견해에는 일부 결함이 존재하긴 하지만 그러한 부분들만 보완한다면 하트의 의도를 성공적으로 수행할 수 있으리라고 보는 견해가 있는가 하면, 하트의 시도야말로 자연법론자들에게 오히려 약점을 잡히게 되므로 따라서 이전의 고전적 법실증주의로 되돌아가자는 이도 있다.[6] 그렇다면, 하트의 설명에는 어떠한 결함이 존재하고 그것은 수정·보완 가능한 결함인가?

| 제2절 내적 관점과 외적 관점 |

1. 내적 관점의 도입 이유

하트는 고전적 법실증주의의 환원주의적 경향을 극복하기 위하여 법이론이 "내적 관점"(internal points of view)을 반영해야만 한다고 주장하였다.[7] 하트가 이러한 주장을 한 취지는 쉽게 납득할 수 있다. 외적 관점(external points of view)에만 기초한 법이론은 국가를 하나의 "대규모 강도 상황"으로 묘사하기 때문이다.[8] 하트는 외적 관점에 근거한 법이론의 범례로 오스틴의 분석을 든다.

> 권총 강도가 어느 피해자에게 지갑을 내놓으라고 명령하고 만일 그가 거부하면 발사하겠다고 위협한다. 만일 그 피해자가 이에 따른다면 우리는 그가 그렇게 하지 않을 수 없었다(obliged)라고 말함으로써 그가 그렇게 하도록 강요된 방식을 설명한다. 어느 사람이 타인에게 위협을 가하면서 명령을 하고 이러한 "하지 않을 수 없었다"는 의미에서 타인에게 따르지 않을 수 없게 하는 경우에 명백히 법의 본질, 또는 적어도 "법리학의 열쇠"(the key to the science of jurisprudence)가 나타난다고 보는 사람들이 있다. 이 점이 영국 법리학에 다대한 영향을 끼쳐 왔던 오스틴(J. Austin)의 분석의 출발점이다.[9]

하트는 이러한 외적 관점에 기반한 법이론이 "하지 않을 수 없었다"와 "할 의무가 있다"를 구별하지 못한다고 지적한다.

> 권총 강도의 경우를 생각하여 보자. A는 B에게 돈을 내라고 명령하여 응하지 않으면 쏘겠다고 위협한다. 강제적인 명령의 이론에 따르면, 이런 상황에서 일반적으로 의무(obligation or duty)의 관념이 예시된다. 법적 의무(legal obligation)는 이러한 상황에서 발견할 수 있다. 즉, A는 습관적으로 복종을 받는 주권자이어야 하고 명령은 단일한 행동이 아니고 행동의 경로를 명한 일반적인 것이어야 한다. 권총강도의 경우가 의무를 표시하고 있다는 주장이 적합하다는 것은 이 상황이 확실히 만일 B가 명령에 따랐다면 그는 돈을 주지 않을 수 없었다고 하는 상황이라는 사실 때문이다. 그러나 만일 이 사실들에 관하여 B가 돈을 줄 의무를 가지고 있다고 한다면 그 상황을 잘못 기술하였다는 것도 확실하다. 따라서 처음부터 의무의 관념을 이해하기 위해서는 명백히 이것 이외의 무엇인가가 필요하다. 사람이 어떤 일을 하지 않을 수 없었다(was obliged to do)라고 하는 주장과 그는 그것을 할 의무를 지고 있었다(had an obligation to do)라는 주장 사이에서는 설명해야 할 차이가 있다.[10]

외적 관점에 기반한 법이론의 전제와 달리, 권총 강도의 경우에는 의무가 존재하지 않는다. 따라서 의무가 무엇인지 이해하기 위해서는 권총 강도의 경우가 아니라 법을 포함하여 사회적 규칙이 존재하는 상황을 검토하여야만 한다.[11]

사회적 규칙이 존재하는 경우에 이러한 규칙을 행위의 근거로 삼는 (혹은 이러한 규칙이 행위의 근거를 제시하는 것으로 보는) 사람이 존재한다. 하트는 법의 규범성을 인정하는 사람들의 관점을 고려하는 법이론이 그렇지 못한 법이론보다 더 나은 이론이라고 주장한다. 즉, 법이론이 이러한 사람의 관점을 고려할 때에만 비로소 법적 의무를 포함한 법을 둘러싼 여러 개념과 현상을 올바르게 설명할 수 있다는 것이다. 하트는 법이론가가 고려해야 할 이러한 관점을 "내적 관점"이라고 부른다. 이처럼 하트가 법이론에 내적 관점을 도입한 것은 일종의 "해석학적 전회"(hermeneutic turn)라고 평가될 수 있을 것이다.[12]

2. 내적 관점과 외적 관점의 구별

하트가 내적 관점과 외적 관점을 구별하는 기준은 무엇인가? 하트가 내적 관점과 외적 관점을 구분하였던 기준은 법체계의 권위를 받아들이는지 여부이다. 그런데, 어떤 사람이 법체계의 권위를 받아들이는지 여부를 어떻게 알 수 있는가? 이에 대하여 하트는 "법체계의 권위를 받아들이는 사람들은 내적 관점에서 그것을 보며, 규범적인 언어로 표현되는 내적 진술을 사용하여 그것을 표현한다."[13]고 말한다. 즉, 하트는 내적 관점을 가진 사람은 자연스럽게 내적 진술을 하게 되어 있고, 외적 관점을 가진 사람은 외적 진술을 자연스럽게 표현하게 되어 있다고 설명한다.

> [내적 진술은] 내적 관점을 나타내면서 또한 어느 사람이 승인의 규칙을 수용하면서 그 수용된 사실을 말하지 않고 그 규칙을 특정 규칙이 유효하다고 인정할 때에 적용하는 경우에 **자연적으로** 사용되기 때문이다. … [외적 진술은] 승인의 규칙을 자신들은 수용하지 않으면서 타인들이 수용하고 있다는 사실만을 말하는 체계의 외부적 관찰자가 쓰는 **자연적인** 표현이기 때문이다.[14]

이것은 하트가 내적 관점을 취하느냐 혹은 외적 관점을 취하느냐라는 기준에 의하여 내적 진술과 외적 진술을 구별한 것이 아니라 내적 진술과 외적 진술을 구별한 후, 그것을 기준으로 내적 관점과 외적 관점을 구별하였다는 것을 보여준다.

| 제3절 내적 진술과 외적 진술 |

1. 내적 진술과 외적 진술의 구별

그렇다면, 내적 진술과 외적 진술은 어떤 진술인가? 하트에 따르면, 내적 진술은 "나는 의무를 가지고 있다.", "너는 의무를 가지고 있다.", "그는 꼭 해야만 한다." 등과 같은 표현 양식을 가지고 있는 진술이다. 즉, 그것은 "규범적인 언어

로 표현되는" 진술이다.[15]

그러나 이와 달리 규칙을 수용하지 않는 참여자의 관점에서의 진술과 외부적 관찰자의 진술은 그러한 표현 양식을 필요로 하지 않는다. 그 이유는 이 표현 양식들이 그들 자신이나 타인들의 행위를 내적 관점에서 보는 사람들에게만 필요한 것이기 때문이다. 규칙을 수용하지 않는 참여자의 관점에서의 진술과 외부적 관찰자의 관점에서의 진술은 동일한 종류의 진술(외적 진술)이고 그것들은 다음과 같은 형태를 가지는 종류의 것이다.

> 외적 관점은 … 규칙을 거부하지만 위반하면 불쾌한 결과가 생길 것이라고 판단할 때에 그리고 판단하기 때문에 단지 규칙에 관심을 갖는 구성원의 생활에서 규칙이 기능하는 방법을 거의 정확하게 재현할 것이다. 그들의 관점을 표현하는 데 필요한 것은 "나는 그것을 하지 않을 수 없었다.", "나는 만일 ~의 경우, 그로 인하여 해를 당할 것이다.", "당신은 만일 ~의 경우에는 그로 인하여 아마도 해를 당할 것이다.", "그들은 만일 ~의 경우에는 그로 인하여 아마도 해를 당할 것이다."와 같은 것이다.[16]

이러한 외적 진술은 "얼마 동안 번잡한 도로에서 교통신호의 움직임을 관찰하고 있던 사람이 신호등이 적색으로 되었을 때는 교통이 정지될 개연성이 높다고 말하는 것"과 동일한 종류의 진술이다.[17] 외적 진술은 "사람들의 행동 내지 태도에 관한 진술"이다.[18]

이상에서 알 수 있듯이, 하트는 내적 진술과 외적 진술이 규범적인 어휘를 사용하는지 여부에 따라 구별된다고 보았다. 즉, "~해야만 한다"와 같은 규범적인 어휘가 사용되는 진술은 내적 진술이라고 보았고, "~하지 않을 수 없었다"와 같은 비규범적인 어휘가 사용되는 진술은 외적 진술이라고 보았다.

2. 내적 진술과 외적 진술의 의미적 차이

이러한 내적 진술과 외적 진술의 의미적 차이는 무엇인가? 이에 대한 하트의 분석은 메타윤리학의 연구에 큰 영향을 받은 것으로 보인다.[19] 그러므로 여기에서는 하트가 영향을 받은 메타윤리학의 연구를 먼저 소개하고자 한다. 그 다음 내적 진술의 의미를 고찰한 후 이를 바탕으로 외적 진술의 의미를 살펴볼 것이다.

(1) 하트 이론의 배경: 메타윤리학

메타윤리학자들은 윤리적인 진술이 어떠한 종류의 의미를 가지는가에 대하여, 특히 윤리적인 진술이 기술적인 의미를 가지는지 아니면 여타의 종류의 의미를 가지는지에 관하여 논의해 왔다.[20]

윤리적인 진술에는 기술적인 의미가 존재하지 않고 여타의 의미, 예컨대 "정서적인 의미"만이 존재한다고 주장하는 입장이 존재한다. 이러한 입장에 속하는 대표적인 이들로는 에이어(A. J. Ayer)를 비롯한 논리실증주의자들을 들 수 있다. 그들에 따르면, "돈을 훔치는 것은 잘못이다."라는 윤리적인 진술은 아무런 기술적인 의미를 가지지 않으며 "돈을 훔치다니!"라는 감탄문과 마찬가지로 오직 발화자의 도덕적인 감정을 표현할 뿐이다.[21] 윤리적 진술을 이렇게 이해한다면, A가 "돈을 훔치는 것은 잘못이다."고 발언하고 B가 "돈을 훔치는 것은 잘못이 아니다."고 발언하는 것은 아무런 문제를 발생시키지 않는다. 왜냐하면, A와 B의 진술은 기술적인 의미를 포함하고 있지 않고 단지 각자가 자신의 감정을 표현하는 것에 불과하여서 서로 모순을 일으키지 않기 때문이다. 따라서 A와 B의 진술 중 어느 것이 옳고 그른가를 따지는 것은 아무런 의미가 없다.[22] 결국 이러한 입장은 윤리적인 진술을 일종의 취향의 표현 정도로 전락시키게 된다. 그러나 윤리적인 진술이 취향의 진술과 동일할 수 없다. 후자에 경우 예컨대, "랍상소우총이 내 입맛에 맞다."라는 진술과 "랍상소우총이 내 입맛에 맞지 않다."라는 진술 사이에는 어떤 심각한 갈등이 존재하지 않는다. 하지만 전자의 경우 예컨대, "돈을 훔치는 것은 잘못이다."라는 진술과 "돈을 훔치는 것은 잘못이 아니다."라는 진술 사이에는 심각한 갈등이 존재한다. 논리실증주의자들은 이러한 차이점을 설명하기 어려워 보인다.

이러한 이유에서 이후의 메타윤리학자들, 특히 스티븐슨(C. L. Stevenson)과 헤어(R. M. Hare)는 윤리적인 진술의 의미에 관하여 절충적인 입장을 취하였다. 스티븐슨은 윤리적인 진술에는 화자의 태도에 대한 기술(기술적인 의미)과 청자의 태도변화에 대한 설득(정서적인 의미)가 함께 들어 있을 수 있다고 주장한다. 예컨대, "이것은 잘못이다."라는 윤리적인 진술에는 "나는 이것을 좋지 않게 생각한다."라는 화자의 태도에 대한 기술과 더불어 "너도 이것을 좋지 않게 생각하라."는 청자의 태도변화에 대한 설득이 함께 들어 있다. 또한, "그는 이것을 해야만 한다."는 윤리적인 진술에는 "그가 이것을 하지 않고 있는 것을 좋지 않게 생각한다."라는 화자의 태도에 대한 기술과 "너도 그가 이것을 하지 않고 있는 것을 좋지 않게 생각하라."는 청자의 태도변화에 대한 설득이 함께 들어 있다.[23]

(아마도 하트에게 가장 큰 영향을 미쳤으리라고 생각되는)[24] 헤어[25]는 평가적인 진술과 윤리적인 진술과 같은 경우 기술적인 의미와 여타의 의미가 결합되어 있을 수 있다고 보았다. 헤어에 따르면, "이 자동차는 좋다."와 같은 평가적인 진술은 이 자동차가 편안하다, 연비가 좋다 등의 속성을 가지고 있다는 기술적인 의미뿐만 아니라 이 자동차를 선택할 것을 권고하는 평가적 의미 역시 가지고 있다.[26] 또한 그는 "너는 진실을 말해야만 한다."는 윤리적인 진술에는 "진실을 말해야만 한다."는 도덕적 원리가 존재한다는 기술적인 의미를 가지고 있고 동시에 그 원리를 따를 것을 규정, 충고, 지시하는 규정적인 의미가 들어 있다고 주장한다.[27]

(2) 내적 진술의 의미

이러한 메타윤리학의 논의에 영향을 받아 하트는 내적 진술에는 다양한 의미가 포함되어 있다고 본다. 이를 설명하기 위하여 우선 사회적 규칙의 분류에 대한 하트의 생각을 살펴보자. (이하에서는 별다른 설명이 없는 한, 규칙이라 함은 사회적 규칙을 말한다.) 하트는 규칙에 관하여 다음의 3가지 구분을 생각하고 있다.

(ⅰ) 체계를 이루고 있지 않은 규칙
(ⅱ) 체계를 이루고 있지만 승인의 규칙을 포함한 체계를 이루고 있지는 못한 규칙
(ⅲ) 승인의 규칙을 포함한 체계를 이루고 있는 규칙

이 중에서 규칙에 관한 내적 진술은 (ⅰ)와 (ⅱ)에서 유사한 의미를 가지고, (ⅲ)에서는 다른 의미를 가진다. 여기에서는 편의상 (ⅰ), (ⅱ), (ⅲ)을 각각 "비체계적인 규칙", "단순한 체계의 규칙", "성숙한 체계의 규칙"이라고 부르자.

하트는 비체계적인 규칙 혹은 단순한 체계의 규칙에 관한 내적 진술을 "'아웃' 또는 '골'이라는 표현과 같이 어느 사람이 다른 사람과 공통적으로 이 목적을 위

하여 적당하다고 인정하는 규칙에 준거하여 어느 상황을 평가하는 언어"라고 이야기한다.[28] 이러한 하트의 진술에는 다음과 같은 3가지 의미가 언급되고 있다.

(a) 다른 사람이 공통적으로 규칙에 준거
(b) 어느 사람이 다른 사람과 공통적으로 규칙에 준거
(c) 어느 사람이 … 어느 상황을 평가

이 중에서 조금 더 하트의 언급을 살펴보아야 할 것은 (c)이다. (a)와 (b)는 비교적 고정적인 것에 비해 (c)에 해당하는 의미는 문맥에 따라 다양해질 수 있기 때문이다. 다른 곳에서 하트는 내적 관점이 "규칙을 비판의 기초, 순응, 사회적 압력 및 처벌에 대한 요구의 정당화로서 사용되는 데서 드러난다."고 이야기한다.[29] 이러한 관점에서 이루어지는 내적 진술은 그 평가로 "비판되어 마땅함", "순응할 것임", "처벌이 정당함" 등을 언급할 것이다.[30] 이런 다양한 의미들을 "판정적인 의미"라고 부르자.[31]

이제 하트가 언급한 것들을 보다 일반화하여 정리해 보면, 다음과 같을 것이다.

하트의 언급	의미의 종류	의미의 내용
다른 사람이 공통적으로 규칙에 준거	기술적인 의미 1	화자가 속한 공동체의 구성원들이 ~라는 규칙을 일반적으로 수용한다.
어느 사람이 다른 사람과 공통적으로 규칙에 준거	기술적인 의미 2	화자 역시 그 규칙을 수용한다.
어느 사람이 … 어느 상황을 평가	판정적인 의미	~은 규칙에 따르지 않은 잘못된 행위이다. 화자가 규칙에 따를 것이다. 규칙을 따르지 않은 것에 대하여 처벌이 정당하다. …

여기에서 기술적인 의미 1은 "화자가 속한 공동체에 어떤 규칙이 존재한다."는 것을 의미하고, 기술적인 의미 2는 "화자가 그 규칙을 행위의 근거로 받아들인다."는 것을 의미한다. 그러므로 규칙의 규범성과 관련된 의미는 기술적인 의미 2이다. 다시 말하자면, 어떤 진술을 내적 진술이게 해 주는 것은 바로 기술적인 의미 2이다.

주의할 것은 기술적인 의미 2에서 말하는 "규칙"이란 "판정적인 의미의 근거가 되는 규칙"이지 "판정적인 의미의 내용이 되는 규칙"이 아니라는 점이다. 다시 말해서 기술적인 의미 2는 "화자가 어떤 판단을 내리면서 전제로 하고 있는 규칙을 수용한다."는 의미이다. 이것은 비체계적 규칙 내지는 단순한 체계의 규칙 자체에 관한 진술이 내적 진술이 아니라 외적 진술이라는 것을 뜻한다. 이에 대하여 하트는 다음과 같이 말한다.

> 일차적 의무의 규칙의 단순한 체계에서는 일정한 규칙이 존재한다는 주장은 그 규칙을 수용하지 않는 관찰자가 검증하는 사실에 관한 외적 진술이 될 수 있을 뿐이며, 이 경우 그것은 관찰자가 사실의 문제로서 일정한 행동 양식이 일반에게 표준으로서 일반적으로 수용되어 있는지의 여부, 그리고 그 양식이 단순히 수렴적인 습관과는 구별되는 사회적 규칙의 특징들을 지니고 있는지의 여부를 확인하는 것에 불과하다. 이러한 방식으로 우리는 영국에서 교회에 들어갈 때는 모자를 벗어야 한다는 규칙이 법적인 것은 아닐지라도 존재한다는 주장을 해석하고 확인해야 한다.[32]

비록 기술적인 의미 2가 어떤 진술을 내적 진술일 수 있게 해 주는 것이지만, 내적 진술이 의미하는 핵심적인 의미는 판정적인 의미이다. 내적 진술에 있어서 판정적인 의미가 핵심적인 의미인 이유는 판정적인 의미가 바로 그 문장의 "발화수반적 의미"이기 때문이다. 이러한 3가지 차원의 의미에 대한 구분을 보다 구체적으로 이해하기 위하여 이상의 논의를 "교회에서 모자를 벗어야만 한다."는 내적 진술에 적용해 보자. 예컨대, 교회에서 모자를 벗지 않는 아들에게 아버지가 "교회에서 모자를 벗어야만 한다."고 꾸중하였다면 그 진술의 의미는 다음과 같이 분석될 수 있을 것이다.

내적 진술	"너는 교회에서 모자를 벗어야만 한다."
기술적인 의미	1. 우리 공동체의 구성원들은 "교회에서 모자를 벗어야만 한다."는 규칙을 일반적으로 수용한다.
	2. 나도 이러한 규칙을 수용한다.
판정적인 의미	네가 교회에서 모자를 벗지 않는 것은 규칙을 위반한 잘못된 행위이다 등등.

　이제 성숙한 체계의 규칙에 관한 내적 진술의 의미를 분석해 보자. 성숙한 체계의 규칙의 모범례는 바로 법적 규칙이다. 그러므로 이하에서의 논의는 법적 규칙을 중심으로 전개하도록 하겠다. 성숙한 체계의 규칙은 여타의 사회적 규칙과 중요한 차이점을 가진다. 이하의 하트의 언급에서 알 수 있듯이, 그것은 바로 "규칙이 존재한다."는 것의 의미이다.

　　다른 한편, 성숙한 법체계에서와 같이 승인의 규칙을 포함한 규칙의 체계가 존재하며, 따라서 규칙이 그 체계의 일부라고 하는 것이 이제는 승인의 규칙이 주는 어떤 판단 기준을 충족시키고 있는지 여부에 달려 있는 곳에서는 "존재한다"라고 하는 말은 새로운 의미로 적용된다. 규칙이 존재한다는 진술은 더 이상 관습적 규칙의 단순한 경우에서와 같이 일정한 행동 양식이 관행상 표준으로서 일반적으로 수용되고 있다는 사실의 외적 진술이 아니다. 그것은 이제 수용되었지만 진술되지 않은 승인의 규칙을 적용하고 또한 대략적으로 "체계 내의 효력의 판단 기준에 비추어 유효하다."는 것 이상으로 다른 것을 뜻하지 않는 내적 진술인 것이다.[33]

　그러므로 법적 규칙에 관한 내적 진술의 의미는 특히 기술적인 의미 1에서 큰 차이가 난다. 이러한 차이점은 기술적인 의미 2에서도 차이를 가져온다. 먼저 법적 규칙에 관한 내적 진술의 의미를 개괄적으로 정리해 보면, 다음과 같다.

기술적인 의미	1. ~라는 규칙은 화자가 속한 공동체의 구성원들(적어도 법공무담당자들)[34] 이 일반적으로 수용하는 승인의 규칙에 의하여 제시된 효력의 판단기준을 충족한다.
	2. 화자도 승인의 규칙과 그 법적 규칙을 수용한다.
판정적인 의미	~은 규칙에 따르지 않은 법적으로 잘못된 행위이다. 화자가 법적 규칙에 따를 것이다. 규칙을 따르지 않은 것에 대하여 법적 처벌이 정당하다. …

기술적인 의미 1에서 문제가 되는 것은 공동체의 구성원들(적어도 법공무담당자들)이 일반적으로 수용하는 규칙으로 승인의 규칙만을 의미하면 충분한가 아니면 그 개별적인 법적 규칙까지 포함해야 하는가라는 문제이다. 이와 관련해서는 승인의 규칙만을 의미하는 것으로 충분하다고 생각된다. 왜냐하면 만약 기술적인 의미 1에 공동체의 구성원들(적어도 법공무담당자들)이 일반적으로 그 개별적인 법적 규칙 역시 수용한다는 것을 포함된다고 한다면, 제정되고 아직 한 번도 적용이 된 적이 없는 규칙에 대해서는 내적 진술이 하는 것이 불가능해질 것이기 때문이다.

기술적인 의미 2에서 크게 두 가지가 문제가 된다. 첫 번째 문제점은 화자가 행위의 근거로 삼는 규칙으로 제시하는 것이 어떤 규칙인가라는 점이다. 내적 관점 내지는 내적 진술에 대한 다음의 언급들은 이에 대한 하트의 생각을 보여준다.

> 법관이나 변호사 또는 일반 시민들이 법체계의 일상적 생활 속에서 특정 규칙의 법적 효력에 대한 [내적] 진술을 할 때에 그 진술은 확실히 일정한 전제에 서 있다. … 이러한 전제된 것들이 무엇인지 정확히 이해하고 그 성격을 애매하게 하지 않는 것이 중요하다. 그것들은 두 가지 것들로 이루어지고 있다. 첫째, 어떤 특정한 법의 규칙, 즉 특정한 제정법의 효력을 진지하게 주장하는 사람은 자신이 법을 확인하기 위하여 적당한 것으로 수용한 승인의 규칙을 사용하고 있는 것이다. 둘째로, 이 승인의 규칙에 의거하여 그가 특정한 제정법의 효력을 평가하는 것은 그 승인의 규칙이 그에 의하여 수락되었을 뿐만 아니라 체계의 일반적 운영 속에서도 실제로 수용되고 채택되고 있다고 하는 것이다.[35]

건전한 사회에서는 그들은 실제 그 규칙들을 행동의 공통적인 표준으로서 수용하고 또한 규칙에 복종해야 할 의무를 인정하며 심지어는 이 의무들을 헌법을 존중할 일반적 의무로까지 추적하기도 한다.[36]

첫 번째 인용문은 내적 진술을 하는 공동체의 구성원들이 승인의 규칙을 수용하고 있다는 것을 언급하고 있고, 두 번째 인용문은 단순히 복종하는 것이 아니라 내적 관점을 가지고 있는 공동체의 구성원들의 경우 개별 법적 규칙을 수용하고 있다는 것을 언급하고 있다. 그러므로 기술적인 의미 2는 "화자도 승인의 규칙과 그 법적 규칙을 수용한다."가 된다. 이러한 점은 법적 규칙의 규범성과 관련해서도 설명이 가능하다. 즉, 만약 내적 진술의 기술적인 의미 2에 화자가 그 법적 규칙을 수용한다는 의미가 포함되어 있지 않다면 내적 진술은 법적 규칙의 규범성을 설명하지 못할 것이다.

기술적인 의미 2와 관련된 두 번째 문제점은 규칙 자체에 대한 언급의 성격의 문제이다. 전술한 것처럼, 비체계적인 규칙 내지는 단순한 체계의 규칙의 경우에는 그 규칙 자체에 대한 언급은 외적 진술이 된다. 그러나 체계적인 규칙의 경우에는 판단의 근거가 되는 규칙으로 승인의 규칙이 존재하기 때문에 규칙 자체에 진술은 내적 진술이 된다.[37] 이와 관련하여 주의할 점은 승인의 규칙이다. 승인의 규칙은 판단하는 근거가 되는 별개의 규칙이 존재하지 않는다는 점에서 비체계적인 규칙과 유사하다. 그러므로 승인의 규칙 자체에 관한 진술은 외적 진술에 불과하다.[38]

(3) 외적 진술의 의미

내적 진술의 의미를 분석하면서 밝혔듯이, "단순히 자기 자신은 규칙을 받아들이지 않는 관찰자의 관점"[39]에서 발하여지는 외적 진술은 내적 진술의 기술적인 의미 2, 즉 "화자가 개별 규칙을 수용한다." 내지는 "화자가 승인의 규칙과 개별 규칙을 수용한다."는 의미가 결여된 진술이다.

주의할 것은 외적 진술에 있어서는 기술적인 의미 1, 즉 규칙이 존재한다는 의미가 달라진다는 것이다. 즉, 외적 진술에 있어서는 문제가 되는 규칙이 존재하는 곳이 반드시 화자가 속한 공동체일 필요가 없다. 그 공동체는 다른 국가이어도 되고, 과거의 어느 국가이어도 되며, 심지어 상상 속의 국가이어도 된다. 외적 진술과 관련된 공동체에 규칙이 존재하는 것으로 족하다.

이제 외적 진술은 이러한 기술적인 의미 1을 포함하는지 여부에 따라 극단적이지 않은 외적 진술과 극단적인 외적 진술로 구분된다.

> 외적 관점에 따른 진술에는 여러 가지 종류가 있다. 왜냐하면 관찰자는 그 자신 규칙을 받아들이지 않으면서 집단이 그것을 받아들인다고 주장하고, 그들이 내적 관점에서 어떠한 방법으로 규칙에 관계하고 있는가를 외측에서 언급할 것이기 때문이다. 그러나 체스나 크리켓 같은 게임의 규칙이든지 도덕의 규칙이나 법의 규칙과 같이 무엇이든, 우리들이 만일 선택한다면, 이러한 방식으로 집단의 내적 관점을 언급하지 않는 관찰자의 지위를 주장할 수도 있다. 이와 같은 관찰자는 부분적으로 규칙과 일치되는 관찰 가능한 행동의 규칙성, 그리고 규칙으로부터의 일탈이 부딪히게 되는 적대적인 반작용, 비난, 처벌이라는 형태로서의 심화된 규칙성을 기록하는 것만으로도 만족한다. … 만일 관찰자가 이 극단적인 외적 관점을 엄격히 유지하여 규칙을 받아들이는 집단의 구성원이 어떠한 방식으로 자신의 규칙적 행동을 보고 있는가에 대하여 설명을 하지 않는다면, 그들의 생활에 대한 그의 기술은 결코 규칙에 관한 것이 될 수 없으며, 따라서 규칙에 의존하는 의무의 관념에 관한 것이 될 수 없다. 대신에 그 기술은 행위의 관찰 가능한 규칙성, 예측, 개연성, 표지에 관한 것일 것이다.[40]

이러한 하트의 언급에 따르면, 극단적이지 않은 외적 진술은 "규칙을 수용하는 집단이 내적 관점에서 그 규칙과 어떻게 관계하고 있는가"를 묘사하는 반면에 극단적인 외적 진술은 "행위의 관찰가능한 규칙성, 예측, 개연성, 표지"를 언급한다. 외적 진술에 있어서 핵심이 되는 이러한 문장의 의미는 "진술적인 의미"라고 부르자.[41] 이러한 두 외적 진술의 차이점을 정리해 보면 다음과 같다.

	극단적이지 않은 외적 진술	극단적인 외적 진술
변형된 기술적인 의미 1	○	×
기술적인 의미 2	×	×
진술적인 의미	규칙을 수용하는 집단이 내적 관점에서 그 규칙과 관계하는 방법	행위의 관찰 가능한 규칙성, 예측, 개연성, 표지

| 제4절 비판적인 반성적 태도 |

지금까지 논의한 것처럼, 하트는 내적 진술에 관한 고찰로부터 내적 관점을 외적 관점으로부터 구별해 내고 그러한 내적 관점이 "규칙을 행동의 공통적인 표준으로 수용하는 자의 관점"이라고 보았다. 하트가 이러한 생각을 바탕으로 『법의 개념』의 원고를 어느 정도 집필했을 때인 1958년 윈치(P. Winch)의 『사회과학의 이념』이 출간되었다. 하트는 윈치의 저술을 읽은 후,[42] 내적 관점에 관한 자신의 아이디어가 윈치의 것과 상당히 유사하다는 것을 느꼈지만, 완전히 동일하지는 않고 자신의 내적 관점의 아이디어가 윈치의 것에서 비롯되었다고 언급할 필요는 없다고 생각하였던 것 같다. 실제로 그는 윈치의 저술에 관하여 다음과 같이 짧막하게 언급하고 있을 뿐이다.

> 규칙과 습관. 여기서 강조되고 있는 규칙들의 내적 측면은 Chapter V, s. 2, p.86과 s. 3, p.96, VI, s. 1, 그리고 VII, s. 3에서 더 깊이 논의되고 있다. Hart, "Theory and Definition in Jurisprudence", 29 P. A. S. Suppl. vol. (1955), pp.247–50 참조. 이와 유사한 견해에 관해서는 Winch, "Rules and Habits", The Idea of a Social Science (1958), chap. ii, pp.57–65, chap. iii, pp.84–94; Piddington, "Malinowski's Theory of Needs," Man and Culture (ed. Firth) 참조.

그러나 윈치의 설명이 내적 관점에 관한 하트의 논의를 보다 명확하게 해 준 것은 분명하다.[43] 특히 습관과 규칙에 대한 윈치의 설명이 하트에게 큰 영향을 미쳤으리라고 생각된다. 윈치는 비트겐슈타인의 논의를 사회과학의 영역으로 확장시켜서 습관적 행위와 규칙을 따르는 행위를 구별한다. 그는 규칙이 의식적으로 적용되는가 여부에 의하여 습관과 규칙을 구별하는 오크숏(M. Oakeshott)을 비판하면서 규칙은 그것을 따르는 행위가 적절한지 여부를 구별하는 것이 유의미한지 여부에 의하여 구별된다고 주장한다. 더 나아가 규칙은 반성적 태도에 의하여 구별된다.[44]

이러한 윈치의 논의를 받아들여 하트는 규칙의 특성을 설명한다. 우선, 하트는 어떤 집단에 규칙이 존재하기 위해서는 그 집단의 사람들이 통상적으로 어떤 행동의 유형을 일정하게 되풀이해야 한다는 것을 지적한다. 예컨대, 어느 국가의 사람들은 대체로 차를 운전하다가 빨간 신호등이 켜지면 차를 정지시킨다. 그리고 그러한 사실은 "사람들이 통상 그렇게 한다."는 말로 묘사된다. 그런데 규칙이 존재한다는 것을 설명하기에는 이러한 행동의 통상적인 반복만으로는 부족하다. 왜냐하면 그러한 사실만으로는 규칙이 존재한다는 것과 습관이 존재한다는 것을 구별할 수 없기 때문이다.[45] 그러므로 규칙과 습관을 구별하기 위해서는 오직 규칙만이 가지고 있는 특성들을 지적해야만 한다.

습관의 경우, 어떤 규칙적인 행동을 하지 않았다고 한다면 그러한 행동을 하지 않았다는 것 외에는 별다르게 설명할 것이 없다. 즉, "습관이 존재하기 위해서는 집단의 구성원은 일반적인 행동에 관하여 전혀 생각할 필요는 없으며 또한 당해 행동이 일반적이라는 것을 아는 것마저 필요치 않다. 더욱이 그들은 그 행동을 가르치고자 노력하거나 유지하려고 생각할 필요는 없다. 각자는 타인이 실제로 그렇게 하고 있는 것과 마찬가지로 각기 행동하는 것만으로 충분하다."[46]

그러나 규칙의 경우에는 다르다. 앞에서 살펴본 것처럼, 하트는 규칙을 설명하기 위해서 규칙의 외적 측면만을 다루어서는 안 되고 내적 측면도 함께 다루어야 한다고 주장한다. 규칙이 존재하는 경우에는 특정한 행동의 통상적인 반복이 일어난다는 것 외에도 중요한 태도가 존재한다. "사회적 규칙이 존재하기 위해서는 적어도 몇몇 사람들이 당해 행동을 집단 전체가 따라야 하는 일반적 기준으로 간주해야만 한다. 즉, 사회적 규칙은 (사회적 습관에도 존재하고 관찰자라도 기록할 수 있는 규칙적인 획일성인) 외적 측면에 더하여 내적 측면도 가지고 있다."[47] 이렇게 추가되는 규칙의 내적 측면은 어떤 집단의 구성원들이 특정한 행동을 통상적으로 반복할 때 그들 사이에 보이는 태도를 말한다. 그 집단의 구성원들 중 적어도 일부는 "그러한 행동의 정형에 대해 반성적인 비판적 태도"를 가지고 있다.[48] 이러한 태도는 규칙의 준수에 대한 요구와 규칙의 일탈에 대한 비판 그리고 그러한 요구와 비판이 정당화된다는 인정 속에서 나타난다.[49]

규칙이 존재하기 위해서 필요한 것은 "공통의 기준으로서 일정한 행동의 정형에 대한 비판적인 반성적 태도가 존재하여야만 한다는 것, 이 태도는 비판(자기 비판도 포함하여)과 준수에 대한 요구, 그리고 그러한 비판이나 요구가 정당화된다는 인정 속에 나타나야 한다는 것"이다.[50]

| 제5절 하트의 딜레마 |

내적 관점에 대한 이러한 논의를 바탕으로 하트는 내적 관점을 잘 반영해야만 좋은 법이론이라고 주장한다. 즉, 법이론이 규칙의 존재(기술적인 의미 1)와 수용(기술적인 의미 2)을 반영해야만 좋은 이론이라는 것이다. 그러나 하트의 이러한 주장은 다음과 같은 의문점들을 불러일으켰다.

(1) 내적 관점을 취하는 사람이 법을 행위의 근거로 삼는 이유는 무엇인가?
(2) 법이론가(법실증주의자)가 내적 관점을 취하지 않으면서도 내적 관점을 반영하는 것이 어떻게 가능한가?
(3) 내적 관점을 고려한 법이론가(법실증주의자)의 설명이 도덕적으로 객관적이고 중립적일 수 있는가?

이러한 질문들에 어떻게 대답하느냐와 관련된 문제가 바로 현대 법실증주의가 직면하고 있는 법의 규범성의 문제이다. 이 중 (1)과 (3)의 문제는 "수용"의 의미와 관련된 문제로서 이 책의 제9장에서 집중적으로 검토하였으므로, 여기에서는 (2)의 문제만을 다루고자 한다.

1. 하트의 딜레마

"내적 관점을 잘 반영해야만 좋은 법이론이다."라는 하트의 주장에는 다음 2 가지의 내용이 들어 있다.

> (1) 규범적인 어휘가 들어 있는 진술은 내적 진술이다. 그러므로 규범적인 어휘가 들어 있는 진술을 사용하는지 여부에 따라 내적 관점을 취하고 있는지 아니면 외적 관점을 취하고 있는지 구별할 수 있다.
>
> (2) 법이론가(법실증주의자)는 내적 관점을 취하지는 않지만 내적 관점을 반영할 수 있고 또 그렇게 해야만 한다.

그런데 내적 관점을 반영한다는 것은 규범적 진술을 이해하고 진술할 수 있고 필요에 따라 진술해야만 한다는 의미일 것이다. 만약 그러하다면, (1)에 따라 규범적 진술을 하는 법실증주의자는 규범적 진술을 한다는 표지에 근거하여 내적 관점을 취하고 있는 것으로 이해될 것이다. 그것은 내적 관점을 취하지 않으면서도 내적 관점을 반영할 수 있다는 (2)와 모순이 된다. 즉, 규범적 진술을 하면서도 내적 관점을 취하지 않는 경우가 존재하든지 아니면 법이론가는 내적 관점을 취하지 않는 한 내적 관점을 반영할 수 없어야만 한다.

2. 해결책

하트가 직면하는 이러한 딜레마는 어디에서 비롯되는가? 이것은 하트가 잘못된 언어철학적 방식을 취하였기 때문에 발생하는 딜레마라고 생각한다. 즉, 하트는 존 설(J. R. Searle)이 지적하는 "언어행위 오류"(speech act fallacy)[51]를 범하고 있고 그 결과 (1)의 주장을 하게 되었는데 이것이 잘못이다.

설에 따르면, 언어행위 오류는 "단어 W는 행위 A를 수행하려고 사용한다."라고 표현될 수 있다. 이것은 단어 W를 포함하는 모든 발언이 행위 A를 수행하는 것이라고 하거나 적어도 단어 W를 포함하는 발언들 중 근원적인 것은 행위 A를 수행하는 것이라고 하는 것이다.[52] 이것은 단어 W가 행위 A를 하려고 사용된다고 해서 그 단어가 행위 B를 하려고 사용된다는 것을 부정하거나 부차적인 것으로 본다는 점에서 오류이다.

설은 언어행위 오류를 범하는 철학자들의 예시를 다음과 같이 분석한다. (흥미로운 것은 설이 이러한 언어행위 오류를 범한 주된 철학자들로 토요일 오전마다 모여서 하트와 함께 철학적 토론을 나누었던 오스틴, 헤어, 스트로슨 등을 든다는 점이다.)

"좋다"라는 단어는 무언가를 추천하려고 사용한다. (헤어)[53]
"참이다"라는 단어는 진술에 동의를 하거나 진술을 인정하려고 사용한다. (스트로슨)[54]
"안다"라는 단어는 확실하다는 것을 보장하려고 사용한다. (오스틴)[55]

우리는 내적 관점에 관한 하트의 분석에서 이러한 언어행위 오류의 모습을 발견할 수 있다.

"~할 의무가 있다"라는 말은 내적 관점에서 판정을 하려고 사용한다.
"~하지 않을 수 없었다"라는 말은 외적 관점에서 진술을 하려고 사용한다.

그러나 "~할 의무가 있다"라는 말이 내적 관점에서 판정을 하려고 사용된다고 해서 그 말을 사용하는 모든 문장이 내적 관점에서 판정을 하려고 하는 것은 아니다. 하트가 범하고 있는 언어행위 오류는 해리스(J. W. Harris)가 "혁명가의 딜레마"라고 부르는 다음과 같은 가상적 대화에서 잘 드러난다.[56]

조 1: 차에 폭탄을 싣고 번화가로 가고 있어. 그런데, 이 다음에는 어느 쪽으로 가야 해?
빌 1: 신호등 쪽으로 직진해. 어쨌든, 극장 앞에서 우회전 하지 마. 우회전하면, 눈에 띌 거야.
조 2: 왜?
빌 2: 그곳에서 우회전하는 것은 현재 불법(illegal)이니까. 아야! 왜 때려?
조 3: "불법"이라고 말했잖아. 그것은 그들의 규정과 헌법에 복종해야만 한다는 뜻이야.
빌 3: 내 말은 그런 뜻이 아니었어.

조 4: 너의 말은 그런 뜻이야. 앞으로는 말을 조심해.

위의 사례에서 조는 자신들이 전복시키려고 하는 현재 정부의 법체계에 대하여 정치적으로 반대하기 때문에 그 법체계의 법을 기술함에 있어서 규범적인 언어를 사용하기를 거부한다. 그러면서 그는 동료 빌이 규범적인 언어를 사용하는 것을 그 법체계에 대한 수용으로 이해하면서 비난한다. 그러나 일반적인 언어관용에 비추어 볼 때 이러한 조의 이해는 분명히 부당하다고 느껴진다. 왜냐하면 우리는 규범적인 언어를 사용하여 법에 관하여 이야기하면서도 동시에 그 법을 수용하지 않는 진술을 주고받을 때가 분명 존재하기 때문이다. 이처럼 하트의 주장과 달리 "~해야만 한다", "불법이다"와 같은 말을 사용한다고 해서 그것이 바로 내적 진술일 수는 없다.

그렇다면, 빌 2의 발언은 어떻게 이해해야만 할까? 전술한 것처럼, 이러한 빌 2의 발언은 규범적인 언어를 사용하고 있지만 그 대상이 되는 법체계의 권위를 받아들이지는 않으므로 내적 진술이라고 볼 수 없다. 또한 빌 2의 진술은 단순히 타인들의 행동들의 규칙성에 관한 진술들인 극단적인 외적 진술들과 혼동해서는 안 된다.[57] 따라서 빌 2의 발언은 내적 진술도 극단적인 외적 진술도 아니라고 보아야 할 것이다.

또한 법을 수용하지 않는 사람의 진술이 언제나 극단적인 외적 진술인 것도 아니다. 다음과 같은 "여행사에서의 대화"를 살펴보자.[58]

(휴양섬으로 유명한 어떤 국가의 민주정부가 군사 쿠데타에 의하여 전복되었다. 군사 쿠데타를 이끈 지도자들은 헌법을 공포하였고 정부의 모든 부분들에 대하여 실효적인 지배를 하게 되었다. 그 직후에 여행사 사무실에서는 다음과 같은 언쟁이 벌어졌다.)

여행객: 도착 시에도 다시 공항세를 내야만 한다고 말씀하시는 것입니까?
직 원: 그것이 새로운 규정입니다.
여행객: 네, 그것은 압니다. 그런데, 내가 그것을 내야만 한다는 뜻입니까?
직 원: 글쎄요. 만약 내지 않으면, 그들이 당신을 통과시켜 주지 않을 텐데요.
여행객: 당신에게 예측을 하라는 것이 아닙니다. 내가 그것을 내야만 합니까?

직 원: 물론, 도덕적으로는 그 정권의 비민주적이고 부정의한 본성에 비추
　　　어 볼 때 …….

여행객: 당신의 주관적인 정치적 견해에는 관심이 없습니다. 제가 묻는 것
　　　에 답하세요.

직 원: 그 국가의 새로운 법에 따르면, 당신은 공항세를 내야만 합니다.

이 사례에서 여행사 직원의 답변은 다음의 3가지의 방식으로 진술되었다.

답변 1: 만약 내지 않으시면, 그들이 당신을 통과시켜 주지 않을 텐데요.

답변 2: 물론, 도덕적으로는 그 정권의 비민주적이고 부정의한 본성에 비추
　　　어 볼 때 …….

답변 3: 그 국가의 새로운 법에 따르면, 당신은 공항세를 내야만 합니다.

답변 1과 답변 2는 전형적인 외적 진술의 예일 것이다. 그러나 답변 3은 법을 기술하면서 내적 관점을 반영하는 특수한 외적 진술이다. 하지만 분명 그것은 화자가 그 법을 수용하고 있지 않기 때문에 내적 진술은 아니다.

이제 하트의 딜레마에 대한 논의로 돌아가면, 하트가 내적 관점과 외적 관점을 그 진술에서 사용되는 어휘에 따라 구별하는 것을 거부한다면 "내적 관점을 반영하는 법이론이 좋은 이론이다."는 하트의 주장에 동의하더라도 딜레마에 빠지지 않을 수 있을 것이다. 즉, 법이론가는 내적 관점을 반영하면서도 내적 관점을 취하지 않는 것이 가능할 것이다.

| 제6절 "법적인 관점에서의 진술" 내지 "초연한 진술" |

1. 법적인 관점에서의 진술 내지 초연한 진술의 의미

라즈(J. Raz)는 빌 2와 여행사 직원의 답변 3과 같은 진술, 즉 내적 관점을 반영하면서도 내적 관점을 취하지 않는 외적 진술을 "법적인 관점에서의 진술" 내지

"초연한 진술"(detached statement)이라고 부른다.[59] 초연한 진술은 "어떤 관점을 실제로 인정하지는 않지만 그 관점이 유효하다면 혹은 그러하다고 전제할 때에는 어떠한가를 말하는 것이다."[60] 이것은 법적인 관점 내지 법적인 사람의 관점을 "전문가적이고 비헌신적인 방식으로" 채택한다는 것을 의미한다.

> (체계 S에 대한) 법적인 관점은 S의 규범들과, S의 규범들이 S의 규범 수범자들로 하여금 그것들에 기초하여 행동할 것을 요구하는 다른 모든 근거들로 구성된다. 이상적(理想的)으로 법에 구속되는 시민은 법적 관점에서 행동하는 사람일 것이다. 그는 단순히 법에 따르지 않는다. 그는 법적 규범들과 법적으로 승인된 규범들을 규범들로서 복종하고 그러한 규범들을 그것들이 배제하는 상충하는 근거들을 무시하는 배제적인 근거들로서 수용한다.[61]

> 가설적인 관점에 관하여 고찰할 수 있다. 예컨대, 그러한 개인들이 존재한다는 것을 가정하지 않고서, 자신들의 국가의 모든 법들을 그리고 오직 그 법들만을 유효한 것으로 받아들이는 개인들이 어떤 규범들을 채택하였는가에 관하여 논의할 수 있다. 가설적인 관점의 이러한 특별한 예를 법적인 사람(legal man)의 관점이라고 부를 수도 있을 것이다.[62]

여기에서 주의할 것은 "전문가적이고 비헌신적인 방식의 채택"의 의미이다. 만약 어떤 사람이 법적 관점을 실제로 채택한다고 한다면, 그는 법을 자신의 개인적인 도덕으로 받아들이는 것, 즉 자신이 정당하다고 수용하는 모든 규범들을 총망라하는 것으로 받아들일 것이다. 그러나 법과학의 관점을 취한다는 것은 법적인 관점을 그러한 방식으로 채택하는 것을 의미하지 않는다. 그것은 법이 정당하다고 보는 것에 헌신하지 않고서 그러한 관점을 채택하는 것을 의미한다. 이를 라즈는 "전문가적이고 비헌신적인 방식의 채택"이라고 부른다.[63]

이처럼 법과학의 관점을 취하여 행하는 진술을 라즈는 "법과학의 관점에서의 진술" 내지는 "초연한 진술"이라고 부른다. 초연한 진술은 "법을 기술하고 법적 진술을 할 때 법의 도덕적 권위를 인정하지 않고서도 규범적인 언어를 사용하는" 진술이다.[64]

이러한 초연한 진술을 외적 진술과 동일시할 수 없다. 이에 대하여 라즈는 어떤 관점에서의 진술들인 초연한 진술들과 타인들의 신념들에 관한 진술들인 외적 진술들을 혼동해서는 안 된다고 지적한다.[65] 초연한 진술은 "(켈젠이 인정한 것처럼) 어떤 관점을 실제로 인정하지는 않지만 그 관점이 유효하다면 혹은 그러하다고 전제할 때에는 어떠한가를 말하는 것이다."[66]

하트 역시 인지하였던 것처럼,[67] 이러한 초연한 진술은 법학교수들에 의하여 자주 사용된다. 왜냐하면 그들의 주된 관심이 법을 현실에 적용하는 것이 아니라 법에 따르면 무엇을 해야만 하는지를 가르쳐 주는 것에 있기 때문이다.[68]

이러한 종류의 진술들은 법학교수들만 사용하는 것이 아니며 더욱이 법적 맥락 밖에서도 나타날 수 있다. 즉, "자신이 반드시 가지고 있어야 하는 것은 아닌 어떤 관점에 혹은 특정한 전제에 기초하여 어떤 사람이 다른 사람에게 상대방의 규범적인 상황에 관하여 조언을 하거나 정보를 제공하는 경우이면 언제나 이러한 종류의 진술을 발견할 수 있다."[69] 그 예로 라즈는 유대교 교리에 대해서 잘 알지 못하는 유대인 신자가 가톨릭 신자이지만 유대 율법에 정통한 친구에게 유대교 교리에 관하여 묻는 경우를 든다.

> 정통파에 속해 있지만 교리에 관하여 상대적으로 잘 알지 못하는 어떤 유대교 신자가 가톨릭 신자이지만 유대 율법에 관하여 전문가인 친구에게 조언을 구하는 경우를 상상해 보자. 이 유대교 신자가 물어보는 것은 "내가 무엇을 해야만 하는가"이다. 분명 그것이 의미하는 것은 "너의 종교(가톨릭)가 아닌 나의 종교(유대교)에 따를 때 내가 무엇을 해야 하는가"이다. 친구는 그 유대교 신자에게 이렇게 저렇게 해야만 한다고 말해 준다. 이 이야기에 있어서 중요한 것은 이러한 조언이 가톨릭 신자인 친구가 실제로 그렇게 해야만 한다고 생각하는 것을 말하는 것이 아니라는 점을 두 사람 모두 알고 있다는 사실이다. 그 친구는 정통파 유대교의 관점에서 볼 때 어떠한가를 진술할 뿐이다.[70]

도군영(K. Toh)이 지적하는 것처럼, 법적 맥락에서 발하여지는 초연한 진술, 즉 초연한 법적 진술에는 다음과 같은 두 가지 범주가 존재할 수 있다.[71]

(1) 화자가 속한 법체계 내에서 만들어진 법의 진술들

(2) 화자가 속하지 않은 법체계 내에서 만들어진 법의 진술들

법률가들이 고객들에게 조언을 해 주거나 법학자가 학생들에게 자국의 법을 가르칠 때 사용되는 초연한 법적 진술들은 주로 첫 번째 범주에 속하는 종류의 진술일 것이다. 그리고 법학교수가 외국의 법을 가르치는 경우나 역사상의 법(예컨대, 로마법)을 가르치는 경우에 사용되는 초연한 법적 진술들은 두 번째 범주에 속하는 종류의 진술일 것이다. 또한 개혁자가 법체계의 개혁을 위하여 가설적인 법제도를 제시하고 그것을 설명하는 경우에도 역시 두 번째 범주에 속하는 초연한 법적 진술을 사용할 것이다.[72]

2. 보론: 초연한 진술은 내적 진술의 일종인가?

초연한 진술과 관련하여 도군영은 하트의 내적 진술에는 "헌신된(committed) 내적 진술"과 "초연한 내적 진술"이 존재할 수 있고 따라서 초연한 법적 진술은 "광의의 내적 진술"에 속한다고 주장한다.[73] 그러나 초연한 법적 진술을 내적 진술로 환원시키는 것에는 문제가 있어 보인다.[74]

왜 초연한 진술을 내적 진술로 분류할 수 없는가? 이미 라즈는『법체계의 개념』의 제2판 "후기"에서 초연한 진술을 내적 진술로 환원시키려는 시도가 실패할 수밖에 없는 이유를 다음과 같이 설명하였다. 초연한 진술을 내적 진술로 분석하는 최상의 방법은 그것을 "조건적인 근거진술들"(conditional reason-statements)로 보는 것이다. 그러한 분석에 따르면, "법적으로 A가 x를 해야 한다."라는 초연한 진술은 "만약 법창설적 사실들이 근거들이라고 한다면, 그때에는 A가 x를 해야 한다."는 의미이다. 이러한 분석에 대하여 라즈는 다음과 같은 2가지의 이유를 들어서 반대한다.[75] 첫째, 명백한 정언명법의 진술을 조건이 생략된 진술로 해석할 때에는 충분한 근거를 제시해야 한다는 점에서 이러한 해석은 받아들일 수 없다. 둘째, 법창설적 사실들이 근거들이라고 하더라도, A가 x를 해야만 한다는 것은 오류일 수가 있다. 예컨대, 비법적인 근거들이 법적인 근거들을 압도하여 A는 x가 아니라 y를 해야만 할 수도 있다. 조건문에서의 "당위"는 행위의 근거의 존재에 대한 언급과 동일한 잠정적인 "당위"이다라고 말함으로써 이 문제를 회피할 수 없

다. 초연한 진술들은 잠정적인 "당위"의 진술들일 수도 있지만, 그것들은 또한 확정적인 "당위"의 진술들일 수도 있다. 초연한 진술들에 대한 해석은 이것을 허용할 수 있어야 한다. 그러나 이러한 해석은 이것을 허용하지 않는다. 이러한 라즈의 반박에 비추어 볼 때 초연한 법적 진술을 내적 진술로 분류할 수 있다는 도군영의 주장은 타당하지 않아 보인다.

| 제7절 하트의 이론의 보완 |

이상에서 살펴본 것처럼, 하트는 내적 관점과 외적 관점을 구별하는 표지로서 내적 진술과 외적 진술을 탐구하였다. 그에 따르면, 내적 진술은 다음의 2가지 의미를 전제하고 있는 진술이다.

(1) 화자가 속한 공동체에 어떤 규칙이 존재한다.
(2) 화자가 그 규칙을 행위의 근거로 삼는다.

여기에서 (1)은 규칙의 종류에 따라 다음과 같이 구체화된다.

(1) 화자가 속한 공동체에 규칙이 존재한다.
(1.1) 비체계적인 규칙, 단순한 체계의 규칙: 화자가 속한 공동체의 구성원들이 어떤 규칙을 일반적으로 수용한다.
(1.2) 성숙한 체계의 규칙: 어떤 규칙이 화자가 속한 공동체의 구성원들(적어도 관련된 공무담당자)이 일반적으로 수용하는 승인의 규칙에 의하여 제시된 효력의 판단 기준을 충족한다.

이러한 의미 중 (1.2)에는 다음의 2가지 의미가 포함되어 있다.

(1.2) 성숙한 체계의 규칙: 어떤 규칙이 화자가 속한 공동체의 구성원들(적어도 관련된 공무담당자들)이 일반적으로 수용하는 승인의 규칙에 의하여

제시된 효력의 판단 기준을 충족한다.

> (1.21) 성숙한 체계의 실효성: 화자가 속한 공동체의 구성원들(적어도 관련 공무담당자들)이 승인의 규칙을 일반적으로 수용한다.

> (1.22) 개별 규범의 효력: 어떤 규칙이 그 승인의 규칙에 의하여 제시된 효력의 판단 기준을 충족한다.[76]

(2) 역시 규칙의 종류에 따라 그 의미가 다음과 같이 구체화된다.

> (2) 화자가 그 규칙을 행위의 근거로 삼는다.

> (2.1) 비체계적인 규칙, 단순한 체계의 규칙: 화자도 그 규칙을 수용한다.

> (2.2) 성숙한 체계의 규칙: 화자도 승인의 규칙과 그 규칙을 수용한다.

내적 진술이 전제하고 있는 의미 (1)과 (2)는 바로 내적 관점이 가지고 있는 태도이다. 반면에 외적 진술은 (2)의 의미가 결여된 진술이다. 그러므로 외적 관점은 화자가 그 규칙을 행위의 근거로 삼는다는 태도가 결여된 관점이다.

이제 이러한 외적 진술에 있어서는 (1)의 의미가 달라져서 문제가 되는 규칙이 존재하는 곳이 화자가 속한 공동체일 필요가 없다. 즉, 외적 진술에 있어서 규칙이 존재한다는 의미는 다음과 같은 뜻이 된다.

> (1b) 해당 공동체에 어떤 규칙이 존재한다, 존재하였다, 존재한다고 상상한다, 존재한다고 가정한다 등.

물론 (1b)의 의미 역시 규칙의 종류에 따라 다음과 같이 구체화될 것이다. (논의의 편의를 위하여 '존재한다'의 경우만을 분석한다.)

> (1b) 해당 공동체에 어떤 규칙이 존재한다.

> (1b.1) 비체계적인 규칙, 단순한 체계의 규칙: 해당 공동체의 구성원들이 어떤 규칙을 일반적으로 수용한다.

> (1b.2) 성숙한 체계의 규칙: 어떤 규칙이 해당 공동체의 구성원들(적어도 관련된 공무담당자)이 일반적으로 수용하는 승인의 규칙에 의하여 제시된

효력의 판단 기준을 충족한다.

외적 진술은 이러한 (1b)의 의미가 전제되는지 여부에 따라 극단적이지 않은 외적 진술과 극단적인 외적 진술로 구분된다. 극단적인 외적 관점은 규칙이 존재한다는 것을 전제로 하지 않고 집단의 행동을 관찰·기술하는 관점이고, 극단적이지 않은 외적 관점은 규칙이 존재한다는 것을 전제하지만 자신은 그 규칙을 행위의 근거로 삼지 않는 사람의 관점이다.

그러므로 하트는 자신이 속한 공동체에 특정 규칙이 존재한다는 것을 인정하면서도 그것을 수용하지 않는 사람의 관점이나 자신이 속하지 않은 다른 공동체에 특정 규칙이 존재한다는 것을 인정하지만 그것을 수용하지 않는 사람의 관점을 동일하게 "극단적이지 않은 외적 관점"으로 평가한다. 예컨대, 한국에서 대마초를 즐겨 피우는 한국인이 한국에 온 네덜란드인에게 "만약 우리나라(한국)에서 대마초를 피다가 들킨다면 처벌을 받을 것이다."고 말하는 경우나 한국인이 영국에 놀러가는 한국인 친구에게 "영국에서 사람들이 의회에서 여왕이 제정하는 것은 무엇이든지 ~법으로 승인한다."라고 말하는 경우는 극단적이지 않은 외적 관점이다.[77]

이상의 논의를 그림으로 정리해 보면, 다음과 같다.

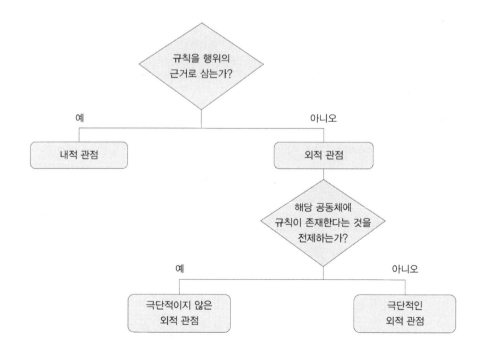

하트는 이러한 구별을 바탕으로 법이론가(법실증주의자)가 내적 관점을 고려하는 법이론을 전재해야만 한다고 주장한다. 이러한 그의 주장은 상당히 설득력이 있지만, 그의 언어철학적인 오류 때문에 다소 혼란스러워 보인다. 만약 내적 관점과 외적 관점, 더 나아가 내적 진술과 외적 진술을 구별하는 기준을 규범적인 어휘를 사용하는지 여부로 보지 않고 내적 관점과 외적 관점을 위에서 살펴본 표처럼 구분한다면, 이러한 하트의 주장은 여전히 매력적일 것이다.

제13장
법의 기술에 대한 소결

  법실증주의에 의할 때 법학자는 규범적인 언어로 법을 기술하면서도 어떻게 객관적이고 중립적인 태도를 유지할 수 있는가? 혹은 객관적이고 중립적인 태도로 법을 기술하려는 법이론가는 법을 기술하기 위해서 어떠한 진술을 사용해야 하는가?

  법을 기술하는 법적 진술에는 적어도 내적 진술과 외적 진술이 포함된다. 하트(H. L. A. Hart)의 공로는 내적 관점의 중요성을 올바르게 파악하고 그것을 반영하는 진술을 해야 한다고 주장했다는 점일 것이다. 그러나 그는 내적 진술과 외적 진술을 구별하는 기준으로, 더 나아가 내적 관점과 외적 관점을 구별하는 기준으로 규범적인 언어를 사용하는지 여부를 제시하는 오류를 범하였다. 그러나 켈젠(H. Kelsen)과 라즈(J. Raz)가 지적한 것처럼, 규범적인 언어를 사용한다고 해서 그것이 내적 진술인 것은 아니다.

  그렇다면 어떠한 진술이 내적 진술인가? 그것은 다음과 같은 내용을 담고 있어야만 한다.

  (1) 화자가 속한 공동체에 특정한 법적 규범이 존재한다.
  (2) 화자가 그 법적 규범을 행위의 근거로 삼는다.

이때 (1)은 다음과 같은 의미이다. (1)은 (1.1)과 (1.2)로 분해될 수 있다.

(1) 어떤 법적 규범이 화자가 속한 공동체의 구성원들(적어도 관련된 공무담당자들)이 일반적으로 수용하는 승인의 규칙에 의하여 제시된 효력의 판단 기준을 충족한다.

    (1.1) 화자가 속한 공동체의 구성원들(적어도 관련된 공무담당자들)이 승인의 규칙을 일반적으로 수용한다.

    (1.2) 어떤 법적 규범이 그 승인의 규칙에 의하여 제시된 효력의 판단 기준을 충족한다.

주의할 것은 하트의 주장과 달리 내적 진술을 하는 자는 대체로 그 대상이 되는 법적 규범에 도덕적으로 동의하거나 적어도 그렇게 하는 체한다는 점이다. 타인과 관련된 내적인 법적 진술을 하는 경우에는 언제나 그러하다. 즉, "권리", "의무", "당위"와 같은 규범적인 용어들은 법적 진술, 도덕적 진술, 기타 규범적인 진술들에서 동일한 의미로 사용되고, "채무를 변제하는 것이 존의 법적 의무이다."라고 내적인 법적 진술을 할 때에는 존이 법에 의하여 발생하는 채무를 변제할 도덕적 의무가 있다고 말하는 것이다. 그러므로 객관적이고 중립적인 태도로 법을 기술하려는 법이론가는 법이 가지고 있는 규범성을 표현함에 있어서 내적인 법적 진술을 사용할 수 없다.

반면에 외적 진술은 (2)를 포함하지 않는 진술이다. 중립적이고 객관적인 태도로 법을 진술하는 법학자는 (2)의 내용을 그대로 포함시켜서는 안 된다는 의미에서 분명 외적 진술을 한다. 그러나 그의 진술은 극단적인 외적 진술과 구별되어야 하는데, 왜냐하면 그는 법의 내적 관점을 반영하는 외적 진술을 하기 때문이다. 이러한 의미에서 그의 진술은 '초연한 법적 진술'이라고 할 수 있을 것이다.

초연한 법적 진술에서 (1)과 (2)는 다음과 같이 변형된 의미로 포함된다.

(1') 문제가 되는 해당 공동체에 특정한 법적 규범이 존재한다, 존재하였다, 존재한다고 상상한다, 존재한다고 가정한다, … 등

(2') 법적 규범을 행위의 근거로 삼는 사람의 관점을 채택한다, 가정한다, 상상한다. … 등

초연한 법적 진술을 하는 경우에는 그것이 규범적인 용어를 포함하고 있더라

도 내적인 법적 진술과 달리 그 대상이 되는 법을 수용하지 않아도 된다. 따라서 초연한 법적 진술을 하는 경우에는 그 대상이 되는 법에 대하여 도덕적으로나 정치적으로 동의하지 않아도 된다. 그러므로 객관적이고 중립적인 태도로 법을 기술하려는 법이론가는 초연한 법적 진술을 이용함으로써 그러한 태도를 유지할 수 있다. 이때 법이론가는 아무런 정치적 동의 없이도 규범적인 용어를 자유롭게 사용할 수 있다.

이러한 결론들이 법실증주의의 기본적인 입장과 양립할 수 없는 것이 아닌가 하는 우려를 할 수도 있을 것이다. 실제로 많은 법실증주의자들은 자연법론자들이 주장하는 다음의 2가지 의미 테제에 대하여 반대를 해 왔다.[1]

> (i) "권리", "의무", "당위"와 같은 규범적인 용어들은 법적 진술, 도덕적 진술, 기타 규범적인 진술들에서 동일한 의미로 사용된다.
> (ii) 법적 진술들은 도덕적 진술들이다. 예컨대, "채무를 변제하는 것이 존의 법적 의무이다."고 말할 때에는 존이 법에 의하여 발생하는 채무를 변제할 도덕적 의무를 가지고 있다고 말하는 것이다.

그러나 라즈가 주장하는 것처럼, 이러한 테제들은 법실증주의와 어느 정도 양립가능하다.[2] 즉, 잘못된 것은 우리가 살펴본 초연한 법적 진술에 관한 이론이 아니라 의미 테제에 대하여 절대적인 반대를 주장하는 것이다.

특히 (i)의 경우에는 원래의 주장 그대로 법실증주의와 양립할 수 있는 것이고 또 그것을 받아들여야만 법의 규범성과 법적 진술의 본성을 제대로 설명할 수 있다. 만약 법실증주의가 (i)의 테제를 반대한다면, 법을 둘러싼 규범적인 현상들을 제대로 설명할 수 없게 된다. 제9장에서 살펴본 것처럼 법은 필연적으로 스스로에 대하여 정당한 권위를 주장한다. 그리고 이러한 사실은 법적 권위자들이 사용하는 언어를 통하여 알 수 있다. 그러므로 법적 권위자가 법을 기술하기 위하여 사용하는 규범적인 언어들은 도덕적인 맥락에서와 동일한 의미를 가진다. 또한 대체로 사람들은 법이 정당한 권위를 가지고 있다고 믿기 때문에 법을 행위의 근거로 삼는다. 이러한 사실은 법을 행위의 근거로 수용하는 사람들이 사용하는 규범적인 언어 역시 도덕적인 맥락과 동일한 의미를 가진다는 점을 보여준다.

(ii)의 테제의 경우에도 다음과 같이 수정을 한다면 그것은 법실증주의와 양립

할 수 있을 것이다.

첫째, "채무를 변제하는 것이 존의 법적 의무이다."라는 내적인 법적 진술을 하는 경우에 그리고 오직 그러한 경우에만 존이 법에 의하여 발생하는 채무를 변제할 도덕적 의무를 가지고 있다고 말하는 것이다. 이것은 화자가 그렇게 믿기 때문에 혹은 적어도 그렇게 믿는 체하기 때문에 그렇게 말한다는 의미에 불과하다는 점에 주의해야만 한다.

둘째, "채무를 변제하는 것이 존의 법적 의무이다."라는 초연한 법적 진술을 하는 경우에 그러한 진술은 존이 법에 의하여 발생하는 채무를 변제할 도덕적 의무를 가지고 있다는 것을 함의하지 않는다. 바로 그렇기 때문에 법실증주의는 초연한 법적 진술을 함으로써 규범적인 언어를 사용해서 법을 기술하면서도 법에 관하여 중립적인 기술을 할 수 있는 것이다.

참고문헌

1. 국내문헌

(1) 단행본

김영환, 『법철학의 근본문제』 제2판(홍문사, 2008).

김정오, 『현대사상과 법』 (나남, 2007).

김정오 외 4인 공저, 『법철학: 이론과 쟁점』 제2판 (박영사, 2017).

박병철, 『비트겐슈타인』 (이룸, 2003).

_____, 『비트겐슈타인 철학으로의 초대』 (필로소픽, 2014).

박준석, 『The Concept of Authority』 (경인문화사, 2007).

박효종, 『민주주의와 권위』 (서울대학교 출판부, 2005).

심헌섭, 『법철학 Ⅰ』 (법문사, 1982).

양천수, 『법해석학』 (한국문화사, 2017).

양해림, 『현대 해석학 강의』 (집문당, 2011).

_____, 『딜타이와 해석학적 사회체계』 (집문당, 2020).

오세혁, 『법철학사』 (세창출판사, 2012).

이강국, 『헌법합치적 법률해석: 서독에서의 이론과 실제』 (박영사, 2012).

이상영 · 김도균, 『법철학』 (한국방송통신대학교출판부, 2006).

조홍식, 『사법통치의 정당성과 한계』 제2판 (박영사, 2010).

최봉철, 『현대법철학: 영어권 법철학을 중심으로』 (법문사, 2007).

최신한, 『슐라이어마허: 감동과 대화의 사상가』 (살림, 2003).

최종고, 『법사상사』 (박영사, 2000).

한태연, 『헌법학』 (양문사, 1955).

허영, 『헌법이론과 헌법』 (박영사, 2007).

(2) 논문

고봉진, "신, 국가, 근본규범에 나타난 '규범정립적 권위'", 『법철학연구』 제18권 제1호(2015).

고인석, "에른스트 마하의 과학사상", 『철학사상』 제36권(2010).

권경휘, "비트겐슈타인의 규칙-따르기 고찰과 법이론", 『법철학연구』 제10권 1호(2007).

_____, "하트의 '개방적 구조'에 관한 연구", 『법학논고』 제37집(2011).

_____, "켈젠의 규범 일반 이론: 효력 이론을 중심으로", 『법철학연구』 제14권 제3호(2011).

_____, "법의 규범적 성격에 관한 연구: 법은 수범자의 행위를 어떠한 방식으로 지도하는가?", 『법학논문집』 제36집 제1호(2012).

_____, "순수법학에 있어서 법과학의 개념", 『법학논총』 제29권 제3호(2012).

_____, "법을 행위의 근거로 삼는 이유에 관한 고찰: 법실증주의의 관점에서", 『법철학연구』 제15권 제3호(2012).

_____, "법해석론에 있어서 언어철학의 잘못된 적용에 대한 비판: 후기 비트겐슈타인의 관점에서", 『법철학연구』 제16권 제1호(2013).

_____, "켈젠의 법적 명제 이론", 『법철학연구』 제17권 제3호(2014).

_____, "현대법실증주의와 규범성의 문제: 하트의 '내적 관점'을 중심으로", 『법철학연구』 제18권 제1호(2015).

_____, "로크의 재산권 이론", 『법철학연구』 제18권 제3호(2015).

_____, "승인의 규칙에 관한 하트의 이론", 『강원법학』 제46권(2015).

_____, "현대 영미법철학에 있어서 분석철학의 영향", 『강원법학』 제50권(2017).

_____, "제2의 뤼쿠르고스로서의 플라톤: 이상국가의 해석론", 『법철학연구』 제24권 제2호(2021).

_____, "홉스의 자연상태 이론에 대한 비판적 고찰: 공공선택이론과 행동경제학의 관점에서", 『동아법학』 제93호(2021).

_____, "켈젠의 근본규범에 대한 비판적 검토", 『법철학연구』 제24권 제3호(2021).

_____, "순수법학의 철학적 배경", 『서울법학』 제29권 제4호(2022).

권경휘 · 김정오, "존 오스틴의 생애와 법사상", 『법철학연구』 제21권 제3호(2018).

권경휘 · 김정수, "최종적인 근거지움의 문제에 관하여: 선험화용론의 관점에서", 『법학연구』 제17권 제4호(2007).

김건우, "하트의 내적 관점이란 무엇인가?", 『법철학연구』 제16권 제1호(2013).

_____, "라이터(B. Leiter)의 자연화된 법리학의 의의와 사상적 원천", 『법과 사회』 제44호(2013).

_____, "무엇을, 얼마나, 어떻게 자연화할 것인가: 라이터(Brian Leiter)의 야심차면서도 신중한 자연화 기획", 『법철학연구』 제17권 제1호(2014).

김도균, "자연법론적 승인율 모델의 가능성", 『법철학연구』 제3권 제2호(2000).

김비환, "고전적 자유주의 형성의 공동체적 토대: 로크와 스코틀랜드 계몽주의자들을 중심으로", 『정치사상연구』 제2집(2000).

김정주, "선험화용론과 철학적 기초 반성", 『철학연구』 제48집(2000).

김진, "최후정초로서의 요청: 비판적 합리주의와 선험적 화용론의 대결", 『철학』 제41집

(1994).

김창래, "언어철학적으로 살펴본 정신과학의 의미: H.-G. Gadamer를 중심으로", 『인문학과 해석학』(철학과 현실사, 2010).

김현철, "하트 법이론의 철학적 의의에 대한 비판적 고찰", 『이화여자대학교 법학논집』 제11권 제2호(2007).

김형석, "실증주의와 공리주의의 연결 고리: 존 오스틴의 명령으로서의 법개념", 『법학논총』 제36집 제4호(2019).

김효전, "게오르크 옐리네크의 헌법론", 『동아논총』 제16집(1979).

박병철, "비트겐슈타인과 비엔나 써클의 물리주의", 『철학』 제60집(1999).

박준석, "켈젠, 규범성, 권위", 『법철학연구』 제14권 제2호(2011).

박해용, "선험화용론적 최종근거증명에 대하여: 의사소통윤리학의 소개를 위한 시도", 『철학연구』 제35집(1994).

박효종, "권위의 정당화가 가능한가", 『법철학연구』 제7권 제1호(2004).

백종현, "칸트철학에서 "선험적"과 "초월적"의 개념 그리고 번역어 문제", 『칸트연구』 제25권(2010).

서윤호, "규범근거지움을 둘러싼 문제", 『법철학연구』 제8권 제1호(2005).

심우민, 『입법절차와 절차주의: 순수절차주의에 대한 비판적 고찰과 그 대안』(연세대학교 법학박사학위청구논문, 2010).

심헌섭, "H. L. A. Hart의 분석적 법이론", 『분석과 비판의 법철학』(법문사, 2001).

_____, "권위에 관하여: 배제적 법실증주의에서 포용적 법실증주의로", 『분석과 비판의 법철학』(법문사, 2001).

_____, "근본규범 이론 소고", 『분석과 비판의 법철학』(법문사, 2001).

안경환·김종철, "미국법과 영국법의 비교 연구(V): 법이론", 『서울대학교 법학』 제40권 제1호(1999).

안성조, "법적 불확정성과 법의 지배", 『법철학연구』 제10권 제2호(2007).

_____, "'법문의 가능한 의미'의 실재론적 의의", 『법철학연구』 제12권 제2호(2009).

안준홍, 『비실증주의 법원리론 비판』(서울대학교 법학박사학위청구논문, 2008).

_____, "승인규칙의 규범성에 대한 일 고찰", 『법철학연구』 제16권 제3호(2013).

양영운, "후설과 프레게의 반심리학주의", 『철학탐구』 제30집(2011).

오병선, "하트의 법철학 방법과 법의 개념", 『현대 법철학의 흐름』(법문사, 1996).

오세혁, "한스 켈젠의 위헌법률이론: 규범충돌 및 폐지와 관련하여", 『법철학연구』 제1권(1998).

_____, "켈젠 법이론의 시기 구분: 연속성 테제를 중심으로", 『법철학연구』 제4권 제1호(2001).

_____, "켈젠 법이론의 발전과정", 『중앙법학』 제7권 제4호(2005).

_____, "켈젠의 법이론에 있어서 규범과 가치: 규범과 가치의 상관관계를 중심으로", 『법철학연구』 제18권 제3호(2015).

윤재왕, "법, 도덕 그리고 사실: 비얼링의 승인설에 대한 켈젠의 비판", 『고려법학』 제54호(2009).

이국운, "19세기 영국의 분석법학: 존 오스틴의 법이론을 중심으로", 『법철학연구』 제3권 제2호(2000).

이민열, "기본권 제한 심사에서 공익의 식별", 『법철학연구』 제18권 제2호(2015).

이정훈, "법실증주의 승인율과 관행에 관한연구", 『법철학연구』 제10권 제2호(2007).

임웅, "한스 켈젠의 순수법학", 『독일헌법학설사』 (법문사, 1982).

장영민, "법실증주의의 현대적 전개: 도덕포용적 법실증주의에 관한 약간의 고찰", 『현대의 법철학』 (세창출판사, 2007).

최경섭, "현상학적 법 이론의 의의와 방법", 『법철학연구』 제12권 제1호(2009).

최봉철, "켈젠", 『현대법철학: 영어권 법철학을 중심으로』 (법문사, 2007).

_____, "하트", 『현대법철학: 영어권 법철학을 중심으로』 (법문사, 2007).

_____, "법실증주의와 그 재판이론", 『법철학연구』 제14권 제3호(2011).

_____, "법실증주의", 『법철학: 이론과 쟁점』 (박영사, 2012).

_____, "법의 효력: 요건과 효과를 중심으로", 『법철학연구』 제17권 제3호(2014).

최성철, "드로이젠과 역사주의", 『한국사학사학보』 제24권(2011).

최신한, "슐라이어마허 해석학의 현재성", 『인문학과 해석학』 (철학과 현실사, 2001).

추정희, "플라톤 사상에서 신화의 의미", 『미학예술학연구』 제34집(2011).

한정선, "프레게의 "산술 철학 비평"이 후설에게 미치는 영향", 『철학과 현상학 연구』 제4권(1990).

허영, "게오르그 옐리네크가 보는 기본권", 『고시연구』 제8권 제5호(1981).

2. 번역문헌

(1) 단행본

Akademiya Nauk SSSR (임석진 옮김), 『철학사 제3권: 변증법적 유물론과 사적 유물론의 성립』 (중원문화, 2012).

Alexy, R. (이준일 옮김), 『법의 개념과 효력』 (지산, 2000).

Austin, J. L. (김영진 옮김), 『말과 행위: 오스틴의 언어철학, 의미론, 화용론』 (서광사, 1992).

Ayer, A. J. (송하석 옮김), 『언어, 논리, 진리』 (나남, 2010).

Baggini, J. & Fosl, P. S. (박준호 옮김), 『철학자의 연장통』 (서광사, 2007).

Bentham, J. (강준호 옮김), 『도덕과 입법의 원칙에 대한 서론』 (아카넷, 2013).

Burger, G. A. (염정용 옮김), 『허풍선이 남작 뮌히하우젠』 (인디북, 2010).

Dilthey, W. (손승남 옮김), 『해석학의 탄생』 (지식을만드는지식, 2011).

Droysen, J. G. (이상신 옮김), 『역사학』 (나남, 2010).

Dworkin, R. (염수균 옮김), 『법과 권리』 (한길사, 2010).

Fann, K. T. (황경식·이운형 옮김), 『비트겐슈타인의 철학이란 무엇인가?』 (서광사, 1989).

Frege, G. (박준용·최원배 옮김), 『산수의 기초』 (아카넷, 2003).

_____. (전응주 옮김), 『개념표기: 수리학의 공식 언어를 본뜬 순수 사유의 공식 언어』 (이제이북스, 2015).

Gadamer, H.-G. (이길우·이선관·임호일·한동원 옮김), 『진리와 방법 1』 (문학동네, 2013).

Glock, H.-J. (한상기 옮김), 『분석철학이란 무엇인가?』 (서광사, 2009).

Habermas, J. (이진우 옮김), 『담론윤리의 해명』 (문예출판사, 1997).

Halévy, E. (박동천 옮김), 『철학적 급진주의의 형성 1: 벤담의 젊은 시절(1776-1789)』 (한국문화사, 2021).

Harris, J. (배현 옮김), 『자유의지는 없다』 (시공사, 2013).

Hart, H. L. A. (오병선 옮김), 『법의 개념』 (아카넷, 2002).

Hoerster, N. (윤재왕 옮김), 『법이란 무엇인가: 어느 법실증주의자가 쓴 법철학 입문』 (세창출판사, 2009).

Huang, Y. (이해운 옮김), 『화용론』 (한국외국어대학교 지식출판원, 2009).

Hume, D. (이혜숙 옮김), 『인간의 이해력에 관한 탐구』 (지식을만드는지식, 2012).

Husserl, E. (이종훈 옮김), 『현상학의 이념, 엄밀한 학으로서의 철학』 (서광사, 1987).

_____ (이종훈 옮김), 『논리 연구 1: 순수논리학의 서론』 (민음사, 2018).

Janik, A. & Toulmin, S. (석기용 옮김), 『빈 비트겐슈타인 그 세기말의 풍경』 (이제이북스, 2005).

Janssen, P. (신귀현·배의용 옮김), 『에드문트 훗설의 현상학』 (이문출판사, 1986).

Jaq, C. (김진경 옮김), 『이집트 상형문자 이야기』 (예문, 1997).

Jellinek, G. (김효전 옮김), 『일반국가학』 (법문사, 2005).

Johnston, W. (고원 외 옮김), 『제국의 종말: 합스부르크 제국의 정신사와 문화사의 재발견』 (글항아리, 2008).

Kant, I. (백종현 옮김), 『순수이성비판 2』 (아카넷, 2006).

_____ (백종현 옮김), 『윤리형이상학』 (아카넷, 2012).

_____ (백종현 옮김), 『윤리형이상학 정초』 (아카넷, 2018).

_____ (백종현 옮김), 『실천이성비판』 (아카넷, 2019).

Kelsen, H. (황산덕 옮김), 『순수법학』 (조선공업문화사 출판부, 1949).

_____ (민준기 옮김), 『일반국가학』 (민음사, 1990).

_____ (변종필·최희수 옮김), 『순수법학 제2판』 (길안사, 1999).

_____ (심헌섭 옮김), 『켈젠의 자기증언』 (법문사, 2009).

_____ (김성룡 옮김), 『규범 일반 이론』 (아카넷, 2016).

_____ (윤재왕 옮김), 『순수법학 제1판: 법학의 문제점에 대한 서론』 (박영사, 2018).

Kenny, A. (김보현 옮김), 『비트겐슈타인』 (철학과현실사, 2001).

_____ (이재훈 옮김), 『현대철학』 (서광사, 2013).

Kockelmans, J. J. (임헌규 옮김), 『후설의 현상학』 (청계, 2000).

Korsgaard, C. M. (강현정 · 김양현 옮김), 『규범성의 원천』 (철학과 현실사, 2011).

Kripke, S. (정대현 · 김영주 옮김), 『이름과 필연』 (서광사, 1986).

_____ (남기창 옮김), 『비트겐슈타인 규칙과 사적 언어』 (철학과현실사, 2008).

Marx, W. (이길우 옮김), 『현상학』 (서광사, 1989).

McGinn, C. (박채연 · 이승택 옮김), 『언어철학』 (도서출판b, 2019).

Mill, J. S. (최명관 옮김), 『존 스튜어트 밀 자서전』 (도서출판 창, 2010).

Monk, R. (남기창 옮김), 『루드비히 비트겐슈타인 1: 천재의 의무』 (문학과학사, 1998).

_____ (김병화 옮김), 『How to Read 비트겐슈타인』 (웅진지식하우스, 2007).

Moore, G. E. (김상득 옮김), 『윤리학 원리』 (아카넷, 2018)

Nietzsche, F. (김정현 옮김), 『선악의 저편』 (책세상, 2002).

Paton, H. J. (김성호 옮김), 『칸트의 도덕철학』 (서광사, 1988).

Pears, D. (정영목 옮김), 『비트겐슈타인』 (시공사, 2000).

Pivcevic, E. (이영호 옮김), 『후설에서 사르트르에로』 (지학사, 1982).

Putnam, H. (김효명 옮김), 『이성 · 진리 · 역사』 (민음사, 2002).

Rawls, J. (황경식 옮김), 『정의론』 (이학사, 2003).

Romanos, G. D. (곽강제 옮김), 『콰인과 분석철학』 (한국문화사, 2002).

Russell, B. (임정대 옮김), 『수리철학의 기초』 (경문사, 2002).

_____ (곽강제 옮김), 『나는 이렇게 철학을 하였다』 (서광사, 2008).

_____ (송은경 옮김), 『러셀자서전(상)』 (사회평론, 2003).

Salmon, N. (박준호 옮김), 『지시와 본질』 (한국문화사, 2000).

Schorske, C. E. (김병화 옮김), 『세기말 빈』 (글항아리, 2014).

Seelmann, K. (윤재왕 옮김), 『법철학 제2판』 (세창출판사, 2010).

Singer, P. (ed.) (김성한 · 김성호 · 소병철 옮김), 『메타윤리학』 (철학과 현실사, 2006).

Spiegelberg, H. (최경호 · 박인철 옮김), 『현상학적 운동 I』 (이론과실천, 1991).

Stammler, R. (한태연 옮김), 『법과 법학의 본질』 (법문사, 2020).

Wacks, R. (박석훈 옮김), 『법철학』 (교유서가, 2021).

Wapshott, N. (김홍식 옮김), 『케인스 하이에크』 (부키, 2014).

Warnke, G. (이한우 옮김), 『가다머: 해석학, 전통 그리고 이성』 (민음사, 1999).

Waugh, A. (서민아 옮김), 『비트겐슈타인 가문』 (필로소픽, 2014).

Whatmore, R. (이우창 옮김), 『지성사란 무엇인가』 (오월의 봄, 2020).

Winch, P. (권기돈 옮김), 『사회과학의 이념』(현대미학사, 1997).

Wittgenstein, L. (이영철 옮김), 『문화와 가치』(책세상, 2006).

_____ (이승종 옮김), 『철학적 탐구』(아카넷, 2016).

_____ (이영철 옮김), 『논리철학논고』(책세상, 2020).

Wright, G. H. (배철영 옮김), 『설명과 이해』(서광사, 1995).

Wuchterl, K. & Hübner, A. (최경은 옮김), 『비트겐슈타인』(한길사, 1999).

Zuckmayer, C. (윤도중 옮김), 『쾨페닉의 대위』(성균관대학교출판부, 1999).

(2) 논문

Alexy, R. (이영섭 옮김), "법철학의 본성", 『법학연구』 제18권 제2호(2008).

Apel, K.-O. (권경휘 옮김), "도덕, 법, 민주주의의 관계에 대하여: 선험화용론의 관점에서 하버마스의 법철학(1992)에 관하여", 『연세법학』 제12권 제2집(2006).

Bix, B. (권경휘 옮김), "존 오스틴", 『선문법학』 제4집(2007).

_____ (권경휘 옮김), "하트와 언어의 '개방적 구조'", 『일감법학』 제16집(2009).

_____ (권경휘 옮김), "하트와 법이론에 있어서 해석학적 전회", 『영산법률논총』 제11권 제2호(2014).

_____ (권경휘 옮김), "의미와 지시의 이론은 법의 결정성의 문제를 해결할 수 있는가?", 『연세법학』 제25호(2015).

Delacroix, S. (권경휘 옮김), "규범성에 관한 하트와 켈젠의 대조적인 개념", 『연세법학』 제26호(2015).

Ferrari, M. (윤병언 옮김), "신칸트주의", 『경이로운 철학의 역사 제3권: 현대 편』(아르테, 2020).

Green, L. (권경휘 옮김), "『법의 개념』에 대한 이해와 오해", 『법철학연구』 제23권 제3호(2020).

Hart, H. L. A. (장영민 옮김), "실증주의와 법·도덕 구별론", 『법철학연구』 제8권 제1호(2005).

_____ (권경휘 옮김), "한스 켈젠과의 토론", 『영산법률논총』 제11권 제1호(2014).

Herwig, H. J. (황우여 옮김), "게오르그 옐리네크", 『독일헌법학설사』(법문사, 1982).

Kelsen, H. (심헌섭 옮김), "순수법학이란 무엇인가?", 『켈젠법이론선집』(법문사, 1990).

_____ (심헌섭 옮김), "인과관계와 귀속", 『켈젠법이론선집』(법문사, 1990).

_____ (심헌섭 옮김), "자연법론과 법실증주의", 『켈젠 법이론 선집』(법문사, 1990).

_____ (심헌섭 옮김), "헌법의 기능", 『켈젠 법이론 선집』(법문사, 1990).

_____ (황산덕 옮김), "법과 국가의 일반이론", 『동아법학』 제76호(2017).

Mill, J. S. (박상혁 옮김), "벤담", 『존 스튜어트 밀의 윤리학 논고』(아카넷, 2020).

Quine, W. V. O. (허라금 옮김), "경험주의의 두 가지 도그마", 『논리적 관점에서』(서광사, 1993).

Quinton, A. (정해창 옮김), "현대 영국 철학", 『현대 영미철학 입문』 (철학과현실사, 1993).

Raz, J. (권경휘 옮김), "법의 본성에 관한 문제", 『법철학연구』 제10권 제2호(2007).

_____ (권경휘 옮김), "권위, 법 그리고 도덕", 『법철학연구』 제12권 제1호(2009).

_____ (권경휘 옮김), "법적 효력", 『법철학연구』 제13권 제2호(2010).

_____ (권경휘 옮김), "켈젠의 근본규범 이론", 『법철학연구』 제15권 제1호(2012).

_____ (권경휘 옮김), "법이론의 본성에 관한 두 가지 관점: 부분적인 비교", 『법학연구』 제26권 제2호(2016).

Skinner, Q. (유종선 옮김), "사상사에서의 의미와 이해", 『의미와 콘텍스트』 (아르케, 1999).

Spaak, T. (권경휘 옮김), "법실증주의, 법의 규범성 그리고 법적 정당화의 규범적 힘", 『법학연구』 제20권 제1호(2012).

_____ (권경휘 옮김), "법의 규범성에 관한 켈젠과 하트의 설명", 『연세법학』 제30호 (2017).

Walter, R. (심헌섭 옮김), "한스 켈젠의 법이론", 『서울대학교 법학』 제40권 제1호(1999).

Wandschneider, D. (박해용 옮김), "논리학의 최종 근거지음으로서의 변증법", 『헤겔연구』 제8집(1998).

大橋容一郎 (이신철 옮김), "신칸트학파", 『칸트사전』 (도서출판b, 2009).

中島義道 (이신철 옮김), "바이힝거", 『칸트사전』 (도서출판b, 2009).

忽那敬三 (이신철 옮김), "파이힝거", 『니체사전』 (도서출판b, 2016).

3. 국외문헌

Albert, H., *Treatise on Critical Reason*, trans. M. V. Rorty (Princeton University Press, 1985).

Apel, K.-O., "Types of Social Science in the Light of Human Cognitive Interest" in *Philosophical Disputes in the Social Sciences*, ed. S. C. Brown (Harvester Press, 1979).

_____, *Toward a Transformation of Philosophy*, trans. G. Adey & D. Frisby (Routledge & Kegan Paul, 1980).

Aquinas, T., *Summa Theologiae* vol. 28: Law and Political Theory (Cambridge University Press, 1966).

Austin, J. L., "Other Minds", *Proceedings of Aristotelian Society* supplementary vol. 20 (1946).

_____, *Philosophical Papers* 3rd ed., ed. J. O. Urmson & H. J. Warnock (Clarendon Press, 1979).

Austin, J., *The Province of Jurisprudence Determined*, ed. W. Rumble (Hackett Publishing, 1998).

_____, *Lectures on Jurisprudence, or The Philosophy of Positive Law*, ed. R. Campbell (Thoemmes Press, 2002).

Ayer, A. J., "Freedom and Necessity" in *Free Will*, ed. G. Watson (Oxford University Press, 1982).

Bentham, J., *The Limits of Jurisprudence Defined*, ed. C. W. Everett (Columbia University Press, 1945).

_____, *Of Laws in General*, ed. H. L. A. Hart (The Athlone Press, 1970).

Bix, B., "Conceptual Questions and Jurisprudence", *Legal Theory* vol. 1 (1995).

_____, *A Dictionary of Legal Theory* (Oxford University Press, 2004).

_____, "Legal Positivism" in *The Blackwell Guide to the Philosophy of Law and Legal Theory*, ed. M. P. Golding and W. A. Edmundson (Blackwell Publishing, 2005).

_____, "Reductionism and Explanation in Legal Theory" in *Properties of Law: Essays in Honor of Jim Harris*, ed. T. Endicott, J. Getzler & W. Peel (Oxford University Press, 2006).

_____, "Kelsen in the United States: Still Misunderstood" in *Hans Kelsen in America: Selective Affinities and the Mysteries of Academic Influence* (Springer, 2016).

Bjarup, J., "Hägerström's Critique of Kelsen's Pure Theory of Law" in *Reine Rechtslehre im Spiegel ihrer Fortsetzer und Kritiker*, ed. O. Weinbeger & W. Krawietz (Springer, 1988).

Bleicher, J., *The Hermeneutic Imagination: Outline of a Positive Critique of Scientism and Sociology* (Routledge, 2014).

_____, *Contemporary Hermeneutics: Hermeneutics as Method, Philosophy and Critique* (Routledge, 2017).

Boyle, J., "The Political Reason: Critical Legal Theory and Local Social Thought", *University of Pennsylvania Law Review* vol. 133 (1985).

Brink, D., "Legal Theory, Legal Interpretation, and Judicial Review", *Philosophy and Public Affairs* vol. 17 (1988).

Bulygin, E., "An Antinomy in Kelsen's Pure Theory of Law" in *Normativity and Norms: Critical Perspectives on Kelsenian Themes*, eds. S. Paulson & B. L. Paulson (Clarendon Press, 1998).

Carnap, R., "Intellectual Autobiography" in *The Philosophy of Rudolf Carnap*, ed. P. A. Schilpp (Open Court Publishing Company, 1963).

Cohen, H., *Kants Theorie der Erfahrung* (Dümmler, 1871).

_____, *Kants Begründung der Ethik* (Dümmler, 1877).

_____, *Kants Begründung der Ästhetik* (Dümmler, 1877).

_____, *Kants Theorie der Erfahrung*, 2. Aufl. (Dümmler, 1885).

_____, *System der Philosophie, Erster Teil: Logik der reinen Erkenntnis* (Bruno Cassirer, 1902).

_____, *System der Philosophie, Zweiter Teil: Ethik der reinen Willens* (Bruno Cassirer, 1904/1907).

_____, *System der Philosophie, Dritter Teil: Ästhetik der reinen Gefühls* (Bruno Cassirer, 1912).

_____, "The Synthetic Principles" in *The Neo-Kantian Reader*, ed. S. Luft (Routledge, 2015).

Coleman, J., *The Practice of Principle* (Oxford University Press, 2001).

_____, "Legal Positivism: Anglo-American Legal Positivism since H. L. A. Hart" in *Encyclopedia of Philosophy* vol. 5 2nd ed. (Thomson Gale, 2006).

Coleman, J. & Shapiro, S. J., T*he Oxford Handbook of Jurisprudence and Philosophy of Law* (Oxford University Press, 2004).

Dancy, J., *Normativity* (Blackwell, 2000).

Dostal, R. J., *Gadamer's Hermeneutics: Between Phenomenology and Dialectic Studies in Phenomenology and Existential Philosophy* (Northwestern University Press, 2022).

Duff, R. A., "Legal Obligation and the Moral Nature of Law", *Juridical Review* vol. 25 (1980).

Dummett, M. A. E., *The Origins of Analytical Philosophy* (Duckworth, 1993).

Edel, G., "The Hypothesis of the Basic Norm: Hans Kelsen and Herman Cohen", *Normativity and Norms: Critical Perspectives on Kelsenian Themes*, ed. S. L. Paulson & B. L. Paulson (Clarendon Press, 1998).

Edgar, S., "Hermann Cohen" in *The Stanford Encyclopedia of Philosophy*, ed. E. N. Zalta (2020).

Ewald, O., "Philosophy in Germany in 1911", *The Philosophical Review* vol. 21 no. 5 (1912).

Garver, N. & Lee, S.-C., *Derrida and Wittgenstein* (Temple University Press, 1994).

Golding, M., "Kelsen and the Concept of 'Legal System'", *Archiv für Rechts und Sozial-philosophie* vol. 47 (1961).

Green, L., "The Concept of Law Revisited", *Michigan Law Review* vol. 94 (1997).

Hacker, P. M. S., "Hart's Philosophy of Law" in *Law, Morality, and Society: Essays in Honour of H. L. A. Hart*, ed. P. M. S. Hacker & J. Raz (Clarendon Press, 1977).

Hamburger, L. & Hamburger, J., *Troubled Lives: John and Sarah Austin* (University of Toronto Press, 1985).

Hare, R. M., *The Language of Morals* (Oxford University Press, 1952).

Harris, J. W., *Law and Legal Science* (Clarendon Press, 1979).

_____, "Kelsen, Revolutions and Normativity" in *Shaping Revolution*, ed. E. Attwooll (Aberdeen University Press, 1991).

_____, "Kelsen's Pallid Normativity", *Ratio Juris* vol. 9 (1996).

_____, *Legal Philosophies* 2nd ed. (Butterworths, 1997).

Hart, H. L. A., "The Ascrption of Responsibility and Rights" in *Logic and Language second series*, ed. A. Flew (Basil Blackwell, 1951).

_____. (矢崎光圀 翻訳),『法の概念』(みすず書房, 1976).

_____, *Essays on Bentham* (Oxford University Press, 1982).

_____, "Self-referring Laws", *Essays in Jurisprudence and Philosophy* (Clarendon Press, 1983).

_____, *Essays in Jurisprudence and Philosophy* (Oxford University Press, 1983).

_____, *The Concept of Law* 2nd ed. (Clarendon Press, 1994).

_____, "Introduction" in *The Province of Jurisprudence Determined*, ed. W. Rumble (Hackett Publishing, 1998).

_____, (長谷部恭男 翻訳),『法の概念』(ちくま学芸文庫, 2014).

Hartney, M., "Introduction" in *General Theory of Norms* (Clarendon Press, 1991).

Himma, K. E., "Inclusive Legal Positivism" in *The Oxford Handbook of Jurisprudence & Philosophy of Law*, ed. J. Coleman & S. Shapiro (Oxford University Press, 2002).

Honoré, A. M., "What is a Group?", *Archiv für Rechts und Sozialphilosophie* vol. 61 (1975).

_____, "Real Laws" in *Law, Morality and Society*, ed. P. M. Hacker and J. Raz (Oxford University Press, 1977).

Husserl, E., *Philosophy of Arithmetic: Psychological and Logical Investigations with Supplementary Texts from 1887–1901*, trans. D. Willard (Springer, 2003).

Jabloner, C., "Kelsen and his Circle: The Viennese Years", *European Journal of International Law* vol. 9 (1998).

James, W., "The Dilemma of Determinism" in *Essays in Pragmatism* (Hafner Publishing Co., 1961).

Kelsen, H., *Hauptprobleme der Staatsrechtslehre* (J. C. B. Mohr, 1911).

_____, "The Pure Theory of Law and Analytical Jurisprudence", *Harvard Law Review* vol. 55 no. 1 (1941).

_____, "Natural Law Doctrine and Legal Positivism", trans. W. H. Kraus in *General Theory of Law and State* (Harvard University Press, 1945).

_____, *General Theory of Law and State*, trans. A. Wedberg (Harvard University Press, 1949).

_____, "Why Should the Law be Obeyed" in *What is Justice: Justice, Law and Politics in the Mirror of Science* (University of California Press, 1960).

_____, "Professor Stone and the Pure Theory of Law", *Stanford Law Review* vol. 17 (1965).

_____, "On the Pure Theory of Law", *Israel Law Review* vol. 1 (1966).

_____, *Introduction to the Problems of Legal Theory*, trans. B. L. Paulson & S. Paulson (Oxford University Press, 1997).

_____, "The Pure Theory of Law, 'Labandism', and Neo-Kantianism. A Letter to Renato Treves", *Normativity and Norms: Critical Perspectives on Kelsenian Themes*, ed. S. L. Paulson & B. L. Paulson (Clarendon Press, 1998).

_____, "'Foreward' to the Second Printing of Main Problems in the Theory of Public Law" in *Normativity and Norms: Critical Perspectives on Kelsenian Themes*, ed. S. L. Paulson & B. L. Paulson (Clarendon Press, 1998).

Krijnen, C., "Hans Kelsen and Southwest German Neo-Kantianism on Natural Law: Transcendental Philosophy Beyond Metaphysics and Positivism" in *Hans Kelsen and the Natural*

Law Tradition, ed. P. Langford, I. Bryan and J. McGarry (Brill, 2019).

Krygier, M., "The Concept of Law and Social Theory", *Oxford Journal of Legal Studies* vol. 2 (1982).

Kuehn, M., "Interpreting Kant Correctly: On the Kant of the Neo-Kantians" in *Neo-Kantianism in Contemporary Philosophy* (Indiana University Press, 2009).

Lacey, N., *A Life of H. L. A. Hart: The Nightmare and the Noble Dream* (Oxford University Press, 2004).

_____, "Analytical Jurisprudence versus Descriptive sociology Revistied", *Texas Law Review* vol. 89 (2006).

Leiter, B., *Naturalized Jurisprudence* (Oxford University Press, 2007).

Libet, B. "Do We Have Free Will?", *Journal of Consciousness Studies* vol. 6 (1999).

Libet, B., C. A. Gleason, E. W. Wright & D. K. Pearl, "Time of Conscious Intention to Act in Relation to Onset of Cerebral Activity (Readiness-Potential) - The Unconscious Initiation of a Freely Voluntary Act", *Brain* vol. 106 (1983).

Locke, J., *Two Treatises of Government*, ed. P. Laslett (Cambridge University Press, 2012).

MacCormack, G. "Law and Legal System", *Modern Law Review* vol. 42 (1979).

MacCormick, N., "Rights in Legislation" in *Law, Morality, and Society: Essays in Honour of H. L. A. Hart*, ed. P. M. Hacker and J. Raz (Oxford University Press, 1977).

_____, "The Obligations of Reparation", *Proceedings of the Aristotelian Society* vol. 78 (1977).

_____, *H. L. A. Hart 2nd ed.* (Stanford Law Books, 2008).

MacCormick, N. & Raz, J., "Voluntary Obligations and Normative Powers", *Proceedings of the Aristotelian Society Supplementary Volume*, vol. 46 (1972).

Margalit, A., "Open Texture" in *Meaning and Use: Papers Presented at the Second Jerusalem Philosophical Encounter, April 1976*, ed. A. Margalit (Reidel, 1979).

Marmor, A., "Exclusive Legal Positivism" in *The Oxford Handbook of Jurisprudence & Philosophy of Law*, ed. J. Coleman & S. Shapiro (Oxford University Press, 2002).

_____, "The Pure Theory of Law" in *The Stanford Encyclopedia of Philosophy*, ed. E. N. Zelta (2002).

_____, *Philosophy of Law* (Princeton University Press, 2011).

Mohanty, J. N., "Husserl, Frege and the Overcoming of Psychologism" in *Philosophy and Science in Phenomenological Perspective*, ed. K. K. Cho (Springer, 2012).

Moore, G. E., Principia Ethica (Cambridge University Press, 1903).

Moore, M., "A Natural Law Theory of Legal Interpretation", *Southern California Law Review* vol. 58 (1985).

Moore, R., "Kelsen's Puzzling 'Descriptive Ought'", *UCLA Law Review* vol. 20 (1973).

_____, *Legal Norms and Legal Science* (University Press of Hawaii, 1978).

Morison, W. L., *John Austin* (Stanford University Press, 1982).

Murphy, J. G. & Coleman, J., *Philosophy of Law* rev. ed. (Westview Press, 1990).

Outwait, W., Understanding Social Life: The Method Called Verstehen (George Allen & Unwin, 1975).

Paulson, S., "Arriving at a Defensible Periodization of Hans Kelsen's Legal Theory", *Oxford Journal of Legal Studies* vol. 19 (1999).

Paulson, S. & Paulson, B. L. (eds.), *Normativity and Norms: Critical Perspectives on Kelsenian Themes* (Clarendon Press, 1998).

Peirce, C. S., *Collected Papers of Charles Sanders Peirce* vol. 8 (Belknap Press, 1966)

Postema, G. J., "The Normativity of Law" in *Issues in Contemporary Legal Philosophy*, ed. R. Gavison (Clarendon Press, 1987).

Putnam, H., "The Meaning of 'Meaning'" in *Mind, Language and Reality* (Cambridge University Press, 1975).

Raz, J., *The Authority of Law* (Clarendon Press, 1979).

_____, *The Concept of a Legal System* 2nd ed. (Clarendon Press, 1980).

_____, "Harts on Moral Rights and Legal Duties", *Oxford Journal of Legal Studies* vol. 4 (1984).

_____, *Practical Reason and Norms* 2nd ed. (Oxford University Press, 1999).

_____, "The Argument from Justice, or How Not to Reply to Legal Positivism" in *Law, Rights and Discourse: The Legal Philosophy of Robert Alexy*, ed. G. Pavlakos (Hart Publishing, 2007).

_____, *The Authority of Law* 2nd ed. (Oxford University Press, 2009).

Rosenthal, M. A., "Foreword to the Routledge Classics Edition" in *The Philosophy of 'As If'* (Routledge, 2021).

Russell, B., "On Denoting", *Mind* vol. 14, no. 56 (1905).

Schauer, F., "Positivism Through Thick and Thin" in *Analyzing Law*, ed. B. Bix (Oxford University Press, 1998).

_____, "(Re)Thinking Hart", *Harvard Law Review* vol. 119 (2006).

Searle, J., "Three Fallacies in Contemporary Philosophy" in *Speech Acts: An Essay in The Philosophy of Language* (Cambridge University Press, 1969).

_____, *Speech Acts: An Essay in The Philosophy of Language* (Cambridge University Press, 1969).

_____, "Fact and Value, 'Is' and 'ought,' and Reason for Action" in *Philosophy in a New Century: Selected Essays* (Cambridge University Press, 2008).

Sebok, A. J., *Legal Positivism in American Jurisprudence* (Cambridge University Press, 1998).

Shapiro, S., "What is the Internal Point of View?", *Fordham Law Review* vol. 75 (2006).

Simpson, A. W. B., "The Common Law and Legal Theory" in *Oxford Essays in Jurisprudence 2nd ed.*, ed. A. W. B. Simpson (Clarendon Press, 1973).

_____, *Reflections on The Concept of Law* (Oxford University Press, 2011).

Stevenson, C. L., *Ethics and Language* (Yale University Press, 1944).

Stewart, I., "Closure and the Legal Norm: An Essay in Critique of Law", *The Modern Law Review* vol. 50 (1987).

Stone, J., *Legal System and Lawyer's Reasonings* (Stanford University Press, 1964).

Strawson, P. F., "Truth", *Analysis* vol. 9 no. 6 (1949).

_____, "Freedom and Resentment" in *Free Will*, ed. G. Watson (Oxford University Press, 1982).

Toh, K., "Raz on Detachment, Acceptance and Describability", *Oxford Journal of Legal Studies* vol. 27 (2007).

Tushnet, M. V., *Red, White and Blue: A Critical Analysis of Constitutional Law* (Harvard University Press, 1988).

Vaihinger, H., *The Philosophy of 'As If'* (Routledge, 2021).

Vinx, L., *Hans Kelsen's Pure Theory of Law: Legality and Legitimacy* (Oxford University Press, 2007).

Wacks, R., *Understanding Jurisprudence* 2nd ed. (Oxford University Press, 2009).

Waismann, F., "Verifiability", *Proceedings of the Aristotelian Society* vol. 19 (1945).

_____, "Language Strata" in *Logic and Language second series*, ed. A. Flew (Basil Blackwell, 1961).

_____, *The Principles of Linguistic Philosophy* (Macmillan, 1965).

_____, *Ludwig Wittgenstein and the Vienna Circle* (Blackwell, 1979).

Winch, P., *The Idea of a Social Science and Its Relation to Philosophy* (Routledge & Kegan Paul, 1958).

Wittgenstein, L., *Notebooks: 1914-1916*, ed. G. H. Wright & G. E. M. Anscombe (University of Chicago Press, 1984).

Wright, G. H., *Norm and Action* (Routledge & Kegan Paul, 1963).

_____, *Explanation and Understanding* (Cornell University Press, 1971).

Yablon, C., "Law and Metaphysics", *Yale Law Journal* vol. 96 (1987).

미주

제1장 서론

1 L. Wittgenstein (이영철 옮김), 『문화와 가치』 (책세상, 2006), pp. 37-38.

2 H. L. A. Hart (오병선 옮김), 『법의 개념』 (아카넷, 2002), pp. 3-4.

3 Hart(2001), p. 3.

4 철학 자신도 그러한 비판적 성찰의 대상일 수밖에 없다. 바로 그러한 문제에 철저하게 접근한 이로는 칸트(I. Kant)를 들 수 있을 것이다. H. J. Paton (김성호 옮김), 『칸트의 도덕철학』 (서광사, 1988), p. 26.

5 H. Kelsen (윤재왕 옮김), 『순수법학 제1판: 법학의 문제점에 대한 서론』 (박영사, 2018), p. 17.

6 이는 프랑스의 초기 이집트 연구가인 루제(Rougé)의 말이다. C. Jaq (김진경 옮김), 『이집트 상형문자 이야기』 (예문, 1997), p. 5.

7 B. Bix, "Conceptual Questions and Jurisprudence", *Legal Theory* vol. 1 (1995), pp. 465-466.

8 법실증주의에 대한 개관적인 설명으로는 A. Marmor, "Exclusive Legal Positivism" in *The Oxford Handbook of Jurisprudence & Philosophy of Law*, ed. J. Coleman & S. Shapiro (Oxford University Press, 2002); K. E. Himma, "Inclusive Legal Positivism" in *The Oxford Handbook of Jurisprudence & Philosophy of Law*, ed. J. Coleman & S. Shapiro (Oxford University Press, 2002); B. Bix, "Legal Positivism" in *The Blackwell Guide to the Philosophy of Law and Legal Theory*, ed. M. P. Golding and W. A. Edmundson (Blackwell Publishing, 2005); 장영민, "법실증주의의 현대적 전개: 도덕포용적 법실증주의에 관한 약간의 고찰", 『현대의 법철학』 (세창출판사, 2007); 최봉철, "법실증주의와 그 재판이론", 『법철학연구』 제14권 제3호(2011); T. Spaak (권경휘 옮김), "법실증주의, 법의 규범성 그리고 법적 정당화의 규범적 힘", 『법학연구』 제20권 제1호(2012), pp. 3-8; 김정오 외 4인 공저, 『법철학: 이론과 쟁점』 제2판 (박영사, 2017)의 제2장을 볼 것.

9 윤리학에서 이루어지는 규범성 일반에 관한 논의들로는 J. Dancy, *Normativity* (Blackwell, 2000); C. M. Korsgaard (강현정 · 김양현 옮김), 『규범성의 원천』 (철학과 현실사, 2011)을 참조.

10 근대의 계몽주의가 기획하였던 객관성과 중립성의 비판이라는 측면에서 법실증주의를 비판하는 논의로는 김정오, 『현대사상과 법』 (나남, 2007), pp. 13-18, 158-163을 볼 것.

11 L. Wittgenstein (이승종 옮김), 『철학적 탐구』 (아카넷, 2016), p. 27.

제1부 현대 법실증주의의 성립
제2장 영국의 고전적 법실증주의의 한계

1 이러한 설명과 이해의 구별은 드로이젠으로부터 비롯되었다. J. G. Droysen (이상신 옮김), 『역사학』(나남, 2010).

2 E. Halévy (박동천 옮김), 『철학적 급진주의의 형성 1: 벤담의 젊은 시절(1776–1789)』(한국문화사, 2021), p. 14; 이 시기의 지적 전통에 대한 설명으로는 G. H. Wright, *Explanation and Understanding* (Cornell University Press, 1971), pp. 3–4; B. Bix (권경휘 옮김), "하트와 법이론에 있어서 해석학적 전회", 『영산법률논총』 제11권 제2호(2014), pp. 235–236을 볼 것.

3 주의할 것은 나중에 오스틴은 분석적 법리학의 입장에서 다소 벗어나 역사법학파에 가까운 관점을 가지게 되었는데 이는 구별하여 논의해야 한다는 점이다. 이러한 오스틴의 입장변화에 관해서는 L. Hamburger & J. Hamburger, *Troubled Lives: John and Sarah Austin* (University of Toronto Press, 1985), pp. 178–191 참조.

4 김형석, "실증주의와 공리주의의 연결 고리: 존 오스틴의 명령으로서의 법개념", 『법학논총』 제36집 제4호(2019).

5 이론가가 어떠한 주장을 하였다는 것을 논증하기 위한 요소에 대한 설명 내지 적용으로는 Q. Skinner (유종선 옮김), "사상사에서의 의미와 이해", 『의미와 콘텍스트』(아르케, 1999); R. Whatmore (이우창 옮김), 『지성사란 무엇인가』(오월의 봄, 2020); 김비환, "고전적 자유주의 형성의 공동체적 토대: 로크와 스코틀랜드 계몽주의자들을 중심으로", 『정치사상연구』 제2집(2000), p. 224; 권경휘, "로크의 재산권 이론", 『법철학연구』 제18권 제3호(2015), pp. 209–216; 권경휘, "제2의 뤼쿠르고스로서의 플라톤: 이상국가의 해석론", 『법철학연구』 제24권 제2호(2021), pp. 382–384을 볼 것.

6 이해의 전통에 관해서는 W. Outwait, *Understanding Social Life: The Method Called Verstehen* (George Allen & Unwin, 1975) 참조.

7 슐라이어마허의 이론에 관해서는 최신한, "슐라이어마허 해석학의 현재성", 『인문학과 해석학』(철학과 현실사, 2001); 최신한, 『슐라이어마허: 감동과 대화의 사상가』(살림, 2003)을 참조.

8 드로이젠의 이론에 관해서는 Droysen(2010); 최성철, "드로이젠과 역사주의", 『한국사학사학보』 제24권(2011)을 참조.

9 딜타이의 이론에 관해서는 양해림, 『딜타이와 해석학적 사회체계』(집문당, 2020); W. Dilthey (손승남 옮김), 『해석학의 탄생』(지식을만드는지식, 2011)을 참조.

10 해석학에 대한 전반적인 설명으로는 J. Bleicher, *The Hermeneutic Imagination: Outline of a Positive Critique of Scientism and Sociology* (Routledge, 2014); J. Bleicher, *Contemporary Hermeneutics: Hermeneutics as Method, Philosophy and Critique* (Routledge, 2017); 양해림, 『현대 해석학 강의』(집문당, 2011)을 참조. 또한 법에 있어서 해석학의 도입에 관한 논의로는 양천수, 『법해석학』(한국문화사, 2017)을 참조.

11 '정신과학'이라는 표현 자체는 밀(J. S. Mill)의 책 『연역논리학과 귀납논리학의 체계』의 제6권의 제목인 'On the Logic of Moral Science'의 '도덕 과학'(moral science)이라는 말을 시엘(J.

Schiel)이 독일어로 번역하고자 도입한 것에서 비롯되었다. 그 후 딜타이가 그것을 유행시켰다. H.-G. Gadamer (이길우·이선관·임호일·한동원 옮김), 『진리와 방법 1』(문학동네, 2013), pp. 19–20; Wright(1971), pp. 5–6. 즉, 독일어권에서는 자연과학과 구별되는 의미로 사용되었지만 본래는 자연과학과 같은 방법으로 도덕을 다루기 위하여 밀이 고안한 말이었다.

12 가다머의 해석학에 관해서는 R. J. Dostal, *Gadamer's Hermeneutics: Between Phenomenology and Dialectic Studies in Phenomenology and Existential Philosophy* (Northwestern University Press, 2022); G. Warnke (이한우 옮김), 『가다머: 해석학, 전통 그리고 이성』(민음사, 1999); 김창래, "언어철학적으로 살펴본 정신과학의 의미: H.-G. Gadamer를 중심으로", 『인문학과 해석학』(철학과 현실사, 2010)을 참조.

13 하트가 언어철학의 성과를 법철학에 적용할 수 있으리라고 생각하게 된 계기는 러셀(B. Russell)의 한정기술구 이론이었다. 이에 관해서는 J. Raz (권경휘 옮김), "법이론의 본성에 관한 두 가지 관점: 부분적인 비교", 『법학연구』제26권 제2호(2016), p. 374.

14 하트의 내적 관점의 배경에 대한 설명으로는 이 책의 제4장 제3절을 볼 것.

15 J. S. Mill (박상혁 옮김), "벤담", 『존 스튜어트 밀의 윤리학 논고』(아카넷, 2020), p. 16.

16 J. Bentham (강준호 옮김), 『도덕과 입법의 원칙에 대한 서론』(아카넷, 2013).

17 J. Bentham, *Of Laws in General*, ed. H. L. A. Hart (The Athlone Press, 1970). 이 책은 본래 에버렛(C. W. Everett)이 벤담의 미출간 원고에서 발견하여 1945년 『법리학의 범위 확정』이라는 제목으로 출판하였으나 편집에 문제가 있었다. J. Bentham, *The Limits of Jurisprudence Defined*, ed. C. W. Everett (Columbia University Press, 1945). 하트는 이 편집본에 제1장과 제2장을 삭제하는 등의 대대적인 수정을 가하여 1970년 완전한 모습으로 출간하였다.

18 UCL은 벤담과 제임스 밀(James Mill)에 의하여 1826년에 설립되었다.

19 J. Austin, *The Province of Jurisprudence Determined*, ed. W. Rumble (Hackett Publishing, 1998).

20 오스틴의 성격적 결함에 대하여 존 스튜어트 밀은 다음과 같이 묘사하고 있다. "일부는 그의 기질 때문에, 그리고 일부는 그의 강점과 사상의 일반적 경향 때문에 어딘지 모르게 날카로운 데가 있었다. 사회와 지능의 현재 상태에서는 투철한 통찰력과 예민한 양심을 가지고 있는 사람이면 누구나 인생과 세계에 대해서 많은 적든 불만을 느끼고 있는 것인데, 그의 경우에는 이런 불만이 그 성격에 침울한 색채를 띠게 했다. … 인간을 개선하는 데 대한 대단한 열의, 강한 의무감, 그리고 그가 남긴 글이 증명해 주는 그의 여러 가지 재능과 학식에도 불구하고, 그는 지적으로 무게 있는 큰 업적을 하나도 완성하지 못하였다. 그는 자기가 해야 할 일의 표준을 너무 높은 데 두었고, 자기가 이룩한 업적의 결함을 너무 지나치게 느꼈고, 또 웬만한 경우와 목적에 충분한 고심에는 도저히 만족할 수 없기 때문에 너무 힘을 들여 까다롭게 논술하였다. 따라서 그 대부분이 일반 사람들에게 적당한 것이 되지 못하였을 뿐 아니라, 또한 쓸데없는 연구와 사색에 너무 많은 시간과 정력을 소비하였기 때문에 그의 일이 완성될 무렵에는 그만 병들게 되곤 하였고, 따라서 그가 계획한 것을 절반도 끝내지 못하는 것이 보통이었다. 이러한 정신적 약점 … 에다가, 위험하지는 않지만 일을 할 수 없을 정도의 나쁜 건강 상태에 자주 빠졌던 탓에 그는 일생을 통하여 능히 할 수 있으리라고 생각

된 것보다 훨씬 적은 일을 하였다. J. S. Mill (최명관 옮김), 『존 스튜어트 밀 자서전』(도서 출판 창, 2010), p. 86.

21 오스틴의 생애에 관한 설명으로는 B. Bix (권경휘 옮김), "존 오스틴", 『선문법학』 제4집 (2007); Hamburger & Hamburger(1985); W. L. Morison, *John Austin* (Stanford University Press, 1982); H. L. A. Hart, "Introduction" in *The Province of Jurisprudence Determined*, ed. W. Rumble (Hackett Publishing, 1998)을 참조.

22 J. Austin, *Lectures on Jurisprudence, or The Philosophy of Positive Law*, ed. R. Campbell (Thoemmes Press, 2002).

23 Hart(1998), p. xvi.

24 Austin(1998), p. 184.

25 Austin(1998), p. 194.

26 Austin(1998), p. 194.

27 Austin(1998), p. 194.

28 Austin(1998), p. 254.

29 Austin(1998), p. 264.

30 Austin(1998), p. 255.

31 Austin(2002), pp. 771−772.

32 Austin(1998), p. 351. 또한 오스틴은 "권리가 부여되는 개인 내지 개인들은 다른 정치적이 고 독립적인 사회의 구성원 내지 구성원들, 주권자 내지는 수범자일 수 있다. 그러나 … 의무가 부과되는 혹은 법이 발하여지거나 지향하는 개인 내지 개인들은 반드시 그 법의 저자 가 주권자 혹은 최상위자인 독립적인 정치적 사회의 구성원들이다. 왜냐하면 의무를 부과 받는 자가 그 법의 저자에 종속되어 있지 않다면, 그는 의무를 강제하고 권리를 보호하는 법적 내지는 정치적 제재를 받지 않을 것이기 때문이다."라고 언급하고 있다. Austin(1998), pp. 282−283을 볼 것.

33 Austin(1998), p. 352.

34 Austin(1998), p. 134.

35 Austin(1998), p. 255.

36 Austin(1998), p. 136. 이러한 측면에서 라즈는 종속적인 정치적 우월자에 의한 법의 설정 을 다음과 같이 해석한다. "유일한 합리적인 해석은 의무가 하위입법이 의도한 수범자들에 게 부과되고 그 하위입법자가 권한을 부여받은 범위 내에서 하위입법자에게 복종하는 것이 그들의 의무라고 해석하는 것이다. 입법권한은 내가 '복종할 의무를 부여하는 법'(obedience laws)이라고 부를 것을 제안하는 법들에 의하여 부여된다. 그것은 어떤 특정한 사람이 명령 을 하면 그에게 복종할 의무를 부과하는 법들이다." J. Raz, *The Concept of a Legal System* 2nd ed. (Clarendon Press, 1980), p. 21.

37 Austin(1998), p. 230.

38 Austin(1998), p. 265.

39 Austin(1998), p. 136.

40 Austin(1998), pp. 136−137.

41 Austin(1998), p. 139.

42 Austin(1998), p. 137 note 7.

43 Austin(1998), p. 137 note 7.

44 Austin(1998), p. 194.

45 Austin(1998), p. 14

46 Austin(1998), p. 24.

47 Austin(1998), p. 22.

48 Austin(1998), pp. 22−23.

49 Austin(1998), p. 21.

50 Austin(1998), p. 191.

51 Austin(1998), p. 191.

52 Austin(2002), p. 670.

53 Austin(2002), p. 663.

54 Austin(2002), p. 670.

55 Austin(1998), p. 21.

56 Austin(2002), p. 643.

57 Austin(2002), p. 664.

58 Austin(2002), p. 665.

59 Austin(2002), pp. 666−667.

60 H. Kelsen, "The Pure Theory of Law and Analytical Jurisprudence", *Harvard Law Review* vol. 55 no. 1 (1941), pp. 55.

61 H. L. A. Hart (오병선 옮김), 『법의 개념』(아카넷, 2002), p. 73.

62 승인의 규칙에 관한 보다 상세한 논의로는 이 책의 제7장을 볼 것.

63 Hart(2001), p. 76.

64 제재 테제에 대한 비판으로는 이 책의 제9장 제7절을 볼 것.

65 Hart(2001), pp. 76−77.

제3장 켈젠의 이론적 배경과 순수법학

1 H. Kelsen (심헌섭 옮김), 『켈젠의 자기증언』(법문사, 2009), p. 130.

2 H. L. A. Hart (권경휘 옮김), "한스 켈젠과의 토론", 『영산법률논총』 제11권 제1호(2014).

3 이러한 현실에 대한 지적으로는 B. Bix, "Kelsen in the United States: Still Misunderstood" in *Hans Kelsen in America: Selective Affinities and the Mysteries of Academic Influence* (Springer, 2016), pp. 18−20.

4 J. Coleman & S. J. Shapiro, *The Oxford Handbook of Jurisprudence and Philosophy of Law* (Oxford University Press, 2004).

5 Bix(2016), p. 18.

6   J. G. Murphy & J. Coleman, *Philosophy of Law* rev. ed. (Westview Press, 1990), p. 27.

7   처음에는 "신비판주의", "초칸트주의", "청년 칸트주의" 등 다양한 이름으로 불렸지만 바이 힝거(H. Vaihinger)가 명명한 "신칸트주의"가 보편화되었다. 大橋容一郎 (이신철 옮김), "신 칸트학파", 『칸트사전』(도서출판b, 2009), p. 233.

8   C. Krijnen, "Hans Kelsen and Southwest German Neo−Kantianism on Natural Law: Tran-scendental Philosophy Beyond Metaphysics and Positivism" in *Hans Kelsen and the Natural Law Tradition*, ed. P. Langford, I. Bryan and J. McGarry (Brill, 2019), p. 298.

9   M. Ferrari (윤병언 옮김), "신칸트주의", 『경이로운 철학의 역사 제3권: 현대 편』(아르테, 2020), p. 498.

10 한국의 철학계에서도 신칸트주의에 대한 연구는 극히 드물게 존재할 뿐이다.

11 칸트(I. Kant)는 여전히 인기가 있음에도 불구하고, "신칸트주의의 인기가 시들해진 이유 중 하나는 그들의 문제가 더 이상 우리의 문제가 아니기 때문"일 것이다. M. Kuehn, "Interpreting Kant Correctly: On the Kant of the Neo−Kantians" in *Neo-Kantianism in Contemporary Philosophy* (Indiana University Press, 2009), p. 128.

12 Kelsen(2009), pp. 31−32.

13 이러한 측면에 대한 설명으로는 양영운, "후설과 프레게의 반심리학주의", 『철학탐구』제30 집(2011), pp. 268−289.

14 E. Husserl, 『현상학의 이념, 엄밀한 학으로서의 철학』(서광사, 1987), pp. 155−156; W. Marx (이길우 옮김), 『현상학』(서광사, 1989), p. 26.

15 흥미로운 것은 나중에 켈젠이 『순수법학』제2판에서 지그바르트의 논의를 수용하게 된다는 점이다. H. Kelsen (변종필 · 최희수 옮김), 『순수법학 제2판』(길안사, 1999), pp. 136−137.

16 Ferrari(2020), pp. 509−510.

17 K. Kinze, "Wilhelm Windelband" in *The Stanford Encyclopedia of Philosophy*, ed. E. N. Zalta (2020).

18 19세기 말 가치철학의 의의에 대해서는 최성환, "서양 분과학문 속의 인문학의 전개과정: 1800년대의 상황", 『지식의 지평』제2집(2007), pp. 115−118.

19 Ferrari(2020), p. 500.

20 최성환(2000), pp. 117−118; Krijnen(2019), p. 303.

21 현상학적 법철학에 관해서는 후설과 그의 아들 게르하르트 후설에 관하여 논의하고 있는 최 경섭, "현상학적 법 이론의 의의와 방법", 『법철학연구』제12권 제1호(2009)을 참조.

22 H. Spiegelberg (최경호 · 박인철 옮김), 『현상학적 운동 I』(이론과실천, 1991), p. 64.

23 Spiegelberg(1991), p. 69.

24 E. Pivcevic (이영호 옮김), 『후설에서 사르트르에로』(지학사, 1982), pp. 27−28.

25 E. Husserl, *Philosophy of Arithmetic: Psychological and Logical Investigations with Supplementary Texts from 1887–1901*, trans. D. Willard (Springer, 2003).

26 『산술철학』의 구체적인 내용에 대해서는 Pivcevic(1982), pp. 32−37을 참조.

27 J. J. Kockelmans (임헌규 옮김), 『후설의 현상학』(청계, 2000), p. 69.

28 Kockelmans(2000), pp. 67-68.

29 Spiegelberg(1991), pp. 125-126.

30 반심리학주의와 관련된 후설과 프레게의 관계에 대해서는 J. N. Mohanty, "Husserl, Frege and the Overcoming of Psychologism" in *Philosophy and Science in Phenomenological Perspective*, ed. K. K. Cho (Springer, 2012); 한정선, "프레게의 "산술 철학 비평"이 후설에게 미치는 영향", 『철학과 현상학 연구』 제4권(1990)를 참조.

31 E. Husserl (이종훈 옮김), 『논리 연구 1: 순수논리학의 서론』(민음사, 2018).

32 P. Janssen (신귀현·배의용 옮김), 『에드문트 훗설의 현상학』(이문출판사, 1986), p. 13.

33 Husserl(2018), p. 124.

34 Husserl(2018), p. 125.

35 Husserl(2018), p. 133.

36 Husserl(1987), p. 156.

37 Husserl(1987), p. 160.

38 엄밀하게 말하자면 바덴주의 대공이 형식적으로 하이델베르크 대학의 총장직을 맡았고, 실질적으로는 1년 임기의 총장대리가 대학을 총괄하는 형태였다. 옐리네크는 1907-1908년 사이에 총장대리를 맡았다. Kelsen(2009), p. 58.

39 Kelsen(2009), pp. 56-58.

40 H. Kelsen (민준기 옮김), 『일반국가학』(민음사, 1990), p. 9.

41 H. J. Herwig (황우여 옮김), "게오르그 옐리네크", 『독일헌법학설사』(법문사, 1982), p. 39.

42 G. Jellinek (김효전 옮김), 『일반국가학』(법문사, 2005), pp. 20, 22.

43 H. Kelsen, "'Foreword' to the Second Printing of Main Problems in the Theory of Public Law" in *Normativity and Norms: Critical Perspectives on Kelsenian Themes*, ed. S. L. Paulson & B. L. Paulson (Clarendon Press, 1998), p. 4. (이하 1998a)

44 H. Kelsen, *Hauptprobleme der Staatsrechtslehre* (J. C. B. Mohr, 1911), S. 8.

45 Kelsen(1911), p. 7.

46 Kelsen(1998a), p. 4.

47 Kelsen(1998a), pp. 7-8.

48 Kelsen(1998a), p. 8.

49 Kelsen(1990), pp. 27-28.

50 Kelsen(1990), pp. 100-101.

51 의사의 주체로서의 인격에 대한 이해 등도 그대로 유지된다. H. Kelsen (윤재왕 옮김), 『순수법학 제1판: 법학의 문제점에 대한 서론』(박영사, 2018), pp. 74-75. 반심리학주의와 관련해서는 부수적이기는 하지만 중심적 귀속과 주변적 귀속에 대한 논의도 여전히 주창된다. Kelsen(2018), pp. 77-78.

52 Kelsen(2018), pp. 17-18; Kelsen(1999), p. 23.

53 Kelsen(2018), p. 42.

54 Kelsen(1998a), p. 11.

55 Kelsen(1998a), pp. 13−14.

56 근본규범과 사회계약설적 전통의 관계에 대해서는 이 책의 6장 제2절을 볼 것.

57 I. Kant (백종현 옮김), 『윤리형이상학』 (아카넷, 2012), pp. 269−270.

58 Kelsen(1990), p. 355.

59 이러한 결론을 도출하기 위한 홉스의 논거에 대한 비판적 검토로는 권경휘, "홉스의 자연상
태 이론에 대한 비판적 고찰: 공공선택이론과 행동경제학의 관점에서", 『동아법학』 제93호
(2021)을 볼 것.

60 Kelsen(1990), p. 355.

61 1897년 바이힝거에 의하여 창간되었다. 中島義道 (이신철 옮김), "바이힝거", 『칸트사전』
(도서출판b, 2009), p. 147.

62 O. Ewald, "Philosophy in Germany in 1911", *The Philosophical Review* vol. 21 no. 5 (1912),
pp. 507−508.

63 Kelsen(2009), pp. 32−33.

64 H. Cohen, *Kants Theorie der Erfahrung* (Dümmler, 1871).

65 H. Cohen, *Kants Begründung der Ethik* (Dümmler, 1877).

66 H. Cohen, *Kants Begründung der Ästhetik* (Dümmler, 1877).

67 Ferrari(2020), pp. 498−499.

68 S. Edgar, "Hermann Cohen" in *The Stanford Encyclopedia of Philosophy*, ed. E. N. Zalta
(2020).

69 H. Cohen, *System der Philosophie, Erster Teil: Logik der reinen Erkenntnis* (Bruno Cassirer,
1902).

70 H. Cohen, *System der Philosophie, Zweiter Teil: Ethik der reinen Willens* (Bruno Cassirer,
1904/1907).

71 H. Cohen, *System der Philosophie, Dritter Teil: Ästhetik der reinen Gefühls* (Bruno Cassirer,
1912).

72 G. Edel, "The Hypothesis of the Basic Norm: Hans Kelsen and Herman Cohen", *Normativity
and Norms: Critical Perspectives on Kelsenian Themes*, ed. S. L. Paulson & B. L. Paulson
(Clarendon Press, 1998), p. 208.

73 H. Cohen, *Kants Theorie der Erfahrung*, 2. Aufl. (Dümmler, 1885). 제2판의 일부는 영역되
어 출판되었다. H. Cohen, "The Synthetic Principles" in *The Neo-Kantian Reader*, ed. S. Luft
(Routledge, 2015).

74 Edel(1998), p. 204.

75 Edel(1998), p. 208.

76 H. Kelsen, "The Pure Theory of Law, 'Labandism', and Neo-Kantianism. A Letter to Renato
Treves" in *Normativity and Norms: Critical Perspectives on Kelsenian Themes*, ed. S. L.
Paulson & B. L. Paulson (Clarendon Press, 1998), pp. 171−172. (이하 1998b).

77 R. Stammler (한태연 옮김), 『법과 법학의 본질』 (법문사, 2020).

78 슈타믈러의 이론에 관해서는 최종고, 『법사상사』 (박영사, 2000), pp. 319–322 참조.

79 H. Kelsen, "Natural Law Doctrine and Legal Positivism", trans. W. H. Kraus in *General Theory of Law and State* (Harvard University Press, 1945), pp. 444–445.

80 Kelsen(1945), p. 434.

81 Kelsen(1945), p. 435.

82 Kelsen(1998a), pp. 15–16.

83 Kelsen(1998a), p. 14.

84 Kelsen(1990), p. 18.

85 국가의 양면이론이란 "특히 헌법학에서 19세기 이후 금일에 이르기까지 거의 통설적 지위를 차지하고 있는 국가이론은 옐리네크(Jellinek)의 그것이다. 옐리네크의 국가이론의 특징은 현실의 실재국가를 이해함에 있어서 그것을 사회과학적 입장과 법학적 입장에서 고찰하려는 데 있다. 그 결과 그의 국가이론은 이른바 이측면설(Zweiseitentheorie)로서 불리고 있다. 그의 이러한 이측면설에 의하면 국가는 그 사회적 측면에 있어서는 『단체적 통일체』이나, 그 법적 측면에 있어서는 사단의 개념을 빌어 법인이라는 것이다. 즉, 옐리네크에 의하면 사회학적 개념으로는 『국가는 시원적 지배력으로써 장비된 정주하는 인간의 단체적 통일체』이며, 법개념으로는 『국가는 시원적 지배력으로써 장비된 정주하는 인간의 사단』이라는 것이다."이라고 설명될 수 있다. 한태연, 『헌법학』 (양문사, 1955), p. 23. 옐리네크의 이러한 설명에 대하여 국가와 사회에 대한 법실증주의적 이원론이라고 평가하기도 한다. 허영, 『헌법이론과 헌법』 (박영사, 2007), p. 189.

86 옐리네크의 이론에 관해서는 김효전, "게오르크 옐리네크의 헌법론", 『동아논총』 제16집 (1979); 허영, "게오르그 옐리네크가 보는 기본권", 『고시연구』 제8권 제5호(1981)을 참조.

87 Jellinek(2005), p. 9.

88 Kelsen(1990), p. 18.

89 Kelsen(2018), p. 89.

90 Edel(1998), p. 217.

91 켈젠과 비트겐슈타인이 성장 및 활동하였던 빈의 지적 상황에 대해서는 W. Johnston (고원 외 옮김), 『제국의 종말: 합스부르크 제국의 정신사와 문화사의 재발견』 (글항아리, 2008); C. E. Schorske (김병화 옮김), 『세기말 빈』 (글항아리, 2014); A. Janik & S. Toulmin (석기용 옮김), 『빈 비트겐슈타인 그 세기말의 풍경』 (이제이북스, 2005)을 참조.

92 Kelsen(2009), pp. 29–30.

93 Kelsen(2009), pp. 66–67.

94 비트겐슈타인의 가문에 관해서는 A. Waugh (서민아 옮김), 『비트겐슈타인 가문』 (필로소픽, 2014)을 참조.

95 L. Wittgenstein, *Notebooks: 1914-1916*, ed. G. H. Wright & G. E. M. Anscombe (University of Chicago Press, 1984).

96 L. Wittgenstein (이영철 옮김), 『논리철학논고』 (책세상, 2020).

97 켈젠과 이들의 관계에 대해서는 C. Jabloner, "Kelsen and his Circle: The Viennese Years",

European Journal of International Law vol. 9 (1998), pp. 378−382을 참조.

98 비트겐슈타인과 이들의 교류에 대한 기록으로는 F. Waismann, *Ludwig Wittgenstein and the Vienna Circle* (Blackwell, 1979)을 참조.

99 N. Lacey, *A Life of H. L. A. Hart: The Nightmare and the Noble Dream* (Oxford University Press, 2004), p. 251.

100 1939년 무어는 케임브리지 대학교의 철학교수직을 사임하였고 그 후임으로 비트겐슈타인이 임명되었다.

101 G. E. Moore (김상득 옮김), 『윤리학 원리』 (아카넷, 2018), pp. 46−47.

102 Moore(2018), p. 48. 주의할 것은 결코 이러한 답변이 우리가 '선'이라는 단어의 의미가 일상적으로 사용되는 용법에 대한 고찰이 아니라는 점이다.

103 Moore(2018), p. 54.

104 Moore(2018), p. 54.

105 Moore(2018), p. 51.

106 Moore(2018), p. 54.

107 Moore(2018), p. 49.

108 Moore(2018), p. 50.

109 Moore(2018), p. 49.

110 Moore(2018), pp. 48−49.

111 Moore(2018), pp. 54−55.

112 Moore(2018), p. 55.

113 Moore(2018), p. 9.

114 Kelsen(1999), p. 30.

115 Kelsen(1999), p. 30.

116 Kelsen(1998a), p. 16.

117 中島義道(2009), p. 146.

118 플라톤에게 있어서 신화(mythos)는 이성에 기초한 논의를 의미하는 "진짜 이야기"인 로고스(logos)와 대립되는 개념이다. 플라톤의 "신화"의 개념에 관해서는 추정희, "플라톤 사상에서 신화의 의미", 『미학예술학연구』 제34집(2011)을 참조.

119 H. Vaihinger, *The Philosophy of 'As If'* (Routledge, 2021), p. xxii.

120 Vaihinger(2021), p. 125.

121 Vaihinger(2021), p. xxv.

122 I. Kant (백종현 옮김), 『순수이성비판 2』 (아카넷, 2006), pp. 625−743.

123 칸트에 대한 의제주의적 해석으로는 Vaihinger(2021), pp. 253−294를 볼 것.

124 Vaihinger(2021), p. xxxii.

125 Vaihinger(2021), pp. 309−310.

126 Vaihinger(2021), pp. xxii, xxvi−xxviii.

127 Vaihinger(2021), p. 3.

128 Vaihinger(2021), pp. 200−205.

129 Vaihinger(2021), pp. 14−15, 71.

130 Vaihinger(2021), p. xix.

131 Kelsen(1998a), p. 16.

132 마흐의 사유경제성에 관해서는 고인석, "에른스트 마하의 과학사상", 『철학사상』 제36권 (2010)을 참조.

133 Kelsen(1998b), pp. 173−174.

134 H. Kelsen (심헌섭 옮김), "헌법의 기능", 『켈젠 법이론 선집』 (법문사, 1990), p. 83.

135 H. Kelsen (김성룡 옮김), 『규범 일반 이론』 (아카넷, 2016), pp. 483−484.

제4장 하트의 이론적 배경과 분석적 법리학

1 하트의 법이론에 관한 국내의 논의로는 심헌섭, "H. L. A. Hart의 분석적 법이론", 『분석과 비판의 법철학』 (법문사, 2011); 오병선, "하트의 법철학 방법과 법의 개념", 『현대 법철학의 흐름』 (법문사, 1996); 최봉철, "하트", 『현대법철학: 영어권법철학을 중심으로』 (법문사, 2007); 안준홍, "승인규칙의 규범성에 대한 일 고찰", 『법철학연구』 제16권 제3호(2013); 이정훈, "법실증주의 승인율과 관행에 관한연구", 『법철학연구』 제10권 제2호(2007); 김건우, "하트의 내적 관점이란 무엇인가?", 『법철학연구』 제16권 제1호(2013)을 볼 것.

2 최봉철, 『현대법철학: 영어권 법철학을 중심으로』 (법문사, 2007), p. iii.

3 하트에 대한 드워킨의 비판으로는 R. Dworkin (염수균 옮김), 『법과 권리』 (한길사, 2010)을 볼 것.

4 A. J. Sebok, *Legal Positivism in American Jurisprudence* (Cambridge University Press, 1998), pp. 268−269.

5 F. Schauer, "(Re)Thinking Hart", *Harvard Law Review* vol. 119 (2006), p. 861 note 26.

6 N. MacCormick, *H. L. A. Hart* 2nd ed. (Stanford Law Books, 2008), p. 6.

7 영국의 관념주의에 관한 개관적인 설명으로는 A. Kenny (이재훈 옮김), 『현대철학』 (서광사, 2013), pp. 77−78을 볼 것.

8 B. Russell (곽강제 옮김), 『나는 이렇게 철학을 하였다』 (서광사, 2008), p. 63.

9 G. Frege (전응주 옮김), 『개념표기: 수리학의 공식 언어를 본뜬 순수 사유의 공식 언어』 (이제이북스, 2015).

10 G. Frege (박준용 · 최원배 옮김), 『산수의 기초』 (아카넷, 2003).

11 이러한 주장을 하는 대표적인 학자로는 더미트(M. A. E. Dummett)를 들 수 있다. M. A. E. Dummett, *The Origins of Analytical Philosophy* (Duckworth, 1993).

12 비트겐슈타인과의 만남과 그의 성격 등에 관한 러셀의 묘사로는 B. Russell (송은경 옮김), 『러셀자서전(상)』 (사회평론, 2003), pp. 561−566을 볼 것.

13 비트겐슈타인에 대한 개관적인 소개로는 K. T. Fann (황경식 · 이운형 옮김), 『비트겐슈타인의 철학이란 무엇인가?』 (서광사, 1989); K. Wuchterl & A. Hübner (최경은 옮김), 『비트겐슈타인』 (한길사, 1999); D. Pears (정영목 옮김), 『비트겐슈타인』 (시공사, 2000); A.

Kenny (김보현 옮김), 『비트겐슈타인』(철학과현실사, 2001); R. Monk (김병화 옮김), 『How to Read 비트겐슈타인』(웅진지식하우스, 2007); 박병철, 『비트겐슈타인 철학으로의 초대』 (필로소픽, 2014)를 볼 것.

14 일상언어학파에 대한 소개로는 A. Quinton (정해창 옮김), "현대 영국 철학", 『현대 영미철학 입문』(철학과현실사, 1993), pp. 350-364을 볼 것.

15 R. Carnap, "Intellectual Autobiography" in The Philosophy of Rudolf Carnap, ed. P. A. Schilpp (Open Court Publishing Company, 1963), p. 24.

16 특히 이들의 교류는 바이스만(F. Waismann)에 의하여 『비트겐슈타인의 목소리: 비엔나 학 파』라는 제목의 책으로 기록되었다. F. Waismann, *Ludwig Wittgenstein and the Vienna Circle* (Blackwell, 1979).

17 비트겐슈타인이 비엔나 학파에 미친 영향에 관해서는 박병철, "비트겐슈타인과 비엔나 써클 의 물리주의", 『철학』 제60집(1999)을 볼 것.

18 콰인의 철학에 관한 소개로는 G. D. Romanos (곽강제 옮김), 『콰인과 분석철학』(한국문화 사, 2002)을 볼 것.

19 H. -J. Glock (한상기 옮김), 『분석철학이란 무엇인가?』(서광사, 2009), p. 404.

20 L. Wittgenstein (이영철 옮김), 『논리철학논고』(책세상, 2020), pp. 15-16.

21 이에 대한 지적으로는 K. -O. Apel, *Toward a Transformation of Philosophy*, trans. G. Adey & D. Frisby (Routledge & Kegan Paul, 1980), p. 77.

22 D. Hume (이혜숙 옮김), 『인간의 이해력에 관한 탐구』(지식을만드는지식, 2012), pp. 306-307.

23 A. J. Ayer (송하석 옮김), 『언어, 논리, 진리』(나남, 2010), p. 58.

24 여기에서 제시되고 있는 원칙이 바로 "검증원리"이다. 어떤 명제가 검증될 수 없다면, 그것 은 의미가 있다고 할 수 없다는 것이다. 검증원리는 비엔나 학파의 주요한 주장 중 하나이다. 카르납(R. Carnap)을 비롯한 비엔나 학파가 인정하듯이, 이는 『논리철학논고』가 아니라 그 이후에 형성된 비트겐슈타인의 아이디어로부터 나왔다. 『논리철학논고』의 입장과 이러한 아 이디어 사이의 차이점에 대한 지적으로는 N. Garver & S. -C. Lee, *Derrida and Wittgenstein* (Temple University Press, 1994), pp. 146-147을 볼 것.

25 "러셀은 논리적 분석을 사용함으로써 철학을 과학적으로 만들려는 실증주의자의 열망을 환 영했지만, 형이상학에 대한 그들의 공격에는 반대했다."고 지적하는 Glock(2009), p. 231을 참조.

26 Glock(2009), p. 233을 참조.

27 R. Monk (남기창 옮김), 『루드비히 비트겐슈타인 1: 천재의 의무』(문학과학사, 1998), p. 252.

28 Glock(2009), 제8장.

29 L. Wittgenstein (이승종 옮김), 『철학적 탐구』(아카넷, 2016), § 66.

30 Wittgenstein(2016), § 67.

31 Glock(2009), p. 404에서 주요한 항목들만 선택하여 정리하였다.

32 글로크는 『논리철학논고』의 비트겐슈타인에 대하여 (ㅇ)로 평가하고 있지만, 앞에서 설명한

것처럼 적어도 (×)로 보아야 한다고 판단된다.

33 Wittgenstein(2006), 4.111.

34 Wittgenstein(2006), 4.113.

35 Glock(2009), p. 257.

36 무어는 하나의 개념이 환원적 분석에 의해서만 정의될 수 있다고 본다. 즉, 그 개념을 구성하는 구성요소들로 분할하는 방식으로 정의하는 것이다. 그러나 "노랑"과 같은 개념처럼 "선"이라는 개념은 구성요소들로 구성되지 않은 단순 관념이다. 그래서 그것들은 정의될 수 없다고 주장한다. G. E. Moore (김상득 옮김), 『윤리학 원리』(아카넷, 2018).

37 한정기술구 이론은 B. Russell, "On Denoting", *Mind* vol. 14, no. 56 (1905)에 처음 나타났으며 『수리철학의 기초』에서 더 발전된 모습으로 설명되었다. B. Russell (임정대 옮김), 『수리철학의 기초』(경문사, 2002), 제16장.

38 Wittgenstein(2016), § 60.

39 이러한 지적으로는 J. Raz (권경휘 옮김), "법이론의 본성에 관한 두 가지 관점: 부분적인 비교", 『법학연구』 제26권 제2호(2016), p. 374.

40 Russell(2016), pp. 205-206.

41 최근 국내에서 공익 개념을 다루면서 러셀의 한정기술구 이론을 적용하려는 흥미로운 시도가 제시되었다. 이민열, "기본권 제한 심사에서 공익의 식별", 『법철학연구』 제18권 제2호(2015), pp. 220-226. 이와 관련하여 지적하고 싶은 것이 두 가지 있다. 우선, 러셀이 한정기술구 이론을 도입하게 된 배경, 즉 지시론적 의미론을 전제하지 않는다면 굳이 한정기술구 이론을 도입할 필요가 있는가하는 의문이다. 러셀과 동일하게 지시론적 의미론을 채택하고 있는 것인지 검토할 필요가 있어 보인다. 또한, 러셀이 한정기술구 이론을 도입함으로써 생겨난 결과, 즉 고유명사로 보이는 것이 사실은 고유명사가 아니라는 러셀의 결론을 어떻게 차단할 것인지(혹은 그것을 받아들인 것인지)에 대하여도 검토해야만 할 것이다.

42 Raz(2016), p. 374.

43 J. L. Austin (김영진 옮김), 『말과 행위: 오스틴의 언어철학, 의미론, 화용론』(서광사, 1992), p. 23.

44 H. L. A. Hart, "The Ascrption of Responsibility and Rights" in *Logic and Language second series*, ed. A. Flew (Basil Blackwell, 1951), p. 145.

45 Austin(1992), pp. 119-120. 오스틴이 진술문과 수행문의 구별을 포기하게 된 이유에 대한 상세한 설명으로는 Y. Huang (이해운 옮김), 『화용론』(한국외국어대학교 지식출판원, 2009), pp. 126-127을 볼 것.

46 하트는 자신의 논문들을 모아 출판한 『법리학과 철학 논문집』에 이 논문을 수록하지 않았다. H. L. A. Hart, *Essays in Jurisprudence and Philosophy* (Oxford University Press, 1983).

47 H. L. A. Hart (오병선 옮김), 『법의 개념』(아카넷, 2002).

48 헤어로부터 하트가 영향을 받은 것에 대한 지적으로는 Raz(2016), p. 375. 그러나 이 책에서 다루어지는 내적 진술이 가지는 복합적인 의미에 대한 분석은 라즈의 것과 차이가 있다.

49 R. M. Hare, *The Language of Morals* (Oxford University Press, 1952), pp. 112-113.

50 Hare(1952), pp. 151−162.

51 하트가 헤어의 규정주의로부터 받은 영향에 대해서는 이 책의 제4장 제3절을 볼 것.

52 "판정적인 의미"라는 표현은 하트 자신의 것이 아니고 필자가 하트의 내적 진술을 설명하기 위하여 도입한 것이다. 판정적인 의미라는 표현은 오스틴(J. L. Austin)이 발화수반력에 따라 문장을 구별한 것 중에서 차용한 것이지만 그가 말한 "판정발화"의 의미만 포함하는 것은 아니다.

53 Wittgenstein(2016), § 258.

54 윈치 자신은 비트겐슈타인의 제자가 아니었지만 그는 비트겐슈타인의 친구이자 그의 유고 관리자인 리즈(R. Rhees)에게서 수학하였다. A. B. Simpson, *Reflections on The Concept of Law* (Oxford University Press, 2011), p. 106.

55 P. Winch, *The Idea of a Social Science and Its Relation to Philosophy* (Routledge & Kegan Paul, 1958), pp. 62−65.

56 윈치의 책은 1958년에 출판된 이후 곧 유명해졌기 때문에 일상언어학파 내에서도 분명 논의되었으리라고 생각된다. 그러나 오스틴의 저술 어디에서도 윈치에 대한 언급은 없다. 하트의 경우에는 『법의 개념』의 원고를 어느 정도 집필한 시점인 1959년에 윈치의 책을 읽었다고 한다. Simpson(2011), pp. 105−106.

57 하트가 윈치로부터 받은 영향에 관해서는 김현철, "하트 법이론의 철학적 의의에 대한 비판적 고찰", 『이화여자대학교 법학논집』제11권 제2호(2007)을 볼 것.

58 Hart(2002), pp. 75−76.

59 Hart(2002), p. 76.

60 Hart(2002), p. 77.

61 바이스만은 이러한 생각에 대하여 본래 'die Porositaet der Begriffe'라고 이름 붙였다. 이는 '개념의 다공성'(the porosity of concepts)이라고 번역할 수 있을 것이다. F. Waismann, "Verifiability", *Proceedings of the Aristotelian Society* vol. 19 (1945), p. 121면의 각주를 참조. 바이스만의 '개방적 구조'에 대한 개관적인 설명으로는 A. Margalit, "Open Texture" in *Meaning and Use: Papers Presented at the Second Jerusalem Philosophical Encounter, April 1976*, ed. A. Margalit (Reidel, 1979), pp. 141−152 참조.

62 검증원리와 비트겐슈타인의 관계에 대한 설명으로는 박병철, 『비트겐슈타인』(이룸, 2003), pp. 157−168을 볼 것.

63 Wittgenstein(2016), § 80.

64 Waismann(1945), pp. 121−123.

65 Waismann(1945), p. 123.

66 Waismann(1945), p. 125.

67 F. Waismann, "Language Strata" in *Logic and Language second series*, ed. A. Flew (Basil Blackwell, 1961), p. 27.

68 F. Waismann, *The Principles of Linguistic Philosophy* (Macmillan, 1965), pp. 222−223.

69 Waismann(1965), p. 76.

70 Waismann(1965), p. 223.

71 A. Flew, "Introduction" in Logic and Language: first series (Basil Blackwell, 1951), p. 3.

72 바이스만의 개방적 구조와 하트의 개방적 구조에는 차이가 존재한다. 이에 대한 비교와 평가로는 권경휘, "하트의 '개방적 구조'에 관한 연구", 『법학논고』 제37집(2011), pp. 442-446을 참조할 것.

73 이러한 윈치의 논의가 습관과 규칙의 구별에 관한 윈치의 논의 안에 들어 있다는 사실과 하트가 이러한 두 가지 지도 방식에 대한 논의를 1958년의 "법실증주의와 법과 도덕의 분리"에서는 다루고 있지 않다는 사실이 이러한 추측을 뒷받침 해준다고 생각한다. 흥미롭게도 하트는 판례와 예시에 의한 규칙의 의사소통에 관련하여 비트겐슈타인의 규칙을 가르치는 것과 규칙을 따르는 것에 관한 고찰을 언급하면서 이에 대한 설명으로 Winch(1958), pp. 24-33, 91-93을 언급하고 있다. Hart(2002), p. 297. 그럼에도 불구하고 입법의 확실성과 판례의 불확실성의 구분에 대한 비판에 관해서는 윈치를 직접적으로 언급하고 있지 않다.

74 Winch(1958), p. 61.

75 하트의 이러한 주장에 대하여 심슨(A. W. B. Simpson)은 판례 즉 보통법을 규칙 체계로서의 법으로 볼 수 없다고 비판한다. 이러한 심슨의 주장에 대해서는 A. W. B. Simpson, "The Common Law and Legal Theory" in Oxford Essays in Jurisprudence second edition, ed. A. W. B. Simpson (Clarendon Press, 1973) 참조.

76 Hart(2002), p. 125.

77 Hart(2002), p. 125.

78 Hart(2002), p. 125.

79 Hart(2002), p. 125.

80 Hart(2002), p. 126.

81 Hart(2002), pp. 128-129.

82 Hart(2002), pp. 127-128.

83 Hart(2002), p. 128.

84 비트겐슈타인의 역설을 둘러싼 논의에 관해서는 권경휘, "비트겐슈타인의 규칙-따르기 고찰과 법이론", 『법철학연구』 제10권 제1호(2007); 안성조, "법적 불확정성과 법의 지배", 『법철학연구』 제10권 제2호(2007)을 참고할 것.

85 실재론적 의미론을 법해석에 도입하려는 국내의 논의로는 안성조, "'법문의 가능한 의미'의 실재론적 의의", 『법철학연구』 제12권 제2호(2009)를 볼 것.

86 라이터의 주장에 대한 국내의 논의로는 김건우, "라이터(B. Leiter)의 자연화된 법리학의 의의와 사상적 원천", 『법과 사회』 제44호(2013); 김건우, "무엇을, 얼마나, 어떻게 자연화할 것인가: 라이터(Brian Leiter)의 야심차면서도 신중한 자연화 기획", 『법철학연구』 제17권 제1호(2014)를 볼 것.

87 Wittgenstein(2016), § 201.

88 S. Kripke (남기창 옮김), 『비트겐슈타인 규칙과 사적 언어』 (철학과현실사, 2008), p. 30.

89 Kripke(2008), pp. 27-28.

90 Kripke(2008), p. 148.

91 C. Yablon, "Law and Metaphysics", *Yale Law Journal* vol. 96 (1987).

92 J. Boyle, "The Political Reason: Critical Legal Theory and Local Social Thought", *University of Pennsylvania Law Review* vol. 133 (1985).

93 M. V. Tushnet, *Red, White and Blue: A Critical Analysis of Constitutional Law* (Harvard University Press, 1988), pp. 55–56.

94 S. Kripke (정대현 · 김영주 옮김), 『이름과 필연』 (서광사, 1986). 크립키의 실재론적 의미론에 관해서는 N. Salmon (박준호 옮김), 『지시와 본질』 (한국문화사, 2000); C. McGinn (박채연 · 이승택 옮김), 『언어철학』 (도서출판b, 2019)의 제2장을 참조.

95 H. Putnam, "The Meaning of 'Meaning'" in *Mind, Language and Reality* (Cambridge University Press, 1975).

96 Kripke(1986), pp. 135–136.

97 H. Putnam (김효명 옮김), 『이성 · 진리 · 역사』 (민음사, 2002), p. 54.

98 M. Moore, "A Natural Law Theory of Legal Interpretation", *Southern California Law Review* vol. 58 (1985).

99 D. Brink, "Legal Theory, Legal Interpretation, and Judicial Review", *Philosophy and Public Affairs* vol. 17 (1988).

100 N. Stavropoulos, *Objectivity in Law* (Clarendon Press, 1996).

101 이러한 노력에 대한 소개와 비판으로는 권경휘, "법해석론에 있어서 언어철학의 잘못된 적용에 대한 비판: 후기 비트겐슈타인의 관점에서", 『법철학연구』 제16권 제1호(2013); B. Bix (권경휘 옮김), "의미와 지시의 이론은 법의 결정성의 문제를 해결할 수 있는가?", 『연세법학』 제25호(2015)를 볼 것.

102 W. V. O. Quine (허라금 옮김), "경험주의의 두 가지 도그마", 『논리적 관점에서』 (서광사, 1993).

103 Quine(1993), p. 20.

104 Quine(1993), p. 38.

105 Quine(1993), p. 38.

106 Quine(1993), p. 39.

107 Quine(1993), p. 40.

108 Quine(1993), p. 42.

109 콰인 자신이 예시로 든 것은 "학사"(bachelor of arts)에서 "bachelor"에 "unmarried man"을 대입하는 것이었다. Quine(1993), p. 44.

110 Quine(1993), p. 45.

111 Quine(1993), p. 46.

112 Quine(1993), p. 48.

113 Quine(1993), p. 55.

114 Quine(1993), p. 20.

115 B. Leiter, *Naturalized Jurisprudence* (Oxford University Press, 2007).

제2부 법의 효력과 최종적인 근거지움
제5장 켈젠의 규범 이론과 효력 개념

1   법의 효력 일반에 관한 설명으로는 심헌섭, 『법철학 Ⅰ』(법문사, 1982), 제2장; 김영환, 『법철학의 근본문제』 제2판 (홍문사, 2008), 제3장을 참조할 것.

2   켈젠의 이론적 발전단계에 대한 분석으로는 오세혁, "켈젠 법이론의 시기구분: 연속성 테제를 중심으로", 『법철학연구』 제4권 제1호(2001); 오세혁, "켈젠 법이론의 발전과정," 『중앙법학』 제7권 제4호(2005); S. Paulson, "Arriving at a Defensible Periodization of Hans Kelsen's Legal Theory", *Oxford Journal of Legal Studies* vol. 19 (1999)를 참조할 것.

3   H. Kelsen (윤재왕 옮김), 『순수법학 제1판: 법학의 문제점에 대한 서론』(박영사, 2018). 영문판은 H. Kelsen, *Introduction to the Problems of Legal Theory*, trans. B. L. Paulson & S. Paulson (Oxford University Press, 1997).

4   H. Kelsen, *General Theory of Law and State*, trans. A. Wedberg (Harvard University Press, 1949).

5   H. Kelsen (변종필 · 최희수 옮김), 『순수법학 제2판』(길안사, 1999).

6   그 외에도 『국법학의 주요문제』 제2판의 "서문" (1923년), 『순수법학』의 프랑스어판(Théorie Pure du Droit) (1953년), 『정의란 무엇인가』(1957년), "스톤 교수와 순수법학" (1965년) 등이 이 시기에 속한다. 이렇게 볼 때 제외되는 대표적인 저술은 "순수법학"의 이전단계를 나타내는 『국법학의 주요문제』(1911년)와 "순수법학"의 이후단계를 나타내는 『규범 일반이론』(1979년)이다.

7   이러한 입장 변화에 밀접하게 영향을 미친 것은 켈젠 스스로 밝히고 있듯이 "법적 규범은 가언 판단이다"는 견해의 포기이다. H. Kelsen, "Professor Stone and the Pure Theory of Law", *Stanford Law Review* vol. 17 (1965), p. 1138.

8   Kelsen(1999), p. 28.

9   Kelsen(1999), p. 29.

10 Kelsen(1999), p. 32.

11 Kelsen(1999), p. 29. 여기에서 문제가 되는 것은 개인들의 집단이 의사행위를 하는 경우 그 개인들 모두가 명확하게 자신들이 무엇을 의욕하는지 알아야 하는가이다. 이에 대해서 켈젠은 처음에는 모든 사람들이 그 내용을 알아야만 한다고 생각했지만, 『순수법학』 제2판에 이르러서 그는 자신의 입장을 변화시킨다. "내가 종전에 주장했던 견해, 즉 투표자의 다수가 법률의 내용을 알지 못하거나 단지 불충분하게만 알기 때문에 그리고 의욕의 내용이 의욕자에 의해 의식되어야 하기 때문에 투표행위 – 이것이 다수결을 형성하며, 이것을 통해 법률의 효력이 발생한다 – 가 반드시 의사행위인 것은 아니라는 나의 견해는 더 이상 유지될 수 없다. 의원이 그 내용을 알지 못하는 법률안에 찬성하는 투표를 할 경우, 그의 의사의 내용은 일종의 수권이다. 투표자는 그가 동의한 법률안이 어떠한 내용을 포함하고 있더라도 그

것이 법률이 되기를 의욕한다." Kelsen(1999), pp. 32−33.

12 켈젠이 말하는 "의사행위의 의미"라는 말이 정확하게 어떤 의미인지 불분명하다는 지적이 있다. 예컨대, M. Hartney, "Introduction" in H. Kelsen, *General Theory of Norms* (Clarendon Press, 1991), p. xxxii을 볼 것. 그러나 이 글에서 제시하는 방식으로 이해한다면 켈젠의 주장을 분명하게 파악할 수 있으리라고 생각한다.

13 Kelsen(1999), p. 33.

14 Kelsen(1999), p. 33.

15 Kelsen(1999), pp. 29−30.

16 Kelsen(1999), p. 30.

17 효력에 대한 다양한 논의에 대해서는 최봉철, "법의 효력: 요건과 효과를 중심으로", 『법철학연구』 제17권 제3호(2014)를 참조.

18 E. Bulygin, "An Antinomy in Kelsen's Pure Theory of Law" in *Normativity and Norms: Critical Perspectives on Kelsenian Themes*, eds. S. Paulson & B. L. Paulson (Clarendon Press, 1998), pp. 306−310.

19 Bulygin(1998), p. 306.

20 불리긴의 지적에 따르면, 영문판의 번역은 적절하지 못하다고 한다. Bulygin(1998), p. 306.

21 Bulygin(1998), p. 307.

22 G. H. Wright, *Norm and Action* (Routledge & Kegan Paul, 1963), pp. 194−198.

23 Bulygin(1998), p. 307.

24 Bulygin(1998), p. 307.

25 "법의 구속력(법이 어떤 사람들의 행위를 규제할 때 그 사람들은 그 법을 준수해야만 한다는 관념)은 '효력'이라는 용어에 의하여 이해된다." H. Kelsen, "Why Should the Law be Obeyed" in *What is Justice: Justice, Law and Politics in the Mirror of Science* (University of California Press, 1960), p. 257.

26 Kelsen(2018), p. 23.

27 Kelsen(1999), pp. 36−37.

28 켈젠은 (d)의 "정식화로서의 존재"에 대해서는 큰 관심을 보이지 않은 것으로 보인다.

29 J. Raz (권경휘 옮김), "법적 효력", 『법철학연구』 제13권 제2호(2010), p. 217.

30 Raz(2010) p. 220.

31 Kelsen(1999), p. 33.

32 Kelsen(1999), p. 34.

33 J. Raz, The Concept of a Legal System 2nd ed. (Clarendon Press, 1980), p. 61.

34 "규범의 효력의 성립조건"은 "규범이 유효하기 위한 조건"의 필요조건임에 주의해야만 한다. 예컨대, 규범이 유효하기 위해서는 "규범의 효력의 성립조건"이 존재해야할 뿐만 아니라 "규범의 효력의 상실조건"이 존재하지 않아야 한다.

35 Raz(1980), p. 61.

36 Kelsen(1999), p. 33.

37 Kelsen(1999), pp. 36-37.

38 Kelsen(1999), pp. 36-37.

39 여기에서는 순수하게 다른 규범을 폐지하는 것만을 내용으로 하는 규범의 경우 이것을 "특수한 형태의 수권적 규범"으로 볼 것인지 아니면 "고유한 규범의 범주"로 볼 것인지 여부에 대해서는 다루지 않는다. 켈젠은 후기 이론에 이르러서야 이러한 규범을 고유한 범주로 인정하였다. 여기에서는 어느 쪽으로 보든 이 기술부분의 내용에는 영향을 미치지 않는다. "폐지적 규범"에 대해서는 R. Walter (심헌섭 옮김), "한스 켈젠의 법이론", 『서울대학교 법학』 제40권 제1호(1999), p. 341을 볼 것.

40 켈젠은 자신의 저술들에서 이러한 점을 되풀이해서 강조한다. 예컨대, "효력과 실효성을 동일시하려는 시도는 - 이러한 시도는 이론의 상황을 극히 단순화할 수 있다는 점 때문에도 바람직한 것으로 권고되는 것 같다 - 필연적으로 실패할 수밖에 없다. 왜냐하면 법의 특수한 존재방식인 효력을 어떤 자연적 현실을 통해 주장하게 되면, 법이 현실에 지향되고, 이를 통해 법에 부합하거나 또는 부합하지 않는 현실 - 이는 현실이 법의 효력과 동일하지 않을 때만 가능하다 - 과 대비된다는 의미를 결코 파악할 수 없기 때문이다. 따라서 효력을 규정할 때 현실로부터 벗어나는 것이 불가능한 것과 마찬가지로 효력을 현실과 동일시하는 것도 불가능하다."고 말하는 Kelsen(2018), p. 92와 "규범의 효력은 당위이고 존재가 아니기 때문에 규범의 효력이 사실적으로 적용되고 준수된다는, 즉 규범에 합치되는 인간행위가 사실적으로 이루어지고 있다는 존재사실인 그 실효성(Wirksamkeit)과도 구분되어야 한다. 설령 효력과 실효성이 일정한 관계를 맺고 있다고 하더라도, 규범이 효력을 갖는다는 것은 그것이 사실적으로 적용되고 준수된다는 것과는 다른 어떤 것을 말한다."고 말하는 Kelsen(1999), p. 37을 볼 것.

41 켈젠이 규범의 효력과 실효성 사이의 관련성을 인정한다고 해서 일부의 주장과 달리 켈젠의 효력 이론을 "사회학적 효력"에 관한 이론으로 평가해서는 안 된다. 왜냐하면 켈젠은 효력의 "조건"과 "근거"를 구별하고 있기 때문이다. 켈젠에 따르면, 실효성은 분명 효력의 "조건"일 수는 있지만 "근거"는 아니다. 이에 대하여 켈젠은 다음과 같이 설명을 하고 있다. "… 법질서 전체의 실효성과 각각의 법규범의 실효성은 … 효력의 조건[이다.] … 또한 법질서의 실효성은 효력의 근거가 아니다. … 실효성은 근본규범 속에서 효력의 조건이 된다. … 조건은 그 조건에 의해 제약받는 것과 동일시될 수 없다. 따라서 인간은 생존하려면 출생해야 하지만, 계속 생존할 수 있기 위해서는 다른 조건들도 충족되어야 한다. 예컨대 그는 영양분을 섭취하여야 한다. 이와 같은 조건이 충족되지 않는다면, 그는 생명을 잃게 된다. 그러나 생명은 출생과도, 영양분섭취와도 일치하지 않는다." Kelsen(1999), pp. 332-333.

42 『국법학의 주요문제』에 나타난 켈젠의 입장에 대한 분석으로는 윤재왕, "법, 도덕 그리고 사실: 비얼링의 승인설에 대한 켈젠의 비판", 『고려법학』 제54호(2009)를 볼 것.

43 Kelsen(2018), pp. 90-91.

44 Kelsen(1999), p. 62. 그러므로 『순수법학』 제1판에서 켈젠은 법의 desuetudo에 의하여 법이 효력을 잃게 되는 것이 효력과 실효성의 연관성을 보여준다고 생각하지 않았다. Kelsen(2018), pp. 62-63. 다만, 국역본에서는 "법의 파기"라고 해석하였는데 desuetudo라는 말이 가지는

의미를 제대로 전달하지 못한다고 생각한다. 『법과 국가의 일반이론』에서도 이러한 생각을 유지하여서 desuetudo를 "어떤 단일한 법적 규범 자체가 … 실효적이지 않을 경우에 그 규범이 그 효력을 잃는 것으로 이해해서는 안 된다."고 주장한다. Kelsen(1949), p. 119. 이 시기에 켈젠은 desuetudo이란 실정법 스스로가 실효성이 자신의 효력의 조건이 될 수 있다고 규정한 것의 결과(다시 말해서, 헌법이 법의 원천으로써 실정법뿐만 아니라 관습까지도 인정을 하고 이러한 관습에 의하여 법이 폐지되는 것)에 불과하다고 보았다.

45 Kelsen(1999), p. 38.

46 Kelsen(1999), pp. 37-38; 여기에서 "실효성이 없다"는 것은 "어떤 곳에서도 어느 누구에 의해서도 적용되고 준수되지 않는다."는 의미이지 단순히 규범에 합치하지 않는 행위가 존재한다거나 그것이 다수 발생한다는 의미가 아니다. Kelsen(1999), p. 37.

47 이것은 켈젠이 제시한 법체계의 효력의 조건을 재기술한 것이다. H. Kelsen, "Professor Stone and the Pure Theory of Law", *Stanford Law Review* vol. 17(1965), p. 1139.

48 A. Marmor, "The Pure Theory of Law" in *The Stanford Encyclopedia of Philosophy*, ed. E. N. Zelta (2002).

49 Kelsen(1995), p. 304.

50 Kelsen(1995), p. 305.

51 Kelsen(1995), p. 307.

52 Kelsen(1995), p. 35.

53 Kelsen(1995), pp. 34-35.

54 Raz(1980), pp. 97-99; J. Raz (권경휘 옮김), "켈젠의 근본규범 이론", 『법철학연구』 제15권 제1호(2012), p. 321.

55 "'당위' 진술은 그것이 유효한 규범체계에 속할 때에만 유효한 규범이다." Kelsen(1949), p. 111.

56 Raz(2010), p. 226.

57 어떤 규범 A가 다른 규범 B의 창설을 간접적으로 수권할 수 있는 것은 규범 A에 의하여 직간접적으로 수권되고 규범 B를 수권하는 제3의 규범 C가 존재할 때 오직 그때뿐이다. Raz(2012), p. 321.

58 Raz(2012), p. 321.

59 Raz(2012), p. 321.

60 Kelsen(1999), p. 303.

61 Kelsen(1949), p. 111.

62 Kelsen(1949), p. 111; Kelsen(1999), p. 35.

63 Kelsen(1949), p. 114.

64 Kelsen(1949), p. 111.

65 Kelsen(1949), p. 115.

66 Kelsen(1999), p. 67.

67 Kelsen(1999), p. 303.

68 Kelsen(2018), pp. 85–89; Kelsen(1949), pp. 112–113; Kelsen(1999), p. 303.

69 Kelsen(1949), p. 112.

70 Kelsen(1949), pp. 112–113.

71 Kelsen(1965), p. 1132; 그러므로 켈젠이 도덕체계는 정적 규범체계에 속하는 반면에 법체계는 동적 규범체계에 속한다고 일률적인 구별을 한다고 (혹은 정적 규범체계와 동적 규범체계에 대한 구별이 법체계와 도덕체계의 구별을 표현한다고) 이해해서는 안 된다. 이와 같은 오해를 한 사람으로는 스톤(J. Stone)을 들 수 있다. J. Stone, *Legal System and Lawyers' Reasonings* (Stanford University Press, 1964), p. 105.

72 Kelsen(1999), p. 305.

73 Kelsen(1949), p. 307.

74 켈젠 스스로 다음과 같이 밝히고 있다. "이것이 '주권의 문제와 국제법의 이론'(1920)이라는 저서이다. 여기서 시도했던 두 규범체계 사이의 가능한 관계에 대한 연구는 − 이 문제는 내가 1914년에 발표한 '오스트리아 헌법상 제국법과 국법'(『국법논총』 제32권)이라는 논문에서 이미 다루었음 − 실정법으로서 효력 있다고 전제된 모든 규범들의 필연적인 체계적 통일성에 대한 중요한 인식을 나에게 가져다주었다. 나는 이 연구에서 나의 제자이자 동료인 아돌프 메르클이 발전시킨 법질서의 단계구조에 관한 이론을 원용했다." H. Kelsen (심헌섭 옮김), 『켈젠의 자기증언』(법문사, 2009), pp. 34–35; 또한 H. Kelsen, "'Forward' to the Second Printing of Main Problems in the Theory of Public Law" in *Normativity and Norms: Critical Perspectives on Kelsenian Themes*, ed. S. L. Paulson & B. L. Paulson (Clarendon Press, 1998), pp. 13–14를 볼 것.

75 Raz(1980), p. 99.

76 Raz(1980), p. 98.

77 Raz(1980), p. 98.

78 현대 법실증주의의 또 다른 대표자이면서 법의 효력에 대하여 다른 입장을 취하는 하트(H. L. A. Hart) 역시 한 번도 실천이 된 적이 없는 법을 설명하는 문제를 "궁극적인 규칙"인 "승인의 규칙"을 통하여 해결한다. 즉, "하트에게 있어서, 집단의 어떤 구성원들에게 규칙 R1에 유념할 것을 요구하는 다른 사회적 규칙 R2가 존재한다면 사회적 관행이 없더라도 규칙 R1은 존재한다고 말해질 수 있을 것이다. 하트의 용법에 따르면, 일차적 규칙은 이차적 규칙에 의하여 '유효화'될 때 존재한다 …." S. Shapiro, "What is the Internal Point of View?", *Fordham Law Review* vol. 75 (2006), p. 1165.

79 심헌섭, "근본규범 이론 소고", 『서울대학교 법학』 제40권 제3호(1999), p. 57; 동일한 지적으로는 H. L. A. Hart, "Kelsen's Doctrine of the Unity of Law" in *Essays in Jurisprudence and Philosophy* (Clarendon Press, 1983), p. 334; Raz(2012), p. 326을 볼 것.

80 Raz(2012), p. 326.

81 Raz(2012), p. 326.

82 마찬가지로, 효력의 문제를 소속의 문제와 혼동해서도 안 된다. 이러한 지적으로는 "대부분의 법체계들이 그 체계의 일부가 아닌 많은 규칙들을 승인하고 집행한다는 것은 주지의 사

실이다. … 종종 법체계들은 다양한 종교집단들에게 자신들의 종교법들에 따라 신도들의 삶의 일정부분을 규정할 수 있는 권리들을 인정해 준다. 법체계들은 다양한 인종집단들 혹은 부족집단들에게 어떤 사안들에 있어서 자신들의 관습적인 방법으로 처리할 수 있는 권리들을 인정해준다. 그리고 법체계들은 자발적 결사체들에게 구성원들의 어떤 행위들을 규제하는 규칙들을 만들 수 있는 권리들을 인정해 준다. 이러한 모든 예들은 법체계 S에 의해 승인되고 집행되는 규칙들이 법체계 S에 따라 법적으로 유효하지만 그렇다고 해서 그것들이 법체계 S의 일부인 것은 아닌 경우가 있다는 것을 보여준다."고 언급하고 있는 Raz(2010), p. 221을 볼 것.

83 켈젠의 "근본규범" 자체에 대한 비판적 검토로는 이 책의 제6장을 볼 것.

84 A. Marmor, *Philosophy of Law* (Princeton University Press, 2011), p. 18.

제6장 켈젠의 최종적인 근거지움: 근본규범

1 우리말로 번역된 아마도 최초의 켈젠의 저서는 1949년 황산덕 교수님이 번역하신 『순수법학』 제1판일 것이다. H. Kelsen (황산덕 옮김), 『순수법학』 (조선공업문화사 출판부, 1949).

2 『법철학연구』에 게재된 대표적인 것들로는 오세혁, "한스 켈젠의 위헌법률이론: 규범충돌 및 폐지와 관련하여", 『법철학연구』 제1권(1998); 박준석, "켈젠, 규범성, 권위", 『법철학연구』 제14권 제2호(2011); 오세혁, "켈젠의 법이론에 있어서 규범과 가치: 규범과 가치의 상관관계를 중심으로", 『법철학연구』 제18권 제3호(2015); 고봉진, "신, 국가, 근본규범에 나타난 '규범정립적 권위", 『법철학연구』 제18권 제1호(2015)를 들 수 있다.

3 켈젠의 지적 전통에 관해서는 오세혁, 『법철학사』 (세창출판사, 2012), p. 321.

4 켈젠의 이론적 변화 과정에 관해서는 오세혁, "켈젠 법이론의 시기 구분: 연속성 테제를 중심으로", 『법철학연구』 제4권 제1호(2001); 오세혁, "켈젠 법이론의 발전과정", 『중앙법학』 제7권 제4호(2005)을 참조.

5 근본규범에 대한 설명의 불분명함을 지적하는 예로는 "그것[근본규범]은 열렬한 지지와 동시에 격렬한 비판을 받았다. 지지자와 비판자 모두는 켈젠이 자신의 이론을 설명하는 방식에 상당부분 기초하여 자신의 주장을 전개한다. 비판자들은 이러한 불분명함을 이유로 비판하였고 이론 전체가 하나의 신화라고 의심하였다. 반대로 그러한 불분명함 덕분에 지지자들은 애매한 표현들을 이용하여 비판들을 쉽게 피해갈 수 있었다."고 말하는 J. Raz (권경휘 옮김), "켈젠의 근본규범 이론", 『법철학연구』 제15권 제1호(2012), p. 319를 들 수 있다.

6 이러한 두 가지 형태의 한원주의에 대하여 켈젠과 하트가 공통적으로 취하는 비판적인 자세에 대한 설명으로는 S. Delacroix (권경휘 옮김), "규범성에 관한 하트와 켈젠의 대조적인 개념", 『연세법학』 제26호(2015), p. 264를 볼 것.

7 H. Kelsen (윤재왕 옮김), 『순수법학 제1판: 법학의 문제점에 대한 서론』 (박영사, 2018), p. 41.

8 H. Kelsen (심헌섭 옮김), 『켈젠의 자기증언』 (법문사, 2009), pp. 31-33; W. Johnston (고원 외 옮김), 『제국의 종말: 합스부르크 제국의 정신사와 문화사의 재발견』 (글항아리, 2008), pp. 160-161. 또한 마르부르크학파와 서남독일학파에 관해서는 Akademiya Nauk SSSR (임석진 옮김), 『철학사 제3권: 변증법적 유물론과 사적 유물론의 성립』 (중원문화, 2012),

pp. 390-399; 오세혁2012), pp. 290-302를 참조.

9 M. Ferrari (윤병언 옮김), "신칸트주의", 『경이로운 철학의 역사 제3권: 현대 편』(아르테, 2020), p. 498.

10 켈젠이 메르클의 아이디어를 자신의 이론에 도입한 것과 관련해서는 H. Kelsen, "'Foreword' to the Second Printing of Main Problems in the Theory of Public Law" in *Normativity and Norms: Critical Perspectives on Kelsenian Themes*, ed. S. L. Paulson & B. L. Paulson (Clarendon Press, 1998), pp. 13-14 (이하 1998a); H. Kelsen (심헌섭 옮김), 『켈젠의 자기증언』 (법문사, 2009), pp. 34-35를 참조.

11 법질서의 단계구조에 관한 보다 상세한 설명으로는 이 책의 제5장; 이강국, 『헌법합치적 법률해석: 서독에서의 이론과 실제』(박영사, 2012), 57-58면을 볼 것.

12 Kelsen(2018), p. 88.

13 Kelsen(2018), p. 97.

14 Kelsen(2018), pp. 97-98.

15 Kelsen(2018), p. 88.

16 Kelsen(2018), p. 89.

17 Kelsen(2018), p. 90.

18 Kelsen(2018), p. 90.

19 Kelsen(2018), p. 91.

20 H. Kelsen (민준기 옮김), 『일반국가학』(민음사, 1990), p. 353. (이하 1990a)

21 Kelsen, 앞의 책(주 29), 353-355면. 이러한 표현은 1963년에 발표한 "헌법의 기능"에서는 "초월적 논리적 의미에서의 헌법"이라는 표현으로 나타난다. H. Kelsen (심헌섭 옮김), "헌법의 기능", 『켈젠 법이론 선집』(법문사, 1990), 82면. (이하 1990b)

22 이에 대한 지적으로는 심헌섭, "근본규범 이론 소고", 『분석과 비판의 법철학』(법문사, 2001), p. 152.

23 Kelsen(1990a), p. 355.

24 H. Kelsen (심헌섭 옮김), "자연법론과 법실증주의", 『켈젠 법이론 선집』(법문사, 1990), p. 251.

25 Kelsen(2018), p. 91. 또한 "하나의 질서가 대체로 실효적일 때, 오직 그때에만, 그 질서에 속하는 법적 규범이 유효하다고 인정된다. 그러므로 근본규범의 내용도 이러한 질서를 창설하고 적용한다는 사실, 이 질서의 규범의 수범자들의 행위가 이 질서에 대체로 순응하고 있다는 사실에 의하여 결정되는 것이다."고 언급하고 있는 H. Kelsen, *General Theory of Law and State*, trans. A. Wedberg (Harvard University Press, 1949), p. 120. 이 책의 국역본으로는 H. Kelsen (황산덕 옮김), "법과 국가의 일반이론", 『동아법학』 제76호(2017).

26 그러므로 근본규범을 '정당한 법질서의 기본원리' 등과 같은 것으로 이해하는 것은 잘못이다.

27 Kelsen(2018), pp. 92-93.

28 Kelsen(2018), p. 90.

29 『일반국가학』에서는 조금 다른 생각을 가지고 있었던 것 같다. 이에 대해서는 합법적인 방

법으로 헌법을 개정하더라도 헌법의 변경이 헌법 파괴로 행해지는 경우에는 근본규범이 변경될 수 있다고 언급하고 있는 Kelsen(1990a), pp. 353-354을 볼 것. 『순수법학』 제1판에서는 이러한 표현이 삭제되었다.

30 Kelsen(1990a), p. 353.

31 Kelsen(2018), p. 90; 칸트에게 있어서 "초월적"이라는 개념에 대한 설명으로는 백종현, "칸트철학에서 "선험적"과 "초월적"의 개념 그리고 번역어 문제", 『칸트연구』 제25권(2010)을 볼 것.

32 Kelsen(2018), p. 89.

33 Kelsen(2018), p. 20; Kelsen(1990a), p. 418.

34 극작가 카를 추크마이어(C. Zuckmayer)는 이 사건을 『쾨페닉의 대위』라는 제목의 희곡으로 쓰기도 했다. C. Zuckmayer (윤도중 옮김), 『쾨페닉의 대위』 (성균관대학교출판부, 1999).

35 Kelsen(2018), pp. 20-21.

36 Kelsen(2018), p. 21.

37 Kelsen(2018), p. 90; H. Kelsen (변종필·최희수 옮김), 『순수법학 제2판』 (길안사, 1999), p. 313.

38 Kelsen(1999), pp. 313-314.

39 오스틴의 법명령설에 관한 설명으로는 이 책의 제2장; 안경환·김종철, "미국법과 영국법의 비교 연구(V): 법이론", 『서울대학교 법학』 제40권 제1호(1999); 이국운, "19세기 영국의 분석법학: 존 오스틴의 법이론을 중심으로", 『법철학연구』 제3권 제2호(2000); 최봉철, 『현대법철학: 영어권 법철학을 중심으로』 (법문사, 2007), pp. 36-42를 볼 것.

40 H. Kelsen, "The Pure Theory of Law and Analytical Jurisprudence", *Harvard Law Review* vol. 55 no. 1 (1941), p. 54.

41 Kelsen(1941), pp. 54-55.

42 Kelsen(1941), p. 55. 하트(H. L. A. Hart) 역시 오스틴에 대하여 비슷한 비판을 제시한다. H. L. A. Hart (오병선 옮김), 『법의 개념』 (아카넷, 2002), 제3장과 제4장 참조. 오스틴에 대한 하트의 이론적 극복에 관한 설명으로는 "그[하트]는 모든 법이 명령인 것은 아니라는 것을, 법질서는 주권자의 특성을 가지고 있는 개인이나 집단을 가지고 있어야 할 필요는 없다는 것을, 법은 그 창설자가 사망한 후에도 지속된다는 것을 … 보여준다. 근본적으로, 주권론이 놓치고 있는 것은 사회적 규칙의 개념이다."고 언급하고 있는 L. Green (권경휘 옮김), "『법의 개념』에 대한 이해와 오해", 『법철학연구』 제23권 제3호(2020), p. 165를 볼 것.

43 Kelsen(1941), p. 56.

44 Kelsen(2018), p. 21.

45 Kelsen(2018), p. 42.

46 최종적인 근거지움의 문제에 관해서는 김진, "최후정초로서의 요청: 비판적 합리주의와 선험적 화용론의 대결", 『철학』 제41집(1994); 박해용, "선험화용론적 최종근거증명에 대하여: 의사소통윤리학의 소개를 위한 시도", 『철학연구』 제35집(1994); D. Wandschneider (박해용 옮김), "논리학의 최종 근거지움으로서의 변증법", 『헤겔연구』 제8집(1998); 김정주, "선험화용론과 철학적 기초 반성", 『철학연구』 제48집(2000); 서윤호, "규범근거지움을 둘러싼 문

제", 『법철학연구』 제8권 제1호(2005); K.-O. Apel (권경휘 옮김), "도덕, 법, 민주주의의 관계에 대하여: 선험화용론의 관점에서 하버마스의 법철학(1992)에 관하여", 『연세법학』 제12집 제2권(2006); 권경휘·김정수, "최종적인 근거지움의 문제에 관하여: 선험화용론의 관점에서", 『법학연구』 제17권 제4호(2007); K. Seelmann (윤재왕 옮김), 『법철학 제2판』 (세창출판사, 2010), pp. 202-240을 볼 것.

47　이러한 3가지 논증방법에 대한 설명으로는 C. S. Peirce, *Collected Papers of Charles Sanders Peirce* vol. 8 (Belknap Press, 1966), §384-388을 볼 것.

48　Kelsen(1999), p. 302.

49　Kelsen(1999), p. 302.

50　'뮌히하후젠'이라는 표현은 독일에서 유행하였던 허황되고 풍자적인 이야기로 가득한 뮌히하후젠 남작의 모험담에서 비롯되었다. 뮌히하후젠 남작의 모험 중 근거지움과 관련이 있는 이야기는 다음과 같다. "너무 약하게 점프를 해서 반대편 평지에 약간 못 미치는 곳에 떨어져 그만 머리만 빼고 온몸이 습지에 빠지게 되었지요. 여기서 나는 틀림없이 목숨을 잃었겠지요. 만약 내 팔이 내 머리채를 붙들고, 더구나 무릎 사이에 꼭 끼고 있던 말과 함께 다시 밖으로 끌어낼 정도로 힘이 세지 못했다면 말입니다." G. A. Burger (염정용 옮김), 『허풍선이 남작 뮌히하우젠』 (인디북, 2010), p. 66. 근거지움의 문제에 '뮌히하후젠 남작'을 언급한 최초의 인물은 아마도 니체(F. Nietzsche)일 것이다. 니체는 근거지움과 관련하여 다음과 같이 '뮌히하후젠'을 언급한다. "자기원인(causa sui)은 이제까지 고안된 것 가운데 가장 모순적인 것이며 일종의 논리의 횡포요 악용이다. 그런데 인간은 지나친 자만심으로 말미암아 바로 그런 어리석은 일에 아주 깊숙이 말려들게 되었다. … 그것은 뮌히하후젠을 능가하는 무모한 짓으로서 자신의 머리채를 잡아 올림으로써 스스로 무의 수렁에서 존재로 끌어 올리려하는 것과 같은 것이다."F. Nietzsche (김정현 옮김), 『선악의 저편』 (책세상, 2002), 제1장 §21.

51　H. Albert, *Treatise on Critical Reason*, trans. M. V. Rorty (Princeton University Press, 1985), p. 18.

52　Kelsen(1949), p. 111.

53　이에 대해서 회르스터(N. Hoerster)는 "근본규범을 규범처럼 취급하는 것은 오로지 이 근본규범이 하위의 규범을 향할 때만 기능을 한다. 이에 반해 근본규범이 이보다 더 상위의 규범을 향하는 것은 불가능하기 때문에, 이 경우 근본규범은 더 이상 규범이 아니다."고 평가한다. N. Hoerster (윤재왕 옮김), 『법이란 무엇인가: 어느 법실증주의자가 쓴 법철학 입문』 (세창출판사, 2009), p. 157.

54　근본규범이 코헨으로부터 받은 영향에 대해서는 켈젠 스스로 인정하고 있는 바이다. H. Kelsen, "The Pure Theory of Law, 'Labandism', and Neo-Kantianism. A Letter to Renato Treves", *Normativity and Norms: Critical Perspectives on Kelsenian Themes*, ed. S. L. Paulson & B. L. Paulson (Clarendon Press, 1998), p. 174. 가설로서의 근본규범에 관한 설명으로는 최봉철(2007), p. 208; T. Spaak (권경휘 옮김), "법의 규범성에 관한 켈젠과 하트의 설명", 『연세법학』 제30호(2017), pp. 220-222를 볼 것.

55 Kelsen(2018), p. 89.

56 H. Cohen, *Kants Theorie der Erfahrung* (Dümmler, 1871). 그리고 제2판은 H. Cohen, *Kants Theorie der Erfahrung*, 2. Aufl. (Dümmler, 1885). 제2판의 일부는 영역되어 출판되었다. H. Cohen, "The Synthetic Principles" in *The Neo-Kantian Reader*, ed. S. Luft (Routledge, 2015).

57 H. Cohen, *Kants Begründung der Ethik* (Dümmler, 1877).

58 H. Cohen, *Kants Begründung der Ästhetik* (Dümmler, 1877).

59 G. Edel, "The Hypothesis of the Basic Norm: Hans Kelsen and Herman Cohen", *Normativity and Norms: Critical Perspectives on Kelsenian Themes*, ed. S. L. Paulson & B. L. Paulson (Clarendon Press, 1998), p. 208.

60 Edel(1998), p. 204.

61 H. Cohen, *System der Philosophie, Erster Teil: Logik der reinen Erkenntnis* (Bruno Cassirer, 1902).

62 H. Cohen, *System der Philosophie, Zweiter Teil: Ethik der reinen Willens* (Bruno Cassirer, 1904/1907).

63 H. Cohen, *System der Philosophie, Dritter Teil: Ästhetik der reinen Gefühls* (Bruno Cassirer, 1912).

64 Edel(1998), p. 208.

65 Edel(1998), p. 217.

66 Kelsen(1998a), p. 8.

67 Kelsen(1990a), p. 85.

68 Kelsen(2018), pp. 43–44.

69 Kelsen(1999), p. 326.

70 예컨대, Delacroix(2015), pp. 272–274를 볼 것.

71 I. Kant (백종현 옮김), 『실천이성비판』(아카넷, 2019); I. Kant (백종현 옮김), 『윤리형이상학 정초』(아카넷, 2018); I. Kant (백종현 옮김), 『윤리형이상학』(아카넷, 2012).

72 법학이라고 번역하는 것이 보편적이겠지만 자연과학과 유비를 하는 경우에는 법과학이라고 번역하였다. 켈젠의 법과학에 관한 논의는 이 책의 제11장 제2절을 볼 것.

73 H. Kelsen (심헌섭 옮김), "인과관계와 귀속", 『켈젠법이론선집』(법문사, 1990), p. 151.

74 Kelsen(2018), p. 17. 켈젠은 이 구절에 대하여 상당한 의미를 부여한 것이 분명하다.

75 Kelsen(1999), p. 23.

76 Kelsen(1990a), pp. 73–74.

77 Kelsen(1999), pp. 312–313.

78 Kelsen(1949), p. 45.

79 이 저술의 발간 직후인 1961년 11월에 법적 명제의 성격에 관한 켈젠과 하트의 토론이 있었다. 하트는 『법과 국가의 일반이론』을 토론의 대상으로 삼았고, 켈젠은 『순수법학』 제2판에서 새롭게 전개된 논의들을 바탕으로 자신의 입장을 옹호하였다. 이에 관해서는 H. L. A. Hart (권경휘 옮김), "한스 켈젠과의 토론", 『영산법률논총』 제11권 제1호(2014)를 참조.

80 Kelsen(1999), p. 131.

81 Kelsen(1999), p. 135. 법적 명제에 관한『순수법학』제2판의 이론적 발전에 관해서는 이 책
    의 제11장을 볼 것.

82 Kelsen(1999), p. 131.

83 Kelsen(1999), p. 28.

84 Kelsen(1999), pp. 32–33.

85 이에 대한 지적으로는 Delacroix(2015), pp. 273–274.

86 Kelsen(1999), p. 315.

87 Kelsen(1999), p. 83.

88 Kelsen(1990b), p. 84.

89 Kelsen(1990b), p. 83. 의제로서의 근본규범에 관한 설명으로는 최봉철(2007), pp. 208–
    210; Spaak(2017), pp. 222–223을 볼 것.

90 Kelsen(1990b), p. 83.

91 H. Kelsen (김성룡 옮김),『규범 일반 이론』(아카넷, 2016), pp. 482–484.

92 Kelsen(2016), pp. 483–484.

93 H. Vaihinger, *The Philosophy of 'As If'* (Routledge, 2021), p. xxii.

94 바이힝거가 랑게의『유물론의 역사』를 접하게 된 것은 1874년과 1875년 사이의 겨울이었다.
    그는 랑게에 대하여 자신이 찾던 진정한 스승을 찾았다고 고백했으며 스스로를 랑게의 제자
    라고 불렀다. Vaihinger(2021), p. xxxii.

95 Vaihinger(2021), pp. xxii, xxvi–xxviii.

96 Vaihinger(2021), p. 3

97 돌턴의 원자론이 발표된 것은 1800–1802년이었고 실제 원자의 존재가 입증된 것은 1908년
    페렝(J. B. Perrin)의 실험에 의해서였다.

98 Vaihinger(2021), pp. 14–15, 17.

99 Vaihinger(2021), p. 71. 의제의 두 종류에 대한 설명으로는 M. A. Rosenthal, "Foreword to
    the Routledge Classics Edition" in *The Philosophy of 'As If'* (Routledge, 2021), p. x을 참조.

100 忽那敬三 (이신철 옮김), "파이힝거",『니체사전』(도서출판b, 2016), pp. 570–571.

101 Kelsen(1999), p. 319.

102 Kelsen(1999), pp. 326–327.

103 Hart(2002), p. 380.

104 Hart(2002), p. 153.

105 Hart(2002), pp. 136–137.

106 Hart(2002), p. 144. 여기에서 사용한 '성숙한 체계의 규칙', '비체계적인 규칙'과 같은 명칭
    은 하트 자신의 것이 아니라 필자가 제안한 것에 불과하다. 이들에 대한 자세한 설명으로는
    이 책의 제7장을 참조.

제7장 하트의 최종적인 근거지움: 승인의 규칙

1 H. L. A. Hart (오병선 옮김), 『법의 개념』 (아카넷, 2002).

2 J. Rawls (황경식 옮김), 『정의론』 (이학사, 2003).

3 Hart(2002), p. ix.

4 Hart(2002), p. ix.

5 오스틴의 법명령설에 관해서는 이 책의 제2장을 볼 것.

6 Hart(2002), p. x.

7 Hart(2002), p. ix.

8 분석적 법리학과 기술적 사회학에 관해서는 N. Lacey, "Analytical Jurisprudence versus Descriptive sociology Revistied", *Texas Law Review* vol. 89 (2006)을 볼 것.

9 J. L. Austin, *Philosophical Papers 3rd*. ed., ed. J. O. Urmson & H. J. Warnock (Clarendon Press, 1979), p. 130.

10 Hart(2002), p. x.

11 이러한 표현의 과장성에 대한 지적으로는 L. Green (권경휘 옮김), "『법의 개념』에 대한 이해와 오해", 『법철학연구』 제23권 제3호(2020), p. 164을 볼 것.

12 『법의 개념』과 사회학 내지는 사회이론의 관계에 대해서는 M. Krygier, "The Concept of Law and Social Theory", *Oxford Journal of Legal Studies* vol. 2 (1982)를 볼 것.

13 Hart(2002), pp. 380−381.

14 Hart(2002), pp. 8−9.

15 Hart(2002), p. 29.

16 Hart(2002), pp. 31−32.

17 Hart(2002), p. 109.

18 Hart(2002), p. 74.

19 Hart(2002), pp. 75−76.

20 Hart(2002), p. 77.

21 Hart(2002), p. 77.

22 Hart(2002), p. 122.

23 Hart(2002), p. 122.

24 Hart(2002), pp. 122−123.

25 Hart(2002), p. 123.

26 Hart(2002), p. 123.

27 Hart(2002), p. 124.

28 Hart(2002), p. 125.

29 Hart(2002), p. 127.

30 Hart(2002), pp. 121−122.

31 Hart(2002), p. 125.

32 J. Raz, *The Concept of a Legal System 2nd ed.* (Clarendon Press, 1980), pp. 1−2.

33 Hart(2002), p. 152.

34 Hart(2002), p. 121.

35 Hart(2002), p. 149.

36 Hart(2002), p. 148.

37 Hart(2002), p. 151.

38 Hart(2002), p. 150.

39 Hart(2002), p. 153.

40 켈젠의 효력 이론 일반에 관해서는 이 책의 제5장을 볼 것.

41 H. Kelsen (변종필 · 최희수 옮김), 『순수법학 제2판』(길안사, 1999), p. 35.

42 J. Raz (권경휘 옮김), "켈젠의 근본규범 이론", 『법철학연구』 제15권 제1호(2012), p. 323.

43 이러한 명칭은 하트 자신의 것이 아니라 필자가 제안한 것에 불과하다.

44 이러한 규칙의 구별은 내적 진술의 의미에 있어서도 중요한 역할을 한다. 이와 관련해서는 이 책의 제12장 제3절을 볼 것.

45 Hart(2002), p. 144.

46 Hart(2002), p. 140.

47 켈젠의 근본규범이 가지는 이러한 어려움에 대해서는 이 책의 제6장을 볼 것.

48 Hart(2002), p. 144.

49 Hart(2002), p. 120.

50 Hart(2002), pp. 124−125.

51 Hart(2002), p. 120.

52 Hart(2002), p. 121.

53 로크의 재산권 이론에 관해서는 권경휘, "로크의 재산권 이론", 『법철학연구』 제18권 제3호 (2015)을 볼 것.

54 J. Locke, *Two Treatises of Government*, ed. P. Laslett (Cambridge University Press, 2012), § 30.

55 사고실험에 관한 설명으로는 J. Baggini & P. S. Fosl (박준호 옮김), 『철학자의 연장통』(서광사, 2007), pp. 113−116을 볼 것.

56 L. Wittgenstein (이승종 옮김), 『철학적 탐구』(아카넷, 2016), § 2.

57 Wittgenstein(2016), § 6.

58 판(K. T. Fann) 교수는 비트겐슈타인의 이러한 사고실험이 경제학자 스라파(P. Sraffa)의 영향을 받은 것이라고 지적한다. 그에 따르면, 스라파의 저술 『상품에 의한 상품생산』이 비록 1960년에 출판되었지만 (스라파 자신이 밝히고 있듯이) 그 중 중심명제들은 1920년 후반에 이미 확립되어 있었으며 특히 제1부의 경우에는 그 초고가 비트겐슈타인과 만나기 이전에 완성되어 있었다고 한다. 그 책에서 스라파는 단지 두 개의 상품만이 생산되는 사회에 관한 사고실험으로부터 점차 복잡한 형태의 사회를 구성해 가는 논리를 전개하고 있다. 이러한 아이디어가 비트겐슈타인에게 영향을 주었다는 것이다. K. T. Fann (황경식 · 이운형 옮김), 『비트겐슈타인의 철학이란 무엇인가?』(서광사, 1989), pp. 77−78. 이러한 주장에 따르면, 비트겐슈타인이 자신의 유저 『철학적 탐구』의 "서문"에서 적고 있는 "내가 … 훨씬 더 고맙

게 생각하는 것은 이 대학 교수인 P. 스라파 씨가 여러 해에 걸쳐 끊임없이 내 생각들에 대해 제기해준 비판이다. 이 책의 가장 유익한 사상들은 이런 자극에 힘입은 바 크다."는 언급은 이러한 영향을 지적하고 있는 것이 된다. Wittgenstein(2016), p. 26. 만약 이러한 주장이 옳다면, 케인스(J. M. Keynes)가 무솔리니에게 안전을 위협 당하던 스라파를 돕기 위하여 그를 케임브리지 대학교로 초빙해 온 우연한 사건이 철학의 발전에 큰 영향을 미친 셈이다. 케인스와 스라파의 관계에 대해서는 N. Wapshott (김홍식 옮김), 『케인스 하이에크』(부키, 2014), pp. 217-220.

59 Hart(2002), p. 120.

60 Hart(2002), p. 125.

61 Hart(2002), p. 127.

62 Hart(2002), pp. 121-122.

63 Hart(2002), pp. 124-125.

64 Hart(2002), p. 125.

65 Hart(2002), p. 141.

66 Hart(2002), p. 152.

67 예컨대, Raz(1980), p. 199를 볼 것.

제8장 법의 효력과 최종적인 근거지움에 대한 소결

1 J. Raz (권경휘 옮김), "켈젠의 근본규범 이론", 『법철학연구』 제15권 제1호(2012), p. 321.

제3부 법과 행위의 지도
제9장 법의 규범성: 법을 행위의 근거로 삼는 이유

1 주의할 것은 이러한 표현이 법체계의 수범자들 모두가 이러한 이유에서 법을 행위의 근거로 삼는다는 것을 의미하는 것이 아니라는 점이다. 여기에서 의미하고자 하는 것은 법을 행위의 근거로 삼는 법체계의 수범자는 이러한 이유에서 법을 행위의 근거로 삼는다는 것이다. 이하의 다른 두 테제에 있어서도 마찬가지이다.

2 비판적인 반성적 태도를 취하는 것에 대하여 하트는 체스의 규칙을 예로 든다. 체스를 하는 사람들은 체스의 규칙을 체스를 하는 모든 사람이 지켜야할 기준으로 간주한다. 그들은 체스를 하는 타인이 그 규칙을 지키지 않는다면 비판적인 태도를 취할 것이고, 자신이 지키지 않은 경우 남이 비판한다면 그러한 비판을 정당한 것으로 받아들일 것이다. 하트는 이러한 태도를 "비판적인 반성적 태도"라고 부른다. H. L. A. Hart (오병선 옮김), 『법의 개념』(아카넷, 2002), p. 76.

3 이러한 언급은 라즈가 법의 규범성에 관하여 논의한 적이 없다는 의미가 아니다. 오히려 라즈는 법의 규범성에 관한 문제에 많은 관심을 보였다. 단지 여기에서 말하고자 하는 것은 라즈는 법의 본성과 관련된 권위의 이해방식을 설명할 때에 법의 규범성에 관하여 언급하지 않았고 따라서 권위에 대한 설명과 법의 규범성이 어떻게 관련이 있는지가 해석의 문제로

남게 되었다는 점이다.

4 이 장의 목적상, 권위 테제가 기초하는 권위의 이해방식 자체를 비판적으로 검토하지는 않는다. 권위 테제가 기초하고 있는 권위의 이해방식에 대한 비판적 고찰로는 심헌섭, "권위에 관하여: 배제적 법실증주의에서 포용적 법실증주의로", 『분석과 비판의 법철학』(법문사, 2001); 박준석, 『The Concept of Authority』(경인문화사, 2007)을 참조할 것.

5 이 장의 목적상 여기에서는 명령설 자체에 관해서는 논의하지 않을 것이다. 명령설 자체에 대한 비판은 이 책의 제2부를 참조할 것. 우리가 관심을 가지는 것은 오직 제재 테제뿐이며 명령설은 그것과 관련된 한에서만 논의되어질 것이다. 이것은 제재 테제에 관한 설명에 있어서뿐만 아니라 비판에 있어서도 그러하다.

6 명령설은 그 본질상 제재 테제를 필연적으로 함의한다. 그러나 제재 테제는 명령설과 결합되지 않을 수도 있을 것이다. 즉, 법을 명령이 아닌 하나의 판단으로 보면서도 법이 행위의 근거인 이유는 그것이 규정하는 제재에 있다고 주장할 수도 있을 것이다. 물론 그러한 결합이 타당한지 여부는 별개의 문제이다.

7 J. Bentham, *Of Laws in General*, ed. H. L. A. Hart (The Athlone Press, 1970), p. 1.

8 이러한 설명은 켈젠의 규범성 이론이 단순히 "제재 테제"만으로 이루어져 있다고 주장하는 것이 아니다. 켈젠의 규범성 이론 내에는 다양한 교의들이 존재한다. 내가 말하고자 하는 바는 켈젠이 주장하는 그러한 교의들 중 하나가 제재 테제이고 그것은 가장 완숙된 형태의 제재 테제라는 점뿐이다.

9 제재를 규정하고 있지 않는 것처럼 보이는 종교적인 규범의 경우에는 (현세의 제재를 규정하는 법과 달리) 내세의 제재를 규정한다고 말할 수 있다는 것이다. 예컨대, "내가 너희에게 이르노니 너희 의가 서기관과 바리새인보다 더 낫지 못하면 결코 천국에 들어가지 못하리라."(마 5: 20), "사람 앞에서 나를 부인하는 자는 하나님의 사자들 앞에서 부인을 당하리라."(눅 12:9)을 볼 것.

10 H. Kelsen (변종필 · 최희수 옮김), 『순수법학 제2판』(길안사, 1999), pp. 61−63.

11 Kelsen(1999), p. 72.

12 Kelsen(1999), p. 104.

13 독립적인 규범과 비독립적인 규범에 관한 보다 자세한 설명으로는 이 책의 제10장 제2절을 볼 것.

14 H. Kelsen, *General Theory of Law and State*, trans. A. Wedberg (Harvard University Press, 1949), p. 3.

15 Kelsen(1999), p. 72.

16 이러한 경우에 관한 보다 자세한 설명으로는 Kelsen(1949), pp. 278−279을 참조할 것.

17 Kelsen(1999), p. 199.

18 윤리학에서도 이와 유사한 논의가 존재한다. 하버마스(J. Habermas)는 규범들을 이해함에 있어서 제재에 기초하는 입장을 다음과 같이 비판한다. "규범들은 정당화된 제재의 기대가 존립하는 한에서만 의무를 지울 수 있다는 경험주의적 견해는, 타당한 규범의 당위타당성으로부터 의무로 이전되고 또 스스로 의무가 있다고 느끼는 감정(의무감)으로 옮겨가는, 비폭

력적 구속력에 관한 기초적 직관을 올바르게 파악하지 못한다. 규범위반에 뒤따른 제재들 속에는 오직 행위와 행위자에 대한 − 모욕, 분노, 경멸의 − 감정적 반응만이 표현되는 것이다. 그러나 이 감정들이 대응하는 대상, 즉 정당한 기대의 침해는 기초적인 규범들의 당위타당성을 이미 전제하고 있다. 제재들은 (그것들이 아무리 내면화되어 있다고 하더라도) 당위타당성에 있어서 구성적 역할을 하지 않는다. 제재들은 오히려 규범적으로 조정된 삶의 상관관계의 침해가 이미 지각되었다는 사실의 징후이다. 그렇기 때문에 칸트 − 뒤르켐도 마찬가지로 − 정당하게 제재에 대한 당위의 우선성으로부터 출발하여, 무엇인가의 의무를 가지고 있다는 도덕적 감정과 도덕적 통찰의 근원적 현상을 의지의 자율과 실천이성의 상호작용의 관점에서 설명한다." J. Habermas (이진우 옮김), 『담론윤리의 해명』(문예출판사, 1997), pp. 177–178.

19 J. Raz, *Practical Reason and Norms* 2nd ed. (Oxford University Press, 1999), p. 161; 또한 제재 테제가 가지는 이러한 문제점에 대한 하트와 라즈의 비판을 설명하고 있는 장영민, "법실증주의의 현대적 전개", 『현대의 법철학』(세창출판사, 2007), pp. 136–137을 볼 것.

20 유사한 지적으로는 J. Raz, *The Concept of a Legal System* 2nd ed. (Clarendon Press, 1980), p. 233.

21 이것은 실제로 법이 그러한지와 별개의 문제이다. 여기에서 말하고자 하는 것은 법이 스스로에 관하여 그렇게 주장한다는 사실이다.

22 이러한 하트의 지적에 관해서는 H. L. A. Hart (권경휘 옮김), "한스 켈젠과의 토론", 『영산법률논총』제11권 제1호(2014)의 제2절을 볼 것.

23 켈젠에게 있어서 위법행위와 법적 의무는 동전의 양면과 같은 것이기 때문에 위법행위에 대한 정의의 실패는 법적 의무에 대한 정의의 실패로 이어진다.

24 놀랍게도 켈젠은 이러한 부가적인 조건의 추가를 자신의 저술들에서 일관적이게 제시하지는 않는다. 아마도 그것은 이러한 수정이 벌금과 세금의 혼동과 같은 문제를 해결할 수 있게 해 주지만 이를 위하여 치러야만 하는 대가가 너무나 컸기 때문이었을 것이다.

25 Kelsen(1949), p. 56; 강조는 추가.

26 Kelsen(1999), p. 80; 강조는 추가.

27 T. Aquinas, *Summa Theologiae vol. 28: Law and Political Theory* (Cambridge University Press, 1966), p. 135.

28 사람들이 법을 행위의 근거로 삼는 이유가 법이 사회적으로 바람직한 행위를 명령하고 그렇지 못한 행위를 금지하고 있다는 믿음이지 법이 실제로 그러하다는 사실이 아니라는 점에 주의해야만 한다. 만약 그렇지 않다면 사람들이 법을 행위의 근거로 삼는다는 사실은 법의 내용이 타당하다는 사실의 증거가 되어 버릴 것이다. 이것은 부당한 결론이다.

29 주의할 것은 모든 사람들이 법은 사회적으로 바람직한 행위를 명령하고 바람직하지 못한 행위를 금지하고 있다고 믿는다고 주장하는 것이 아니라는 점이다. 만약 그렇게 주장한다면, 사회의 구성원들의 일반적인 행동에 비추어볼 때 지나치게 과장된 주장을 하는 것이다. 그러나 특정한 법체계의 수범자들 중 적어도 일부는 법이 사회적으로 바람직한 행위를 명령하고 바람직하지 못한 행위를 금지하고 있다고 믿는다는 것 역시 사실이다.

30 포스테마(G. J. Postema)는 이러한 하트의 문제의식에 관하여 다음과 같이 지적한다. "하트는 '법의 내용을 기술함에 있어서 표준적이고 통상적인 형식'은 '의무', '권리', '권한' 등과 같은 규범적인 용어들에 의한 진술형식이라고 주장한다. 그는 분리테제에 충실하면서도 법의 규범성을 설명하는 문제는 … 규범적인 언어의 이러한 고유한 용법의 가능성을 설명하는 문제라고 주장하였다." G. J. Postema, "The Normativity of Law" in *Issues in Contemporary Legal Philosophy*, ed. R. Gavison (Clarendon Press, 1987), p. 82. 또한 콜먼(J. Coleman) 역시 유사한 지적을 한다. "법이 규범적이라고 말하는 것은 법에서 사용되는 언어가 의무, 권리, 책무, 특권 등과 같은 언어라고 말하는 것이다. 법의 규범성에 대한 설명은 적어도 이러한 사실을 이해할 수 있도록 해 주는 것이어야만 한다. 법의 언어가 '당위'의 언어라고 주장한다고 해서 그것에 의하여 법적 '당위'의 본성에 관한 어떤 특정한 관점을 취하는 것은 아니다. 즉, 법적 '당위'의 본성이 도덕적 '당위'인지 아니면 전혀 다른 종류의 '당위'인지 여부에 대하여 어떠한 입장도 취하고 있는 것이 아니다. 오스틴에 대한 하트의 비판을 해석함에 있어서 하나의 계몽적인 방식은 하트가 (법을 권한, 습관, 명령으로 환원시키는) 오스틴의 이론에는 법의 규범적인 용어의 사용을 설명할 수 있는 것이 결여되어 있다고, 즉 법실천에 있어서 핵심적인 구별들(예컨대, 의무가 있다는 것과 할 수밖에 없다는 것 사이의 구별)을 이해할 수 있게 해 주는 것이 결여되어 있다고 주장하는 것으로 이해하는 것이다." J. Coleman, *The Practice of Principle* (Oxford University Press, 2001), pp. 88-90 n. 26.

31 Hart(2002), p. 76.

32 Hart(2002), p. 258.

33 하트의 "수용"의 개념에 관한 개관적인 설명으로는 B. Bix, *A Dictionary of Legal Theory* (Oxford University Press, 2004), pp. 1-2을 참고할 것.

34 Hart(2002), p. 331.

35 Hart(2002), p. 264; 드워킨(R. Dworkin)의 비판에 대한 답변에서도 하트는 법을 수용하는 이러한 다양한 이유들 중에서 법이 단순히 도덕적으로 정당하다고 믿는다는 이유만을 특별한 것으로 볼 이유가 없다고 동일하게 주장한다. Hart(2002), p. 334.

36 Hart(2002), pp. 264-265.

37 수용 테제에 관하여 관행 내지 수용 그 자체는 법을 복종할 어떠한 의무도 발생시키지 않는다는 비판이 있을 수 있다. 예컨대, L. Green, "The Concept of Law Revisited", *Michigan Law Review* vol. 94 (1997), p. 1697을 볼 것. 그러나 이것은 법실증주의가 설명하고자 하는 바를 넘는 것을 요구하는 비판이다. 전술한 것처럼 법실증주의는 사람들이 법을 행위의 근거로 삼는 이유를 설명하려고 할 뿐이지 법을 행위의 근거로 삼아야만 하는 이유를 설명하려고 하지는 않는다.

38 Hart(2002), pp. 114-115.

39 이러한 문제점과 관련하여 더프(R. A. Duff)의 지적은 유용하다. 그는 사심 내지 습관을 이유로 행하는 경우에는 결코 규칙을 수용하는 것으로 볼 수 없기 때문에 승인의 규칙의 수용은 도덕적 수용의 문제라고 지적한다. 이에 관해서는 R. A. Duff, "Legal Obligation and the Moral Nature of Law", *Juridical Review* vol. 25 (1980)을 참조할 것.

40 Hart(2002), p. 264.

41 도덕과 무관한 개인적인 규칙의 수용과 법적 규칙의 수용 사이에 존재하는 차이점을 지적하는 T. Spaak (권경휘 옮김), "법의 규범성에 관한 켈젠과 하트의 설명", 『연세법학』 제30호 (2017), pp. 229–230.

42 H. L. A. Hart, Essays on Bentham (Oxford University Press, 1982), p. 267.

43 Hart(1982), pp. 253–256.

44 Postema(1987), p. 87. 인용문에서 "committed"를 "헌신된"으로 번역한 것은 만족스럽지 못하지만 그럼에도 불구하고 적절한 번역어를 찾지 못하였기 때문에 어쩔 수 없이 다른 이들이 이미 사용하고 있는 번역어를 그대로 선택한 것이다. "헌신된"이라는 번역어를 사용하고 있는 예로는 조홍식, 『사법통치의 정당성과 한계』 제2판 (박영사, 2010)을 볼 것.

45 Postema(1987), pp. 87–88.

46 Postema(1987), p. 88.

47 Postema(1987), p. 88.

48 이러한 예로는 Kelsen(1949), p. 60.

49 J. Raz, "Harts on Moral Rights and Legal Duties", Oxford Journal of Legal Studies vol. 4 (1984), pp. 129–130.

50 Raz(1984), p. 130.

51 Raz(1984), p. 130.

52 Hart(1982), p. 160.

53 Raz(1984), p. 131.

54 Raz(1984), p. 131.

55 예컨대, "도덕의 영역에서 의무의 개념은 '해야만 한다'와 일치한다. 누군가의 도덕적 의무인 행동은 단순히 그가 도덕적 규범에 따라 준수해야 하는 행동이다. 법적 의무도 역시 '해야만 한다'를 포함한다. 누군가에게 특정한 행동에 대한 법적 의무가 있다는 것은 그가 반대로 행동할 경우에 어떤 기관이 그에게 제재(sanction)를 부과'해야만 한다'는 것을 의미한다. 그러나 규범이 '요구하는', 즉 '준수해야만 하는' 행동이 아니라는 사실에 의하여 법적 의무는 도덕적 의무와 구별된다. 대신에 법적 의무는 그 행위를 준수함으로써 위법행위를 피할 수 있는 행위, 즉 그 행위의 반대가 제재의 조건을 형성하는 행위이다. 오직 제재만을 시행 '해야만 한다.'"고 말하는 Kelsen(1949), p. 60.

56 켈젠은 "사람은 도둑질을 해서는 안 된다. 만일 누군가가 도둑질을 하였다면 그는 처벌받아야 한다. 앞의 규범이 존재한다고 한다면 그것은 유일한 참된 규범인 뒤의 규범에 포함된다. 법은 제재를 규정하는 제일차적 규범이다."고 이야기한다. Kelsen(1949), p. 61. 하트는 이러한 켈젠의 입장에 대하여 Hart(2002), p. 49 이하에서 상세히 설명한 이후에 p. 55에서 그러한 이론을 "크리켓이나 야구의 규칙을 고려하여 규칙의 용어에 의하여 숨겨진 … 통일성을 발견하였다고 주장하는" 것에 비유하여 비판하고 있다. 또한 이러한 켈젠의 주장에 대한 유사한 비판으로는 이 책의 제10장과 N. Hoerster (윤재왕 옮김), 『법이란 무엇인가: 어느 법실증주의자가 쓴 법철학 입문』(세창출판사, 2009), pp. 10–11을 볼 것.

57 (3)의 테제에 대한 켈젠의 반대는 제재 테제를 반박하는 과정에서 다루어졌다.

58 Raz(1984), p. 131.

59 "통상적으로"라는 조건에 주의할 것. 때때로 비법적인 고려사항들이 법을 압도하는 예외도 있을 수 있다.

60 Raz(1999), p. 170.

61 J. Raz (권경휘 옮김), "권위, 법 그리고 도덕", 『법철학연구』 제12권 제1호(2009), p. 511.

62 Raz(2009), p. 507.

63 Raz(2009), p. 507.

64 Raz(2009), p. 507.

65 Raz(2009), pp. 507-508.

66 Raz(2009), p. 509.

67 Raz(2009), p. 509.

68 Raz(2009), p. 510.

69 Raz(2009), p. 510.

70 박효종 교수는 라즈의 권위 테제를 이해함에 있어서 다음의 3가지 정도 오해를 하고 있는 것 같다. (1) 사실상의 권위와 정당한 권위 사이의 구별을 간과한다. (2) 모든 법이 정당한 권위를 가지고 있다고 상정하는 것으로 오해한다. (3) 권위 테제는 사람들이 권위에 따르는 이유가 실제로 권위가 그러한 정당한 권위이기 때문이라고 주장한다고 오해한다. 그러나 권위 테제는 사람들이 권위를 따르는 이유가 사실상의 권위가 그러한 정당한 권위라고 믿기 때문에 따르는 것이라고 주장할 뿐이다. 박효종, "권위의 정당화가 가능한가", 『법철학연구』 제7권 제1호(2004), pp. 39-64; 박효종, 『민주주의와 권위』(서울대학교 출판부, 2005), pp. 31-111.

71 Raz(2009), pp. 511-512.

72 수행적 자기모순에 관해서는 심우민, 『입법절차와 절차주의: 순수절차주의에 대한 비판적 고찰과 그 대안』(연세대학교 법학박사학위청구논문, 2010), pp. 153-158; K.-O. Apel (권경휘 옮김), "도덕, 법, 민주주의의 관계에 대하여: 선험화용론의 관점에서 하버마스의 법철학(1992)에 관하여", 『연세법학』 제12권 제2집(2006), pp. 310-311; 권경휘 · 김정수, "최종적인 근거지움의 문제에 관하여: 선험화용론의 관점에서", 『법학연구』 제17권 제4호(2007), pp. 331-332; 서윤호, "규범근거지움을 둘러싼 문제", 『법철학연구』 제8권 제1호(2005), pp. 191-192; K. Seelmann (윤재왕 옮김), 『법철학 제2판』(세창출판사, 2010), pp. 222-228을 참조할 것.

73 알렉시(R. Alexy)는 수행적 자기모순이 오스틴(J. L. Austin)의 "고양이가 매트 위에 있다. 하지만 나는 그것을 믿지 않는다."의 예와 유사하다고 지적한다. R. Alexy (이준일 옮김), 『법의 개념과 효력』(지산, 2000), p. 43.

74 한 가지 짚고 넘어가야 할 것은 "수행적 자기모순"의 의미이다. 후자의 사례에서 수행적 자기모순을 "xyzmd"라는 주장을 하는 사람이 이러한 주장을 하기 위해서는 "xyamd"라는 말이 어떤 의미를 전달하는 것이 가능해야만 하기 때문에 모순이라는 의미로 이해해서는 안 된다. 그것이 부당하다는 것은 다음과 같은 가정에 의하여 입증될 수 있다. 실제로 그 사람

이 발하는 언어 A가 의미를 가지고 있지 못하다고 상상해 보자. 그렇다고 하더라도 그가 언어 A를 통하여 우리의 언어 A는 아무런 의미도 전달하지 못한다는 의미를 전달하고자 한다면 그것은 모순이 된다. 따라서 이 사례에서 그 발언자가 "수행적 자기모순"에 빠지는 것은 "그 발언에 사용된 언어 A가 의미를 전달한다."는 사실 때문이 아니라 "발언자가 언어 A를 통하여 의미를 전달하고자 한다."는 사실 때문이다. 마찬가지로, 전자의 사례에서 수행적 자기모순을 "이 법은 정당한 권위를 가지고 있지 못한 법이다."는 법조항을 발하는 법이 그 법조항을 발하기 위해서는 정당한 권위를 가지고 있어야만 하기 때문에 모순이라는 강한 형태로 이해해서는 안 된다. 즉, 실제로 어떤 법이 정당한 권위를 가지고 있지 못하다고 가정하더라도 그 법이 "이 법은 정당한 권위를 가지고 있지 못한 법이다."고 주장하는 것은 동일하게 "수행적 자기모순"을 범한다고 평가할 수 있을 것이다. 이것은 다음과 같은 의미이다. 스스로에 관하여 정당한 권위를 가지고 있지 않다고 주장하는 법이 수행적 자기모순에 빠진다는 사실은 (모든 법이 정당한 권위를 가지고 있다거나 모든 법이 정당한 권위를 가지고 있어야만 한다는 것을 입증해 주는 것이 아니라) 모든 법이 스스로에 관하여 정당한 권위를 가지고 있다고 주장하는 것이 논리적으로 당연하다는 것을 입증해 준다.

75 Raz(2009), p. 511.

76 주의할 것은 법을 발하는 권위자가 정당한 권위자이기 때문에 수범자들이 법을 행위의 근거로 삼는다고 주장하는 것이 아니라는 점이다.

77 법이 정당할 수도 있고 정당하지 않을 수도 있다. 그러나 그것은 법적인 문맥에서 사람들이 규범적인 언어를 사용하는 것과는 관계가 없는 것이다. Raz(1999), p. 170.

78 T. Spaak (권경휘 옮김), "법실증주의, 법의 규범성 그리고 법적 정당화의 규범적 힘", 『법학연구』제20권 제1호(2012), p. 16.

제10장 법의 규범적인 기능: 법이 행위를 지도하는 방식

1 해리스는 법이론이 법의 "본성"이 아니라 법과학의 "실천과 가치"를 다루어야 한다고 주장한다. 그러면서 그는 이러한 문제에 접근하는 자신의 이론 일반을 "환원주의"라고 평가한다. J. W. Harris, Law and Legal Science (Clarendon Press, 1979), pp. 13, 21. 이러한 해리스의 "환원주의"가 법이론 일반에 있어서 가지는 의의에 관해서는 B. Bix, "Reductionism and Explanation in Legal Theory" in Properties of Law: Essays in Honor of Jim Harris, ed. T. Endicott, J. Getzler & W. Peel (Oxford University Press, 2006), pp. 43-51을 참조할 것.

2 Harris(1979), p. 93.

3 Harris(1979), p. 95.

4 Harris(1979), pp. 95-96.

5 H. Kelsen, General Theory of Law and State, trans. A. Wedberg (Harvard University Press, 1949), p. 3; 법의 본성에 관한 이론에 있어서 법체계의 중요성을 강조하는 또 다른 법철학자로는 라즈(J. Raz)를 들 수 있을 것이다. J. Raz, The Concept of a Legal System 2nd ed. (Clarendon Press, 1980)을 참조. 이와 달리 법이 필연적으로 법체계의 일부일 필요는 없다고 주장이 존재한다. 예컨대, A. M. Honoré, "What is a Group?", Archiv für Rechts und

Sozialphilosophie vol. 61 (1975); G. MacCormack, "Law and Legal System", *Modern Law Review* vol. 42 (1979)를 볼 것.

6 Raz(1980), pp. 1–2. 법체계의 이론이 다루어야 할 이러한 문제에 대한 자세한 설명으로는 이 책의 제7장 제4절 참조. 라즈가 지적하듯이, 켈젠을 비롯한 대부분의 분석적 법리학자들은 (4) 내용의 문제에 관하여 무관심하였다. 아마도 분석적 법리학자들 중에서 (4)의 문제를 다룬 거의 유일한 사람이 바로 하트일 것이다. 대체로 법실증주의자들은 존재의 문제, 동일성의 문제, 구조의 문제만을 다룬다.

7 법체계의 구조의 문제는 뒤에서 다루어질 법의 개별화의 문제와 매우 밀접하게 관련이 있다. 즉, 법체계의 구조는 법의 개별화를 결정하는 원리들을 제시해 준다. 이처럼 법체계의 구조의 문제와 개별화의 문제가 서로 밀접하게 연관되어 있지만, 그 둘을 동일시해서는 안된다. 이 둘의 관계에 대하여 라즈는 "법의 구조에 관한 문제는 개별화의 문제의 일부로 볼 수도 있을 것이다. 그러나 법체계의 구조에 관한 문제와 개별화의 문제가 동일하지 않다는 사실을 깨닫는 것이 중요하다."고 말한다. Raz(1980), p. 73. 그러나 이러한 지적을 한 라즈 자신도 법의 구조에 관한 문제와 개별화의 문제에 관한 문제를 엄밀하게 구별하지 못하고 있다. 이러한 라즈의 혼동은 두 문제가 완전히 서로 다른 차원에서 이루어지는 것임을 구별하지 못한 것에서 비롯된다. 즉, 구조의 문제는 법적 규범의 차원에서 다루어지는 것이고 개별화의 문제는 법적 규범을 기술하는 법적 명제의 차원에서 다루어지는 것인데 라즈는 이 둘의 차원을 혼동하고 있다. 그러므로 우리는 법체계의 구조에 관한 문제를 다룸에 있어서 이것이 법적 규범의 차원에서 이루어지는 논의임에 주의하여야 할 것이다.

8 Raz(1980), p. 24.

9 Raz(1980), p. 74.

10 이러한 개별화의 작업에 관하여 벤담은 다음과 같이 설명한다. "이제 우리는 법의 개별성(individuality)이라고 불릴 수 있는 것을 확정하고자 노력할 것이다. 법의 개별성은 … 법의 완전성(integrality)과 통일성(unity)에 비롯된다. 법의 개별성을 확정하는 것은 … 하나의 완전한 법보다 많거나 적지 않게 포함하도록 입법적 사항을 어느 정도로 포함해야 하는가를 확인하는 것이다." J. Bentham, *Of Laws in General*, ed. H. L. A. Hart (The Athlone Press, 1970), p. 156. 이러한 언급에서 알 수 있듯이 벤담은 입법부에 의하여 만들어진 소재들의 개별화에만 관심을 가지고 있었을 뿐 사법부에 의하여 만들어진 소재들의 개별화에는 관심을 두지 않았다.

11 Raz(1980), p. 72.

12 라즈가 지적하는 것처럼, 자신이 법의 유형으로 제시하였던 모든 것을 고려하지 않았다는 점에서 벤담은 불완전한 개별화의 원리를 제시하였다. "이러한 분석에는 의무면제법(de-obligative laws)이 고려되지 않았다. 제3장 제2절에서 설명한 이유들에서 나는 모든 법들이 규범이라는 견해를 벤담에게 귀속시키고 의무면제법의 가능성을 간과하고 싶다. 그러나 의무면제법의 가능성을 받아들이는 것이 벤담의 개별화의 원리들에 관한 전술한 설명들에 몇 가지 수정을 가져온다는 사실, 즉 의무면제법의 가능성을 받아들인다면 법들 사이의 모든 충돌이 법들을 적합한 형태로 재현하기 전에 해결되지는 않는다고 수정해야 한다는 사실에

주의를 기울여야 한다. 의무면제법들과 그것들이 자격을 부여하는 의무부과법들 사이의 충돌은 해결되지 않은 채로 남겨질 것이다. 분명, 모든 법들이 제재에 의하여 뒷받침되는 것은 아니다. 그리고 일반적인 의무의 면제가 제정된 상황이 그러한 면제가 의무를 부과하는 의무부과법의 일부인지 아니면 하나의 독립된 의무면제법인지를 결정해준다고 생각된다. 이것은 법의 개별화에 있어서 입법의 실질적인 상황의 중요성을 증대시킬 것이다." Raz(1980), pp. 76-77.

13 벤담의 개별화의 원리에 대한 이하의 설명은 라즈가 정리한 것이다. Raz(1980), pp. 75-76.

14 벤담은 다음과 같이 말하고 있다. "법이 관련된 업무는, 그것이 무엇이든 간에, 하나의 종류의 기능, 즉 의무를 창설하는 것으로 환원될 수 있다." Bentham(1970), p. 249.

15 H. Kelsen (변종필 · 최희수 옮김), 『순수법학 제2판』 (길안사, 1999), p. 29.

16 이 문제에 관한 보다 자세한 설명으로는 R. Moore, *Legal Norms and Legal Science* (University Press of Hawaii, 1978)을 볼 것.

17 Raz(1980), p. 83.

18 Kelsen(1999), p. 72.

19 Raz(1980), p. 81.

20 Raz(1980), p. 82.

21 Kelsen(1949), p. 15.

22 Raz(1980), p. 83.

23 "켈젠은 모든 명백한 반증들에도 불구하고 법이 (다른 신적인 제재들과 구별되는) 제재들을 사용하는 유일한 사회적 제도라는 것을 교조적으로 가정하였다. (법이 제재에 의존하지 않는다는 것을 주장하고자 하는 것이 아니다. 나의 주장은 제재가 비법적인 조직들에 있어서뿐만 아니라 비형식적인 사회규범에 있어서도 주요한 역할을 수행한다는 것일 뿐이다.)"고 말하는 J. Raz (권경휘 옮김), "법의 본성에 관한 문제", 『법철학연구』 제10권 제2호(2007), pp. 419-420을 볼 것.

24 여기에서의 내부적 관계의 명칭들은 켈젠 자신이 붙인 것이 아니고, 설명의 편의를 위하여 주로 필자가 명명한 것이다.

25 "처벌 관계"라는 명칭은 라즈로부터 차용한 것이다. Raz(1980), p. 24.

26 Kelsen(1999), p. 100.

27 Kelsen(1999), p. 102.

28 Kelsen(1999), p. 104.

29 Kelsen(1999), p. 101.

30 Kelsen(1999), pp. 100-101.

31 Kelsen(1999), pp. 101-102.

32 "합리적으로 재구성한다"는 표현은 골딩이 켈젠의 이론을 설명하면서 사용하였다. 이에 관해서는 M. Golding, "Kelsen and the Concept of 'Legal System'", *Archiv für Rechts und Sozialphilosophie* vol. 47 (1961), p. 365을 볼 것.

33 H. L. A. Hart (권경휘 옮김), "한스 켈젠과의 토론", 『영산법률논총』 제11권 제1호(2014),

pp. 186–187.

34 Kelsen(1999), p. 104.

35 Kelsen(1999), p. 140.

36 "비독립적 규범"에 관한 켈젠의 설명으로는 Kelsen(1999), pp. 99–105를 볼 것.

37 Kelsen(1999), p. 102.

38 Kelsen(1999), pp. 102–103.

39 H. L. A. Hart (오병선 옮김), 『법의 개념』(아카넷, 2002), p. 52.

40 Hart(2002), pp. 39–40.

41 B. Bix (권경휘 옮김), "존 오스틴", 『선문법학』 제4집(2007), p. 56.

42 Hart(2002), p. 55.

43 Hart(2002), p. 55.

44 Hart(2002), p. 106.

45 권리가 의무와는 별개로 존재할 수 있다는 맥코믹의 논의에 관해서는 N. MacCormick, "Rights in Legislation" in *Law, Morality and Society*, ed. P. M. Hacker and J. Raz (Oxford University Press, 1977)을 볼 것.

46 Raz(1980), pp. 225–227.

47 Raz(1980), pp. 225–226.

48 예컨대, N. MacCormick, "The Obligations of Reparation", *Proceedings of the Aristotelian Society* vol. 78 (1977)을 볼 것.

49 Raz(1980), p. 226.

50 N. MacCormick & J. Raz, "Voluntary Obligations and Normative Powers", *Proceedings of the Aristotelian Society, Supplementary Volume*, vol. 46 (1972), pp. 87–92.

51 MacCormick & Raz(1972), p. 89.

52 MacCormick & Raz(1972), p. 89.

53 MacCormick & Raz(1972), p. 89.

54 MacCormick & Raz(1972), p. 90.

55 MacCormick & Raz(1972), p. 90.

56 MacCormick & Raz(1972), p. 90.

57 Hart(2002), p. 58.

58 발화수반력에 관해서는 J. L. Austin (김영진 옮김), 『말과 행위: 오스틴의 언어철학, 의미론, 화용론』(서광사, 1992). p. 129를 볼 것.

59 오스틴(J. L. Austin)은 발화행위를 (1) 판정발화(verdictives), (2) 행사발화(exercitives), (3) 언약발화(commissives), (4) 행태발화(behabitives), (5) 평서발화(expositives)의 다섯 종류로 분류한다. J. L. Austin, 앞의 책(주 156), p. 184. 행사발화는 권한(power), 권리(right) 또는 영향력을 행사하는 것이다. 예를 들어 임명하기, 투표하기, 명령하기, 촉구하기, 충고하기, 경고하기 등이 있다. 반면에 언약발화는 약속하기 또는 다르게는 일을 떠맡기(undertaking)에서 전형적으로 나타난다. 언약발화에는 우리로 하여금 어떤 것을 하도록 책임을 지우는

것, 의도의 선언이나 알림 등이 포함된다. J. L. Austin(1992), pp. 184-185.

60 여기에서는 하트의 용법에 따라 규범적인 권한을 "편의"라는 개념과 결합시켰다. 그런데 맥
    코믹(N. MacCormick)은 규범적 권한의 개념을 편의와 결부시키는 것과 관련된 곤란함을 약
    속의 사례를 들어서 지적한다. 예컨대, A가 휴일에 스위스에 갈 것을 B에게 약속하는 사례
    를 생각해보자. A가 함께 갈 때에만 B는 그곳에 가기를 원한다. B는 A에게 "같이 간다고 약
    속하는 거야?"라고 묻는다. A는 "그래, 약속해."라고 답한다. 맥코믹은 이러한 경우에는 약
    속에 따르는 책무를 짊어질 수 있는 권한은 누구의 관점에서 볼 때 "편의"인 것인가를 논의
    한다. N. MacCormick, H. L. A. Hart 2nd ed. (Stanford Law Books, 2008), p. 95. 그러나
    맥코믹의 논의는 하트의 논점을 벗어난 것이라고 생각된다. 왜냐하면 하트가 말하는 "편의"
    라는 것은 어떤 결과나 이익을 의미하는 것이 아니라 복종적 지위에만 머무르는 것에서 벗
    어나 스스로 결정하는 지위를 가진다는 것을 의미하기 때문이다.

61 오노레(A. M. Honoré)가 지적하는 것처럼, 법률가들은 법에서 여러 가지 규칙들을 추출
    하여 "영구구속금지의 원칙"(rule against perpetuities), "라이랜즈 대 플레처 판결에서의 규
    칙"(the rule in Rylands v. Fletcher)과 같은 이름을 붙인다. 그러나 이러한 명칭이 붙여지는
    규칙들은 법률의 항목이나 판사의 진술과 동일한 것이 아니다. 법률가들은 법을 원래의 모습
    대로 다루지 않고 그것을 하나의 공식처럼 만들어서 사용한다. A. M. Honoré, "Real Laws"
    in Law, Morality and Society, ed. P. M. Hacker and J. Raz (Oxford University Press, 1977),
    pp. 100-101.

62 R. Dworkin (염수균 옮김), 『법과 권리』(한길사, 2010), pp. 177-178.

63 Raz(1980), p. 224.

64 Hart(2002), p. 55.

65 Hart(2002), p. 55.

66 Hart(2002), p. 106.

67 Raz(1980), pp. 224-225; 안준홍 교수는 법체계의 구조에 관한 라즈의 견해를 다음과 같이
    잘 정리하고 있다. 안준홍, 『비실증주의 법원리론 비판』(서울대학교 법학박사학위청구논문,
    2008), pp. 27-28.
    (1) 모든 법체계에는 의무부과법이 있다.
    (2) 모든 법체계에는 제재규정법들이 있다.
    (3) 제재적 관계는 내적 관계이다.
    (4) 모든 법에는 내적인 제재적 관계들이 있다.
    (5) 모든 법체계에는 입법권한을 부여하는 법들이 있다.
    (6) 모든 법체계에는 규제적 권한을 부여하는 법들이 있다.
    (7) 모든 법체계에는 법들 사이의 발생적 관계가 있다.
    (8) 모든 법체계에는 법들 사이의 규제적 관계가 있다.
    (9) 모든 법체계에는 규범들이 있다.
    (10) 어떤 법체계에서 규범이 아닌 법들은 모두 법적 규범들과 내적 관계를 가진다.

68 라즈는 "행위를 지도하는 규칙"만을 "규범"이라고 부른다. 여기에서 주의할 것은 행위를 지

도하는 법적 규범에는 의무부과적 법과 권한부여적 법만이 있다고 주장하는 것은 아니라는 점이다. 라즈에 따르면, 규범일 수 있는 법에는 의무부과법과 권한부여법만이 존재하는 것이 아니고 일부의 허가부여법 역시 규범이 될 수 있다. 즉, 법에는 권한부여적 규범과 의무부과적 규범 외에도 허가부여적 규범이 존재할 수 있다. 이에 관해서는 J. Raz, *Practical Reason and Norms* 2nd ed. (Oxford University Press, 1999), pp. 89–97; J. Raz, *The Authority of Law* (Clarendon Press, 1979), pp. 64–67를 참조할 것.

69 Raz(1980), p. 229.

70 Raz(1980), p. 229.

71 Raz(1980), p. 229.

72 전술한 것처럼 두 가지 유형 외에도 허가부여적인 유형도 존재할 수 있다.

73 Hart(2002), p. 44.

74 Hart(2002), p. 44.

75 Hart(2002), p. 40.

76 김도균, "자연법론적 승인율 모델의 가능성", 『법철학연구』 제3권 제2호(2000), pp. 65–66.

77 이상영 · 김도균, 『법철학』 (한국방송통신대학교출판부, 2006), pp. 91–92.

78 B. Bix (권경휘 옮김), "하트와 법이론에 있어서 해석학적 전회", 『영산법률논총』 제11권 제2호(2014), p. 239.

79 Hart(2002), pp. 107–108. 강조는 추가.

80 Hart(2002), pp. 122–123. 이러한 해석은법의 개념뿐만 아니라 다른 글에서 나타난 하트의 주장과도 모순된다. 예컨대, H. L. A. Hart, "Self-referring Laws", *Essays in Jurisprudence and Philosophy* (Clarendon Press, 1983)을 볼 것.

81 Hart(2002), p. 108.

82 심헌섭, "H. L. A. Hart의 분석적 법이론", 『분석과 비판의 법철학』 (법문사, 2011), p. 567.

83 오세혁, 『법철학사』 (세창출판사, 2012), p. 326.

84 J. Coleman, "Legal Positivism: Anglo-American Legal Positivism since H. L. A. Hart" in *Encyclopedia of Philosophy vol. 5* 2nd ed. (Thomson Gale, 2006), pp. 239–240.

85 R. Wacks (박석훈 옮김), 『법철학』 (교유서가, 2021), pp. 72–73.

86 오병선, "하트의 법철학 방법과 법의 개념", 『현대법철학의 흐름』 (법문사, 1996), p. 35.

87 최봉철, 『현대법철학: 영어권 법철학을 중심으로』 (법문사, 2007), 98면. 그러나 이후의 저술에서 최봉철 교수의 입장은 다소 불분명해졌다. "하트는 규칙은 일차적 규칙과 이차적 규칙으로 이루어진다고 본다. 일차적 규칙은 주로 의무를 부과하는 규칙으로 이루어져 있지만, 이차적 규칙은 재판의 규칙, 변경의 규칙과 승인의 규칙으로 이루어져 있다고 본다."고 말하는 최봉철, "법실증주의", 『법철학: 이론과 쟁점』 (박영사, 2012), p. 26을 볼 것.

88 Hart(2002), p. 126. 강조는 추가.

89 이렇게 이해하는 입장으로는 스파크 교수를 들 수 있다. "변경의 규칙(rules of change)은 개인들에게 자신들의 법적 지위를 변경시킬 수 있도록 해 주는 법적 권한을 부여한다."고 언급하는 T. Spaak (권경휘 옮김), "법의 규범성에 관한 켈젠과 하트의 설명", 『연세법학』 제30

호(2017), p. 225.

90 이 입장에 따르면, 변경의 규칙에는 사적인 권한을 개인에게 부여하는 것과 공적인 권한을 공무담당자에게 부여하는 것 모두가 포함된다. 이러한 해석을 하는 대표적 인 사람으로 웍스 교수를 들 수 있다. R. Wacks, *Understanding Jurisprudence* 2nd ed. (Oxford University Press, 2009), p. 102.

91 H. L. A. Hart, *The Concept of Law* 2nd ed. (Clarendon Press, 1994), p. 96.

92 H. L. A. Hart (矢崎光圀 翻訳), 『法の概念』 (みすず書房, 1976), p. 106. (이 책은 『법의 개념』의 제1판을 번역한 것임.)

93 H. L. A. Hart (長谷部恭男 翻訳), 『法の概念』 (ちくま学芸文庫, 2014), p. 163. (이 책은 『법의 개념』의 제3판을 번역한 것임.)

94 MacCormick(2008), pp. 31-33.

제4부 법의 기술
제11장 법적 명제에 대한 켈젠의 이론

1 켈젠의 법이론 일반에 관해서는 임웅, "한스 켈젠의 순수법학", 『독일헌법학설사』 (법문사, 1982); H. Kelsen (심헌섭 옮김), "순수법학이란 무엇인가?", 『켈젠법이론선집』 (법문사, 1990); 최봉철, "켈젠", 『현대법철학: 영어권 법철학을 중심으로』 (법문사, 2007)를 참고.

2 켈젠의 "법과학"은 에른스트 마흐(E. Mach)의 과학적 실증주의의 적용이라는 지적이 있다. 이에 대해서는 J. Bjarup, "Hägerström's Critique of Kelsen's Pure Theory of Law" in *Reine Rechtslehre im Spiegel ihrer Fortsetzer und Kritiker*, ed. O. Weinbeger & W. Krawietz (Springer, 1988)을 참조.

3 H. Kelsen (심헌섭 옮김), "순수법학이란 무엇인가?", 『켈젠법이론선집』 (법문사, 1990), p. 290.

4 스튜어트(I. Stewart)가 지적하듯이, 켈젠이 이러한 구별을 최초로 주장한 것은 아니다. 예컨대, 14세기 이탈리아의 로마법학자 발두스(Angelus Baldus de Ubaldis)는 법적 규범인 진술을 "결정을 내리는"(dispositive) 진술이라고 부르고, 그것을 기술하는 진술을 "서술하는"(narrative) 진술이라고 불렀다. 그리고 16세기 독일의 법학자 차지우스(Zasius)는 유사하게 "법"(lex)과 "규칙"(regula)을 구별하였다. I. Stewart, "Closure and the Legal Norm: An Essay in Critique of Law", *The Modern Law Review* vol. 50 (1987), p. 923.

5 H. Kelsen (변종필 · 최희수 옮김), 『순수법학 제2판』 (길안사, 1999), p. 131.

6 Kelsen(1999), p. 131.

7 H. L. A. Hart (권경휘 옮김), "한스 켈젠과의 토론", 『영산법률논총』 제11권 제1호(2014), p. 181.

8 Kelsen(1999), p. 144.

9 이에 대해서 폴슨(S. Paulson)은 "Rechtssatz"의 교의가 법적 규범의 명제적 대응이라는 초기 켈젠의 입장을 체계화한 것이라고 주장하는 반면에 오세혁 교수는 처음에 켈젠이 "Rechtssatz"를 법적 규범 그 자체와 동일시하였으나 나중에는 법적 규범에 관한 명제로 이해하

게 되었다는 점에서 이러한 폴슨의 견해에 반대한다. S. Paulson, "Arriving at a Defensible Periodization of Hans Kelsen's Legal Theory", *Oxford Journal of Legal Studies* vol. 19 (1999), p. 353; 오세혁, "켈젠 법이론의 시기구분: 연속성 테제를 중심으로", 『법철학연구』 제4권 제 1호(2001), p. 97.

10 J. Stone, *Legal System and Lawyer's Reasonings* (Stanford University Press, 1964), p. 102.

11 H. Kelsen, "Professor Stone and the Pure Theory of Law", *Stanford Law Review* vol. 17 (1965), p. 1132.

12 동일한 주장으로는 Kelsen(1999), p. 144를 볼 것.

13 H. Kelsen, "'Foreward' to the Second Printing of Main Problems in the Theory of Public Law" in *Normativity and Norms: Critical Perspectives on Kelsenian Themes*, ed. S. L. Paulson & B. L. Paulson (Clarendon Press, 1998), pp. 8–9.

14 법의 "형성"과 "인식"의 차이를 무시하는 대표적인 예로 켈젠은 엥기쉬(K. Engisch)를 든다. "전통법학에서는 법학은 법을 형성할 수도 있으며 또 형성해야 한다는 것이 지배적이다. 이 러한 입장을 취하는 전형으로는 칼 엥기쉬를 들 수 있다. 그는 이렇게 말한다. '법과 더불어 법 아래에서 걸어가는 것이 아니라 법 자체와 법 속에서의 삶을 형성할 수 있다는 것은 문 화과학 가운데 법학이 갖는 거의 유일한 장점이다.'" 이러한 엥기쉬의 입장에 대하여 켈젠 은 법과학이 "법을 단지 기술할 수 있을 뿐이지 … 규정할 수 없다."고 반박한다. 즉, 어떤 법학자도 민법전과 민법교과서 사이에 존재하는 본질적인 차이를 부정할 수 없다는 것이다. Kelsen(1999), pp. 133–134.

15 H. Kelsen (윤재왕 옮김), 『순수법학 제1판: 법학의 문제점에 대한 서론』 (박영사, 2018), p. 17.

16 H. Kelsen, *General Theory of Law and State*, trans. A. Wedberg (Harvard University Press, 1949), p. xiv.

17 Kelsen(1999), p. 133.

18 H. Kelsen (심헌섭 옮김), "인과관계와 귀속", 『켈젠법이론선집』 (법문사, 1990), p. 151. (이하 1990a)

19 이러한 인과과학과 규범과학의 구별은 켈젠의 순수법학에서 근본적인 공리의 역할을 하는 "존재와 당위의 엄격한 이원론"에 기초해 있다. H. Kelsen (심헌섭 옮김), "자연법론과 법실 증주의", 『켈젠법이론선집』 (법문사, 1990), p. 241. 켈젠의 이원론에 관한 분석으로는 이 책 의 제3장 제2절을 참조.

20 이러한 의미에서 법과학은 "법규범의 관점에서 해석할 때는 법적 행위로 서술되는 현상까지 도 원인과 결과의 관점에서 연구"하는 법사회학과 구별된다. Kelsen(2018), p. 25.

21 Kelsen(2018), p. 25.

22 예컨대, "철학의 분과들의 중요한 특징은 그것들의 주요한 관심이 자신들의 주제들을 해명 하고 범위를 정하는 것이라는 점이다. 지식론은 지식의 본성을 해명하려고 노력한다. 논리 철학은 논리의 정의를 검토한다. 도덕철학은 도덕의 본성과 범위를 성찰한다. 그러한 학문 들의 정체성은 그것들이 다루는 주제들의 정체성에 달려 있다. 그렇기 때문에 자신들의 정

체성의 문제에 몰두하는 것은 많은 철학적 탐구들의 전형적인 특징이다. 법철학도 예외가 아니다. 법철학은 법의 본성과 법적인 것의 범위에 관한 연구를 그 임무로 하고 있고 따라서 법의 본성에 관하여 끊임없이 성찰하고 있다."고 말하는 J. Raz (권경휘 옮김), "법의 본성에 관한 문제", 『법철학연구』 제10권 제2호(2007), p. 411과 "법철학의 종차는 그것의 주제인 법에 있다. 법철학은 존재하는 것, 행하여야 하는 것이나 선한 것, 우리가 알 수 있는 것에 관한 일반적인 차원의 의문들이 아니라 법에 관한 의문들로 향하게 된다. 법에 관한 이런 의문들을 제기하는 것은 법의 본성을 구하는 것이다."고 말하는 R. Alexy (이영섭 옮김), "법철학의 본성", 『법학연구』 제18권 제2호(2008), p. 288을 볼 것

23 Kelsen(1949), p. 3.

24 Kelsen(1999), p. 23.

25 Kelsen(1949), p. 56.

26 Kelsen(1949), p. 53.

27 이것은 자유의지와 결정론의 대립이라는 오랜 철학적 논쟁과 밀접하게 연관되어 있다. 이와 관련해서는 W. James, "The Dilemma of Determinism" in *Essays in Pragmatism* (Hafner Publishing Co., 1961); A. J. Ayer, "Freedom and Necessity" in *Free Will*, ed. G. Watson (Oxford University Press, 1982); P. F. Strawson, "Freedom and Resentment" in *Free Will*, ed. G. Watson (Oxford University Press, 1982) 등을 볼 것.

28 Kelsen(1990a), p. 155.

29 L. Wittgenstein (이승종 옮김), 『철학적 탐구』 (아카넷, 2016), § 621.

30 B. Libet, C. A. Gleason, E. W. Wright & D. K. Pearl, "Time of Conscious Intention to Act in Relation to Onset of Cerebral Activity (Readiness-Potential) - The Unconscious Initiation of a Freely Voluntary Act", *Brain* vol. 106 (1983).

31 B. Libet, "Do We Have Free Will?", *Journal of Consciousness Studies* vol. 6 (1999).

32 거부권 행사로서의 자유의지라는 개념에 대한 반대로는 J. Harris (배현 옮김), 『자유의지는 없다』 (시공사, 2013), pp. 91-92를 볼 것.

33 2012년 3월 한국법철학회 월례강독회에서 이러한 켈젠의 주장을 발표한 적이 있다. 이러한 예시에 대하여 (c)에서 구제역이 유행하는 지역에 누군가가 해외여행을 하는 것과 같은 인간행위를 조건으로 한다고 볼 수 있고 따라서 제재라고 볼 수 있지 않을까에 관한 지적이 있었다. 그러나 켈젠은 조건이 되는 행위를 한 사람과 그 강제행위의 대상인 사람이 완전히 일치할 때에만 제재라고 규정한다는 점에 비추어 볼 때 그렇지 않다고 생각한다.

34 Kelsen(1949), p. 56. 강조는 추가.

35 Kelsen(1999), p. 80. 강조는 추가.

36 Kelsen(1949), p. 45.

37 Hart(2014), p. 712.

38 M. Golding, "Kelsen and the Concept of 'Legal System'", *Archiv für Rechts und Sozialphilosophie* vol. 47 (1961), p. 364.

39 예컨대, J. Searle, *Speech Acts* (Cambridge University Press, 1969), pp. 73-76을 볼 것.

40 Golding(1961), p. 364. 강조는 추가.

41 Hart(2014), p. 184.

42 Hart(2014), p. 184.

43 Hart(2014), p. 185.

44 무어(R. Moore)는 하트의 통역자 사례가 무척 다채롭고 매력적이지만, 다음과 같은 4가지 측면에서 문제가 있다고 주장한다. (1) 통역자의 통역이 올바른지 여부에 대한 기준은 포로 수용소의 소장에게 있지만, 법학자의 법에 대한 재현이 올바른지 여부에 대한 기준은 법적 권위에 있지 않다. 법학자들은 단순히 법적 권위의 의도를 밝혀내고 해명하는 것이 아니다. (2) 하트의 예시는 왜 통역자의 발언들을 "명령들"로 간주해서는 안 되는지를 이해하기가 어렵다. 하트의 예시에서 통역자를 통역기계로 바꾸어서 생각해 보면 통역기계에 의하여 통역되는 것은 여전히 명령일 것이다. (3) 법학자들의 진술은 참이거나 거짓일 수 있지만 통역자의 발언들은 그렇지 않다. 그리고 통역자의 발언들은 규정적인 힘을 가지고 있지만, 법학자들의 진술은 그렇지 않다. (4) 포로수용소 소장의 사례는 켈젠이 비판하는 오스틴(J. Austin)의 법명령설에 오히려 더 가깝다. 켈젠은 법체계의 중요성을 강조하는 데 반해 하트의 사례는 그렇지 않다는 것이다. R. Moore, "Kelsen's Puzzling 'Descriptive Ought'", *UCLA Law Review* vol. 20 (1973), pp. 1274-1277. 그러나 무어의 비판들은 적절하지 않아 보인다. 우선, (1)과 (4)는 논점을 벗어난 비판이라고 생각한다. 하트는 법 일반의 특성을 설명하고자 하는 것이 아니다. 따라서 법 일반의 특성을 이유로 비판하는 것은 적절하지 않다. 예를 들어, 포로수용소의 소장 대신에 포로수용소의 법들을 번역하여 주는 경우로 수정한다면 적절하게 치유될 수준의 문제이다. 또한, (2)와 (3)은 무어가 하트의 사례를 오해한 것이라고 생각한다. 포로들이 따르는 것은 통역자의 발언들 자체가 아니라 통역자의 발언들이 기술하는 수용소장의 원래 명령이다. 따라서 통역자의 발언들은 명령이 아니다. 이것은 통역자를 통역기계로 바꾸어도 마찬가지이다. 그리고 무어의 주장과 달리 통역자의 통역 역시 참이거나 거짓일 수 있다. 통역자가 포로수용소장의 명령을 잘못 이해해서 본래의 명령과 다르게 통역한 경우 그 통역은 거짓이다. (3)과 관련해서는 약간의 부수적인 비판점이 있다. (3)을 이야기하는 문맥에서 무어는 켈젠에 따르면 법적 규범에는 논리규칙이 적용되지 않지만 법학자들의 진술에는 논리규칙이 적용된다는 이야기를 하는데 이것은 그가 인용하고 있는 『순수법학』 제2판의 입장이지 하트가 다루고 있는 『법과 국가의 일반이론』의 입장이 아니다.

45 Hart(2014), p. 187.

46 Hart(2014), pp. 184-185.

47 H. L. A. Hart, *Essays in Jurisprudence and Philosophy* (Oxford University Press, 1983), p. 292; 강조는 추가.

48 서남독일학파의 창시자인 빈델반트(W. Windelband)의 스승이다.

49 심리학이 철학, 특히 논리학의 토대를 제공해 준다고 주장하는 심리학주의자 중 한 명이다.

50 이 글을 재수록하고 있는 또 다른 문헌인 S. Paulson & B. L. Paulson (eds.), *Normativity and Norms: Critical Perspectives on Kelsenian Themes* (Clarendon Press, 1998)에서는 로체 대신에 지그바르트를 언급하면서 "지그바르트"를 "크리스토프 지그바르트"(Christoph Sigwart)라고

밝혀서 적고 있다.

51 오스타드의 비판에 관해서 켈젠은 다음과 같이 언급한다. "하롤드 오스타드(Harold Ofstad, "The descriptive definition of the concept 'legal norm' proposed by Hans Kelsen", Theoria, vol. XVI, 2, 1950, p. 118 ff.)는 내가 법적 권위에 의하여 정립된 법적 규범과 법학에 의하여 이러한 규범을 서술하는 당위명제를 구분하고 또 법적 규범과 달리 '법적 명제'를 구분한 것이 분명하지 않다고 이의를 제기한다. 그는 다음과 같이 말한다(S. 132): '켈젠에 의하면 법과학의 명제는 동시에 당위명제이면서 기술명제이다. 그로 하여금 그 명제의 기술적 의미와 규범적 의미를 더 자세하게 밝히도록 요청한다면 흥미 있을 것이다.' … 그는 … 지그바르트의 설명을 참조하도록 지시하고 있다." Kelsen(1999), p. 137.

52 Kelsen(1999), pp. 136-137.

53 당위의 "이중적 의미"에 관하여 나중에 켈젠 자신은 이렇게 설명한다. "'당위'라는 용어는 (규범 속에서) 규정적인 의미에서뿐만 아니라 (규범에 관한 언명에서) 기술적인 의미로도 사용될 수 있다는 점에 주의해야만 한다. 예컨대, 살인죄에 관한 법적 규범을 기술하는 법과학은 '만약 어떤 사람이 살인죄를 범하면 그는 처벌될 것이다.'고 말하지 않고 '만약 어떤 사람이 살인죄를 범하면 그는 처벌받아야만 한다.'고 말한다. 이러한 진술에서 "당위"라는 용어는 기술적인 의미를 가지고 있다." H. Kelsen, "On the Pure Theory of Law", Israel Law Review vol. 1 (1966), p. 3. 또한 당위의 이중적인 의미에 관한 최근의 언어철학적인 설명으로는 J. Searle, "Fact and Value, 'Is' and 'ought,' and Reason for Action" in *Philosophy in a New Century: Selected Essays* (Cambridge University Press, 2008), p. 165를 볼 것.

54 Kelsen(2018), pp. 50-51.

55 예컨대, Kelsen(1949), pp. 374-375.

56 Kelsen(1999), p. 131.

57 켈젠이 『국법학의 주요문제』와 『순수법학』 제1판에서 혼동하였던 것이 바로 (2)의 구분이다. 이제 켈젠은 법적 규범을 가언 판단이 아니라 명령(허용, 수권)이라고 생각한다. Kelsen(1999), p. 131.

58 Kelsen(1999), p. 136.

59 Kelsen(1999), p. 134.

60 Kelsen(1999), p. 134.

61 Kelsen(1949), pp. 374-375.

62 Kelsen(1999), p. 135.

63 Kelsen(1999), p. 135.

64 Kelsen(1999), pp. 135-136.

65 Kelsen(1999), p. 135.

66 벤담의 개별화 문제에 대해서는 J. Bentham, *Of Laws in General*, ed. H. L. A. Hart (The Athlone Press, 1970), p. 156을 참조.

67 Hart(2014), p. 186.

68 개별화의 원리에 관한 켈젠의 입장은 『순수법학』 제2판과 그 이전의 견해에 차이가 있다. 여

기에서는 『순수법학』 제2판에서 나타난 켈젠의 입장에 따라 개별화의 원리를 제시한다.

69 Kelsen(1999), pp. 104–105.

70 Kelsen(1999), p. 140.

71 비독립적 규범에 관한 켈젠의 설명으로는 Kelsen(1999), pp. 99–105을 볼 것.

72 규범충돌에 관한 켈젠의 입장에 관해서는 오세혁, "한스 켈젠의 위헌법률이론: 규범충돌 및 폐지와 관련하여", 『법철학연구』 제1권(1998)을 참고할 것.

73 Kelsen(1999), pp. 319–320.

74 상위단계의 규범과 하위단계의 규범 사이의 충돌이 존재할 수 없는 이유에 대하여 켈젠은 다음과 같이 설명한다. "상위단계의 규범과 하위단계의 규범 사이에는, 즉 어떤 규범의 창조를 규정하는 규범과 그 어떤 규범 사이에는 결코 충돌이 존재할 수 없다. 왜냐하면 하위단계의 규범은 상위단계의 규범에서 그 효력근거를 구하기 때문이다. 하위단계의 규범이 효력 있는 것으로 간주되면, 그것은 상위단계의 규범에 합치되는 것으로 간주되어야 한다." Kelsen(1999), p. 324. 그러나 이후 켈젠은 규범충돌의 가능성을 완전히 인정하게 된다.

75 Kelsen(1999), p. 321.

76 Kelsen(1999), p. 321.

77 Kelsen(1999), pp. 321–322.

78 Kelsen(1999), p. 322.

79 J. Raz, *The Authority of Law* 2nd ed. (Oxford University Press, 2009), p. xi.

80 Kelsen(1999), p. 340.

81 법체계 내에서 행위의 근거를 제시하는 규범은 오직 의무부과적 규범뿐이고 따라서 권한부여적 규범은 독자적으로 행위의 근거를 제시할 수 없다는 켈젠의 입장과 이에 대한 비판에 대해서는 이 책의 제10장을 참조할 것.

82 H. L. A. Hart (오병선 옮김), 『법의 개념』 (아카넷, 2002), p. 55.

83 근본규범의 이러한 문제점에 대해서는 이 책의 제6장을 참조할 것.

제12장 내적 관점과 내적 진술에 대한 하트의 이론

1 법실증주의의 전개에 있어서 이러한 사회과학의 상황이 미친 영향에 관해서는 안경환·김종철, "영국법과 미국법의 비교 연구(V): 법이론 (1)", 『법학』 제40권 제1호(1999), p. 255; B. Bix (권경휘 옮김), "하트와 법이론에 있어서 해석학적 전회", 『영산법률논총』 제11권 제2호(2014)의 제2장을 참조. 또한 당시에 전개되었던 자연과학적인 사회연구의 전형적인 모습에 관해서는 밀(J. S. Mill)을 예시로 설명하고 있는 P. Winch (권기돈 옮김), 『사회과학의 이념』 (현대미학사, 1997)의 제3장을 볼 것.

2 인간의 행위와 관련된 현상들을 어떤 방식으로 연구할 것인가에 관해서는 '설명'(Erklärren)과 '이해'(Verstehen)로 대표되는 두 가지 지적 전통이 대립해 왔다. 설명과 이해의 대립은 인간의 행위를 연구할 때에 자연과학의 방법을 사용해야 하는가 아니면 인간의 행위에 적용될 수 있는 고유한 방법을 사용해야 하는가 하는 논쟁이다. 설명과 이해의 지적 전통에 관해서는 이러한 구별을 최초로 한 J. G. Droysen (이상신 옮김), 『역사학』 (나남, 2010)과

이러한 전통에 관하여 개관하고 있는 G. H. Wright (배철영 옮김), 『설명과 이해』 (서광사, 1995); K.-O. Apel, "Types of Social Science in the Light of Human Cognitive Interest" in *Philosophical Disputes in the Social Sciences*, ed. S. C. Brown (Harvester Press, 1979)을 참조할 것.

3 반면에 19세기 말부터는 실증주의에 대한 반동으로서 이해의 전통이 득세하였다. 이해의 전통은 사회과학에는 고유한 방법론이 존재한다는 주장을 한다. 독일에서 이러한 지적 전통을 이끈 사람들로는 드로이젠(J. G. Droysen), 딜타이(W. Dilthey), 짐멜(G. Simmel), 베버(M. Weber)를 들 수 있고, 이탈리아의 경우에는 크로체(B. Croce), 영국에서는 콜링우드(R. G. Collingwood)를 들 수 있다. 이러한 이해의 전통에 관해서는 W. Outwait, *Understanding Social Life: The Method Called Verstehen* (George Allen & Unwin, 1975) 참조.

4 H. L. A. Hart (오병선 옮김), 『법의 개념』 (아카넷, 2002).

5 하트의 법이론 일반에 관해서는 심헌섭, "H. L. A. Hart의 분석적 법이론", 『분석과 비판의 법철학』 (법문사, 2001); 오병선, "하트의 법철학 방법과 법의 개념", 『현대 법철학의 흐름』 (법문사, 1996); 최봉철, "하트", 『현대법철학』(법문사, 2007)을 참조할 것.

6 고전적 법실증주의로의 회귀를 주장하는 예로는 F. Schauer, "Positivism Through Thick and Thin" in *Analyzing Law*, ed. B. Bix (Oxford University Press, 1998)을 볼 것.

7 하트의 내적 관점에 대한 보다 자세한 설명으로는 김건우, "하트의 내적 관점이란 무엇인가?", 『법철학연구』 제16권 제1호(2013)를 볼 것.

8 H. L. A. Hart (장영민 옮김), "실증주의와 법·도덕 구별론", 『법철학연구』 제8권 제1호 (2005), p. 288.

9 Hart(2002), pp. 8-9.

10 Hart(2002), p. 109.

11 Hart(2002), p. 113.

12 하트가 내적 관점을 도입한 것을 최초로 "해석학적인 방법"으로 평가한 사람은 해커(P. M. S. Hacker)였다. P. M. S. Hacker, "Hart's Philosophy of Law" in Law, Morality, and Society: Essays in Honour of H. L. A. Hart, ed. P. M. S. Hacker & J. Raz (Clarendon Press, 1977). 이후 맥코믹(N. MacCormick) 역시 하트의 방법론을 해석학적인 것으로 설명하였다. N. MacCormick, H. L. A. Hart (Stanford University Press, 1981), pp.37-40. 라즈의 증언에 따르면, 당시 하트는 라즈와의 대화에서 맥코믹의 설명 자체에는 아무런 잘못이 없다고 생각하였지만 "해석학적"이라는 단어가 적절한지에 관해서는 확신을 가지지 못하였다고 한다. 그러나 나중에 하트는 『법리학과 철학 논문집』에서 "해석학"이라는 용어를 사용하였다. 예컨대, H. L. A. Hart, *Essays in Jurisprudence and Philosophy* (Oxford University Press, 1983), p.14을 볼 것.

13 Hart(2002), pp. 264-265.

14 Hart(2002), pp. 134-135. 강조는 추가.

15 Hart(2002), p. 265.

16 Hart(2002), p. 119.

17 Hart(2002), p. 118.

18 J. Raz, "The Purity of the Pure Theory" in *Essays on Kelsen*, ed. R. Tur & W. Twining (Clarendon Press, 1986), p.85.

19 하트는 오스틴(J. L. Austin)의 언어철학에 영향을 주고받았으며, 또한 오스틴에게 영향을 받은 메타윤리학의 영향을 받았다. 메타윤리학이 하트의 논의에 미친 영향에 대한 지적으로는 J. Raz, "Two Views of the Nature of the Theory of Law: A Partial Comparison" in *Hart's Postscript: Essays on the Postscript to the Concept of Law* (Oxford University Press, 2001), p. 5를 볼 것.

20 메타윤리학에 관한 개관적인 설명으로는 P. Singer ed. (김성한 · 김성호 · 소병철 옮김), 『메타윤리학』(철학과 현실사, 2006)을 볼 것.

21 A. J. Ayer (송하석 옮김), 『언어, 논리, 진리』(나남, 2010), p. 162.

22 Ayer(2010), p. 162.

23 C. L. Stevenson, *Ethics and Language* (Yale University Press, 1944), p.21.

24 하트와 헤어는 오스틴(J. L. Austin)의 방에서 토요일 아침마다 모여 철학적 토론을 하던 모임의 멤버였다. 이 멤버에는 그 둘 외에도 바이스만(F. Waismann), 폴(G. A. Paul), 엄슨(J. O. Urmson), 우즐리(A. D. Woozley), 스트로슨(P. F. Strawson), 워녹(M. Warnock), 오노레(A. M. Honoré) 등이 있었다. N. MacCormick, H. L. A. Hart 2nd ed. (Stanford Law Books, 2008), p.6. 이 중에서 특기할 만한 사람은 하트에게 "개방적 구조"(open texture)의 아이디어를 전수해 준 바이스만이다. 바이스만이 하트에게 미친 영향에 관해서는 B. Bix (권경휘 옮김), "하트와 언어의 '개방적 구조'", 『일감법학』제16집(2009); 권경휘, "하트의 '개방적 구조'에 관한 연구", 『법학논고』제37집(2011)을 참조할 것.

25 여기에서는 『도덕의 언어』를 저술한 시점(1952년)의 헤어의 이론을 말한다. R. M. Hare, The Language of Morals (Oxford University Press, 1952). 이후 헤어는 설(J. Searle)의 비판을 수용하여 자신의 이론을 수정 · 발전시켰다. 설의 비판에 관해서는 J. Searle, "Three Fallacies in Contemporary Philosophy" in *Speech Acts: An Essay in The Philosophy of Language* (Cambridge University Press, 1969)를 참조할 것.

26 Hare(1952), pp. 112−113.

27 Hare(1952), pp. 151−162.

28 Hart(2002), p. 134. 본래 하트의 언급은 비체계적인 규칙 내지는 단순한 체계의 규칙 자체에 관하여 이야기하고 있는 것은 아니다. 그러나 "'아웃' 또는 '골'이라는 표현과 같이"라고 언급하고 있으므로 비체계적인 규칙 혹은 단순한 규칙의 체계에도 해당한다고 볼 것이다.

29 Hart(2002), p. 129.

30 혹자는 (c)에 해당하는 의미가 "A하는 것은 잘못이다."가 아니라 "B하라."는 태도변화의 촉구라고 생각할 수도 있을 것이다. 그러나 하트가 일상언어학파의 오스틴(J. L. Austin)과 헤어에게 받은 영향력을 생각한다면, 하트가 염두에 둔 의미는 "A하는 것은 잘못이다."일 것이다. 오스틴은 발화수반행위와 발화효과행위를 구분하는데, "A하는 것은 잘못이다."는 발화수반행위에 해당하고, "B하라"는 태도변화의 촉구는 발화효과행위에 해당한다. 오스틴에

따르면, 문장의 의미에 해당하는 것은 발화수반행위이다. 오스틴의 설명에 관해서는 J. L. Austin (김영진 옮김), 『말과 행위: 오스틴의 언어철학, 의미론, 화용론』(서광사, 1992), pp. 128-138 참조. 또한 헤어의 경우에도 "무엇을 하라고 말하는 것과 무엇을 하도록 시키는 것은 논리적으로 완전히 별개의 것이다."고 언급하면서 도덕적 판단은 전자에 해당하고 명령은 후자에 해당한다고 이야기한다. 하트가 말하는 내적 진술은 도덕적 판단과 유사한 문장이다. 그러므로 내적 진술의 의미는 "말하는 것"에 불과하지 "시키는 것"(태도변화의 촉구)이 아니다. 헤어의 주장에 관해서는 Hare(1952), p.13을 볼 것. 이러한 점들에 비추어 볼 때 (c)에 해당하는 것은 "A하는 것은 잘못이다."일 것이다.

31 이것은 오스틴(J. L. Austin)이 발화수반력에 따라 문장을 구별한 것 중 하나에서 차용한 것이다. 오스틴에 따르면, 판정발화(verdictives)는 배심원, 중재자 또는 심판이 판정을 할 때 전형적으로 나타내는 발화로서 평가, 계산 등을 하는 의미를 가진다. 오스틴은 판정발화에 사용되는 대표적인 동사로 "무죄로 하다"(acquit), "유죄를 선고하다"(convict), "사실로 인정하다"(find), "~으로 해석하다"(interpretas) 등을 들고 있다. J. L. Austin(1992), pp. 184-189. 그러나 "판정적인 의미"라고 부른다고 해서 (c)에 오스틴이 말한 "판정발화"의 의미만 포함되는 것은 아니라는 점에 주의해야만 한다.

32 Hart(2002), p. 144.

33 Hart(2002), pp. 143-144.

34 만약 화자의 공동체의 구성원들 모두가 필수적으로 승인의 규칙을 일반적으로 수용해야만 한다고 주장한다면, 이는 고전적 법실증주의자 오스틴(J. Austin)이 범한 오류에 대한 반작용으로 정반대의 오류를 범하는 것이다. 즉, 그것은 "사회의 대다수가 습관적으로 법에 복종한다는 단순한 관념 대신에 법의 효력을 궁극적으로 평가하는 판단 기준을 명시한 궁극적 승인의 규칙이 구속력이 있는 것이라고 일반적으로 공유하거나, 수용하거나, 또는 간주하여야 한다는 관념으로 대치하는 것이다." Hart(2002), pp. 148-149. 그러나 이것은 하트의 지적처럼, "단순한 세계에서나 볼 수 있는 이와 같은 상황을 복잡한 현대의 국가에서 언제나 또는 통상적으로 존재한다고 주장하는 이는 하나의 의제를 주장하는 것에 불과하다. 여기서 일반 시민의 상당수가, 어쩌면 그 대다수가 법의 구조나 그 효력의 판단 기준에 대한 일반적 관념을 가지고 있지 않다는 것이 그 실상임에 틀림없다." Hart(2002), p. 149.

35 Hart(2002), p. 142.

36 Hart(2002), p. 152.

37 Hart(2002), p. 144.

38 Hart(2002), p. 144.

39 Hart(2002), p. 117.

40 Hart(2002), pp. 117-118.

41 이러한 용어 역시 오스틴(J. L. Austin)에게서 차용한 것이다. 그는 사실을 전달하는 진술을 진술적(constative) 발화라고 불렀다. 김영진 교수는 "constative"를 "진위적"으로 번역하고 있는데, 여기에서는 이 글의 문맥을 고려하여 "진술적"이라고 번역하였다. J. L. Austin(1992), p. 23.

42 심슨(A. W. B. Simpson)에 따르면, 하트의 초고를 검토해 볼 때 그가 1959년에 윈치의 책을 읽었음을 알 수 있다고 한다. A. W. B. Simpson, *Reflections on The Concept of Law* (Oxford University Press, 2011), pp.105-106.

43 윈치가 하트에게 미친 영향에 관해서는 김현철, "하트 법이론의 철학적 의의에 대한 비판적 고찰", 『이화여자대학교 법학논집』 제11권 제2호(2007)을 볼 것.

44 Winch(1997), pp. 72-80.

45 Hart(2002), p. 74.

46 Hart(2002), pp. 75-76.

47 Hart(2002), p. 76.

48 Hart(2002), p. 76.

49 Hart(2002), p. 77.

50 Hart(2002), p. 77.

51 Searle(1969), pp. 136-141.

52 Serale(1969), p. 138.

53 Hare(1952).

54 P. F. Strawson, "Truth", *Analysis* vol. 9 no. 6 (1949).

55 J. L. Austin, "Other Minds", *Proceedings of Aristotelian Society*, supplementary vol. 20 (1946).

56 이 대화는 J. W. Harris, *Legal Philosophies*, 2nd ed. (Butterworths, 1997), pp. 64-65에 나오는 사례를 이 글의 논지에 맞게 수정한 것이다.

57 J. Raz (권경휘 옮김), "법적 효력", 『법철학연구』 제13권 제2호(2010), p. 231.

58 Harris(1997), p. 64에 나오는 사례를 이 글의 논지에 맞게 수정한 것이다.

59 "초연한 진술"에 관한 라즈의 설명 중에는 "규범성에 관한 켈젠의 설명은 정당화된 규범성에 기초하고 있다."는 명제가 들어 있다. J. Raz (권경휘 옮김), "켈젠의 근본규범 이론", 『법철학연구』 제15권 제1호(2012), 333-348면. 이에 대해서는 많은 비판들이 있어왔다. 예컨대, J. W. Harris, "Kelsen, Revolutions and Normativity" in *Shaping Revolution*, ed. E. Attwooll (Aberdeen University Press, 1991), p. 7; J. W. Harris, "Kelsen's Pallid Normativity", *Ratio Juris* vol. 9 (1996), p. 113; S. Delacroix (권경휘 옮김), "규범성에 관한 하트와 켈젠의 대조적인 개념", 『연세법학』 제26호(2015); L. Vinx, *Hans Kelsen's Pure Theory of Law: Legality and Legitimacy* (Oxford University Press, 2007), pp. 41, 87을 볼 것. 이와 관련해서 최근의 라즈의 글을 보면 그도 켈젠이 "정당화된 규범성"을 주장하지 않았다는 것을 사실상 인정하고 있는 것으로 보인다. J. Raz, "The Argument from Justice, or How Not to Reply to Legal Positivism" in *Law, Rights and Discourse: The Legal Philosophy of Robert Alexy*, ed. G. Pavlakos (Hart Publishing, 2007). 그러나 이것은 "초연한 진술" 자체에 대한 설명에 아무런 영향을 미치지 않는다.

60 Raz(2010), p. 231.

61 J. Raz, *Practical Reason and Norms* 2nd ed. (Oxford University Press, 1999), p. 171.

62 Raz(2012), p. 341.

63 Raz(2012), p. 344.

64 Raz(2010), p. 231.

65 Raz(2010), p. 231.

66 Raz(2010), p. 231.

67 "로마법을 가르치는 생생한 방법은 마치 그 체계가 여전히 실효성을 띠는 것처럼 말하고 특
    정한 규칙의 효력에 대하여 토론하고 그 규칙들의 조건으로 문제를 해결해 보는 것이다."고
    말하고 있는 Hart(2002), p. 136을 볼 것.

68 Raz(2010), p. 230.

69 Raz(2010), p. 231.

70 Raz(2010), p. 231. 또한 채식주의자가 아닌 사람이 채식주의자인 친구에게 어떤 음식을 먹
    어서는 안 된다고 말할 때에도 이러한 유형의 진술들이 사용될 수 있을 것이다. Raz(1990),
    pp. 176-177.

71 K. Toh, "Raz on Detachment, Acceptance and Describability", *Oxford Journal of Legal Studies*
    vol. 27 (2007), p. 408.

72 Raz(1990), pp. 170-176 참조.

73 Toh(2007).

74 라즈 역시 도군영 교수의 논문의 초고를 논평하면서 초연한 법적 진술을 내적 진술로 분류
    하는 것에 반대하였다고 한다. Toh(2007), p. 408.

75 J. Raz, *The Concept of a Legal System*, 2nd ed. (Clarendon Press, 1980), pp. 236-237.

76 여기에서 법의 효력에 관한 하트의 생각을 엿볼 수 있다. 이러한 "체계상의 효력"을 포함하
    여 법의 효력에 관한 다양한 이해방식에 대해서는 최봉철, "법의 효력: 요건과 효과를 중심
    으로", 『법철학연구』 제17권 제3호(2014)를 볼 것.

77 Hart(2002), pp. 134-135.

제13장 법의 기술에 대한 소결

1   J. Raz (권경휘 옮김), "법적 효력", 『법철학연구』 제13권 제2호(2010), p. 233.

2   Raz(2010), pp. 233-235.

찾아보기

저자약력

권경휘

학력 및 주요 경력
연세대학교 법과대학 및 동 대학원 졸업(학사 및 석사)
연세대학교 대학원 법학과 졸업(법학박사)
연세대학교 법학전문대학원 객원교수
영산대학교 성심교양대학장, 전략기획실장, 대학교육혁신부본부장, 비교과교육센터장
한국법철학회 재무이사
한국교양교육학회 정책대응위원
현 경상남도 행정심판위원회 위원
현 한국법철학회 편집이사
현 영산대학교 와이즈인재개발원장, 대학일자리플러스센터장, IPP사업단장, 현장실습지원센
    터장
현 영산대학교 성심교양대학 부교수

저서
『법의 딜레마』(공저), 『한국의법철학자』(공저), 『사고와표현 I, II』(공저)

논문
"비트겐슈타인의 규칙-따르기 고찰과 법이론", "법치주의와 민주주의의 관계: 하버마스의 관
점에 대한 비판적 고찰", "혐오표현의 수행성과 그것에 대한 저항: 표현을 통하여 무언가를 행
하는 법" 등 다수

현대 법실증주의 연구

초판발행	2022년 4월 15일
중판발행	2022년 10월 20일
지은이	권경휘
펴낸이	안종만·안상준
편 집	윤혜경
기획/마케팅	조성호
표지디자인	BEN STORY
제 작	고철민·조영환
펴낸곳	(주) **박영사**
	서울특별시 금천구 가산디지털2로 53, 210호(가산동, 한라시그마밸리)
	등록 1959.3.11. 제300-1959-1호(倫)
전 화	02)733-6771
f a x	02)736-4818
e-mail	pys@pybook.co.kr
homepage	www.pybook.co.kr
ISBN	979-11-303-4161-3 93360

정 가 25,000원

이 저서는 2017년 정부(교육부)의 재원으로 한국연구재단의 지원을 받아 수행된 연구임
(NRF-2017S1A6A4A01022596)